Bamm · Die große Weltlaterne

Peter Bamm

Die große Weltlaterne

Gesammelte Feuilletons

Herausgegeben von Felix Berner

Ullstein

Ein Gelbes Ullstein Buch
Lizenzausgabe mit freundlicher Genehmigung der
Deutschen Verlags-Anstalt GmbH, Stuttgart

Gesamtherstellung Ebner Ulm
Printed in Germany 1982
ISBN 3-550-06096-3

INHALT

EIN LEBEN LANG

WINDROSENBLÜTEN

BEGEBENHEITEN

HERR ANTROBUS MEINT . . .

EULENSPIEGELKABINETT

ARABESKEN

FRÖHLICHE WISSENSCHAFT

AM RANDE DES NACHDENKENS

EIN LEBEN LANG

Als ich Nachtwächter war . . .

Berlin, anno inflationis 1923

Sind Ihnen schon einmal die Männer aufgefallen, die abends, so von sieben Uhr an etwa, auf den Straßen vor den Geschäften stehen? Sie stehen auch um neun Uhr noch da, wenn die Kinos ihre Abendvorstellungen geben, und um elf Uhr, wenn die Theater aus sind, und um ein Uhr und noch später. Nur am Tag sind sie verschwunden. Bescheiden wie die Straßenlaternen, unauffällig wie diese, tun sie ihren Dienst. Denn das ist sicher, einen Dienst tun sie. Das ergibt sich aus einer gewissen Uniformiertheit, sei es der Mütze, sei es der Gesichter, sei es der Hosen. Auch tragen sie alle die gleichen seltsamen Gebilde an Riemen um den Leib gehängt.

Früher sind sie mir auch nicht aufgefallen, so wenig wie die Straßenlaternen. Heute weiß ich, es sind die Nachtwächter der Großstadt. Eines Tages traten sie ins Zentrum meines Lebens.

Ich habe bessere Zeiten gesehen, nicht an der Wiege gesungen worden usw. usw. . . . Kurz, Sie wissen schon!

Also eines Tages ging ich die Straße entlang und dachte nach. Ich brauchte Geld. Meine Uhr war der letzten Goldhausse schon zum Opfer gefallen. Daß meine Tauflöffel Alpaka seien, erfuhr ich auch bei dieser Gelegenheit. Ich brauchte einen Beruf. Da ich mir den Luxus leistete – auch noch von früher her – an einer Klinik als Volontär zu arbeiten, brauchte ich einen Nachtberuf – um am Tage meinen unbezahlten Luxusbedürfnissen frönen zu können.

Ich sprach einen der Laternenmänner an. Er erzählte mir, was er da machte, wie die Dienstzeit sei, was er bekomme im Monat, mit Kinderzulage, mit Überstunden und dergleichen. Ich ließ mir die Adresse seines Büros geben. Vermutlich dachte er, ich wolle meine Villa im Grunewald bewachen lassen.

Am nächsten Morgen legte ich meinen Gummikragen an. Er gibt mir ein ärmliches Aussehen und hat sich im Umgang mit Behörden schon vielfach trefflich bewährt. Dann suchte ich das Büro auf.

Ich warte so zwei, drei Stunden, erfreue mich an zahlreichen bedruckten Papieren, die Dienstvorschriften heißen, sehe, daß ich nicht Nachtwächter, sondern Wachtmeister werden würde, daß ich in einem Jahr Oberwachtmeister sein könne, daß ich nicht Gehalt, sondern Löhnung empfinge, daß Gehorsam und Pflichttreue nicht nur lobenswerte militärische, sondern auch menschliche Eigenschaften seien.

Der Herr Leutnant überprüft mich mit dem Blick eines Staatsanwalts, der einen lang gesuchten Verbrecher erwischt hat. Daß ich Doktor bin, bringt ihn ein wenig aus der Fassung. Er schwankt, ob er sich vorstellen soll. Vielleicht bin ich in die falsche Abteilung geraten und komme doch wegen meiner Villa im Grunewald. Meine demütige Haltung und der Gummikragen machen ihn wieder sicher.

Schließlich schiebt er mir das Stempelkissen hin und nimmt auf eine Karte säuberlich und fein – meinen Fingerabdruck!

Ich sinke abgrundtief. Mein Gummikragen wächst mir am Hals fest. Mein Schädel sinkt ein. In meinem Schatten an der Wand glaube ich eine Ähnlichkeit mit dem Massenmörder Sternickel zu erkennen. Meine akademischen Würden, meine Erziehung, meine Orden, alles schrumpft zusammen zu einem Nichts vor diesen beiden schwarzen Flecken. Der Daumen und der Zeigefinger der rechten Hand! Sie klebten beide noch und klebten mich an die Kriminalistik fest.

Ich habe nie in meinem Leben auch nur eine Briefmarke gestohlen. Ich bin vielleicht auf der Elektrischen schon schwarz gefahren, aber sonst habe ich ein reines Gewissen. In diesem Augenblick zuckte mir, aus den Sternickelgründen meiner Seele kommend, die Erkenntnis durch den Schädel, mit diesen beiden Fingern, Daumen und Zeigefinger der rechten Hand, faßt man den Dietrich, faßt man die Pistole an, drückt man dem Opfer die letzte Luft ab.

Lachen Sie nicht! Ihre Fingerabdrücke liegen in keiner Kartothek. Sie ahnen nicht, was das bedeutet. Sie können ruhig Ihre Verbrechen begehen. Man wird Sie nicht erwischen. Ich aber werde bis ans Ende meines Lebens das Gefühl nicht loswerden, diese teuflische

Visitenkarte beim Staatsanwalt liegen zu haben. Mich hat man schon, ehe ich mich noch umgedreht habe. Wie ging es Sternickel?

Am Abend stand ich auf der Motzstraße. Das seltsame Gebilde, das ich mir nun auch umhängen mußte, war eine Stechuhr, eine Kontrolluhr, die einen Streifen enthielt, von dem der Leutnant am nächsten Morgen ablesen konnte, wie lange Zeit hintereinander ich geschlafen hatte, eine Art maschineller Oberwachtmeister, eine Büchse kondensiertes Mißtrauen. Nach weniger als zwei Minuten hatte mein Sternickelgehirn, eigentlich ohne mein Zutun, einen Automaten konstruiert, der die Uhr selbsttätig alle Viertelstunde stechen konnte. Ich dachte daran, meine Erfindung dem Betriebsrat vorzulegen. Aber die Unkosten standen in keinem Verhältnis zur Löhnung eines Wachtmeisters.

Zu meiner Station gehörten zwei große Bürohäuser, ein Obstgeschäft, ein Schuhladen und ein paar Privathäuser. In der Mitte lag noch eine Kneipe, Stammlokal der Chauffeure im Bayerischen Viertel.

Ich habe nie gewußt, daß Chauffeure so reizende Kerle sind. Man kennt sie doch nur, wenn sie ihre Kilometeruhr schief mit der Inflationslampe beleuchten, daß man die Zahl doch nicht erkennen kann. Dann multiplizieren sie mit einem astronomischen Index, und man geht stets weg mit dem Gefühl, gründlich hereingefallen zu sein. Ich aber kenne sie jetzt, wenn sie die astronomischen Indexeinnahmen in Wurst und Bier umsetzen. Am bestechendsten ist ihre großartige Gutmütigkeit. Wenn es kalt ist und regnet, dann lassen sie die armen Mädchen, die da gleich mir patrouillieren, stundenlang in ihren Polstern ausruhen.

Wir gehören alle zu einer großen Familie. Wir sind alle untereinander befreundet – die Streichholzmänner, die sich am Sonntag abend in die »Welt am Montag«-Männer verwandeln; die traurigen Freudenmädchen, die ich alle gut kenne – manchmal bringen sie mir Zigaretten oder Schokolade –; die Portiers vor den vornehmen Weinrestaurants, die nur so vornehm aussehen, denn wir duzen uns. Wir, die Nachtwächter, sind noch im besonderen mit der Polizei befreundet. Natürlich verachtet sie uns ein wenig. Aber es sind wohlerzogene Leute, die sich das nicht anmerken lassen.

Wir sind die Menschen der vierten Klasse, die ebenso unsichtbaren wie unentbehrlichen Stützen der öffentlichen Ordnung in der Motzstraße von sieben Uhr abends bis sechs Uhr morgens. Wir sind Straßenbild, Großstadtstatisten, Nachttarifler. Kaum noch, daß den eleganten Autos eine leise Sehnsucht nach Wärme nachflattert. Wir sind die bleichen Asphaltgewächse vollendeter Resignation.

Natürlich blieb nicht verborgen, daß ich ein Doktor sei. Man nimmt meine Ratschläge in Anspruch. Honorar verlange ich nicht. Man gibt mir freiwillig. Neulich hatte ich einen guten Tag – fünf Zigarren, einen wollenen Schal, eine Bockwurst. Und um sechs Uhr fuhr mich Freund Oswin mit seiner Taxe nach Hause. Das Schild blieb auf »Frei« stehen.

In der Nacht: »Du, Kamerad, haste noch een'n Stummel?«

Am Tag: »Herr Kollege, verzeihen Sie, dürfte ich Sie vielleicht um Feuer bitten?«

Wenn Sie heute abend wieder durch die Motzstraße gehen, laufen Sie nicht achtlos an mir vorüber, sondern bieten Sie mir ruhig eine Zigarre an! Ich werde mich freuen. Und meinen Sie nicht, daß ich ein Trinkgeld ablehne! Der Kamerad in der Nacht darf manches tun, was dem Kollegen am Tag nicht erlaubt ist.

Nachruf auf »Café Bauer«

Die Redaktion meinte, der Nachruf auf das Café Bauer gehöre unter Lokales. Das ist nicht richtig. Er ist viel wichtiger. Er gehört »unter den Strich« auf die zweite Seite. Die Kultur hat wieder ein Loch bekommen. Aber das fällt nicht mehr auf. Sie ist schon ein Sieb.

Ich will meinem lieben Café Bauer ein Denkmal setzen. Ich will ihm den Nachruf halten, damit seine ruhmwürdige Existenz dem Gedächtnis der Nachwelt erhalten bleibt – bis zur Morgenausgabe.

»Café Bauer« Unter den Linden war das Caféhaus schlechthin, sozusagen das Café an sich. Darum wurde es, mit Recht, von einem Poeten im Lied festgehalten:

»... fängst du an beim Café Bauer,
sagt sie dir, mein Herr, ich bedau'r.
Bist du am Pariser Platz,
ist sie schon dein süßer Schatz ...«

Seinen stärksten Ausdruck fand der Genius loci in den ragenden Marmorsäulen, die so prächtig dastanden und aus Gips waren. Dazu kamen die Spiegel, die die einsame Palme am Büfett hundertfach wiedergaben, und die so freundlichen Sofas, die Generationen auf ihrem Rücken getragen haben, halb verborgen in Nischen, die der Unmoral, wenn auch nicht alles, so doch einiges erlaubten. Mengen von Zeitungen lagen auf Stühlen und Tischen herum. Beflissene Ober in weißen Jacken, die das trauliche Klappern der Löffel, Kannen und Tablette erzeugten, das, gemischt mit dem Stimmengewirr, den Seufzern der Windfangtür, dem Klappen der Billardbälle, dem lebhaften Kommen und Gehen, jene ganz besondere Atmosphäre hervorbrachte, die einem das Gefühl gab, an einer wesentlichen Stelle, an einem Wasserfall des Lebensstromes zu sitzen.

Café Bauer hat niemals den Ehrgeiz gehabt, ein Vergnügungslokal zu sein. Es besaß jene unnachahmliche und unersetzliche Neutralität der Atmosphäre, die es gleich geeignet machte zum Treffpunkt wie zum Zufluchtsort, zur Bühne wie zum Zuschauerraum.

Da saßen sie, die Junggesellen und die Damen der Nacht mit den Bella Donna-Augen, dissoziiert wie Atome, die ihre Valenzen noch nicht aneinander abgesättigt haben. Da zwitscherten die Liebespaare, froh in dem sicheren Gefühl des gegenseitigen Besitzes, im Winter froh auch der Garderobenständer, die so gute Sichtdeckung boten.

Die Zeitungsleser verschanzten sich hinter Papierbarrikaden, zur Abwehr, zur wirkungsvollen Abwehr gegen jeden Versuch, eines der geliebten Raschelblätter zu entführen. Die Zeitungsleser teilten sich in zwei Klassen. Zur ersten gehörten die »Vollständigen«, die ein Blatt vom Titel bis zum verantwortlichen Redakteur lasen. Sie waren etwas feige. Sie hatten Angst, den Zusammenhang zu verlieren, wenn sie etwas übersahen. Wären sie gezwungen gewesen, einen Tag auszusetzen, sie wären daran zugrunde gegangen. Die zweite Klasse waren die Kurshyänen. Sie lasen nur den Börsenbericht. Aber den lernten sie auswendig und rechneten sich aus: »Wenn ich gestern Adler und Co. verkauft und AEG gekauft hätte . . .« Aber natürlich kam es immer anders, als sie dachten.

Diese Leute waren manchmal genußsüchtig und lasen noch das Feuilleton. Mehr nicht!

Dann saßen da auch Provinzler, die »Weltstadt« sehen wollten. Vom Boy bis zum Billardqueue, von der Pauke bis zur Büfettmamsell sogen sie, wie Schwämme, die Phänomene in sich ein, damit sie zu Hause etwas zu erzählen hätten.

Die wichtigsten Gäste waren die Intellektuellen. Ihnen war das Caféhaus das Zuhause. Sie waren es, die das Leid ihres Bewußtseins vom Untergang des Abendlandes auf allen Stirnen geschrieben trugen und es gern in alle Marmorplatten einritzten. – Zu ihnen gehörte ich . . .

Sie alle werden nun vertrieben. Sie werden verstreut in alle Winde. Sie werden keinen Platz mehr haben, wohin sie ihre Groschen tragen können. Sie alle werden unglücklich sein.

Warum mußte es untergehen, das liebe Café Bauer? – Zugrunde gegangen ist es am Mokka. In der Zeit, als noch niemand darüber nachdachte, daß Kaffee in Schiffsladungen an der Hamburger Börse gehandelt wird und einen Sachwert darstellt, sagte man nur: »Einen Kaffee, Herr Ober! Bitte!« Ich sagte immer *Herr* Ober! Für mich waren sie auch damals schon Menschen. Man bekam eine Tasse Kaffee, ein Silberschälchen mit Zucker, ein Kännchen mit Milch und ein Glas Wasser dazu. Alles für fünfundzwanzig Pfennige. Und der Kaffee war gut. Man gab einen Sechser Trinkgeld. Das waren zwanzig Prozent! Man war Stammgast und ein Herr, und der Chef begrüßte einen mit jener Mischung aus Vertraulichkeit und Ergebenheit, die nur Spitzenkönner der Profession vollendet darzustellen vermögen.

Heutzutage muß man sagen: »Eine *Tasse* Kaffee, Herr Ober, bitte! Keine Portion!« Sonst bekommt man Mokka, der mit dem Kaffee von früher wesentlich nur noch Farbe und Temperatur gemeinsam hat. Man hat nur die Wahl, »geneppt« zu werden oder ein »schofler« Gast zu sein. Darum blieb man schließlich weg. Nun wird für den »Mokka« ein neues pompöses Gehäuse errichtet.

Das Café Bauer wird weiterleben. Aber es wird anders sein – schöner und prächtiger und teurer und langweiliger. Jenes Café Bauer, in dem so viele Seelen ihren Abendfrieden fanden, in dem so viele Romane begonnen und geendet haben, in dem über so viele

Dinge so eifrig geredet worden ist, in dem der Kaffee nicht so heiß getrunken wurde, dieses Café Bauer hat seinen Geist aufgegeben.

Ich jedenfalls weiß nicht, wo ich abends extemporieren soll. Es wird mir nichts anderes übrigbleiben, als meine Abendzeitung in der Staatsbibliothek zu lesen. Und da darf man nicht rauchen!

Über die Unendlichkeit des Ungeschehenen
1936

Ungezählte Dinge geschehen täglich auf der Welt, große und kleine, erhabene und lächerliche, wichtige und unwichtige, gescheite und dämliche.

Doch sind die Dinge, die sich begeben, zwar ungezählt, aber nicht unendlich. Unendlich ist die Zahl der Dinge, die sich nicht begeben. Während sich das große Weltgeschehen vor einer aus Millionen bestehenden Öffentlichkeit abspielt, begibt sich die unendliche Tragödie des Ungeschehenen vor dem leeren Amphitheater der Vergessenheit, in dem nur Ginster zwischen den Marmorstufen wächst, und eine Amsel an der Rampe der leeren Bühne nistet. Freilich, das sanfte Flöten dieser Amsel und das sanfte Duften des Ginsters enthalten die ganze Unendlichkeit einer Schöpfung, in der unsere Erde nur ein belangloser kleiner Trabant in einem belanglosen kleinen Sternensystem ist, das niemand beachtet, weil keinerlei Teleskope von irgendwoher darauf gerichtet sind.

Selbstverständlich kommt der Chronist nicht von ungefähr zu diesen abwegigen Überlegungen. Das Jahr 1916, dessen zwanzigste Wiederkehr wir heuer betrauern, wird, solange das geschichtliche Gedächtnis der Menschen reichen wird, mit dem Namen Verdun verbunden bleiben. In eben diesem Jahre, vor eben diesem Verdun, ist unter den Hunderttausenden von Soldaten, die diese Blutfestung gekostet hat, der große deutsche Maler Franz Marc gefallen. Und mit ihm sind seine ungeschaffenen Werke ins Grab gesunken. Das ungeheure Geschehen riß das Ungeschehene mit in den tiefen Abgrund.

Wir haben nicht die geringste Vorstellung von den Bildern eines späten Marc. Aber es ist nicht allein die Jugend des Künstlers, die sein Werk so unvollendet erscheinen läßt. Wir wissen von Corinth, daß er erst in den letzten Jahren seines Lebens glaubte, das Tor zum gelobten Land der Erfüllung gefunden zu haben. Wir wissen von allen großen Baumeistern, daß die Pläne, die sie mit ins Grab nahmen, größer und gewaltiger waren als alles, was sie Großes und Gewaltiges geschaffen hatten. Was für unerfüllte Träume sind mit Edison oder mit Leonardo da Vinci versunken! Die Fassade von San Pietro e Paolo in Ferrara ist so unvollendet geblieben wie die Deichbauten des Hoangho, und es gibt sogar eine Symphonie, die wir die Unvollendete nennen.

Freilich ist es merkwürdig genug, daß uns nichts so sehr an die Ewigkeit erinnert wie die Unvollkommenheit irdischen Gelingens. Das mag daran liegen, daß zwar das Geschehene diesseitig, das Ungeschehene aber überhaupt nicht vorhanden ist, sondern eine Art von jenseitiger Existenz hat, die uns verschlossen bleibt. In den Galerien des Himmels hängen alle die Werke, die die Maler durch die Pest oder den Erfolg hienieden zu schaffen verhindert wurden.

Aber das Schicksal der Großen ist noch viel mehr das Schicksal der Kleinen. Hinsichtlich der mangelnden Realisierung steht der freundliche Brief an Onkel Sebastian, der seit einem Jahr geschrieben werden sollte, den ungebauten Kirchen Michelangelos in nichts nach. Wir benehmen uns so, als ob es die ungeschehenen Dinge gar nicht gäbe. Aber tatsächlich schleppt ein jeder von uns einen ganzen Sack davon auf seinem Buckel mit herum. Es scheint ziemlich hoffnungslos, diesen Sack jemals leer zu bekommen. Soll man darum ganz aufgeben?

Man kann sich in die heiligen Berge zurückziehen, um das Nirwana anzubeten. Das ist ein Standpunkt oder vielmehr ein Sitzpunkt. Aber eben doch nur einer von den Sitz- oder Standpunkten, von denen man sagt, daß man sie respektiert. Was soviel heißt, daß man sie gründlich verachtet. Wenn man zu faul ist, über die Gründe einer Verachtung nachzudenken, dann respektiert man.

Sofern man ein Europäer ist, bleibt einem nichts anderes übrig, als immer wieder unbekümmert in den großen Sack hineinzugreifen und ungeschehene Dinge geschehen zu lassen. Mag das auch nichts anderes heißen, als daß man mit endlichen Mitteln gegen die

Unendlichkeit kämpft, ist es doch verkehrt zu sagen, das sei sinnlos. Tapferkeit ist niemals sinnlos.

Wir füllen unser Dasein und unsere Welt mit der endlichen Zahl von Geschehnissen, die wir der Unendlichkeit des Ungeschehenen entreißen. Gewiß, die Unendlichkeit wird nicht kleiner, soviel wir auch davon wegnehmen. Aber unsere Welt des Geschehens steht da, wild und zart, bunt und großartig, bewundernswert und schäbig, göttlich und grotesk. Alles Endliche entstammt dem Unendlichen, und insofern ist auch die letzte Geste des ärmsten Bettlers, der einmal seinen Groschen einem Knaben schenkt, Murmeln davon zu kaufen, von edler und erhabener Abkunft.

Wir haben das Glück, noch mit unseren albernsten Regungen, sofern wir sie nur geschehen lassen, etwas von der göttlichen Unendlichkeit in das Diesseits unserer zweifelhaften Welt einströmen zu lassen. Zögern wir darum nicht, die Fassade von San Pietro e Paolo bis zum First mit Marmor zu bekleiden! Zögern wir nicht, die Dämme des Hoangho zu bauen, damit wir nicht in den Fluten des Frühlings ersaufen! Zögern wir nicht, Symphonien zu vollenden, von denen wir nicht wissen, ob ihr Klang jemals eines Menschen Ohr erreichen wird! Und vor allem zögern wir nicht, Onkel Sebastian endlich zu schreiben!

Der charmante alte Herr wird eine Träne der Rührung nicht unterdrücken können. Die Tränen, die aus der Unendlichkeit des Ungeschehenen in die Welt rollen, werden von besonderen Engeln aufgefangen und in einem besonderen Becken gesammelt, in dem die Göttin der Güte ihr Morgenbad zu nehmen pflegt.

Sorgen wir dafür, daß sie nicht eines Tages auf dem Trockenen sitzt!

Nocturno
September 1939

Der Berliner sieht sich durch die Entwicklung der Ereignisse genötigt, seine Beziehungen zur Nacht auf eine neue Grundlage zu stellen. An und für sich sind diese Beziehungen niemals schlecht gewesen. Der Berliner hat die Nacht immer als eine Sache betrachtet, die so hell wie möglich erleuchtet werden und in der man so lange wie möglich herumlaufen muß. Er hat die Nacht zum Tage gemacht. Denn er ist von Natur ein geselliges Wesen, und so hat das Berliner Nachtleben einen wohlgefügten Ruf in der ganzen Welt gehabt.

Nun aber hat die Nacht sich auf ihre Natur besonnen, nämlich dunkel zu sein. Die Dichter haben die Schönheit der Nacht vielfach besungen. Jedoch, eine völlig schwarze Sache, die überhaupt nicht zu sehen ist, kann auch das lyrische Genie nicht besingen. Und so haben sich die Dichter geholfen und in die Nacht einen Mond hineingehängt, der, was sie besingen wollen, ausreichend erhellt. Die Nacht, die der Chronist besingen muß, ist ohne Mond und ohne Sterne, vollständig duster, zappenduster, duster wie im Bärenmagen.

Nun ist der Berliner von Natur nicht nur gesellig, sondern auch neugierig. Also laufen alle Berliner in dieser dusteren Nacht herum, um zu sehen, wie duster sie ist. Und dabei zeigt sich, daß der Berliner nicht nur ein geselliges und neugieriges, sondern ein durch und durch philosophisches Wesen ist. Obwohl er über die Bordkante stolpert und sich die Nase an der Litfaßsäule einrennt, ist es ihm noch nicht dunkel genug. Wo irgendein kleiner Lichtstrahl sich in die Nacht hinauswagt, mutig wie ein Forscher, der in die Arktis vorstößt, da stellen sich die Berliner davor und rufen erbittert: »Licht aus! Licht aus!«

Freilich, der Berliner ist kein Buddha, der sich damit begnügt, seine Güte still vor sich hinleuchten zu lassen. Und so hat er sich alsbald das Luchsauge ins Knopfloch gehängt. Das Luchsauge ist das Symbol des berlinischen Charakters. Solange es hell ist, ist das Luchsauge ein unbedeutender, pfennigstückgroßer, weißlichgrauer Fleck. Aber wenn es ganz und gar dunkel geworden ist, fängt das Luchsauge phosphoresk an zu leuchten, ganz von selbst. Als Glühwürmchen schwirrt der Berliner durch seine geliebte Nacht. Das Luchsauge am Steven, das Katzenauge am Bug, segelt er durch die kosmische Finsternis, mit sich selbst wie Luchs und Katz'.

Aber er ist in der lichtarmen Tiefe seiner Cañons nicht das einzige Lebewesen. Riesige blaue Ichthyosaurier schnaufen über den Asphalt. Und erst, wenn so ein ipsokinetisches Untier ganz nahe gekommen ist, verwandelt es sich, kurz ehe es einen verschlingt, durch den Zauber einer gütigen Fee in den Walfisch des Jonas, der einen doch wieder an Land spuckt, dort, wo man aus früheren Zeiten her eine Stampe weiß mit gepflegter Molle. Sicheren Schrittes tritt der Berliner auf eine dunkle Wand zu, berührt einen Windfangknopf, und die Wand tut sich vor ihm auf wie vor Ali Baba. Neununddreißig Räuber sitzen schon in der Höhle von Tausendundeiner Nacht und begrüßen den vierzigsten mit ermunterndem Zuruf.

Jetzt endlich stellt sich heraus, wer von den guten Freunden einem etwas wert ist. Erich, den Beduinenhäuptling, in seinem Zelt in Dahlem zu besuchen, das tut man nur, wenn es einem nichts ausmacht, zwei Stunden durch den Dschungel heimzureiten bis zum Oranienburger Tor.

Doch ist auch der Dschungel nicht ohne Hoffnung. Während man schon in Erwägung zieht, im Garten der Universität das Maultier an den großen Mommsen anzubinden und zu den Füßen seiner Weisheit die rosenfingrige Eos, diese ach so späte Dame, zu erwarten, entdeckt man einen roten Ichthyosaurus, behäbig hingelagert zwischen Alma mater und Staatsbibliothek, ganz offensichtlich im behaglichen Verdauungszustand, vielleicht eines Haufens alter Weisheit aus der großen Bücherschatzkammer der Metropole. Aber siehe da, wenn man näher herantritt, ist's die gute alte 109. Wer hätte das gedacht! Hoch im Norden fängt sie an, und zu Mommsens Füßen endet sie!

So klettert man denn in diesen neuen Walfisch Jonas', der einen just den Penaten vor die Füße spuckt. Nie ist das Heim einem so hell erschienen, als seit es verdunkelt wurde.

Abschied vom Zivil
März 1940

Ein Lord Byron mit umgekehrtem Vorzeichen, kann der Chronist von sich sagen, er erwachte eines Morgens und war unberühmt. Eben noch schlief der bekannte Plauderer. Aber geweckt durch einen staatlichen Engel mit Botschaft des WBK, sah er sich allsogleich verwandelt in einen vollständig unbekannten Soldaten, der keiner Sache so sehr ermangelte wie gerade des Ruhms.

Die geneigte Leserin fragt natürlich, was WBK bedeutet. Selbstverständlich könnte das Wellblechkommode sein. Ist es aber nicht. WBK ist der Deckname für das Schicksal selber. Im Kriege haben die Dinge die Neigung, sich zu tarnen. Das Wehrbezirkskommando ist es, das sich als WBK tarnte.

Da liegt man denn in seinem weichen Pfühle und hat eine gelbbraune Karte in der Hand, auf der man eingeladen wird, persönlich an der Geschichte teilzunehmen. Hier hätte der Chronist eine glänzende Gelegenheit, einen erstklassigen Film abrollen zu lassen. Was für tiefsinnige Gedanken könnten einen in dieser Lage überkommen!

Aber der Chronist muß gestehen, daß keinerlei tiefsinnige Gedanken ihn überkamen, hingegen ein äußerst behagliches Gefühl angesichts der Tatsache, daß, wenn morgen das Gehorchen begänne, heute jedenfalls der letzte Tag der Freiheit sei. Heute hatte die Vergangenheit nichts mehr und die Zukunft noch nichts zu sagen. So lange war man auf die Première ausgegangen, heute hieß es, die Kunst der Dernière zu einer, wenn auch kurzen, so doch edlen Blüte zu entwickeln. Tage dieser Art sind selten im Leben, und man muß es wahrhaftig beklagen, wie wenig die Menschen den Wert der Einmaligkeit zu schätzen wissen.

Für den, der einen Gestellungsbefehl bekommt, heißt es, eine Existenz vollständig aufzugeben, um eine andere, vollständig neue Existenz zu beginnen. Würden einem dafür vierzehn Tage Zeit gelassen, man käme mit Aufräumen, Ordnen, Disponieren niemals zurecht. So hingegen hat man vierundzwanzig Stunden Zeit. Es ist keine Rede davon, auch nur einen kleinen Teil dessen erledigen zu können, was erledigt werden müßte. So tut man am besten gar nichts und hat auf einmal vierundzwanzig Stunden Zeit.

Zunächst schlief der Chronist gelassen wieder ein mit dem angenehmen Gefühl, endlich einmal das moralische Recht zu haben, den Morgen zu verschlummern. Als er zum zweitenmal erwachte, erwachte er schon als alter Soldat, der nur noch taktische Lagen kennt. Auf, den Kohlenvorrat des Winters in den Badeofen hinein! Einmal sei die Wanne voll! Lassen wir die Seife schäumen! Es spielt keine Rolle mehr. Her mit dem letzten Viertelpfund Kaffee! Eine Tasse Mokka double turque sei damit bereitet! Die Wochenbutter auf die Frühstücksbrötchen: Soldaten von morgen müssen heute essen!

Wählen wir den schönsten Seidenschlips. Für Jahre sollte er noch halten. Ehe dich die Motten fressen – sei umschlungen, edler Binder!

Es klingelt. Wie von einer Zauberfee bestellt, erscheint der Herr Vollstreckungsbeamte. Der rückständige Säumniszuschlag für verspätete Abgabe der Umsatzsteuererklärung! Aufgeräumt und fröhlich hält man ihm die gelbbraune Karte unter die Nase. Die Helden von morgen sind heute nicht mehr vollstreckbar. Was bleibt dem Guten anderes übrig, als dem wackeren Krieger die Hand zu drücken und ihm Glück zu wünschen?

Nehmen wir den Hut vom Haken und gehen wir in die Stadt! Guter, alter Hut! Christoph hat ihn mir übermacht aufgrund einer Wette in der Mulackstraße um drei Uhr in der Früh, in den ach zu lange vergangenen Zeiten des Friedens. Du saßest im Genick, wenn wir würfelten an fröhlicher Theke. Du schwenktest durch die Bahnhofsluft und warst das letzte, das die scheidende Geliebte von uns sah. Keine Vorschrift gibt es, wie du auf dem Haupt zu sitzen habest. So sitze denn heute verwegen! Und auf dir, guter alter Hut, wird die Taube des Friedens sitzen, wenn wir wiederkommen. Laß den Rand nicht hängen! Deine Zeit kommt wieder. So ziehen wir durch die Landschaft der vergangenen Tage. Einmal gehen wir noch speisen. Einmal noch kaufen wir die Mittagszeitung. Einmal noch gehen wir ins Kaffeehaus. Einmal noch sitzen wir heiter bis tief in die Nacht. Nichts weiß man von dem, was morgen sein wird. Alles kann sein oder nichts. Von keinem Ding weiß man, wann man es wiedersieht. Und nicht einmal von sich selber weiß man, ob man sich wiedersehen wird. Krieg ändert die Menschen.

Krieg ändert die Welt. Wenn man wieder da sein wird, wird nichts mehr so sein, wie es war. Aber aus der Ferne werden wir erkennen, was etwas wert gewesen ist und was nicht.

Wo immer wir hingeraten mögen, überall scheinen dieselben Sterne zu unsern Häupten. Laßt uns ihnen vertrauen.

Tränen in Woronzowka

Weihnachten 1943 saßen wir im Kessel der Krim. Ich war damals Chef einer pferdebespannten Sanitätskompanie. Der Hauptverbandsplatz lag in einer Fabrik nördlich Ishun auf der Landenge von Perekop, der Troß in einem Dorf etwa zehn Kilometer südwestlich davon in der Steppe der Nordkrim. Woronzowka hieß das Dorf. Es bestand aus zwei Dutzend Lehmkaten, in denen die Soldaten sich im Lauf der letzten Wochen behagliche Quartiere eingerichtet hatten. Mensch und Tier hausten eng beieinander. Die Ställe der Pferde waren warm und behaglich, wie Ställe so sind. Wahrscheinlich ist auch der Stall von Bethlehem warm und behaglich gewesen. Mit meinem Hauptfeldwebel zog ich von Quartier zu Quartier, die Männer an diesem Abend zu besuchen. Die Frontlage war verhältnismäßig ruhig. Kleine Weihnachtsbäume waren aufgestellt worden, von Soldatenhänden liebevoll geschmückt. Nach langer Zeit wurden auch Bilder der Frauen und Kinder wieder einmal aus den abgewetzten Brieftaschen hervorgeholt. Wir saßen im Quartier der Fahrer – Bauernsöhne aus Pommern und Mecklenburg, rauhe, ehrliche Burschen. Die meisten von ihnen haben erreicht, wonach sie sich damals so bitter sehnten. Sie haben das Glück gehabt, in die Heimat zurückzukehren – nach Pommern und Mecklenburg! Erst sangen die Männer Weihnachtslieder. Aber Weihnachtslieder in dieser Lage? Im dritten Jahr in der Steppe der Verlorenheit? Beim zweiten Vers von »Stille Nacht, heilige Nacht . . .« konnten sie nicht mehr weiter. Alte Pferdeknechte fingen an zu weinen wie Kinder. Da sie nicht schluchzen mochten, was sie doch so gern getan hätten, liefen ihnen die Tränen als kleine Bäche über die Gesichter. Ich habe wenige Dinge erlebt, die schlimmer anzusehen gewesen wären als diese Tränen des Elends und der Verzweiflung, die Tränen in Woronzowka am 24. Dezember 1943. Natürlich gab es an diesem Abend reichlich zu trinken. Die Verwandlung von Gefühlen in Ressentiments, indem man mit Rauschmitteln nicht kleinlich ist, hat schon immer zu den feineren Künsten der politischen Psychologie gehört. Diesmal schlug das Mittel fehl. Das Gefühl gegen das Ressentiment zu schützen, vermag nur die Ironie.

Es war ein Rohling, ein Rohling mit Zartgefühl, der sich der verzweifelten Tränen der Männer in Woronzowka erbarmte. Nachdem er noch einige Gläser vom Heiligabendschnaps getrunken hatte, stimmte er mit seinem kräftigen Baß eines der alten, wüsten Lieder an, die betrunkene Seeleute und Soldaten seit jeher so gerne singen. Ein wüster Shanty am Abend der Geburt Jesu Christi!

Konnte ich das dulden? In einer solchen Situation hängt natürlich alles davon ab, ob der Chef das billigt und mitsingt oder nicht. Zuweilen muß man mit den Wölfen heulen. Aber zuweilen auch muß man mit den Herzen heulen.

Der Rohling mit dem Zartgefühl war der Obergefreite Kubatz aus Frankfurt an der Oder. Er war ein Athlet, ein prachtvoller Kerl, glänzender Pferdepfleger und ein guter Kamerad. Wenn irgendwo Verwundete lagen, zu denen man wegen des Schlamms oder wegen des Beschusses mit den Motorsanitätswagen nicht hingelangen konnte, fuhr Kubatz mit seinen Rössern in die Nacht hinaus und holte sie. Im Lauf der Jahre mögen es zwanzig, dreißig Verwundete gewesen sein, zwanzig, dreißig Menschenleben, die ohne seinen Mut, seine Hartnäckigkeit und sein glänzendes Orientierungsvermögen irgendwo in einer verlorenen Ecke des Schlachtfeldes elend zugrunde gegangen wären. Er hat sie gerettet. Sollte ich sein Zartgefühl kränken, nur weil diesem Zartgefühl bessere Ausdrucksmittel nicht zur Verfügung standen? Als der Obergefreite Kubatz das wüste alte Lied anstimmte, sah er mich an. Ich habe mitgesungen.

Drei Monate später ist der Obergefreite Kubatz im Schwarzen Meer ertrunken mit einem Schiff, das, von Flugzeugen in Brand gesteckt, in Flammen auf-, im Wasser unterging.

Am späten Abend fuhr ich zum Hauptverbandsplatz zurück. Ich fuhr in einer Steppenkalesche, einem dieser russischen, für den Schlamm so brauchbaren Fahrzeuge mit ihren riesengroßen Rädern. Hinter Ishun wurde plötzlich der Nebel so dicht, daß wir keine drei Meter weit mehr sehen konnten. Die Steppe hat außer einem Filigran sich kreuzender Radspuren keine Merkmale. Eine Weile irrten wir im Nebel umher. Schließlich ließen wir den Rössern die Zügel lang. Ohne auch nur einen Augenblick zu zögern, machten die braven Panjepferdchen sich auf den Weg und brachten uns nach Hause.

Die Verwundeten, die an diesem Abend kamen, wurden natürlich unbeschreiblich verwöhnt. Und doch, fast mußten wir sie ein wenig beneiden. Sie wurden mit dem Flugzeug aus dem Kessel in die Heimat ausgeflogen. Selbst ein Schuß durchs Kniegelenk war eine Art Gunst des Schicksals, der Preis, ein hoher Preis, für die Fahrkarte in ein künftiges Leben statt der fast sicheren Aussicht auf russische Gefangenschaft. Ein Knieschuß als Weihnachtsgeschenk des Schicksals!

Kurz vor Mitternacht machten die Russen einen überraschenden Angriff. Für eine Stunde flammte am Horizont das Artilleriefeuer wieder auf. So konnte das Schicksal noch manchem seine Weihnachtsgunst erweisen. Einige von ihnen freilich mußten wir am anderen Morgen begraben.

Sicherlich gibt es vom 24. Dezember 1943 noch andere Aspekte. Auch an diesem Abend sind irgendwo auf der Welt Kinder glücklich gewesen. Aber bei uns, im Osten, war es damals so. Ist das nun ein Abend gewesen, der würdig war der Erinnerung daran, daß vor 1943 Jahren Gottes Sohn das Dunkel der Welt erblickt hatte?

Ich wage nicht, das zu sagen. Aber Menschen, die wahrhaft verzweifelt sein können, sind, auch wenn sie niemals dahin gelangen werden, dem Stall von Bethlehem immer noch etwas näher als die, welche ohne die geringsten Zeichen von Verzweiflung mit einer »Constellation« 9 Uhr 50 ab Flugplatz, Rollfeld 8, 30 Prozent Ermäßigung für den Rückflug stracks sich an den sehenswerten Ort begeben.

Der Glanz des Menschen ist ein oberflächliches Elend. Das Elend des Menschen hat einen tiefen Glanz. Pascal, der christlichste aller Franzosen, hat gesagt:

> »Das Elend des Menschen ist nur ein Beweis seiner Größe. Es ist das Elend eines großen Herrn, das Elend eines gefallenen Königs.«

Meditationen am Zürichsee
1947

Früher hatte man die Möglichkeit, in den Himmel zu kommen oder in die Hölle. Jetzt gibt es noch eine dritte Möglichkeit – in die Schweiz. Wahrscheinlich gibt es niemanden, der dieses Land so genießen kann wie der Deutsche, der aus seinem Ruinenghetto kommt.

Die Schweiz zu lieben, ist für den Deutschen nicht einfach. Wer liebt schon sein eigenes Gewissen? Aber es scheint, als ob auch das Gewissen den nicht liebt, für den es schlägt. Große Völker sind stolz darauf, groß zu sein. Kleine Völker sind stolz darauf, klein zu sein. Wie wären wir wohl miteinander dran, wenn es achtzig Millionen Schweizer gäbe und vier Millionen Deutsche?

Vom westlichen Turm des Großmünsters von Zürich, hoch über der Limmat und über dem See, blickt Kaiser Karl der Große über die eidgenössischen Lande. Nichts ist charakteristischer für dieses Land als der Anlaß, dessentwegen die Bürger von Zürich seiner gedenken. Dieses gewaltigen Mannes aus der Frühzeit der Geschichte des europäischen Mittelalters erinnern sich die Bürger von Zürich mit Dankbarkeit, weil er ihnen eine Schule geschenkt hat. Die Münsterschule ist nach der Überlieferung von ihm gegründet worden. Aber der Karolinger blickt auch hinüber nach Nancy, Murten und Grandson, wo das Heer der Eidgenossen Herzog Karl den Kühnen von Burgund in drei blutigen Schlachten besiegte. Nach diesen Siegen war die Eidgenossenschaft einer der mächtigsten politischen Faktoren Europas geworden. Es war jedoch nicht Macht, wovon die Eidgenossen träumten. Sie wählten die Freiheit.

Wenn etwas Bewunderung verdient, so ist es die großartige politische Klugheit, mit der die Schweizer durch alle Wechselfälle der europäischen Politik hindurch dieses kostbare Gut bewahrt haben. Nur darf man nicht vergessen, daß Europa einen hohen Preis dafür bezahlt hat. Bei Murten ging mehr verloren als die Vorherrschaft Karls des Kühnen. Im Staube dieser Schlacht versank die Glorie Burgunds. Seitdem fehlt dieses Land in der balance of powers, im Gleichgewicht der geistigen Mächte des Westens. Die ehrwürdigen Baudenkmäler Burgunds sind heute Provinz. Wo immer man bewundernd vor ihnen steht, hat man das eigentümliche Gefühl eines Vakuums im Herzen Europas, über dem die melancholischen Schatten einer unwiederbringlich verlorenen Vergangenheit liegen.

So schlendert der Gast nachdenklich durch die alten Bogengänge der Zunfthäuser am Limmatquai. Es sind die Blumenstände, die ihn am meisten entzücken. In einem Land, in dem es die Trostlosigkeit der vollkommenen Armut nicht gibt, ist der Luxus kein soziales Problem, sondern eine heitere Arabeske des Lebens.

Gegenüber der totalen Zerstörung, aus der man kommt, gibt es hier die totale Unzerstörtheit. Allein, nichts vermag einen davor zu bewahren, in destruktiven Kategorien weiter zu denken. Es war eine Frau, die einmal beim Anblick ihres zerstörten Hauses sagte: »Wie merkwürdig, daß diese Ruine schon immer in diesem Hause drin war.«

Des Menschen Traum, die Sicherheit, ist in den materiellen Dingen nicht zu verwirklichen. Man erkennt, daß unsere Beziehung zum Besitz sich vollständig verwandelt hat. Geld ist für uns ja längst nicht mehr Besitz, sondern ein reines Funktionsmittel, wobei es uns allmählich gleichgültig geworden ist, welchen Brotwert ein Geldschein gerade hat. Wir besitzen Dinge nur noch »auf Verdacht«, wie der Jargon es so unübertrefflich ausdrückt. Diese Beziehung wäre jener vergleichbar, welche der mittelalterliche Mensch, für den das Leben nur eine Station auf dem Wege zum Himmel war, zu irdischem Besitz hatte – wenn wir fromm wären. Da wir aber nicht fromm sind, steckt ein Stück Zynismus in unserer mit unserem ganzen Besitz so teuer bezahlten Souveränität. Wir sollten aber lieber Respekt haben vor der Mühe, welche die Bewahrung des Eigentums von Tag zu Tag erfordert.

Am Ende des Quais steht das Zürcher Stadttheater. Hier wurde bewahrt. Über ein halbes Menschenalter war dies die einzige freie Bühne deutscher Sprache. Hier wurde gepflegt, was im großen Nachbarlande mit dem Hammer zerschlagen wurde. Hier fand der Geist eine Stätte, in der die Überlieferung lebendig gehalten wurde. Hier sollte jeder deutsche Intellektuelle eine bescheidene kleine Narzisse der Dankbarkeit pflanzen in das große Blumenbeet vor dem Theater, auf dem der kostbare Glanz des neuen Frühlings liegt.

Dann schlendert man über die Limmatbrücke mit dem Blick nach der einen Seite auf den goldenen Glast, darein der Morgennebel über dem See sich langsam verwandelt, mit dem Blick nach der anderen Seite auf die Silhouette der alten Stadt Zürich diesseits und jenseits des Flusses, mit dem Blick auf das Panorama der eine hinter der anderen sichtbar werdenden Brücken, ein Bild, das ein wenig an die Seine-Brücken erinnert. Es ist ein Blick auf den Frieden.

Abends hat man die Wahl zwischen so herrlichen Möglichkeiten wie der Käshütte, der Reblaus oder der Oepfelchammer. In der »Oepfelchammer«, der ältesten Weinstube Zürichs, pflegte unter den verräucherten Balken Gottfried Keller sich seinen Abendschoppen zu genehmigen. Etwas vom Geist des Alten schwebt noch immer durch die dicken Rauchschwaden unter der niedrigen Decke. Unter dem bewährten Motto »Sei's drum!« wird dem Fremdling, auch wenn er einer von den schlimmen Schwaben ist, der Zutrunk nicht verweigert. So schreitet der Gast, vom weißen Neuenburger heiter beschwingt, heimwärts, eidgenössische Friedfertigkeit im Herzen wohl verwahrend.

Mit kostbarem Licht übergießt der alte Mond das Gewirr der Dächer, diese nächtliche Landschaft der Urbanität. Silbern leuchten die Fassaden der Bürgerpaläste, die der Stolz mittelalterlicher Patrizier vor Jahrhunderten erbaute. Silbern leuchtet auch der Bart Kaiser Karls des Großen, den mehr als ein Jahrtausend von uns trennt, ein Jahrtausend voller Herrlichkeiten, ein Jahrtausend voller Schweiß, Blut und Tränen. Aus einem Brunnen sprudelt Wasser und füllt die stille Gasse mit einem leisen, feinen und tröstlichen Klang.

Wie schön ist diese alte Stadt unter dem monddurchwobenen Schleier der Nacht, der alles in gleicher Weise zart und gnädig verhüllt – Münster und Schenke, Haus und Palast, Brücke und Brunnen, den alten Traum von der Freiheit und die alte Liebe zur Herrschaft, die Erinnerung an das schöne Einst und die Hoffnung auf das gute Morgen.

Billet doux aus Berlin

Berlin, im Mai 1952

Chère Antoinette,

ich muß es Ihnen berichten! Ich habe sie wiedergesehen! Ich habe unsere Freundin wiedergesehen, die wir so zärtlich geliebt haben in jenen goldenen Tagen, damals . . . Erinnern Sie sich noch? Während wir nicht einmal auf die Idee gekommen sind, daß es sie überhaupt noch geben könnte, entzückt diese träumende Fee des Asphalts mit ihrem Charme noch immer und schon wieder alle Welt. Ihre Frische scheint unvergänglich!

Sie ahnen nicht, wen ich meine?

Nun, heute mittag kletterte ich in Frankfurt in ein Flugzeug, und zwei Stunden später landete ich auf dem Tempelhofer Feld. Ich nahm mir ein Taxi, um zu meinem Hotel am Kurfürstendamm zu fahren.

Der Taxichauffeur war eine dieser glänzenden Asphaltfiguren, die die Aristokratie des Berliner Witzes repräsentieren. Die Lage war wieder einmal gespannt. Seit meiner Studentenzeit darin geübt, der politischen Weisheit, die in den Mollenstampen Berlins von je eine attische Stätte hatte, habhaft zu werden, begann ich, kaum daß der Wagen rollte, mit dem Chauffeur ein Gespräch.

»Na, was halten Sie von der Lage?«

Der Chauffeur nahm gelassen den Fuß vom Gashebel, drehte sich ein wenig nach mir um, warf einen prüfenden Blick auf mich und antwortete:

»Wat woll'n Se 'n hör'n?«

So war ich in den ersten fünf Minuten »schon wieda mittenmang«.

Selbstverständlich habe ich dann, um den überlieferten Ritualen Berlins Genüge zu tun, erst einmal eine Stunde lang telefoniert. Was für den Tibetaner die Gebetsmühle, ist für den Berliner das Telefon. Er dreht und dreht, bis die Götter alle seine Wünsche erfüllt haben.

Dann ging ich auf die Straße. Auf den ersten Blick sieht der Kurfürstendamm aus, als ob Ihre Freunde in Hollywood eine Dreihundertmeterkulisse aufgebaut hätten, um den großen Film

»The Story of the Golden Twenties« zu drehen. Dazu schickte sich die Sonne gerade an, in Technicolor Cinemascope Breitwand über dem Grunewald unterzugehen. Es sind aber tatsächlich richtige Häuser mit richtigen Läden, Wohnungen, Kinos und Theatern. Und auf den Terrassen der Caféhäuser sitzen als tapfere Komparsen der Weltgeschichte richtige Berliner. Der dunkelgraue Stein der Kaiser-Wilhelm-Gedächtniskirche fing langsam an, purpurn zu leuchten. Ein letzter waagerechter Strahl der Sonne ließ ein Mosaik an der Innnenwand der Kirche golden aufblitzen. Diese Kirche ist eine der großartigsten Ruinen, die es auf der Welt gibt – frühes 20. Jahrhundert!

Ich nahm mir auf einer der Terrassen einen Stuhl. Ich bestellte einen Kaffee. Dann gab ich mich dem niemals endenden Vergnügen hin, den unerschöpflichen Film des menschlichen Gesichts an mir vorüberziehen zu lassen – splendeur et misère de l'homme!

Durch das verblassende Tageslicht schwebt noch immer der helle, kräftige Ton, den die Kiefernwälder der Mark Brandenburg über Berlin breiten. Dann fällt, wie ein Schleier, die Dämmerung von dem dunkler werdenden Himmel hernieder. Und da nun ist sie wieder, unsere alte, so lange, so zärtlich geliebte Freundin, die Fee der blauen Stunde –

L'Heure bleue de Berlin!

Was ist sie doch für eine Zauberin! In Minuten bringt sie das Kunststück fertig, das rasante Tempo der Großstadt zu einem Adagio con sentimento herabzudämpfen. In diesem Adagio beginnt jedermanns Seele, wie ein Schmetterling, der starten will, ein wenig die Flügel zu bewegen. Die Mädchen, die entzückenden Berliner Mädchen, lächeln leise vor sich hin. Zwischen sieben Bestellungen wirft die Kellnerin, kurz verhoffend, einen träumerischen Blick auf einen langsam vorübergleitenden Cadillac. Selbst der Zeitungsverkäufer an der Ecke unterlegt, obgleich schon ein wenig heiser, der Schlagzeile der Stunde eine einschmeichelnde Nuance. Rasant ansteigend sind nur die Einnahmen des Drehorgelspielers am Bordstein und der Umsatz der Blumenfrau in Veilchen, das Sträußchen zu »drei Jroschen det Stick«.

Erinnern Sie sich noch? Erinnern Sie sich daran noch unter der Sonne Kaliforniens? Wir haben dann nie viel gesagt. Und wenn wir tatsächlich einmal einen »Zoff« miteinander gehabt hatten, in der Heure bleue zerstob er wie eine Pusteblume, in die ein sanfter Hauch hineinfährt. Nach der Pusteblume pflegten wir uns an die Lösung des schwierigen Problems zu machen, was wir nun am Abend »unternehmen« sollten.

Bitte, spotten Sie nicht! Vielleicht bin ich sentimental. Aber schließlich weiß ich, vielleicht sogar noch ein wenig besser als Sie, wie der Horizont dieser blauen Stunde aussieht und was von ihm zu halten ist. Aber zuweilen meine ich doch, wenn die Seele Berlins noch so lebendig ist . . .

Meinen Sie nicht auch?

Unsere zärtlich geliebte Freundin, unsere Asphaltfee, hat alle Leiden unserer alten Stadt überlebt. Ob wir wohl noch einmal einen Zoff miteinander haben werden, den die zärtliche Fee in die Dämmerung pusten wird, in die Dämmerung der Heure bleue am Kurfürstendamm in Berlin?

Und was werden wir nachher »unternehmen«?

Ich grüße Sie über einen Ozean und zwei Kontinente hinweg!

Ihr getreuer
Heinrich Jagemann

WINDROSENBLÜTEN

Bahnhofselegie

Hoch und nüchtern ragt aus Glas und Stahl im Dunst der großen Stadt die Bahnhofshalle. Rauch füllt ihre weiten, dunklen Wölbungen. Der Lärm der Menschen und Maschinen dröhnt chaotisch durch sie hin. Ihre Flanke steht offen. Der Wind bläst kalt und scharf herein.

Wie die Scheibe der Sonne über der Welt, schwebt über dem unendlichen Getümmel die Bahnhofsuhr. Ihre schwarzen Zeiger rücken unerbittlich wie der Wille der Götter Grad um Grad vorwärts. Was sie anzeigt, ist nicht nur die unendliche Zeit, es ist das Schicksal selber. Die kalte, nüchterne Halle ist ein von Ereignis, Entscheidung, Hoffnung, Verzweiflung und Ergebenheit schier überquellender Markt des Lebens.

Wir kommen und wir gehen. Wir kommen an, wir fahren ab – auf einem Bahnhof. Wenn der Mensch das Traumland seiner Jugend verläßt, ist es der Pfiff der Lokomotive, der ihn in die gefährliche Ferne reißt. Die Stationen seines Lebens sind die Bahnhöfe. Wenn er verzweifelt vor sich selber und seinem Schicksal flieht – es sind nicht mehr Zelte, die er hinter sich abbricht, es ist ein Billett, das er sich löst: »Eins Zweiter irgendwohin!« Wenn er freudig einem neuen Leben entgegeneilt – er sattelt nicht mehr das Roß, er grüßt nicht mehr die alte Linde, er löst sich ein Billett und zahlt Tribut für die Distanz, die Hoffnung, das bessere Morgen.

Freilich, nur der Abschied ist eine sichere Sache. Wenn die Tränen fließen, haben die Götter sich schon abgewandt. Die unerhörte und verzweifelte Hoffnung, daß noch im letzten Augenblick etwas Umstürzendes geschehen möge, hat nur Wert als ein Beweis für die bewundernswerteste Tugend des Menschen, seine Unbelehrbarkeit. Erfüllen wird sie sich niemals. Die Türen schlagen. Die Menschheit wird gespalten in die zwei Teile derer, die gehen müssen, und derer, die bleiben müssen. Der Mann mit der roten Mütze hebt die Scheibe. Sekunden später ist die Tragödie vorüber, täglich hunderttausendmal an tausend Stellen.

Die Ankunft auf den Bahnhöfen des Lebens dagegen ist umgeben vom geheimnisvollen Schimmer des Unbekannten. Vielleicht ist es diesmal das letztemal, daß die kärgliche Habe dem treuen Wächter des Handgepäcks anvertraut wird. Vielleicht ist dies der Ort, an dem der Acker auf die Arme und den Schweiß eines Mannes wartet, der bereit ist, das Seine zu tun. Vielleicht wird aus dem alten guten Lederkoffer eine Kommode, ein Schrank, ein Haus mit Weib und Kind. In den bescheidenen Bündeln des Handgepäcks liegt manche große Möglichkeit verborgen. Freilich, niemand vermag etwas davon zu ahnen, so wenig man von den Früchten eines Baumes wissen kann, welche verfaulen, welche die Schweine fressen und welche noch den späten Enkeln Schatten spenden werden. Die große Ankunft im Dasein erkennt man selten, ehe Jahrzehnte verstrichen sind. Darum denken wir so viel an den Kummer, den der Bahnhof uns bedeutet, und so wenig an die Freuden, die an einem Bahnhof ihren Ausgang nehmen.

Es nützt dem Bahnhof nichts, wenn er nicht mehr sein will als eine technische Schaltstation für die Bedürfnisse der öffentlichen Kommunikation. Längst hat das Moos des Schicksals Stahl, Glas und Beton überwuchert. Welch andere Stätte noch könnte sich rühmen, so viele Seufzer zu bewahren, so viel Leid und Stolz, so viel Glück und Jammer gesehen zu haben wie eine Bahnhofshalle?

Der Bahnhof, mag er immerhin ein Wunderwerk der Technik sein, vor allem ist er eine Eroberung der menschlichen Seele. Die Bahnhöfe, das sind die Burgen stolz und kühn am gewundenen Lauf unseres Lebens. Der Efeu bedeutungsvoller Erinnerung umgibt sie mit einem eigenen Glanz.

Wenn der Bahnhof schon als tragischer Ort von keiner Ruine erreicht wird, so ist er vollends unübertrefflich im hundertfältigen Schmuck seiner Alltäglichkeit.

Auf dem Platz vor dem Bahnhof stehen die Droschkenchauffeure. Sie entführen den Fremdling in das Gewirr unbekannter Straßen. Mag die alte Karre in allen Fugen und Gelenken ächzen und klappern, ihre Leibmusik ist dennoch ein lieblicher Klang. Der Kamelreiter des Benzins und der verlorene Fremdling rasseln dahin auf der Straße des Vertrauens. Jener wird keine Umwege fahren, und dieser wird in bar bezahlen. Beide haben so viel Vertrauen in die Wohlordnung der Welt, daß sie voneinander voraussetzen, es werde keiner den anderen hereinlegen. Hier werden Verträge gehalten, die noch nicht einmal richtig abgeschlossen worden sind.

Die Gepäckträger ergreifen die Habe. Ihre schwieligen Hände machen keinen Unterschied zwischen dem Pompadour des Großmuttchens und der Partycase eines lebensfrohen Dämchens mit den Labels von Assuan und vom Excelsior Palace Hotel am Lido. Das kostet Stück für Stück fünf Groschen.

Das Leben der Gepäckträger spielt sich ab zwischen Moskau und Paris, zwischen Istanbul und Kopenhagen auf Bahnsteig drei. Mit fernen Metropolen stehen sie auf du und du.

Zwischen Istanbul und Kopenhagen trinken sie gern einen Köhm. Irgendwo tief im Bauch des Bahnhofs ist eine Schwemme für Droschkenkutscher, Gepäckträger und Streckenarbeiter. Nirgends auf der Welt ist Köhm so billig, und nirgends auf der Welt wird so gut Skat gespielt wie in des Bahnhofs tiefem Bauch. Ein Grand ohne drei mit nur zwei Assen im Keller, während zwei Stockwerke höher Mr. Gulbenkian zur Ölkonferenz nach Kairo abfährt und Lilli Palmer der Wochenschau ins Okular lächelt, das sind Konstellationen, die als erhaben bezeichnet werden müssen.

In der Halle steht der Portier des Bahnhofs. An seiner Mütze steht »Auskunft«. Er ist der Vater der Aufgeregten. Er weiß, wie man von Kreiensen nach Sevilla kommt, und würde man ihn nach Buxtehude fragen, er würde nur streng blicken und sagen: »14 Uhr 32 über Hannover.«

Der Mann am Schalter ist hygienisch verschlossen. Man spricht zu ihm wie zu einem Eichhörnchen, das im Käfig sitzt. Er verteilt die braunen und die grünen Blättchen ohne Ansehen der Person und Sache. Nie fragt er, warum wohl dieser mit dem großen Vollbart nach Flensburg will und was er dort zu tun hat. Motive sind tariffrei. Der Tarif ist motivfrei. Freud und Leid des Lebens branden gegen den Schalter in ununterbrochenem Strom. Der Mann am Schalter schweigt und kassiert.

Auf dem Bahnsteig wird einem das Leben leichtgemacht. Ein Mann mit Keks geht spazieren. Man kauft Keks. Ein Mann mit Zeitungen geht spazieren. Man kauft Zeitungen. Und wer lauschte nicht gern und ergriffen den musikalischen Darbietungen des Mannes mit dem Weihnachtswunderwagen! Sein Ehrgeiz ist, seine Ware so unverständlich wie möglich anzupreisen. »iiier felli?«, das heißt »Bier gefällig?« Und dem Bahnhof zu Ehren hat sogar der Kognak hier einen eigenen Namen, der sonst nirgends vorkommt. Der Kognak auf dem Bahnhof heißt »Aromatixigarn!« Ein eigentümliches und aufregendes Wort, das leicht als Komplex sich festsetzen könnte, wenn man nicht durch Ankauf dem vorbeugte.

Der Stationsvorsteher hat eine rote Mütze und vollstreckt den Willen der Götter nach den heiligen Riten des Kursbuchs. Aber noch eindrucksvoller als er ist der Herr Zugführer. Er trägt ein rotes Lederbanderol wie ein Husarenrittmeister. Er ist es, dem wir unser Leben anvertrauen. Er ist es, der die Attacke gegen die Statistik der Unfälle reitet. Aber das sind immer so wahrhaft würdige und sichere Männer, daß es sie kränken hieße, wäre man besorgt.

Ganz zum Schluß kommt der Herr Reisende. Er ist dick und schwitzt und hat mehr Handgepäck, als er haben darf. Er spricht nach einer Minute schon und erzählt Witze von der Art: »Da saßen einmal ein Sachse und ein Preuße im Eisenbahnkupee . . .«

So flieht man aus dem Abteil ans Fenster im Gang. Auf dem Bahnsteig zerdrückt die Braut noch eine Träne. Der Geschäftsfreund gibt dem Geschäftsfreund noch einen letzten Tip für die Tapetenmuster der Herbstkollektion. Im allerletzten Augenblick entschließt sich noch einer zum Ankauf von Aromatixigarn. Und immer sind dann noch zehn Sekunden, in denen keiner mehr etwas zu sagen weiß.

Die grüne Scheibe wird gehoben. Dampf zischt auf. Ein Lächeln, ein Winken, ein letztes Reißen am Gemüt – der Zug rollt aus der Halle. Der Dicke hat die Stullen schon ausgepackt und schält mit einem Federmesser einen Apfel. Die Tragödie sitzt mit der Stulle im selben Abteil. Der Zug fährt in die Kurve. Im feierlichen Licht des Abends versinkt die Bahnhofshalle in der Vergangenheit. Donnernd braust der Zug in die Nacht hinein, einem neuen Morgen entgegen, mit Tragik und Stulle in einer Bahnhofshalle.

Lob des Dienstmannes Numero 3

Ein weitgereister Mann zu sein, gilt heute wie zu allen Zeiten als erstrebenswert. Nur vergessen die, denen es an der Wiege gesungen wurde, allzu leicht, daß man weitgereist nur für die ist, die daheimgeblieben sind. Wer beharrlich Kontinente abgrast und Metropolen sammelt, ist, wenn er dafür bewundert werden will, angewiesen auf die bescheidenen Diener Merkurs, die ein Leben lang am gleichen Orte sitzen bleiben.

Wem wohl gebührte da höheres Lob als dem Dienstmann Numero 3, der seit vierzig Jahren jeden Sommer in Baden-Baden verbringt und jeden Winter noch dazu. Koffer aus Cincinnati und Rio de Janeiro, Reisetaschen aus Marseille und Stockholm, Regenschirme aus Sidney und Lörrach stachen ihm in sein erfahrenes Auge und passierten seine erfahrene Hand. Er hat niemals die Weltordnung so weit mißverstanden, daß er selbst je nach Sidney, Lörrach oder Stockholm gefahren wäre.

Einem Gerücht zufolge ist einmal der Dienstmann Numero 3 Anno neunzehn in Achern gewesen. Aber da ist er mit dem Leiterwagen hingefahren, und wie er zurückgekommen ist, weiß er nicht mehr. Er war voll des süßen Weines – eine Jugendsünde, die ihm anzukreiden um so weniger berechtigt wäre, als er seine Zeche bar bezahlt hatte. Seitdem hat sich Numero 3 von seinem Bahnhofswarteplatz nicht mehr entfernt. Warum auch sollte dieser Mohammed zum Berge wandern, wenn die ganze Welt doch zu ihm kommt!

Gepäck hat Charakter. Wenn Kofferkunde irgendwo an einer Hohen Schule gelehrt würde, Numero 3 müßte einen Ruf als Ordinarius dieser Wissenschaft bekommen. Man glaube nicht, daß diese Wissenschaft etwa weniger einfach oder gar weniger nützlich wäre als irgendein anderer Zweig der Wissenschaft vom Menschen. Sie ist nur weniger verbreitet. Ein Meister dieses Fachs, wie es der Dienstmann Numero 3 ist, kann aus einem Haufen Gepäck mehr über seinen Besitzer herauslesen, als wenn unsereiner denselben vierzehn Tage lang beim Pokern studierte. Es gibt da eine gewisse Art von unheimlich schweren Stücken, die allen Vorschriften zum Trotz im Abteil reisen. Diese Stücke sind bei allen erfahrenden

Dienstmännern der Welt als geizige Koffer bekannt. Lederne Reisetaschen, in denen es scheppert, wenn man sie über die Schulter wirft, sind selten verheiratet. Handtaschen, die aufspringen, sind als weiblichen Geschlechts erkannt, lange bevor Puderdose, Schwammbeutel und Tauchnitzband auf dem Bahnsteig liegen.

Wenn zwei große Schweinslederne und ein kleiner Vulkanfiber auf denselben Schein ausgeliefert werden, weiß Numero 3, daß ein Fehltritt vorliegt, noch ehe er festgestellt hat, daß sie hübsch und er reich ist. Unansehnliche, aber stabile Schrankkoffer gehören älteren Amerikanerinnen. Weißes Elefantenleder im Leinenüberzug bedeutet verarmter Großfürst. Es gibt agrarisches Gepäck und industrielles Gepäck. Es gibt Amateurgepäck und Profigepäck. Es gibt nobles und solides, elegantes und braves, gelehrtes und geschäftliches, nervöses und biederes Gepäck. Dem Dienstmann Numero 3 den Koffer übergeben heißt, ihm die Biographie in die Hand drücken. Ihn kann man nicht täuschen.

Natürlich verfügt unser Kofferphilosoph auch hinsichtlich der Kofferschilder über die gründlichsten Kenntnisse, die man sich nur wünschen kann. Die Labelogie, die Lehre von den Kofferschildern, ist sein Spezialgebiet. Er kennt die Fahnen aller großen Schiffahrtslinien. Die Ozeane strömen zusammen bei ihm auf Bahnsteig 1.

Er weiß, wie die Sonne untergeht über dem Hotel Moderne, ob es nun das in Grenoble ist oder das in Charbin. Das Queens Park Hotel in Trinidad ist ihm so vertraut wie das Repulse Bay Hotel in Hongkong. Nelboek in Salzburg und Negresco in Nizza sind ihm alltägliche Gegebenheiten.

Viele solcher Schilder sind kunsthistorischen Wandlungen unterworfen gewesen. Aus diesen und der Patina lassen sich zuverlässige Datierungen gewinnen. Da der Dienstmann Numero 3 natürlich auch genau weiß, welches die teuren und welches die billigen Herbergen sind, vermag er, wenn er in Ruhe einen vielbeklebten Koffer betrachten kann, genau zu sagen, wann einer sein Vermögen gemacht hat und wie reich etwa er ist.

Die große Woche des Dienstmannes Numero 3 ist die Große Woche von Baden-Baden. Wenn es sein Beruf ist, Menschen zu kennen, ist es sein Steckenpferd, Pferde zu kennen. Es ist ein Vollblutsteckenpferd edelster Abstammung. Wenn die großen Reiter und die großen Rennstallbesitzer kommen, hat er nicht bloß das Vergnügen, daß er sie kennt, sondern auch das, daß sie ihn kennen. Wie mancher Koffer ist ihm schon vom Vater her vertraut.

Bei der Ankunft der Hoffnungen, bei der Abfahrt der Enttäuschungen ist die feste Säule im Wandel des grünen Rasenglücks der Dienstmann Numero 3. Viermal im Lauf von vierzig Jahren hat auch er den Großen Preis von Baden-Baden gewonnen. Die Quote 1800:10 ist die Basis, auf der der Frieden seiner alten Tage ruhen wird.

Das Highlife hinge in der Luft, wenn es den Dienstmann Numero 3 nicht gäbe. Wenn das Highlife seine Koffer selber trüge, würde es sich selbst aufheben. Die Leute geben viel Geld aus, um es bequem zu haben. Sie geben es dem Dienstmann Numero 3. Dafür zahlt er freigiebig zurück mit Wohlwollen an die, die so leicht sich langweilen. Und wenn Numero 3 einmal die Mütze abnimmt, ist's eine hohe Ehre. Er kennt die feine Welt. Nur, daß so viel Welt- und Menschenkenntnis bei unserem Freunde keinen Neid erzeugt. Von 13.02 Uhr bis 15.28 Uhr in der Sonne zu sitzen und sich den Bart zu streichen, ist ihm Glücks genug.

Mir hat der Dienstmann Numero 3 meinen Pappkarton getragen, als ich vor fünf Dezennien das erstemal nach Baden-Baden kam. Die wohlwollende Freundlichkeit, mit der der wackere Mann den armen Hauslehrer dazumal behandelte, hat mir für meine Zukunft viel Hoffnung eingeflößt.

Daß ich heute mehr Grund habe, ihn zu preisen, als er Grund hätte, mich zu preisen, liegt nur daran, daß ich unvernünftig genug war, als Schriftsteller Ruhm erwerben zu wollen, anstatt vernünftig zu sein und als Dienstmann Weisheit zu erwerben. Wer sein Leben lang der ganzen Welt nachläuft, wird es niemals so weit bringen wie der, der die ganze Welt an sich herankommen läßt.

Preis und Lob dem Laotse des Bahnsteigs, dem Dienstmann Numero 3!

Sehenswürdigkeiten

Die Sehenswürdigkeiten gehören zu den härtesten Pflichten, die die Kultur dem europäischen Reisenden auferlegt. Man zieht aus, um Land und Leute kennenzulernen. Wenn man heimkommt, hat man die Sehenswürdigkeiten gesehen.

Einige behaupten, die Sehenswürdigkeiten seien die Erfindung eines gewissen Herrn Baedeker. Aber Herr Baedeker hat nur die Sterne erfunden. Sie sind für einen Palazzo nicht bedeutungsvoller als für eine Kognakflasche. Daß einer dem Laster der Trunksucht verfällt, liegt nicht an der Flasche. In den Palazzo braucht man nicht hineinzugehen. Nein, Herr Baedeker, dieser hochverdiente Mann, ist unschuldig. In der Tat versieht er ja auch die Essenswürdigkeiten Westfalens, die Trinkenswürdigkeiten des Glottertals und die Schlafenswürdigkeiten manches guten Gasthofs mit seinen Sternen.

Eine Reise ist, wie die Liebe, eine Fahrt ins Unbekannte. Entdekkungen und Überraschungen warten unser. Niemand kommt auf die Idee, bevor er sich in das Abenteuer der Liebe stürzt, sich mit Rosamundes Führungszeugnissen, mit ihrem Horoskop und mit der Deutung ihrer Handschrift zu beschäftigen. Den Fehler, den Baedeker vor der Reise zu lesen statt hinterher, machen die meisten Menschen.

Wenn vordem Männer über die Alpen nach Süden zogen, lockte sie das Geheimnis der Ferne. Die alten Städte stiegen an ihrem Abendhimmel auf, aus Träumen geboren. Die erhabene Feierlichkeit fremder Kathedralen gab ihren Gebeten eine schöne Innigkeit. In den Burgen waren sie zu Gast oder sie mußten sie erobern. Den schiefen Turm zu Pisa bewunderten sie, nicht weil er aus dem zwölften Jahrhundert stammte, sondern weil er schief war. Den Bedürfnissen der menschlichen Seele entspricht es weit mehr, von der Spitze dieses Turmes einen Kieselstein in die Tiefe zu senden, als die Säulenbögen auf ihre Entstehungszeit zu betrachten. Der Blick auf die Säulenbögen geht zwischendurch ins Leere. Der Kieselstein fällt auf den fruchtbaren Boden der Erkenntnis.

Welch ein Gefühl, in einer fremden Stadt auf dem Platz vor dem Bahnhof zu stehen! Nur Häretiker und Schismatiker, die weder zum Himmel noch zu sich selber Vertrauen haben, bringen es fertig, den

Schleier der Erwartung mit plumper Hand zu zerreißen und den Schutzmann nach dem Weg zu fragen. Wer das nicht selbst herauszufinden vermag, welche von den drei Straßen die richtige ist, die Wilhelmstraße, die Bahnhofstraße oder der Bürgermeister-Müller-Ring, der ist nicht wert, die Fremde kennenzulernen.

Hat man den köstlichen Sieg über das Unbekannte errungen und im Café Central am Rathausplatz Anker geworfen, so versuche man, die umstehenden Gebäude auf ihren Verwendungszweck zu bestimmen. Es gibt untrügliche Merkmale, Finanzämter von Festspielhäusern zu unterscheiden. Finanzämter bevorzugen ganz allgemein eine besondere Art von Regierungsrenaissance, während Festspielhäuser sich eher klassizistisch geben. Trutzige Granitmauern mit burgartigen Erkern sind als Oberpostdirektion anzusprechen. Bei schlichter Backsteingotik dagegen geht man selten fehl, wenn man auf ein früheres Generalkommando tippt. Großbanken treten im Stile griechischer Tempel auf, wohingegen frühromanische Formenstrenge auf ein Oberlandesgericht schließen läßt.

Hat man dergestalt die eigentlichen und wichtigen Sehenswürdigkeiten einer Stadt eine nach der anderen selber gefunden, so kann man sich dem zuwenden, was nicht den Eingeborenen, sondern nur den Fremden angeht.

Keine Angst vor Museen! Wenn man wieder zu Hause sein wird, wird man an Hand seines Baedeker feststellen können, ob man hätte hineingehen sollen oder nicht. Auf jeden Fall sind Museen im Sommer kühl und im Winter warm. Außerdem gibt es in Museen eine Art von Sofas, wie man sie mit großer Mühe nur noch bei einer aussterbenden Gattung von Wirtinnen findet.

Das Wichtigste beim Besuch eines Museums ist zunächst nicht, daß man die Bilder betrachtet, sondern daß man persönliche Beziehungen zum Museumsdiener anknüpft. Der würdige Mann, der die Sixtinische Madonna bewachte, sah seit Jahrzehnten schon wie der Prophet Hesekiel aus. Er erinnerte sich, wie der Zar von Rußland da gestanden und bewundert hatte. Er hatte Rockefeller vor diesem Bilde gesehen, welches zu den zehn Gegenständen auf der Welt gehörte, die Rockefeller sich nicht kaufen konnte. Er hatte die Pawlowa gesehen, den Herzog von Windsor und Caruso. Er sah auch mit Verachtung die Unzähligen, die da vorbeizogen, ohne zu wissen, daß dieses Bild sechsunddreißig Millionen Mark wert war. Man konnte das ausrechnen, wenn man die jährlichen Eintrittsgelder als fünfprozentige Verzinsung des Kapitals betrachtete. Dergleichen steht in keinem Baedeker. Man kann es nur vom Propheten Hesekiel erfahren.

Der Prophet Hesekiel stand an einem Brennpunkt des Fremdenverkehrs. Anspruchsloser, aber liebenswürdiger war der Führer durch das erzbischöfliche Palais in Bamberg. Er zeigte den Schreibtisch, an welchem Napoleon den Frieden von Tilsit unterzeichnete. Zum tausendsten Male genoß er dabei den feierlichen Schauer, der unsereinen erfaßt bei dem Gedanken, dem Korsen einen Augenblick lang so nahegerückt zu sein. Er kam sich vor, als habe er einem eine Audienz bei dem Herrscher Europas verschafft. Man dachte dabei an den Mann, der in Korsika das Haus Napoleons mit der Würde eines Hofmarschalls des alten Kaiserreichs bewacht.

In den Schlössern in Bruchsal oder in Würzburg mußte man Filzpantoffeln anziehen. Hier waren es die Genossen der Entdekkungsfahrt, die den Fremden erfreuten. Vor den Parketts solcher Schlösser ergreift Frauen ausnahmslos eine tiefe Achtung. Mein Gott, was machen die im Frühling, wenn Großreinemachen ist! Der Silberschatz der Großherzogin Luise erregt das gleiche Grausen.

Zu den Kuppeln Tiepolos wagten die Ehemänner kaum aufzublikken. Selbst ruchloser Einzelgänger bemächtigte sich eine gewisse Scheu angesichts von so viel malerischer Sinnenfreude. Daß alle diese schönen Nymphen, deren Schönheit durch nichts verborgen war, so unbekümmert betrachtet werden durften, erschien manch bravem Manne und manch bravem Weibe ein unerklärliches Rätsel der Kunstgeschichte. Ob es eigentlich erlaubt ist, die Träume der Künstler von einst mit den Realitäten des Beschauers von heute zu vergleichen, das weiß ohnehin niemand so recht.

Sehenswürdigkeiten sind besser als ihr Ruf. Sofern einer sie nicht abgrast unter dem Zwang einer Bildung, die er glaubt beweisen zu müssen, sind sie ebensogut dazu zu gebrauchen, die Welt kennenzulernen wie Bahnhofshallen, Schenken oder Wartezimmer. Der dicke freundliche Mann, dem vor dem Stilleben des Frans Snyders das Wasser im Munde zusammenläuft, erweist der Kunst keine geringere Reverenz als der königliche Kaufmann, den vor dem

Jüngsten Gericht des Michelangelo das Grausen ankommt. Vor den Madonnen des Cimabue mag der Stefan-George-Jüngling in Andacht versinken. Den Colleoni wird jeder alte Husarenrittmeister seines tadellosen Sitzes wegen bewundern. Was schließlich schadet es dem Laokoon, wenn der Zehnkampfsieger der Olympischen Spiele ihn seiner Muskeln wegen beneidet?

Die Alten überließen uns das Erbe ihrer Kostbarkeiten. Scheuen wir uns nicht, unserer Bewunderung und unserem Staunen freien Lauf zu lassen. Gönnen wir den Kunsthistorikern und den gebildeten Mädchen des Fin de siècle ihr Wissen über das Besondere. Uns soll niemand die Freude verderben an dem, wovon wir nichts verstehen. Die Ferne bleibt die ewig Geliebte, solange sie uns überraschen kann. Die Sehenswürdigkeiten sind die Perlen und die Edelsteine, mit denen sie sich schmückt für uns.

Hafenmythos

Genua hat von jeher den Horizont meiner Wünsche gefärbt wie die rosenfingrige Eos den Morgenhimmel der homerischen Helden. Es war ein goldener Tag, an dem das Glück mich in die alte Hafenstadt am Tyrrhenischen Meer verschlug.

In Genua gerät man in die alltägliche Gegenwart eines noch nicht erloschenen Mittelalters. Genua ist die Geburtsstadt des Columbus. Es wäre sonderbar, wenn die Historiker das nicht bezweifelt hätten. Aber die Legende stolpert nicht über plumpe Tatsachen. Nirgendwo anders als hier darf der Mann geboren sein, der den neuen Kontinent entdeckte, hier in dieser Stadt, deren kühne Befestigungen die Vermählung des Gebirges mit dem Meere feiern, hier in dieser Stadt, die der Nabel des *Mare Nostrum* ist. Mögen uns die Historiker immerhin beweisen, daß sie recht haben. Es kümmert uns nicht. Die Legende hat in diesem Fall die bessere Pointe.

Dicht drängen sich die hohen Häuser auf engem Raum. Die Straßen sind schmal und voll einer warmen Luft der Beweglichkeit, des Eifers, der Hilarität. Die unbestimmten Gerüche der Waren, die aus allen Teilen der Welt in den Speichern dieser Stadt zusammenströmen, geben der Atmosphäre das Geheimnisvolle der Ferne, des

Unbekannten, des Kostbaren. Die Ausdünstungen der Säcke, des geteerten Holzes, der Häute mischen sich mit Yerba vom Parana, mit Salzfisch, Ananas und Reis aus Karachi und mit Kaffee aus Santos und Java zu einer Symphonia aromatica von köstlichem Reiz für den, der die Nuancen zu unterscheiden weiß. Über allem liegt der Geruch von Meerwasser, Öl und Ruß und diese wunderbare Hitze, in der die Früchte die Köstlichkeit der vollen Reife erreichen.

Die Fassaden der Renaissance- und Barockpaläste der alten Genueser Familien ragen aus dem Getümmel der Straßenschluchten mit ihren Giebeln bis in die Sonne hinauf. Die Reichtümer, die der Handel in die Stadt gebracht hat, haben in diesen Fassaden ihre Wiederauferstehung gefeiert. Die stillen Höfe, in denen Palmen Springbrunnen beschatten, haben etwas vom Zauber maurischer Architektur. Hier wie Jahrhunderte früher in Byzanz traf der Orient mit dem christlichen Abendland zusammen. Der Mohammedaner, der in das Seitenportal von S. Matteo seine Datteln eingebaut hat, ist hier so zu Hause wie der griechische Agent, der armenische Shipchandler, der Heuerbaas aus Amsterdam und die Jollenführer von der Insel Korsika. Die hundert Sprachen der Mittelmeerküste schwirren durcheinander in dem unbegreiflich verwirrten und unbegreiflich simplen Hafenslang, in dem man sich über die Geschäfte verständigt, die das Money bringen, das bei irgendeinem Drink irgendeines Landes in einer der zahllosen kleinen Trattorias am Hafen zur Auszahlung gelangt und an einem Tage oft dreimal verdient wird.

Wenn die Dämmerung hereinbricht, geht man zum Hafenviertel hinunter und pendelt die Straße der Lustbarkeiten entlang, von der Sestiere di Pré zur Via di S. Pietro della Porta. Es ist nicht die Pforte des Himmels, welche der heilige Petrus bewacht, es ist die Pforte zu einem irdischen Paradies.

In kleinen Nischen stehen Gartenstühle. Hemdärmlige Wirte reichen die Drinks vom Palmschnaps bis zum White Horse, dem billigen Whisky der Hafenkneipen.

»Let's have what Captain Cook had, when he landed in Australia.«

Der nämlich soll auf einem Schimmel ans Ufer geritten sein. Es ist zu seinem Gedächtnis, daß die Matrosen den White Horse trinken.

Sailors schreiten die Straße hinab, breitbeinig und in den Hüften sich wiegend. Das Schifflein ihres ungebrochenen Mutes schaukelt auf dem Monsun des Feierabends in den Hafen der Seligkeit. Mit dem Scharfblick alter Küstenkapitäne kreuzen sie an Würstelbude und lärmendem Orchestrion vorbei, diese Männer, die die Welt zusammenhalten im Taifun des Indischen Ozeans und in der Brandung von Haiti. Ihre Fäuste, groß wie Brote, haben sie in die Taschen vergraben. Ihre Knabenseelen leuchten aus ihren braunen und blauen und schwarzen Augen in Erwartung kindlicher Lustbarkeiten.

Die Mädchen lächeln heiter. Sie wissen, daß das Geld locker sitzt in den Taschen dieser großen Jungen, von denen mancher stolz sich rühmt, die Heuer von Hamburg nach Valparaiso, sechsundfünfzig Tage mit dem Segelschiff an Kap Hoorn vorbei, in drei Tagen auf dem Schiedamsche Deich in Rotterdam versoffen zu haben.

Aus einer kleinen Seitenstraße leuchtet ein Transparent. Nichts weiter als »Nr. 7«.

Aber wer kennte nicht Nr. 7!

In Coney Island, in Sankt Pauli, in Chinatown in Frisco erzählt man sich von den gewaltigen Ereignissen, die in Nr. 7 schon sich abgespielt haben. Die größten Seeschlachten des zwanzigsten Jahrhunderts sind in Nr. 7 geschlagen worden. Zweiundfünfzigmal in einem Jahr mußte die Reihe etruskischer Vasen erneuert werden, die auf dem Bordbrett stehen. Unerschütterlich hinter der Theke thront Signora Tullia Pietrangeli. Dieser Felsenengel hat mehr Dinge gesehen in seinem Leben als mancher alte Kapitän, der zwanzig Jahre an der chinesischen Küste auf eigene Rechnung fuhr.

Signora Tullia ist nur bis zur Taille sichtbar. So imponierend das schon ist, erfährt man, daß ihre Raumverdrängung unter der Wasserlinie des blechbeschlagenen Bartisches noch dreimal so groß sein soll. Gesehen hat das noch niemand. Seit zweiundzwanzig Jahren ist Signora Tullia nicht mehr hinter der Theke hervorgekommen. Das letztemal war es zu ihrer Hochzeit. Signor Tullio strandete an der Somaliküste und wurde von Niggern gekillt.

»Hallo, old boy, what do you seek for?«

»Komm längsseit!«

Die Würfel rollen über die Tischplatte, auf der die Ozeane neu sich bilden aus Muskateller, Bier und Saki. Die Seele breitet ihre Flügel aus, die Dollarscheine flattern über die Tischplatte, das Hirn hüllt sich in einen dichten Schleier, die etruskischen Vasen beginnen zu schwanken. Signora Tullias erhabene Züge leuchten magisch durch den Nebel wie die Maske eines Buddhas in einem indischen Felsentempel.

Langsam und grollend beginnt das Meer Wogen zu schlagen. Die Männer erheben einen dröhnenden Song, der durch die Glastüre auf die Straße hinaushallt und neue Seefahrer in den bewegten Hafen lockt. Ein Beachcomber, der schwarz fuhr von Tampico bis nach Nr. 7, ist auf den Tisch gesprungen und dirigiert die kosmische Musik. Ein mystischer Bayer tanzt einen Schuhplattler, der sogar die Göttin im Hintergrund der Höhle in Erstaunen versetzt.

Die Wände fallen auseinander. Das Dach fliegt davon wie der Himmelsdrache. Die Welt ringsum versinkt. Fünfundzwanzig Männer fahren in einer Tabakswolke in den Äther, getragen von dem mexikanisch-bayerischen Refrain, der durch astrale Räume grollt als ein Gewitter, das die Ohren der Menschen nicht mehr vernehmen können.

Robinson ist heiter

Die wenigsten Menschen wissen genau, wo sie wohnen. Sie brauchen dabei durchaus nicht an einen Buschmann in der Kalahari zu denken, der von Afrika keine geographische Vorstellung hat. Sie sollen sich dabei an Ihre eigene geographische Nase fassen. Sie kennen zwar Ihre Hausnummer, aber Sie wissen nicht, auf welchem Längen- und Breitengrad Sie wohnen. Vielleicht teilt seit langem schon eine dieser merkwürdigen Linien Ihr Bett in zwei Hälften und Sie legen sich östlich des zehnten Längengrades nieder, um westlich davon aufzuwachen, nur weil Sie schlecht geträumt und sich auf die andere Seite gedreht haben, welche nicht nur die andere Seite Ihrer selbst, sondern auch die andere Seite der Erdkugel ist.

Wenn man durch das Weltmeer fährt, bekommen diese Linien eine geheimnisvolle Bedeutung. Es ist wirklich ganz unglaublich, wie groß ein Ozean ist. Ohne diese Linien wäre der Mensch völlig verloren. Sogar mit diesen Linien wäre die Sache ganz hoffnungslos, wenn es die Sterne und die Sonne nicht gäbe.

Es hat etwas ungemein Erhebendes, wenn man den Ort auf der Erde, an dem man sich befindet, nicht nach einer Litfaßsäule oder nach einem Zeitungskiosk bestimmt, sondern nach den Gestirnen. Wie die Leute auf der Brücke das machen, wird einem immer ein unerforschliches Geheimnis bleiben, aber da sie tatsächlich immer da ankommen, wo sie ankommen wollen, muß es wohl mit ihrer Sextantenzauberei seine Richtigkeit haben.

Glücklicherweise treten die Breitengrade nicht nur in mathematischen Formeln in Erscheinung, sondern auch in Köper. Köper ist der Stoff, aus dem das gemacht ist, was an Schiffsuniformen weiß ist. Der vierzigste Breitengrad tritt als weiße Mütze in Erscheinung, der dreißigste als weiße Hose und der zwanzigste als weißer Anzug.

Beim zehnten Breitengrad kommt der Tropenhelm. Der Tropenhelm macht den Eindruck, als ob er der poetische Einfall eines sächsischen Reisenden sei, welcher dem Phänomen »heiß« einen sinnfälligen Ausdruck geben wollte. Tatsächlich ist er eine Notwendigkeit. Die Sonne, diese lebenspendende Gottheit, ist imstande, einen Menschen durch einen Filzhut hindurch zu töten. Man wird sich auf einmal bewußt, daß man zum Leben eines Hirns bedarf, was doch, wie weise Beobachter zugeben werden, eine nicht überall verbreitete Erkenntnis ist.

Kreuzt man endlich den Äquator, so wird die Sache aufregend. Wissen Sie eigentlich, wie der Äquator auf deutsch heißt?

Sie wissen es?

Wie schön!

Ich wußte es nicht. Glücklicherweise gab es einen Engländer an Bord, der durchaus gerne Deutsch lernen wollte und zu diesem Behuf, sozusagen als literarischen Kompaß, ein Nokixel bei sich trug. Ein Nokixel ist das seemännische Anagramm eines Lexikons. Er überraschte uns mit der Mitteilung, daß wir den Erdgleicher gekreuzt hätten, wofür wir uns erkenntlich zeigten, indem wir ihn zum Schwanze eines Hahns einluden. Er wollte nicht recht, offenbar weil er eine teutonische Teufelei dahinter vermutete. Seine Höflichkeit wurde belohnt, als der Hahnenschwanz sich als Cocktail entpuppte.

Hinsichtlich des Erdgleichers gerät man in eine gewisse Verlegenheit. Man hat von Jugend auf Leute bewundert, die die Linie gekreuzt hatten. Man ist immer der Meinung gewesen, daß das eine höhere Klasse von Menschen sei. Man darf also füglich erwarten, daß man irgendwelche erhebenden Gefühle haben müsse in dem Augenblick, da man selbst in diese höhere Klasse von Menschen aufsteigt. Man empfindet nichts, rein gar nichts. Der Äquator ist diesbezüglich eine vollkommene Enttäuschung, selbst wenn man sich zu dem eulenspiegelschen Gedanken versteigt, daß man das erstemal in seinem Leben dem Südpol näher ist als dem Nordpol. Nach den Erfahrungen, welche man soeben gesammelt hat, muß man befürchten, daß man am Südpol eine nicht weniger erhabene Leere des Gemüts empfinden wird wie am Äquator.

So wendet man sich wieder dem Cocktail zu. Der Cocktail ist ein tragendes Element, sozusagen eine Säule der Geselligkeit an Bord. Es ist klar, daß eine Geselligkeit, welche sich in einer so heiteren Säulenhalle abspielt, heiter sein muß.

Jedes Schiff ist eine Arche Noah, die von der Sintflut übriggeblieben ist. Der vollständige Wegfall alles dessen, was sonst das Leben der Menschen erfüllt, macht den Reisenden zu einem Robinson Crusoe seines eigenen Gemüts. Ein jeder lebt mit sich selbst in einer unendlichen Zeit. An Bord hat ein Tag volle vierundzwanzig Stunden.

Im Deckstuhl zu liegen, ist etwas ganz anderes, als etwa am Strand in der Sonne zu liegen. Während man zwei Stunden döst, hat man ein Stück von dem geleistet, was dem Vasco da Gama, und mit Recht, als Heldentat angerechnet wurde, und was jedermann sonst zugute geschrieben wird, man ist nämlich vorwärts gekommen. Die ausgezeichnete Tatsache, daß das Schiff den Menschen seinem Ziele näher bringt, nimmt dem Nichtstun jeden unmoralischen Charakter.

So ist das Nichtstun an Bord die unschuldige paradiesische Urform jenes schuldbewußten Nichtstuns, dem wir sonst so gerne uns hingeben. Es ist von höchster wissenschaftlicher Bedeutung, festzustellen, was der Mensch in diesem Zustand moralischer Unschuld anfängt.

Als gerechte Richter dieses sündhaften Geschöpfes müssen wir ehrlicherweise feststellen, daß es sich in erster Linie über die Sonne freut. Leider müssen wir sagen, in zweiter Linie trinkt es Cocktails.

Doch gibt es Unterschiede. Es gibt charakterfeste Leute, welche an dem Grundsatz festhalten, niemals vor elf Uhr vormittags einen Cocktail zu trinken. Dieser Heroismus wird weit in den Schatten gestellt von jenen, welche darauf bestehen, niemals vor fünf Uhr nachmittags einen zu genehmigen. Eine alte Sage, die in der Seefahrt umgeht, besagt, daß es Leute geben soll, welche vor sieben Uhr abends jede Einladung ablehnen. Das Vorkommen von Leuten, die überhaupt keinen Cocktail trinken, wird von allen Kennern der Sache aufs strikteste geleugnet.

Man würde den Menschen im Zustand seiner Unschuld unterschätzen, wenn man annähme, daß er nur so schlechthin Cocktails tränke. Er hat immer ein Motiv.

Das Motiv ist archaisch. Es erinnert an den schönen Brauch alter Zeiten, den Göttern zu spenden. So heißt der Cocktail um sechs Uhr nachmittags der Sundowner. Apollo wird damit angemessen geehrt. Der Sunriser gilt, wie begreiflich, als verwerflich. Wie wahrhaft poetisch aber ist der Moonshiner, den man um zehn Uhr des Abends nimmt. Wie einleuchtend schmeckt der Appetizer. Wie angemessen ist es, um Mitternacht zu einem Dayfinisher aufzufordern, an den sich ein Welldreamer zwanglos anschließen läßt.

Den Cocktail verliert man beim Knobeln. Man überläßt es der Göttin des Glücks, zu entscheiden, wer bezahlen muß. Wer möchte nicht einen Mann preisen, der, wenn die Göttin des Glücks gegen ihn entschieden hat, keinen anderen Wunsch empfindet, als seinen Freunden etwas Gutes anzutun.

So klappern die Männer mit dem Glück im Lederbecher. Die Männer, die das Spiel so ernst nehmen, sind dieselben, die so gerne mit dem Leben spielen. Das Schiff trägt Ladung über das Meer und Schicksal von Ufer zu Ufer. Wer würde von jenem heiteren Mann, der mit so viel Charme eine Runde nach der anderen zu gewinnen weiß, vermuten, daß ihm einmal in einer Nacht die Heuschrecken die Arbeit von sechs Jahren aufgefressen haben. Wer würde glauben, daß jener Pechvogel, der immer bezahlen muß, in seinem Handkoffer eine ganze Menge Kilogramme guten reinen Goldes mit sich führt, das er mit eigener Hand aus einem Fluß im Inneren gewaschen hat.

Robinson ist heiter. Ob das Leben einem eine Deckskabine bestimmt hat oder ob man ins Zwischendeck geraten ist, das ist nicht eine Sache des Verdienstes. Ein Verdienst ist es, die heiteren Stunden heiter zu verbringen, auch wenn man von strengen Ufern zu strengen Ufern fährt. Wenn der Mensch heute ins Paradies zurückgeführt würde, er würde sich da nicht mehr wohl fühlen können. Abgesehen davon, daß ihm Sünde beklagenswerterweise so viel Vergnügen macht, wovon sollte er träumen? In den Archen des Friedens jedoch, in denen er zwischen zwei Sintfluten Passage bucht, vermag er auf kunstvolle Weise glücklich zu sein.

Rosinski, Josef, dreiunddreißig Jahre

»Wie heißen Sie?«

»Rosinski.«

»Vorname?«

»Josef.«

»Alter?«

»Dreiunddreißig Jahre.«

»Was wollen Sie eigentlich hier an Bord?«

»Ich will nach Indien fahren.«

»Na ja, und was wollen Sie denn da?«

»Da soll was zu machen sein.«

Da steht also Josef Rosinski und will nach Indien. Er ist schwarz von oben bis unten. Man hat ihn eben aus dem Schornstein geholt. Er zittert an allen Gliedern vor Angst. Er meint, zunächst einmal werde er Prügel bekommen. Er weiß aus bitterer Erfahrung, wie rauh die Beförderungsgebühren sind, die das Leben fordert.

In der Tat, früher wurde jeder Einsteiger, der an Bord gefunden wurde, erst einmal gründlich vertrimmt. Das ist aus der Mode gekommen. Rosinski kommt langsam zu sich, als er merkt, daß er keine Prügel bekommen wird.

Er hat eine braune Manchesterhose an, ein Netzhemd und eine Jacke von einem grauen Konfektionsanzug, die ihm zu klein ist. In der Tasche hat er seine Arbeitspapiere. Der Erste Offizier nimmt sie in Verwahrung. Mit einer unsichtbaren Kette ist Rosinski an das Schiff gefesselt. Ohne Papiere kann er nicht wieder auskratzen. Ein Mensch ohne Papiere ist ein Paria, ein Ausgestoßener, im Zweifelsfall ein Mörder und immer verdächtig. Die Papiere von Rosinski sind in Ordnung.

Dieser Mann hat keinen Pfennig bares Geld in der Tasche. Nun will er nach »Indien«, weil da was zu machen sei. Man muß ihn sich genau betrachten. Aber vorher muß man ihn waschen.

Rosinski, gewaschen, steht da, breitbeinig, großer Kerl, gewachsen wie ein Licht, bärenkräftig, tadellos gesund. Man braucht da nichts mehr zu fragen. Der Kerl, der da steht, das ist ein Bauer. Man kann um ihn herumgehen wie um einen Berg. Freilich, er steht nicht auf einem Acker, sondern auf dem schwankenden Boden eines Schiffes, das über den Atlantik fährt.

Er hat ein richtiges Gesicht. Breite, kräftige Kinnladen, große anständige Nase, kleiner, gut geformter Schädel. Er sieht nicht unintelligent aus. Aber freilich, da ist noch etwas, was man schwer beschreiben kann. Etwas Unerwecktes, Dumpfes. Wahrscheinlich ist er gutmütig und von großer Langmut. Ebenso wahrscheinlich ist, daß er im Zorn seinen Feind nicht verklagen, sondern erschlagen wird. Das ist kein wacher Rationalist, sondern ein Mensch mit starken Instinkten, die in ihm wirken, ohne daß er viel davon weiß.

Drei Jahre war er Soldat. Er ist geboren in der Provinz Posen. 1917 eingezogen, 1918 Infanterist in Frankreich. Als er nach Hause kommt, ist seine Heimat polnisch geworden. Rosinski, der Infanterist Rosinski, weiß genau, was er zu tun hat. Er optiert für Deutschland.

»Warum?«

»Ja, das is man nix mit die Polen.«

Dann kommt er zur Reichswehr. Zwei Jahre Grenzdienst in Ostpreußen, dann wird er entlassen. Rosinski, Josef, dreiundzwanzig Jahre, muß wandern. Ein Ostdeutscher, der seine Heimat verloren hat, geht auf die Wanderschaft nach einem Ziel, von dem er selber noch nichts weiß. Wie viele Tausende sind es, die mit ihm wandern! Wer begegnet ihnen? Ich habe Josef Rosinski getroffen, und es soll genau und ordentlich darüber berichtet werden.

Im Anfang geht's ganz gut. Rosinski wird Heizer auf einem schwedischen Ostseedampfer, der zwischen Skandinavien und Danzig fährt. Nach zwei Jahren wird er entlassen.

»Warum?«

»Tja, da wurden viele arbeitslos in Danzig, und da war keine Arbeit mehr zu kriegen.«

In Genf sitzen sie und reden. Josef Rosinski aber hat seine Arbeit verloren. Er weiß nichts von Genf. Er hat Hunger.

Er findet einen Balten, der mit fünfzehn Mann nach Argentinien will. Josef Rosinski, der Knecht, hat wieder einen Herrn gefunden. Er ist glücklich. Da ist einer, der für ihn die schwierigen Sachen weiß, die ein Bauer aus dem Posenschen nicht wissen kann. Mit seinen großen Fäusten packt er zu. Viehhirt in den Pampas. Vierzehn Stunden Arbeit am Tag, knappe Kost, wenig Geld. Nachts schlafen sie auf dem harten Boden. Ehe sie mal ein Mädchen zu sehen bekommen, vergehen Monate. Das macht ihm nichts aus. Der Bauer Rosinski tut wieder Bauernarbeit.

Er ist zufrieden. Sein guter Schweiß tropft in den Boden Argentiniens. Die da drüben dürfen sich wahrhaftig glücklich schätzen, daß sie den Rosinski haben. Aus dem Schweiß des Bauern wächst mehr als nur Exportüberschuß.

Doch über Rosinski waltet das Schicksal selbst. Schließlich ist er ein Deutscher. Eines Tages war es aus. Sie mußten weg.

»Warum?«

»Ja, der Herr konnte nichts mehr verkaufen, und da kamen sie aus der Stadt und haben alles übernommen.«

Weltkrise, Rohstoffbaisse, Kreditnot und wie das alles heißt. Rosinski weiß wenig davon. Er hat Hunger. Er sitzt arbeitslos in Buenos Aires, klettert auf ein Schiff und kommt irgendwo wieder an Land. Es war Spanien. Rosinski hat gar nicht gewußt, wo das Schiff hinging. Von Spanien schlug er sich durch nach Holstein. Er schlug sich durch. Das bedeutet Hunger, Staub auf der Landstraße, illegalen Grenzübertritt, einem Werber der Legion mit dem Handgeld durchbrennen. Josef Rosinski wandert über den Kontinent seinem unbekannten Ziel entgegen. Er weiß nicht einmal, wie tapfer er ist.

In Holstein findet er wieder Arbeit beim Bauern. Aber dann soll er in die Partei eintreten, irgendeine Partei, die da gerade Macht hat.

Der Bauer kann ihn nicht halten, wenn er sich dem Druck nicht fügt. Josef Rosinski, der Bauer aus dem Posenschen, der nicht weiß, wie tapfer er ist, weigert sich. Das paßt ihm nicht. Er nimmt seinen Hut und geht. Mehr als einen Hut zu nehmen, hat er nicht. Hat dieser Kerl nicht etwas getan für die Freiheit und die Würde des Menschen?

Nun ist er arbeitslos.

»Wenn man betteln kann, dann geht's. Ich kann nicht betteln.«

Wer dürfte es auch wagen, diesem Berg von einem Menschen einen Groschen zu schenken? Er müßte sich schämen dabei.

Rosinski ist nun dreiunddreißig Jahre alt. Arbeit gibt's nicht mehr für ihn.

»Wie sind Sie denn auf Indien gekommen?«

»Tja, zwei, die sind rüber mit der Nordmark. Die sind durchgekommen und haben geschrieben, da ginge es. Ich sollte auch kommen.«

Die »Nordmark« fährt nach Holländisch-Indien, dieses Schiff nach Zentralamerika. Josef Rosinski hat Ostindien mit Westindien verwechselt. Ein schauerlicher Witz! Jedenfalls hat er noch nie eine Landkarte gesehen. Es nützt ihm nichts, daß der gleiche lächerliche Irrtum vor vierhundert Jahren die Begründung des spanischen Weltreiches zur Folge hatte.

So trabt dieser Mensch über die Kontinente und sucht. Er ist kein Abenteurer. Daß er etwas erlebt hat, das weiß er gar nicht. Er ist ein thumber Tor, ein Deutscher aus dem Osten, der für sein Land getan hat, was von ihm verlangt wurde. Das Land kann es ihm nicht wiedergeben. Es ist arm und hat nichts. Josef Rosinski rechnet das nicht nach. Er sucht nicht das Geld und nicht den Erfolg. Er sucht nur das Stück Acker, in das der Mensch seinen Schweiß säet, um den Frieden der Seele zu ernten.

Zu Tausenden wandern sie so über die Erde und wissen nichts von den Heldentaten, die sie verrichten, unbekannte Soldaten in einem Kampf, wie die Geschichte ihn hartnäckiger kaum je gesehen hat. Tausende gehen vor die Hunde, werden verscharrt irgendwo in fremdem Lande. Ihre Gräber haben keine Kreuze.

Josef, der tapfere Mann, wird es schaffen. Er ist zäh wie ein

Wasserbüffel und stark wie ein Bär im Gebirge. Einen ganzen verlorenen Krieg trägt er auf seinem breiten Buckel. Er ist ein Bauer aus dem deutschen Osten. Den kann man nicht irre machen.

So stapft er mit seiner Last durch den Dreck dieser Welt, bis er sein Ziel erreichen wird in Kolumbien, in Kanada, irgendwo, ein deutscher Bauer und ein tapferer Soldat des Lebens, Rosinski, Josef, dreiunddreißig Jahre.

»Cabin B«

Der Traum jedes Weltreisenden ist – Deckskabine allein! Es ist ein verwegener Traum, aber die einzige Möglichkeit, den Luxus wirklich kennenzulernen. Vor die Freuden des Reisens setzen die Götter den Gefährten. Da kann man Glück haben oder Pech. Natürlich hat man immer Pech. In der ostchinesischen Eisenbahn wurde ich einmal mit einer Matrone von etwa zwei Zentnern Lebendgewicht in ein Schlafwagenabteil gesperrt. Ich habe da ziemlich verwundert geschlafen.

Auch in der Luxuskabine steht ein zweites Bett. Wenn man die Luxuskabine allein haben will, muß man es bezahlen. Und wer bezahlt gern runde Dollars für ein Bett, in dem er gar nicht schlafen wird?

Aber da war nun auf der Hinfahrt Herr Meyer gewesen. Herr Meyer spielte für mich die gleiche Rolle wie ich für ihn, die Rolle des Reisegefährten. Nur ich hatte Pech, und er hatte Glück. Fuhr er nicht mit dem bekannten Plauderer, mit dem ihm die drei Tage zwischen Shanghai und Hongkong wie ein Nichts vergangen wären.

Herr Meyer beging den Irrtum, daß auch er unbedingt plaudern wollte. So hat er mich zwischen Shanghai und Hongkong in ein Nichts zerplaudert. Ich hätte nie geglaubt, daß Plaudern objektiv so zerstörend wirken kann. Subjektiv ist es so aufbauend, daß man eine Existenz darauf begründen kann. Mir kann man das Plaudern nicht untersagen. Ich lebe davon. Herr Meyer dagegen lebte von Seife. Nicht wahr, wieso plaudert er dann?

Herr Meyer lebte nicht nur von der Seife, er plauderte auch nur von ihr, von der Seife zu 0,80, zu 1,10 und zu 1,25. Von ihren grünen und roten Packungen, die er mir des öfteren demonstrierte und von den Schwierigkeiten, gerade die gelbe Packüng zu 1,25 an die Chinesen loszuwerden, während die rote zu 0,80 ganz leicht wegging. Sie schwamm sozusagen auf der Woge des Bedarfs aus seinem Musterkoffer davon. Aus weltwirtschaftlichen Gründen aber kam es gerade auf die Umsatzsteigerung in gelben Packungen an. Es war Herrn Meyers Lebensaufgabe, das Gelbe zu fördern. Die Chinesen aber waren wild auf Rot, und Herr Meyer war unglücklich, mit einem tragischen Beigeschmack von Seife. Mein Unglück war, daß Herr Meyer eigentlich Monsieur Meyer hieß und ein Franzose aus Mulhouse war. So war ich, der ich aus Kötzschenbroda stamme, der einzige, mit dem er sich wirklich verständigen konnte.

Wo immer auch ich ging und stand, da ging und stand Meyer aus Mulhouse und sprach von »Savon in Jaune«. Zwischen Suppe und Fisch, zwischen Bug und Heck, zwischen Sonnenaufgang und Sonnenuntergang, zwischen Traum und Schlaf sprach Meyer von Seife in Gelb.

Meyer hatte keine Komplexe. Er träumte nachts dasselbe, was er am Tage sagte. Glückliches Gehirn! Ich aber hatte, als wir uns Hongkong näherten, einen Seifenkomplex in Gelb.

In Hongkong steht das Repulse Bay Hotel. Es liegt an einer Bay, und diese Bay, weit weg von der Stadt auf der zum offenen Meer hin liegenden Seite der Insel, gehört ihm ganz allein. Bezeugen wir dem Superlativ unsere ausdrückliche Hochachtung. Dann wollen wir feststellen, daß es das schönste Hotel der Welt ist.

Man kann da unter Palmen wandeln und ist wirklich durch nichts gestraft als durch die Preise. Vergebens sucht man nach den Kübeln, in denen doch Palmen zu stehen haben. Die Palmen wachsen wild.

Einmal traf ich Meyer, Mulhouse, Seife gelb, in der Stadt. Es gelang mir noch, eine Rikscha zu erreichen, ehe Meyer meiner habhaft wurde. Dann thronte ich wieder in der weiten, überall offenen Speisehalle des Hotels, feierlich und schweigend von drei weißgekleideten Boys bedient.

Danach saß ich, feierlich und schweigend dem Meeresrauschen lauschend, mit der Shagpfeife in der Badewanne, während die Kolibris vorm Fenster herumschwirrten. Über den Zauber der Tropen geht platterdings nichts.

So war ich, als ich das Billett für die Rückfahrt kaufte, sittlich verweichlicht, und zudem hatte ich noch den Seifenkomplex in Gelb. Es war also nur noch eine Geldfrage.

So verwandelte ich diese ungewöhnlich günstige Konstellation in Leichtsinn. Einmal im Leben muß der Mensch Millionär sein. Auf dem »Präsident Grant« nahm ich eine Luxuskabine. Von da ab habe ich drei Tage die Shagpfeife nicht mehr aus den Zähnen genommen. Ich entdeckte, daß ich das nicht mehr nötig hatte. Als ich an Bord kam wie jeder gewöhnliche Passagier, fragte mich der Obersteward, welche Kabinennummer ich hätte. Ich aber hatte keine Nummer. Ich war selber eine. Die Kabine hatte einen Buchstaben. Dieses »Cabin B«, es war ein Zauberwort. Der Obersteward nahm sofort die Haltung eines Generals an, der eine große Schlacht einleitet. Die empörende Tatsache, daß ich meinen fotografischen Apparat selbst trug, schaffte er sofort aus der Welt, indem er ihn mir persönlich abnahm. Ich bin ein loyaler Millionär und trage zur Not meinen Fotoapparat auch einmal selbst. Diener sind so unaufmerksam! Aber natürlich, es sollte nicht vorkommen!

Dann geleitete der Obersteward mich wie den König Amanullah in meine Mahagoniklause. Millionäre müssen an irgendwelchen besonderen Gehstörungen leiden. Durch einen beflissenen Boy wurde ich auf jede Stufe besonders aufmerksam gemacht.

Bald entdeckte ich, daß ich es nicht mehr nötig hatte, mich einer fremden Sprache zu bedienen. Es ist unhöflich, die Sprache eines Millionärs, was immer er auch spreche, nicht zu verstehen. Man liest ihm die Wünsche von den Augen ab. So gab ich meine Anordnungen in gewähltem Sächsisch. Der Kabinensteward forschte dann so lange in meiner Pupille, bis er wußte, was ich wollte.

Doch hat der Millionär nicht nur Rechte. Er hat auch Pflichten. Man ist verpflichtet, besondere Wünsche zu haben. Ich ließ zunächst einen blauen Vorhang vor dem Fenster anbringen, bestellte einen Hummer Beaurivage und ein Bad. Damit hatte ich mich als ausreichend spleenig legitimiert.

Auf dem Tisch neben dem Bett lag eine Bibel. In jedem amerikanischen Schiff liegt in jeder Kabine eine Bibel. Die Bibel war auf der Ölfarbe festgeklebt. Anscheinend ist das Interesse von Millionären an Gottes Wort nur gering.

Doch will ich niemand verleumden. Das Schiff ist erst neun Jahre alt. Vielleicht benutzen Millionäre die Bibel alle zehn Jahre. An den Rettungsring habe ich mich nicht herangetraut. Vielleicht klebte er auch. Ich ließ das Bad wieder aus und schmiß den Hummer durch den blauen Vorhang auf die Pier einem Kuli in den Schoß, der ihn mit Begeisterung futterte. Welcher Kuli ißt nicht gerne Hummer früh um neun. Als der Steward abräumte, stellte er fest, daß ich die Schalen offenbar mitgefressen hatte. Damit war mein Ruf endgültig gefestigt. Man schwankte nur noch, ob ich Zinnminen in Penang oder eine Lachsfischerei in Alaska besäße. Beides war schließlich möglich.

Alle Meyers aus der kommunen Ersten Klasse versuchten nun, mich kennenzulernen. Da nun erst zeigten sich die wahren Vorzüge des Millionärdaseins. Obgleich ich auch weiterhin, ohne die Shagpfeife aus dem Mund zu nehmen, nur noch Sächsisch sprach, waren alle von bezaubernder Liebenswürdigkeit. Insbesondere die Mütter polierten ihre Töchter auf neu und offerierten sie mir cif Mahagony. Auf jede meiner sächsischen Marginalien – und ich ging weit über die Grenze dessen, was fein ist, hinaus – als Antwort nur Charme!

Der einzige Mensch, mit dem ich wirklich sprach, war Mister Goldsmith von der New York Stock Exchange. Er hatte Cabin A. Somit war er ebenbürtig. Wir sprachen über Prosperity und die sinkenden Kupferpreise. Auch die Prohibition war, bei einem kleinen Whisky, ein angenehmes Gesprächsthema.

Ich rauchte in der Social Hall, wo das Rauchen streng verboten war. Dort sitzen die Mütter und häkeln. Aber die Mütter lächelten nur süß und erst am dritten Tage etwas sauer. Doch blieb ihnen noch die Hoffnung auf das Bordfest am Abend. Ich wäre ganz gern dabei gewesen. Auch ein Millionär will mal nach der Jazzpfeife tanzen. Aber Mister Goldsmith, dieser Gentleman, informierte mich, daß die Mütter eine Interessengemeinschaft gegründet hätten, I. G. Mütter Ltd., und daß beschlossen sei, eine Tochter mindestens müsse in die Zinnmine einfahren. Gegen Mütter kämpfen Millionäre selbst vergebens. So saß denn der Millionär aus Cabin B am Abend in der behaglichen Messe der Decksoffiziere, und es zeigte sich, daß durchaus nicht alles Seife ist, was gelb aussieht.

Der Benediktiner kreiste. Wir sangen begeistert:

»Who is that knocking at my door«,
said the fair young lady.
»That's me myself and nobody else«,
said Abel Brown the sailor.

Als wir an den Lichtern von Shanghai vorbeifuhren, waren wir weder trocken noch feucht. Wir waren blau. Die Wolkenkratzer flimmerten. Die Sterne flimmerten. Uns flimmerte auch.

Die sozialen Unterschiede waren beseitigt, die Feindschaft zwischen den Völkern war begraben. Uns alle beseelte nur der eine Wunsch:

»O take me to the merry land,
where rivers of beer abound,
where Slow-Gin-Riggins are hanging on the tree
and eye-balls rolling on the ground.«
»What? Eye-balls rolling on the ground?«
»Yes, eye-balls rolling on the ground!«

Dann wurde der Anker herabgelassen und der Millionär in sein Hotel gerollt.

Die I. G. Mütter Ltd. liquidierte.

Am Baikalsee um fünf Uhr früh
1928

Der Zug steht mitten in Sibirien auf einer kleinen Station am Rande des Baikalsees. Vor meinem Fenster steht einsam ein Soldat. Ach, was wissen die Leute von der Natur, ehe sie nicht drin Wache gestanden haben.

Großartig und unbegreiflich bricht die Morgenröte über den schon mit Schnee bedeckten Gipfeln in den Himmel ein. Vielleicht ist das die Stunde, in der die einsamen Hirten auf den Steppen ihre schlichten und ergreifenden Lieder gedichtet haben, welche auch uns in mancher Bar um fünf Uhr früh schon zu Tränen gerührt haben. Die leichten Nebel über dem See geben dem Soldaten eine gespenstische Kontur. Es ist diese Stunde, in der man über den Grabenrand sehen konnte auf die Stellung des Gegners am anderen

Ufer der Aisne. Es schoß fast nie um diese Zeit. Es war praktisch gefahrlos. Aber es konnte schießen. Daß man bis zur Hälfte aus der Erde sah, daß man diese drei Züge frische Luft nur haben konnte gegen die Möglichkeit eines unvermuteten Heldentodes, gab einem ein unbeschreibliches Gefühl von Größe. Aus irgendeinem Grund dachte man an den Major Schill, bis man Kaffee kochen ging, solange als irgend noch der Rauch dieses kleinen Feuerchens für Nebel gelten konnte. Nicht wegen der Franzosen. Die konnten höchstens schießen. Vorsicht war nur nötig des Regimentsstabes wegen. Der schoß zwar nicht, aber das Kaffeekochen konnte er verbieten.

Billig wäre es, die Märchenwünsche des einsam wachenden Sibirjaken um den verstaubten Expreß zu ranken, der aus unbekannten Fernen kommt und in unbekannte Fernen entschwindet.

Dieser frierende Soldat denkt nur daran, ob Pjotr Ivanovitch, dieses Schwein, bald aufstehen wird, um den Tee zu kochen. Hier hindert ein Regimentsbefehl, wegzulaufen, solange der verdammte Zug dasteht. Der einsame Soldat hat nur den einen Wunsch, dem Pjotr Ivanovitch märchenhaft ins Kreuz zu treten. –

Berge sehen sich in der ganzen Welt merkwürdig ähnlich. Bäume auch. Am ähnlichsten sehen sich Ebenen. Man muß schon sehr lange in den Berliner Salons verkehrt haben, ehe man in der Lage ist, von Pampa anders beeindruckt zu werden als von Tundra. Wenn mal wieder einer anfängt, von den unendlichen Ebenen Asiens zu reden, so weiß ich, daß er entweder lügt oder dritter Klasse gefahren ist. In der dritten Klasse sind die Fenster so blind, daß man sich alles dahinter denken kann. Durch meine komfortable Spiegelscheibe habe ich immer nur die ersten dreißig Meter gesehen. Dann kamen Birken. Immerzu Birken, eine Woche lang, in allen Stadien des Verblühens. Herbst mit Zeitlupe.

Begreiflicherweise habe ich mich lieber mit Seljanka beschäftigt. Seljanka! Welch ein Name! Man könnte sich darunter ein Mädchen vorstellen, ein einfaches Kind des Landes, der großen, wie gesagt, unendlichen Ebenen Asiens, die mit Kühen und Wölfen auf du und du steht und dennoch tief im Grunde zur unerhörten Leidenschaft des russischen Menschen fähig ist. Magie des Namens! Aber Seljanka, so magisch sie heißt, ist nur eine Fischsuppe. Jedoch, sie schmeckt nach Sibirien!

Ringsum ist alles vertraut. Die Birken, das Tischtuch, die Fahrgäste, die Bahnhofsuhr. Fremd sind nur die Gerüche. Leder, Seljanka, russischer Tabak und der Holzrauch der Lokomotive mischen sich zu einem jener besonderen Akkorde, die, auch nur in Einzeltönen nach Jahren einem begegnend, die Erinnerungen herbeizaubern.

Karbol – denken Sie nicht an jene bangen Stunden, die Sie im Wartezimmer der Klinik saßen, während Ihre Geliebte am Blinddarm operiert wurde?

Kerzen – denken Sie nicht an das Begräbnis Ihres würdigen Onkels, dessen Orden auf dem Sarge lagen und der nachher so viele Schulden – nun, lassen Sie sich lieber das Fest bei Frau v. S. einfallen, das mit Kerzenduft fast ein Bacchanal geworden wäre, wenn man nicht der unvorhergesehenen Hitze wegen um zwölf Uhr schon aufgebrochen wäre.

Ungeschrieben bleibe die aromatische Morphologie. Mir jedenfalls wird, wenn ich je wieder in Sydney oder auf der Knesebeckstraße Seljanka begegne, jenes langgestreckte Dorf einfallen, das da unter Führung einer Lokomotive sich aufgemacht hatte, von Moskau nach Wladiwostok zu wandeln, losgelöst von den Gemeinschaften der Menschen, nicht achtend eines ganzen Erdteils, gefüllt mit Schlaf, Hunger, Flirt, Grammophon, Skat und Langeweile, eine Arche Cook, in der sogar Noah nicht fehlte, durch einen bärtigen Methodisten würdig vertreten.

Da ist die Amerikanerin, die jeden Morgen die Eier zurückschickt, weil sie entweder zu hart oder zu weich sind. Kein Wunder, daß sie beim viertenmal den ganzen Jenissei verpaßte. Als ihr dann hinterher jemand erzählte, es sei der längste Fluß der Welt, sah sie schnell noch einmal zum Fenster hinaus, obwohl es gut zwei Stunden später war. Schließlich bezweifelte sie, daß dieser Weltrekord Amerika entgangen sein könnte, und plädierte eifrig für den Mississippi. Wer hätte da widerstehen können! So ungerecht kann selbst diese Erde nicht sein, daß sie ihren längsten Fluß ausgerechnet den Bolschewiki reserviert.

Dann kriecht da eine Yvonne zwischen den Stühlen herum, ein süßer Balg. Auch sie scheint, trotz ihres verhältnismäßig geringen Alters von zwei Jahren, das Wesentliche der Dinge im Geschmack zu sehen. Sie kaut an allem, was sie zwischen den Stühlen findet. Eine beneidenswerte Konstitution!

Durchaus erfreulich ist auch der Weltmeister. Man braucht nur ein bestimmtes Stichwort zu geben, so erfährt man die Geschichte von der Olympiamedaille, so oft man will. Ihm verdanke ich auch einen feinsinnigen Hinweis darauf, wo eigentlich man das Geistige im Sport zu suchen habe.

»Sähn Se mal, das Ganze is alles Gombination und Gefiehl. Ich sähe dem Gegner schtarr ins Ooche, und der denkt nadierlich, nu gommt der Ball. Aber was de mei Freind Oswin is, der weeß schon lange, was's geschlaachen hat, wenn ich schtarr gucke. Schon hatt' er'n Ball un rin ins Goal, daß's nur so gracht. Das is ganz uhngerecht, wemmr immer saacht, där Schport wäre uhngeist'ch. Wemmr nich' so geistreich gombiniert hätt'n, hätt'n m'r nie gewinnen gönnen.«

Ergriffen lauschten wir den goldenen Olympiaworten des Heroen, der das bolivianische Team so glanzvoll zum Sieg geführt hatte. Ob die Amerikanerin alles verstanden hat, weiß ich nicht. Jedenfalls war sie am meisten ergriffen.

Unser Dorftrottel ist Karl, der Knecht des Speisewagens. Die Sowjetregierung hat, um allen Komplikationen vorzubeugen, in den Zug nur Bediente gesetzt, die keine fremde Sprache sprechen. Von Karl vermuten wir, daß er überhaupt keine Sprache spricht.

Das Bestellen nach der Karte hat sich zu einem beliebten Glücksspiel entwickelt, bei dem hohe Einsätze getätigt werden. Wenn man zum Beispiel Spiegeleier bestellt, bekommt man eingelegte Früchte oder Rotwein. Sie sehen ohne weiteres, welche Odds da möglich sind. Doch verteidige ich Karl gegen alle Angriffe. Erstens einmal sind Trottel überhaupt sympathisch. Zweitens, was ich auch bestelle, er bringt mir auf alle Fälle Rotwein, sogar wenn ich ihn bestellt habe. Gerade der Primitive zeigt oft eine erstaunliche Menschenkenntnis. Manchmal stolpert Karl über Yvonne. Yvonne, grundsätzlich, wenn sie nicht kaut, dann brüllt sie. Wenn Karl über sie stolpert und sie brüllt ohnehin schon, dann weiß sie immer noch ein Crescendo aus dem Lünglein zu holen, daß uns die Augen übergehen. Mama tut dann ihr möglichstes und klebt ihrer Tochter nassen Keks in den Hals. Davon wird sie still, ich vermute, wegen Luftmangels.

Der Vater droht einer Lächerlichkeit anheimzufallen, die sein Heroismus vielleicht nicht verdient. Einige haben dann Mitleid, teils mit Karl, teils mit Yvonne, teils mit Papa. Manch gutes Wort über *Educational Problems* und die zarte Seele der Kinder fällt dabei ab.

Nur Miss Ann weht mir ein mokantes Lächeln herüber, das um so erstaunlicher ist, als sie sicher ein gutes Herz hat. Geben wir der Hoffnung Ausdruck, daß wir das Ziel der Reise erreichen, ehe Yvonne zertreten wird. Diese Ruhe wäre zu teuer erkauft. So zieht unser Leben in angenehmer Regelmäßigkeit auf dem fünfundzwanzigsten Breitengrad dahin. Dinge wie Ural und Irkutsk vermögen unsere gesetzte Ruhe nicht mehr zu stören. Nur nachher beim Frühstück wird man die See *awfully nice* finden.

Morgen blühen uns Kamele am Lebensweg und übermorgen die schauerliche Einöde der Wüste Gobi.

Allerdings, weil es nur die kleine Gobi ist, sind wir schon im vorhinein ennuyiert. Auch muß ich enttäuscht feststellen, daß wirklich überall in Sibirien Telegraphenstangen stehen, alle zwanzig Meter eine.

Dann wird unser Dorf zersprengt werden. Wenn wir einander aus Blickweite geraten sind, dann werden wir zu lügen anfangen von den unendlichen Ebenen Asiens, die wir nicht gesehen haben.

Wie beneide ich die, die heute abend am Kurfürstendamm die Wolgaschiffer klagen hören. Wie wird ihnen die Größe und Schönheit dieses Landes aufgehen, während ich mich nur rasiere am Baikalsee um fünf Uhr früh.

Odysseus aus Radebeul

Herr Nitschke hatte eine ziemlich große Nase. Selbst ein wohlwollender Betrachter hätte zugeben müssen, daß sie nicht nur groß, sondern auch rot war. Ja, dieses Rot hatte geradezu einen bläulichen Schimmer. Es blieb kaum etwas anderes übrig, als anzunehmen, daß diese spezifische Verfärbung vom Saufen komme. Und doch war dem nicht so. Herr Nitschke hatte seine Nase erfroren. Freilich würde mancher gerne seine Nase erfroren haben, wenn er sie überall dorthin hätte stecken können, wohin Herr Nitschke die seine gesteckt hatte. Aber Herr Nitschke war kein Snob. Daß er sich die Nase erfroren hatte, das kränkte ihn nach Jahren noch tief. Zu dieser Nase gehörte ein schöner, kugelrunder Schädel mit kurzgeschorenen, weißen Stoppeln und ein Gesicht, das von tiefem Frieden erfüllt war.

Herr Nitschke saß still vor einem kleinen Hellen in einer Kneipe im Hafenviertel von Shanghai. Schwitzende Chinesen bearbeiteten schlecht und recht die Saxophone. Von der Decke hingen Papiergirlanden wie beim Bockbierfest in der Heidemühle. Amerikanische Matrosen tanzten mit leicht verglasten Whiskyaugen und verbissenem Ernst komplizierte Tangofiguren. Dabei schoben sie zuweilen ihre Mützen von einem Ohr auf das andere. Man hatte das Gefühl, daß sie sich Mühe gaben, die kleinen chinesischen Tanzgirls, die ihnen knapp bis zum Nabel reichten, in den Kurven nicht zu verlieren.

Dicker Tabakgeruch hing wie wehende Geisterlaken um die Lampen. Von irgendwoher hörte man das Klappern von silbernen Dollarstücken. Es herrschte jene angestrengte und gewissenhafte Atmosphäre, welche sich immer da einstellt, wo Männer das Laster zu finden hoffen.

Der einzige, der sich an der allgemeinen Bemühung um die Erzeugung von Verworfenheit nicht beteiligte, war Herr Nitschke. Im Zustand vollkommenen Wohlbefindens saß er inmitten des von allen Seiten locker getriebenen Treibens als eine Insel der Seelenruhe. Offensichtlich hatte Herr Nitschke die Emotionen einer allzu bemühten Zivilisation hinter sich. Die Frage war, ob er ein verspäteter Schüler des Laotse oder ob er nur einem milden Stumpfsinn verfallen war.

Keins von beiden hatte statt. Vielmehr, Herr Nitschke war aus Radebeul gebürtig. Durch die Wolken der Lasterhöhle im Hafenviertel von Shanghai sahen seine Augen die sanften Hügel, die sich am Ufer der Elbe entlangziehen. Fast vermeinte er, er sitze vor dem Tor seines Hauses, die fernen Türme von Dresden blitzten herüber, der Strom seiner Heimat spiegle sich im Abendsonnenschein und er höre die Drehorgel von dem Mann, der schon bei St. Privat sein Bein verloren hatte.

»Sei gegrüßt, du teure Heimat, teure Heimat sei gegrüßt . . .«

Herr Nitschke war um diese Zeit fünfundfünfzig Jahre alt. Seit fünfunddreißig Jahren war er der Heimat fern. Seit fünfunddreißig Jahren tauchte in seinen guten Stunden diese Vision vor ihm auf. Um sie zu verwirklichen, hatte er folgenden Weg gemacht.

Als junger Kerl war er zur Marine gegangen. Die Sachsen haben eine eingeborene Neigung für die Seefahrt. Im vierten Jahre seiner Dienstzeit war er mit dem deutschen Ostasiengeschwader nach dem Gelben Meer gefahren, ein kleines Stückchen China zu erobern für das damals stolze und mächtige Deutsche Reich. So stand er eines Tages unter einem Haufen Chinesen, die ihn begafften, wie etwa ein Kamel in Radebeul begafft wird, und sagte:

»Eichentlich recht hibsche und umgängliche Leute, die Chinesen . . .«

Nach dieser Feststellung nahm er sein Erspartes und seinen Abschied und wurde ein Händler und Kaufmann in China. Die Sachsen haben eine eingeborene Neigung für den Welthandel.

Herr Nitschke, mit dem Ehrgeiz und dem Eifer, der seinem Stamme eigen ist, lernte Chinesisch. Herr Nitschke sprach das Chinesische sächsisch aus. Es ist ein vollkommen linguistisches Rätsel, daß die Chinesen ihn verstehen konnten.

Aber nicht nur, daß sie ihn verstanden, allmählich begannen die Chinesen, Herrn Nitschke zu lieben. Er hatte keine Vorurteile. Wenn sie spuckten, dann regte sich der Obermatrose Nitschke aus Radebeul nicht weiter auf. Er spuckte mit. In seiner harmlosen Neugierde drang Herr Nitschke tiefer und tiefer in das Seelenleben der Chinesen ein. Heute ist er ein ethnologisches Lexikon mit Kenntnissen über dieses rätselhafte Land, welche in diesem Umfang nur wenige Europäer haben. Doch bald wurde an der Küste eine Stadt gebaut. Straßen wurden gelegt, Wasserleitungen, Eisenbahnen. Die Chinesen hörten auf zu spucken und setzten sich Eiersieder auf den Kopf. Eines Tages stand Herr Nitschke wieder einmal zwischen einem Haufen Chinesen. Aber sie begafften ihn nicht mehr. Herr Nitschke stellte traurig fest:

»Hier is' gar nich' mehr richt'ch chines'sch.«

So zog er fünfhundert Meilen ins Land hinein, wo die Chinesen wieder spuckten, keine Eiersieder trugen, ihn wieder begafften und liebten, kurz wieder richtiges China war.

Herr Nitschke fühlte sich nur da wohl, wo die westliche Zivilisation schon aufgehört hatte. So kam er im Lauf der Jahrzehnte tief nach Asien hinein. Heute sitzt er in Tatienlu, an der Grenze zwischen Tibet und Szechuan, dem Land der vier Ströme, der reichsten und schönsten Provinz dieses reichen und schönen Landes.

Als die Chinesen 1917 an Deutschland den Krieg erklärten, schien auch Herr Nitschke bedroht. Aber es stellte sich heraus, daß Herr Nitschke von der Kriegserklärung ausdrücklich ausgenommen war. Er durfte friedlich weiter mit dem Dalai Lama handeln. So gehört er zu den wenigen Deutschen, die nicht repatriiert wurden.

Herr Nitschke handelt mit Häusern, mit Ratschlägen und Salizylsäure. Er ist der Vertreter der größten Weltkonzerne und verkauft ihnen monatlich für hundert Dollar ihrer Ware. Wenn Sven Hedin in Lhasa einen Bleistift gefunden hat, so ist es sicher, daß er durch Herrn Nitschkes Hände gegangen ist. Er hat weisen Äbten, die in tausendjährigen Klöstern sitzen, Grammophone und Bügeleisen verkauft. Er hat die Frauen hoher Mandarine mit Nähmaschinen versorgt. Herr Nitschke ist die Spitze Europas in Innerasien und ein Weltmeister der Primeurs. In Szechuan, das sechzig Millionen Einwohner hat, kennt ihn jedes Kind. Dort auch hat er sich im Gebirge, Alpen, die noch keinen Namen haben, die Nase erfroren in einer kühlen Mainacht bei fünfundzwanzig Grad Kälte.

Nach acht Jahren ist Herr Nitschke zum ersten Male wieder für vierzehn Tage nach Shanghai gekommen. Zu dieser Reise brauchte er sechs Wochen. Das ist so lange wie von Shanghai nach Radebeul und zurück. Nun sitzt er in der Kneipe des Morgens um halber vier. »Schlafen tu'ch cha nich'«, meint er, »das wär' ja schade um die Zeit.« Gelassen geht Herr Nitschke tagsüber seinen Geschäften nach und schließt Verträge mit Händlern und Agenten. Gelassen sitzt er nächtens in den Lasterhöhlen und träumt heiter in die Zukunft. Bald wird der Lohn ihm winken.

Er war im Begriff, das letztemal nach Tibet aufzubrechen. Nur noch einmal für kleine acht Jahre mußte er ins Innere. Dann würde er das Geld zusammenhaben, um seine Träume zu verwirklichen.

Herr Nitschke hat Peking gesehen und den Omishan, den heiligsten der heiligen Berge der Chinesen. Herr Nitschke hat die schwerste Sprache der Welt erlernt und unerreichte Meisterleistungen des Kommerzes vollbracht. Er hat in den verschiedensten Jahrhunderten der Menschheitsgeschichte gelebt.

Herr Nitschke hat die verschlossensten und merkwürdigsten Länder der Welt gesehen und die fremdesten Sitten erlernet. Aber dieser Odysseus aus Sachsen denkt nur an sein Ithaka an der Elbe, Radebeul bei Dresden, die süße, ferne Heimat.

Die Radieschen aus dem Beet im Garten, über dem eine blaue Glaskugel schwebt, sind ihm mehr wert als die kostbarsten Früchte der Tropen. Und die blaue Glaskugel seiner Träume gäbe er wohl nicht her für alle Schätze der chinesischen Kaiser.

Fünfunddreißig Jahre hat er ausgeharrt, der tapfere Sachse an der tibetanischen Grenze. Ob über dem Frieden seines Alters die Sonne der Heimat leuchten wird? Wenn man Herrn Nitschke gesehen hat unter den Bockbiergirlanden in der Hafenkneipe von Shanghai mit dem visionären Blick nach Radebeul, der freundlichen Stätte der Hoffnungen eines langen Lebens, dann weiß man, daß die Treue der alten Helden noch nicht ausgestorben ist. Nur tragen sie nicht mehr von Hephaistos geschmiedete Schilde, sondern schlichte Röllchen und einen eisernen Schlips. Irgendwann später einmal wird ein neuer Homer kommen, in leuchtenden Versen die Leiden und Taten dieser Helden zu besingen, die Leiden und Taten der Deutschen in den Urwäldern und Wüsten aller Kontinente.

Das Grab des Konfuzius

Das Grab des Konfuzius liegt in Südshantung inmitten einer weiten Lößlandschaft in der Nähe eines kleinen Landstädtchens, etwa zehn Kilometer östlich der Eisenbahnlinie von Nanking nach Peking. Vom Zug aus bemerkt man von dieser Landschaft eigentlich nur den ungeheuren Staub. Es sieht alles ziemlich öde und trostlos aus. Das Fenster des Speisewagens ist nicht der Platz, von dem aus man sich China ansehen soll. Jegliche Transportgelegenheit, die sich schneller bewegt als ein Maulesel nach dem Mittagessen, gibt falsche Aspekte. Man muß heraus aus dem Komfort und hinein in den Staub. Erst wenn man wirklich vollständig eingedreckt ist und den Geschmack des Staubes auf der Zunge nicht mehr spürt und sich wie die Chinesen daran gewöhnt hat, einen Schluck heißen Wassers als den höchsten der Genüsse zu empfinden, dann sind die Voraussetzungen für den richtigen Aspekt gegeben. Dann wird einem klar, daß diese Landschaft einen ganz und gar heroischen Charakter hat. Freilich, es ist nicht der Heroismus der Schlachtfelder. Es ist der Heroismus der Humanitas. Man weiß natürlich nicht, ob man mit den mancherlei Kenntnissen, welche man hie und da aufgelesen hat, nicht eine Menge Vorurteile erworben hat. Doch fühlt man, daß man hier auf einem der ältesten Äcker des menschlichen Geschlechtes steht. Gerade die ungeheure Weite und Leere dieser Landschaft, in welcher die menschlichen Siedlungen mit Himmel und Erde zu verschmelzen scheinen, vermittelt den Eindruck einer namenlosen Großartigkeit, unter deren Glanz die Historie tatsächlich einhundert Generationen von Bauern ackern, säen, ernten und sterben ließ.

Überall zwischen den Feldern liegen Grabhügel, grau, unscheinbar, mit ein wenig Gras bewachsen, ohne Steine und Schilder, Gräber von Bauern, die in dem gleichmäßigen Rhythmus von Saat und Ernte, Geburt und Tod über diese Felder gegangen sind, erhaben und einfach, wie die Sonne im Osten aufgeht und im Westen untergeht. So ist dieses Land ein großer Friedhof, zwischen dessen Gräbern die zufällig Lebenden ihre Äcker bebauen.

Inmitten dieser Gräber liegt das Grab des Konfuzius. Es ist ein weites Gelände, von einer Mauer umgeben. Ganz vergebens sucht man nach irgendwelchen größeren Baulichkeiten. Nichts als ein einfacher Stein bezeichnet die Stätte seines Grabes. Ringsumher liegen Tausende von Gräbern seiner unmittelbaren Nachkommen, welche innerhalb der Mauer begraben sind. Auch diese Mauer hat kaum die Funktion einer Trennung. Sie zeigt nur die Mitte eines Friedhofes an, der sich über einen Kontinent erstreckt.

Dieses Grab ist zweitausendfünfhundert Jahre alt. Einige Meilen weiter, in Chüfoo, residiert der Herzog Kung, ein Enkel des Konfuzius in der siebenundsiebzigsten Generation. Ohne Zweifel ist das die älteste Aristokratie der Welt. Es ist ein Streiflicht auf die geistige Verfassung der modernen Welt, daß man schon versucht hat, diesen Herzog zu expropriieren.

Konfuzius, der seinem Volk eine moralische Verfassung von beispielloser Haltbarkeit gegeben hat, hat die europäischen Geister immer wieder beschäftigt. Es gab Zeiten, in welchen man ihn als einen der größten Weisen gefeiert hat, und es gab Zeiten, in welchen man ihn als einen mittelmäßigen und langweiligen Moralisten bezeichnet hat.

Die Schwierigkeit, seine Bedeutung zu erfassen, liegt vor allem darin, daß aus seinen Schriften sehr wenig zu entnehmen ist. Er hat das zu seiner Zeit in der Überlieferung erhaltene geistige Gut seines Volkes zusammengefaßt und niedergeschrieben. Das wenige, was er selbst verfaßt hat, ergibt nur eine spärliche Ausbeute. Vor allem die von ihm verfaßten Frühlings- und Herbstannalen sind nicht mehr als eine Chronik und noch dazu eine ziemlich dürftige. Die europäischen Gelehrten haben die scharfsinnigsten und geistreichsten Theorien aufgestellt, um diese Diskrepanz zu überbrücken. Ich wage es nicht, über diese Dinge, die von bedeutenden Männern mit einem außerordentlichen Aufwand an Sachkenntnis und Gelehrsamkeit erforscht worden sind, ein Urteil abzugeben. Ein solches Urteil könnte nur sehr oberflächlich sein. Es soll nur, mit aller Vorsicht, einiges angedeutet werden.

Diejenigen Menschen, welche von der Gunst eines freigebigen Schicksals vor die Aufgabe gestellt wurden, den Gemeinschaften, denen sie angehörten, Verfassungen zu geben, hatten die Aufgabe, Normen für das Zusammenleben zu finden. In Europa ist bei solchen Gelegenheiten fast immer der Weg gewählt worden, Gesetze zu geben, deren Geltungskraft abhängig war von einer staatlichen Gewalt, welche diese Gesetze durchzuführen in der Lage war.

Die Chinesen haben einen anderen Weg gewählt. Sie haben für ihr Zusammenleben Normen der Sitte geschaffen. Der Unterschied zwischen Sitte und Gesetz liegt darin, daß die Anerkennung, daß die

Sitte gelte, in einer tieferen Schicht der menschlichen Seele statthat. Ihre Geltung wird in einer vor oder unter dem Bewußtsein liegenden Schicht anerkannt, während die Gesetze im Bewußtsein befolgt oder nicht befolgt werden.

Nun behaupte ich nicht, daß es in China kein Recht und in Europa keine Sitte gäbe. Aber sicher haben wir Europäer unser Zusammenleben hauptsächlich auf die Grundlage des Rechts, die Chinesen das ihre dagegen auf die Grundlage der Sitte gestellt.

Der Schöpfer dieser Grundlage der Sitte in China ist Konfuzius gewesen. Ausgedrückt werden konnten diese Dinge nur in sehr einfachen moralischen Vorschriften oder zum Teil sogar nur in Vorschriften, welche als Riten diese Grundhaltung äußerlich symbolisieren. So kann es sehr gut stimmen, daß Konfuzius ein sehr langweiliger Moralist war – wenn man nämlich seine Vorschriften unter europäischem Blickpunkt betrachtet, wo das Moralische immer nur eine ideelle Geltung im Bewußtsein hat – und gleichzeitig ein großer Weiser, der sich über die Wirkungsmöglichkeiten dieser einfachen moralischen Vorschriften klar gewesen ist. Es ist ein solider Grund, den er den Chinesen gebaut hat. Zweieinhalb Jahrtausende lang ist die Lehre des Konfuzius die Grundlage gewesen, auf der eine Kultur von großem Reichtum und glänzender Mannigfaltigkeit sich abgespielt hat.

Die Verschiedenheit der geistigen Haltung der Chinesen und der Europäer läßt sich mit dieser Sache allein nicht vollständig erklären. Aber jedenfalls kann man mit dieser Sache viele schwierige Dinge in diesem schwierigen Land erklären.

Das, worauf sich die moralischen Vorschriften des Konfuzius hauptsächlich beziehen, ist die Familie. Der Mensch wurde zweifach eingeordnet, einmal in die lebende Familie, nach einer strengen Rangordnung des älteren und jüngeren Bruders und des verehrungswürdigen älteren Onkels und so weiter, und dann in die Reihe der Generationen durch die Vorschriften über die Verehrung der Ahnen, welche auch nach ihrem Tode am Leben der Familie weiter teilnehmen.

Der Staat hat niemals eine starke, aktive administrative Gewalt ausgeübt. Er beschränkte sich im wesentlichen auf die Überwachung der Integrität der Sitte. Bei einem Vatermord zum Beispiel wurde nicht nur der Mörder bestraft, sondern der ganze Clan wurde bis auf den letzten Agnaten ausgerottet.

So war auch die vollständige Kenntnis der klassischen konfuzianischen Literatur, das heißt also die vollständige Kenntnis von der Wissenschaft der Sitte, die einzige Vorbedingung für die Erlangung einer Beamtenstelle. Ein großer Gelehrter und ein großer Beamter waren dasselbe.

Hauptsächlich an dieser Stelle liegen die Schwierigkeiten des heutigen China. Die Geltungskraft der Sitte hat an vielen Stellen nachgelassen, am meisten in den Hafenstädten, wo die europäische Zivilisation wie eine Stichflamme die alten Bindungen schmilzt. Es ist sehr beliebt geworden, das den Europäern zum Vorwurf zu machen. Es muß dem entgegengehalten werden, daß es hauptsächlich die europäisierten und amerikanisierten Chinesen selbst sind, die unter der Fahne des Fortschritts diesem Zerstörungswerk immer neue Menschen und neue Energien zuführen. Vielleicht ist das ein unvermeidlicher geschichtlicher Ablauf, aber man kann die Europäer nicht dafür verantwortlich machen, daß die Chinesen sich von uns hauptsächlich die Dinge aneignen, von denen wir selbst nur wenig halten.

Die Sitte verliert ihre Geltung. Gesetze, die sie ersetzen können, sind nicht da. Soweit man sie angefertigt hat, fehlt der Apparat für ihre Anwendung. Die Folge ist eine erschreckende tatsächliche und geistige Anarchie. Dieses Phänomen ist zunächst ein Randphänomen. Je weiter man ins Land hineinkommt, mit um so größerer Bewunderung stellt man fest, wie viel von der alten kostbaren Substanz erhalten ist.

Es ist ziemlich klar, daß diese riesige Infektion, die heute erst im Anfangsstadium steckt, dieses Volk noch auf Jahrzehnte hinaus aufs schwerste mitnehmen wird. Niemand kann da eine Prognose stellen. Vielleicht wird der achtundsiebzigste oder neunundsiebzigste Herzog Kung wieder hoch geehrt sein, und die ehrwürdige Grabstätte des Konfuzius wird wieder das Heiligtum eines großen und bewundernswerten Volkes sein.

Kaiserliche Stadt

Eine Morphologie des Straßenpflasters wäre vielleicht noch nicht der schlechteste Weg, den Geheimnissen der großen Weltstädte auf die Spur zu kommen. Aber die Geographie neigt nicht mehr zu den deskriptiven Methoden, so sehr man auch darüber Klage erheben möchte. Die Sohle als bewußt wahrnehmendes Organ wird entschieden unterschätzt, nachdem nun einmal das Wandern durch Welt, Zeit und Geist ebenso erd- wie sohlegebunden ist.

Gerührte Dankbarkeit empfinde ich für den wackeren Meister auf der Büschingstraße im Nordosten von Berlin, der für 5,50, randgenäht, das Leder so dünn nahm, daß ich die tausendjährige Erhabenheit der beschrittenen Pflastersteine mit kalter Zehe noch erfühle, und die Knie mir schwach werden vor Ehrfurcht auf dem Wege, den die kaiserlichen Generäle zum Südtor der verbotenen Stadt in Peking schritten, um dem Sohn des Himmels ihre Siege über die Barbarenvölker in den vier Gegenden zu melden.

Am Wegrand steht eine Säule, deren Inschrift den Beamten und Offizieren befiehlt, von den Pferden zu steigen und die vorgeschriebenen Riten zu vollziehen.

Aber ich kenne die vorgeschriebenen Riten nicht und weiß nicht, ob ich mir als Marco Bamm oder als Peter Polo vorkommen soll. Doch entschlossen schiebe ich die Röllchen zurück – Civis saxonicus sum! – und entlohne den Rikschakuli mit zehn Cents weniger, als er erwarten zu können glaubte.

Sein ruchloses Lärmen über den fremden Teufel durchbricht die Stille und konstituiert das Recht der Lebenden auch an dieser feierlichen Stätte. Aber ich ertrage das Lärmen mit Gelassenheit. Denn wenn ich jetzt noch die zehn Cents nachzahlte, würde ich zugeben, vorher zu wenig gespendet zu haben. Und damit verlöre ich mein Gesicht.

Die himmelhohen Mauern ringsum stärken meine Seele, damit sie nicht einem schwächlichen Mitleid verfällt. Der Kuli trottet auch schon von dannen. Es ist seine Welt- und Menschenkenntnis, die ihn immer wieder ermuntert, auf die sentimentale Dummheit der Reisenden zu spekulieren. Es gibt Amerikaner, die einem solchen

Aufwand an Lärm mit einem Dollar zu entsprechen versuchen. Wenn sie nur wüßten, wieviel billiger sie die Verachtung der Kulis haben könnten!

Die himmelhohen Mauern umschließen einen Raum, von dem man nicht weiß, wie man ihn benennen soll. Es ist kein Platz, denn ein Platz hat auch Ausgänge. Dieses Gebilde hat nur Eingänge. Es ist auch kein Hof. Nichts von »dahinter« oder dergleichen. Ein umschlossenes Stück Welt von besonderer Art. Die Straße, auf der der beruhigte Kuli von dannen zieht, diese Straße ist die Achse des Weltalls.

Eine halbe Meile weiter entfernt, saß in der Halle der großen Harmonie der chinesischen Kaiser der Sohn des Himmels und herrschte, das Gesicht nach Süden gewendet, über die »Hundert Familien«, das Volk der Chinesen. Auf dem Thron zu sitzen und nach Süden zu blicken, war eine seiner wichtigen Regierungsfunktionen.

Ich bin nicht geneigt, dem noch so geneigten Leser kulturgeschichtliche Privatissima zu halten. Dem alltäglichen Schreiberling steht es nicht zu, sich mit Fakten der Vergangenheit zu schmücken. In Herrn Baedekers Reich hat er nichts zu suchen. Wenn einer Näheres darüber wissen will, so gehe er »Unter den Linden« in die Preußische Staatsbibliothek, wo man am meisten über das alte China erfahren kann.

Hier handelt es sich nur um die Reise eines kleinen Mannes aus Kötzschenbroda, der an den Hof des chinesischen Kaisers kam, als es diesen nicht mehr gab.

Der Eintritt in die Verbotene Stadt ist auch heute nur dem erlaubt, der vierzig Cents bezahlen will. Ich finde vierzig Cents nicht viel an einer Stelle, an der man früher den Kopf riskierte. Köpfe sind zwar billiger geworden in unseren Dezennien, aber Bezahlung ist hier doch entschieden vorzuziehen.

Merkwürdig, wie Gefühle sich verflüchtigen an einem Kassenschalter. Auch die Historie hat ihre Baisse. Das Forum Romanum kostet einige Lire, und den Sarg des Herrn Geheimrats Goethe kann man schon für ein Zehnerl sehen, so wie man es dem Hausmeister schenkt, wenn man abends zu spät nach Hause kommt. Nur Lenin ist noch umsonst. Wenn der Eintritt zu seinem Mausoleum zehn

Kopeken kosten wird, dann ist seine Revolution zu Ende. Nicht früher!

Einige Soldaten stehen herum. Aber es ist nicht recht ersichtlich, was sie bewachen sollen. Diese steilen und abweisenden Mauern müßte man umlegen, ehe man darüberklettern könnte. Es war wohl möglich, mit einem langen Seil aus der Ungnade des Herrschers zu entkommen. Aber eintreten konnte man nur im vollen Schein seiner Gnade.

Wieder nehmen Vorhöfe und Hallen den Fremdling auf, und es ist herrlich, wie die Räume einen unerhörten Frieden verbreiten. Man kann sich wohl vorstellen, wie damals die Heerführer und Gouverneure rings aus dem weiten Reich in diesen Vorräumen lange Stunden verbrachten, wie sich Zorn und Leidenschaften legen mußten, damit sie mit ausgeglichener Seele vor den erhabenen Thron treten konnten. Die kaiserliche Ruhe verbürgte den Frieden des Weltalls.

Dann zaudert man, über eine Marmorbrücke zu gehen, entschließt sich trotzdem und schreitet hinüber. Kleine Seitenpfade führen in umhegte Gärten, wo die Frauen saßen, musizierten und die Blüten in Gefäßen ordneten. Aber die Vogelkäfige, die noch an den liebevoll gezogenen Bäumen hängen, sind leer. Die Räume, Höfe und Hallen wechseln in verwirrender Fülle. Achttausend Hofbeamte haben in diesem merkwürdigen Schloßbereich gewohnt. Jetzt erzeugen meine Schritte einen hohlen, aber tönenden Widerhall.

In einem Hof, zu dem eine morsche Türe führt, stehen Musikinstrumente in einer offenen Halle, Regen und Schnee ausgesetzt, und zerfallen.

Der beständigste Kulturboden der Erde hat für seine Architektur die vergänglichsten Materialien gewählt. Das Holz fressen die Würmer, das Papier fressen die Schaben, und langsam werden die glasierten Dachziegel der Erde näherkommen. Nur das mag einen trösten: Sie werden halten, auch wenn sie sechzehn Fuß unter die Erde gesunken und, harrend ihres Schliemann, über die Jahrtausende noch vorhanden sind.

Kleine Brettchen sind an Holzpfosten genagelt und leiten den Fremdling durch dieses Labyrinth. Manchmal wird die Enge der Anlage ein wenig bedrückend. Aber auf einmal weitet sich der

Raum. Eine marmorne Brücke schlägt ihre Bögen über eine Leere, die sozusagen von Menschen gebändigt wurde. Niemals wird man irgendwo so etwas ein zweites Mal sehen. Hinter der Brücke befindet sich ein Platz, darauf zwei phantastische steinere Fabeltiere eine Treppe bewachen, die zur Thronhalle hinaufführt.

Noch zögert man weiterzugehen, ergriffen von der Einmaligkeit des Augenblicks, sich endlich dem Drachenthron zu nähern, auf dem die Herrscher saßen, die das größte Volk der Welt in Frieden und Ordnung hielten.

Die Säulen sind geschnitzt und mit Gold belegt. In der Höhe hängen Tafeln, auf die der Kaiser Chien Lung selbst die Schriftzeichen malte. Denkmäler des Geistes, die noch heute jedem Chinesen tiefste Ehrfurcht einflößen. Die Wände sind mit den schönsten bestickten Seidengeweben geschmückt.

Zwischen all diesen Herrlichkeiten aber schwebt ein vergoldeter Bronzelüster. Dieser Lüster ist sicherlich die nachdenklichste Lampe der Welt. Denn er ist – vorsichtig datiert – spätes 19. Jahrhundert, gekauft etwa Ecke Leipziger Straße und Spittelmarkt. Eigentlich ist es überhaupt keine Lampe. Am ehesten vielleicht noch ein Installationskörper. Dieses Monstrum schwebte über den Empfängen der letzten Mandschukaiser. Fürwahr, die Totenampel einer Dynastie.

Aus der Erhabenheit in die Alltäglichkeit zurückgeschleudert, wendet man sich mit gelassenem Interesse dem musealen Teil der erlaubten Stadt zu, wo die Schätze des kaiserlichen Hauses aufgestellt sind.

Um der Erde noch näher zu kommen, wird man vom Zufall mit einer Formulierung beglückt, die eine Dame vor blauem Porzellan äußert: »Wissen Sie, eijentlich mag ich ja blau nich'!« Womit die Bemühungen des Kaisers Kang Hi um die Schaffung eines brauchbaren Porzellans für den Haushalt endgültig der Lächerlichkeit preisgegeben sind.

Ehe man diesen Palast verläßt, führt der Weg zu einem kleinen Hof, wo ein Kistendeckel eine ebenso schauerliche wie ergreifende Geschichte erzählt. In diesem Hof zwang die alte Emperess Dowager die junge und schöne Prinzessin Chen Fei, die Geliebte ihres Sohnes, sich in einem Brunnen zu ertränken.

Bekümmert geht man von dannen. Ist niemand da, diese junge, schöne Prinzessin in eine Fee zu verwandeln, die in den grauen Mauern des Geisterpalastes wohnen darf, bis sie wieder erlöst werden kann? Wie schrecklich ist die Welt. Ringsum öffnet sich abermals das weite Peking mit seinen schweigenden Mauern an allen Wegen. Stumm und feierlich ziehen die Kamele mit ihren hochmütigen, aristokratischen Gesichtern in langen Karawanen durch das Nordtor der Mongolei.

Heimkehr

Heimkehren ist immer schön. Aus einem Feldzug, aus einer Kneipe, aus einem fernen Kontinent. Man kann sich einmal ausschlafen. Man kann sich auf sich selbst besinnen. Man kann wieder weg. Aber wann eigentlich ist man heimgekehrt?

Aus einem Feldzug? Da war es die Heimat, die einen wieder aufnahm. Aber es war nicht mehr die, die man verlassen hatte. Aus einer Kneipe? Da ist es das Bett, das einen wieder hat. Zur Besinnung kommt man frühestens am nächsten Mittag, auch wenn man sich auf nichts mehr besinnen kann. Aber wann ist man aus einem fernen Kontinent zurück? In Mandschuria, am Baikalsee, in Leningrad umgibt einen noch nicht die Atmosphäre Europas. In Swinemünde wird's schon traulicher; nur daß die Leute, die sich in Swinemünde tummeln, dort nicht zu Hause sind. Es sind Badegäste. Heimkehren kann man nicht zu jemandem, der selber in der Fremde ist. Stettiner Bahnhof in Berlin? Der wäre eine Möglichkeit! Nur dächten da die Leute, man wäre ein Badegast aus Swinemünde, und die Kofferschilder habe man im Warenhaus für kleines Glück gekauft. Zum richtigen Heimkehren gehört eine Mischung von Bewunderung und Neid gegenüber dem Weitgereisten.

So blieb mir nur das Romanische Café. Kleine Marmorplatte! Zu selten haben die Dichter dich besungen! Unbeachtet verschwinden jeden Morgen all die genialen Stricheleien, zu geistreichem Zwiegespräch auf dich gezeichnet, unter dem nassen Grau des Wischlappens der Putzfrau. Heiterkeit und Melancholie hast du gesehen, geborgtes und verdientes Geld, zuweilen eine Briefmarke, die den Standardbetrag des heißen Schälchens komplettieren mußte. Hier kann Selbstbesinnung stattfinden. Auf marmorner Grundlage! Kein Maharadscha kann sich vornehmer auf sich selbst besinnen.

Karl kassiert am dritten Tisch links. Karl ist noch da. Natürlich ist Karl noch da. Er ist seit achtzehn Jahren da. Warum sollte er heute nicht da sein? Heute ist Samstag. Seinen freien Tag hat er am Mittwoch. Ich werde an einem Samstag heimgekehrt sein. Nun wird der große Augenblick kommen, auf den ich so lange gewartet habe! Glanz der Ferne wird um mich sein. Vielleicht wird sogar das blonde Kind im Tweed am Nebentisch aufhorchen. Und Karl? Nein, Karl wird keinen Neid empfinden. Er wird mir seine volle Bewunderung zeigen. Schön wird das werden!

Karl naht. Ein freundliches Lächeln persönlicher Zuneigung huscht über sein faltenreiches Antlitz. Der Oberkellner Karl hat mehr als nur ein Gesicht. Er hat ein Antlitz.

»Tag, Herr Dokta'! Lange nicht dajewesen!«

»Ja«, sage ich, langsam schlürfend den köstlichen Moment. »War lange nich' hier.«

»Wo war'n Se denn die janze Zeit?«

Nun bemerke ich so ganz leicht und obenhin: »'n Peking!«

»So«, meint er, »schon wieder 'n neues Café. Wo liegt 'n det?«

Ich bin noch heute nicht heimgekehrt.

Kastilien

Stunde um Stunde sind wir gefahren durch die Tierra de Campos, die Hochebene des alten Königreichs Kastilien. Wie die Dünung eines Ozeans ziehen sich die Hügelketten bis an einen Horizont, welcher in unerreichbarer Ferne zu liegen scheint. Das Land ist leer. In weiten Abständen tauchen Dörfer auf, aus braunem Lehm auf brauner Erde gebaut. Jedes einzelne dieser Dörfer sieht wie eine Festung aus, vom Menschen gesetzt als Bollwerk gegen die überwältigende Einsamkeit dieser Landschaft.

Am Ausgang eines Dorfes liegt ein Kastell aus Lehm, uralt,

mächtig, verfallen, ein Menetekel der Zeit. Verweht sind die Spuren derer, die es gebaut haben. Verweht auch die Spuren derer, die es schrecken sollte. Namenlose Erde. Geisterzinne, von Geistern errichtet.

Die Akteure dieser großartigen und tristen Bühne der Schöpfung sind die Hirten mit ihren Herden. Es sind biblische Hirten und biblische Herden. Der Mann, der da, auf seinen Stab gestützt, einsam in den Himmel ragt, dieser kastilische Hirte scheint dazustehen seit Erschaffung der Welt, ein Stück des Horizontes Gottes, ein Denkmal, errichtet zu Ehren des Menschen.

An diesen Hirten ist die Geschichte vorübergezogen seit Jahrtausenden. Ungeheure, unbekannte Dramen haben sich vor ihren Augen abgespielt. Völker sind gekommen und gegangen, wie eine Wolke vor der Sonne vorüberzieht. Alte Sagen gehen davon noch heute an den nächtlichen Feuern um. Kelten brachen von Norden, Karthager von Süden in das Land. Dann kamen Römer, dann kamen Goten, dann kamen Mauren. Sie alle haben gelebt, geherrscht, geliebt, gemordet, geschachert und gebaut. Kriege wurden gewonnen und gingen verloren. Weltreiche wurden gegründet und zerfielen wieder in nichts. Erbe wurde geschaffen und Erbe wurde vertan. Jahrhundert um Jahrhundert.

Die Hirten Kastiliens haben über ihre Herden hinweggeblickt in den traumhaften Horizont hinein bis zu jenem großen Augenblick, da die unendliche Ferne sie losriß von der braunen Tierra de Campos und sie aufbrachen über alle Grenzen hinaus, der abendländischen Menschheit die Erde zu erobern und das Reich zu errichten, in welchem die Sonne nicht mehr unterging.

Es gibt keine zureichende Erklärung für diesen ungeheuren Aufbruch der spanischen Nation, mit dem das Mittelalter zu Ende ging und die Neuzeit ihren Anfang nahm. Wir wissen, daß die alten Königreiche von Kastilien, Leon und Aragon, die politischen Kernzellen Spaniens sind. Zwar Columbus war Genuese, aber die katholische Isabella, die ihm die Mittel zur Ausführung seiner kühnen Pläne zur Verfügung stellte, war Königin von Kastilien. Noch heute gründet sich der Stolz des Spaniers auf dieses großartige halbe Jahrhundert von Isabella bis zu Philipp II. Nichts beweist, allen Einwänden zum Trotz, die kulturelle Kraft des Spaniers von

1500 eindringlicher als die Tatsache, daß die Länder, welche damals von Spanien in der neuen Welt erobert wurden, obwohl sie politisch wieder verlorengingen, katholische Länder spanischer Sprache und spanischer Sitte geblieben sind.

Gegen Abend, während wir uns Salamanca nähern, taucht am Horizont die schneebedeckte Sierra auf, die Altkastilien und Leon von Estremadura und Neukastilien trennt. Wir fahren durch das Tal des Duero. Unendlich tröstend ist das Grün dieser kleinen Flußtäler. Von einer heimlichen und bescheidenen Schönheit nach all der schauerlichen Erhabenheit der Hochebene. Wunderbar die wie von Silber überstäubten Steineichen mit den Blüten des Ginsters im Unterholz. Die Natur, die harte Herrin der braunen Einöde, hier belohnt sie das einsame Herz. Wie sehr muß ein Mann, der Kastilien zur Heimat hat, diese Täler lieben, dieses Grün, dieses Silber, diesen leisen Ton, mit dem das Wasser unter der Brücke über die Steine springt. Dieses karge Land, das von lockenden Fernen rings umgeben ist, muß ein Land unendlichen Heimwehs sein für die, welche es verloren haben. Auf den asphodelischen Wiesen träumt der Mensch von den Disteln, die zwischen den Steinen seiner jungen Tage wuchsen.

Wenige Meilen vor Salamanca ist von der Stadt noch nichts zu sehen. Auf einmal liegt es vor uns im Schein der untergehenden Sonne mit seiner wunderbaren Silhouette, das alte Salmantica mit seinen prachtvollen Türmen und Palästen, der ehrwürdige Platz mittelalterlicher Gelehrsamkeit, die glanzvolle Stätte spanischer Königsherrlichkeit.

Wir sitzen auf der Plaza Mayor in einem urbanen Gewimmel von südlicher Lebhaftigkeit. Die vier Fassaden, welche den Platz rings umschließen und die Straßen durch Tore einlassen, sind strahlend erleuchtet, eine Architektur in Licht. Über den Platz zieht eine stille Prozession von Kindern. Sie tragen Kerzen in den Händen, um dem Himmel zu danken für eine Güte, die sie noch nicht verstehen. Ihre unschuldigen Gebete steigen mit dem Rauch der Kerzen zu den Sternen, die über den Lichtern der Menschen scheinen.

Die Haut brennt von der Sonne Kastiliens. Der Café negro labt die vom Staub der Geschichte ausgedörrten Kehlen. Wir sind nicht so verloren in diesem Gewimmel, wie es scheinen mag. Wir sind das jüngste Glied einer langen Kette von Generationen. Einige hundert Semester lang ist Europa nach dieser Stadt gepilgert, um von den Gelehrten der Hohen Schule zu Salamanca die Weisheiten Arabiens zu lernen und die Schätze der Antike zu übernehmen, welche arabische Wissenschaft über dunkle Zeiten hinweg bewahrt hatte. Nicht zufällig gibt es in Salamanca noch heute ein irisches Priesterseminar. Irische Mönche und arabische Gelehrte teilen sich in die Ehre, die griechische Überlieferung Europa erhalten zu haben in jenen Jahrhunderten, da im Zerfall des Römischen Reiches auch das Wunder von Hellas der Vergessenheit anheimzufallen drohte.

Wunderliche Wege sind es, die die Geschichte nimmt, wenn sie zwischen Zerstören und Erhalten ihre undurchschaubare Entscheidung trifft. Während es noch zahlreiche römische, ja punische Reste in Spanien gibt, während die Felsbilder einer unvorstellbar lange vergangenen Epoche noch erhalten sind, ist die Spur der Westgoten auf eine unheimliche und unerklärliche Weise fast vollständig verschwunden.

Doch was auch immer das Ergebnis menschlicher Bemühungen sein mag, ewig groß ist die unerschütterliche Standhaftigkeit des menschlichen Herzens, das in der Nacht vom Morgen träumt und nicht aufhört, den Göttern Trotz zu bieten.

Denkmal einer Meinung

So prächtig sich Salamanca bei der Ankunft bietet, so prächtig grüßt es den Fremdling beim Abschied. Das Auto, das Vehikel der Zivilisation, hat die unerwartete Eigenschaft, daß es den Reisenden wieder zurückführt auf die Straßen der Altvorderen, welche die Straßen der Kultur sind.

Da wir kein Croquis zu lesen verstehen, auch nicht genug von dieser Sprache wissen, um mit Nutzen fragen zu können, verlassen wir uns auf Karl.

Karl ist das Handbuch für Reisende. Obwohl es vor mehr als dreißig Jahren erschienen ist, ist es das Zuverlässigste, was man sich denken kann. Offenbar besteht Karl aus zwei verschiedenen Persönlichkeiten. Der eine Karl befaßt sich nur mit Kathedralen, der andere nur mit der Küche. Kunstkarl ebenso wie Freßkarl bringen aber nicht nur Tatsachen, sondern auch Meinungen. Wenn man, da man doch Ferien hat, sich nicht die Mühe machen will, sich eine eigene Meinung zu bilden, so kann man ohne weiteres Karls Meinungen übernehmen. Man wird dann von der Welt den Aspekt haben, welchen ein distinguierter Fremder im Jahre 1912 von ihr hatte. Es ist zumindest fraglich, ob die eigenen Bemühungen einen weiterbringen würden.

Wir hatten die beiden Kathedralen besichtigt. In diesem glücklichen Fall hat man nicht die alte romanische Kirche abgerissen und die neue gotische an ihre Stelle gesetzt, sondern man hat die alte Kirche stehen gelassen und die neue daneben gebaut. Wand an Wand – für stilkritische Untersuchungen eine gedeckte Tafel. Kunstkarl gibt ganz genau an, von welcher Stelle aus man den besten Überblick über die Chorpartie der romanischen Kirche hat. Man sieht es richtig vor sich, wie Karl Anno zwölf im schwarzen Gehrock eine Viertelstunde lang in der Hitze umhergekrochen ist, ehe er sich bedächtig entschloß, Punkt X als denjenigen zu bezeichnen, »von welchem aus man den besten Überblick über die Chorpartie« hat.

Auch wir, treue Jünger und Verehrer Karls, begeben uns an Punkt X. Wenn wir schon in Salamanca sind und die alte Kathedrale besichtigen, wollen wir nicht nur die Chorpartie sehen, sondern natürlich auch den besten Überblick über sie haben.

Ich, der ich meine jungen Tage damit verbracht habe, ein Handwerk zu erlernen, bin in Dingen der feineren Bildung unzulänglich. Erich dagegen, mit dem ich diese Reise mache, ist von Beruf und Natur Kunsthistoriker. So ist es kein Wunder, daß ich den goldenen Worten des Freundes allzeit voll tiefen Respektes lausche. Erich betrachtete lange »den besten Überblick über die Chorpartie«. Dann sagte er:

»Speyer! Vollkommen Speyer!«

Ich, leicht erschüttert, betrachtete meinerseits die Tauben, die den besten Überblick frequentieren, und meinte:

»Venedig! Vollkommen Venedig!« Worauf Erich freundlich mich ansah und sagte:

»Idiotisch! Vollkommen idiotisch!«

Derartig starke Differenzen können sich entwickeln, wenn man sich eigene Meinungen bildet, statt sich an Karl zu halten.

Im Inneren der Kirche wurden wir uns wieder völlig einig. Wie Kunstkarl auf Seite zweiundfünfzig ein für allemal festgestellt hat – »das vierundfünfzig Meter lange Innere zeigt schwere, aber harmonische Verhältnisse«.

Dem ist nichts hinzuzufügen. Siebenhundert Jahre lang hat die Kathedrale schwere, aber harmonische Verhältnisse gezeigt. Kein Hund hat sich darum gekümmert. Bis endlich Kunstkarl kam, Anno zwölf, im schwarzen Gehrock, und diese Feststellung traf. Von nun an wird die Kathedrale schwere, aber harmonische Verhältnisse zeigen, solange der Himmel ihr erlaubt, zu seinen Ehren dazustehen.

Im Relicario der neuen Kathedrale steht das berühmte Kreuz des Cid, das von Jerónimo Visquio, dem Gefährten des Cid, nach Salamanca gebracht wurde. Es ist ein primitives Stück. Man würde ihm inmitten all dieser Pracht kaum Beachtung schenken, wenn man nicht wüßte . . .

Dieser Christo de las Batallas ist, nach langen Jahrhunderten, aus welchen uns nichts erhalten ist, eine der ersten bekannten Skulpturen aus der Zeit der Reconquista. Mögen die Dinge noch so schön sein, erst das Wissen um sie gibt ihnen den vollen Glanz, dessen der europäische Geist bedarf, um genießen zu können. Karl ist der Mentor und Vermittler des Fleißes der Wissenschaft dort, wo man seiner bedarf, an Ort und Stelle.

So sei nunmehr die Geschichte mit der Westfassade berichtet. Hier nämlich hat Karl einen Satz geschaffen, welcher an sprachlicher Meisterschaft in nichts dem Kunstwerk nachsteht, dessen ornamentaler Meisterschaft er gewidmet ist.

Als wir die Kathedrale verlassen hatten und wieder in der heißen Sonne standen, eine Zigarette rauchten und die venezianischen Tauben von Speyer ins Lichtbild bannten, blieb uns noch die Universität. Dreihundert Jahre ist sie berühmt gewesen in der ganzen Welt. Nun hat sie, zum Lohn dafür, bei Karl einen Stern. Nach dem Plan mußte sie der Kathedrale gegenüberliegen. Aber da war kein Bauwerk, das einen Stern wert gewesen wäre. Wir fragten einen Salamankesen. Er zeigte uns als Universität ein Haus, welches wir als unbedeutend ansprechen mußten. Irgend etwas konnte nicht stimmen. Richtig! Besternt war nur die Westfassade.

Durch unendliche Gäßchen suchten wir die Westfassade, bis wir sie fanden, prächtig geschmückt und bequem zu betrachten von einem bezaubernden kleinen, stillen Platz aus mit einem Brunnen, auf dessen Rand wir uns niederließen.

Über diese köstliche Fassade hätte man mancherlei Betrachtungen anstellen können. Alle diese Betrachtungen wären einem lächerlich vorgekommen, wenn man hinterher erfahren hätte, was Karl zu ihr gemeint hat. Karl nämlich sagt:

»Als Kleinod gilt die Fassade der Universität; merkwürdig die Rücksichtnahme auf die perspektivische Verjüngung durch vergrößerte Dimensionen der Details nach oben.«

Wie die Fassade der Universität zu Ehren des sechzehnten Jahrhunderts dasteht, so wird dieser Satz immerdar dastehen zu Ehren Karls und der kunsthistorischen Wissenschaft.

Viel Gelehrsamkeit ist durch diese Pforte ein und aus gegangen. Der Lärm wissenschaftlichen Streites tönte über Europa und der Lärm fröhlicher Studenten über diesen Platz. Hier kämpfte der gelehrte Dominikanerbruder Diego de Deza seinen heldenhaften Kampf gegen Aristoteles, als er 1486 die Gelehrten von Salamanca für die Pläne des Columbus zu gewinnen suchte. Er hat ebensogut Amerika entdeckt wie der kühne Seefahrer selbst. Ohne die Hilfe dieses kühlen und klaren Kopfes wäre es Columbus niemals gelungen, seine große Fahrt in unsere Zeit hinein anzutreten.

Erhabener Vergangenheit voll wollten wir Salamanca über die alte Römerbrücke verlassen. Hier versagte Karl. Unversehens sahen wir uns der Notwendigkeit gegenüber, mit dem Wagen eine Treppe hinunterzufahren. Nur der Tatsache, daß Tausende von Studenten Jahrhunderte lang über diese Treppe gelaufen waren und ihre Stufen flach geschliffen hatten, verdanken wir es, daß wir heil unten angekommen sind.

Auf der anderen Seite des Flusses steigt die Straße langsam am Hang hinauf. Sanft hingebreitet am Ufer des Tormes liegt die Stadt. Die Landleute auf ihren Eseln, diesen klugen, stilläugigen Tieren, deren Ahnherr einst den Sancho Pansa durch die Fährnisse seiner

Treue trug, reiten über die Römerbrücke in die Stadt hinein. Die Studenten des Lebens rollen von dannen, voll neuen Wissens und voller Fröhlichkeit. Einsam nur auf dem kleinen Platz vor der Westfassade der Universität steht, ein unsichtbares Denkmal, die Meinung des gelehrten Mannes im schwarzen Rock, Geheimrat Karl, des Kenners Spaniens und der Welt.

Ländliche Szene

Das Salz des Reisens sind die glücklichen Zufälle.

Die gewöhnlichste Art von glücklichem Zufall ist die Reifenpanne. Herb und köstlich in Kastiliens Luft. In den Reifen sind noch immer zwei Atmosphären Berlin. Ein Hufnagel, der sich, wie ein Argument der Philosophie, sanft und unerbittlich in den Pneu bohrt, gibt der gedrückten Berliner Luft Gelegenheit, ins Kastilische zu entweichen. Während sie in Berlin sich damit begnügen mußte, nach Benzin zu riechen, darf sie hier sich von einem ganz kleinen Esel ein- und wieder ausatmen lassen, um dann in der Krone einer Steineiche zu weitem Umblick sich niederzulassen.

Der Hufnagel kostet uns den Escorial. Es war ausgeschlossen, daß wir mit der Verspätung, die die Reifenpanne verursachte, den Escorial noch mitnehmen konnten, wenn wir zum Five o'clock Madrid erreichen wollten. Darüber hätten wir uns ärgern können. Aber die Panne ist sozusagen die moralische Kehrseite der Geschwindigkeitsmedaille. Wir beschlossen, unsere Souveränität über die Technik wiederherzustellen durch die Annahme, daß wir in der übernächsten Kurve gegen einen Baum gefahren und in den Abgrund gestürzt wären, wo man uns nach Wochen erst als bleiche Skelette des Hochmuts gefunden hätte. Vor einem so jähen Ende durch einen ganz gewöhnlichen Hufnagel gerettet worden zu sein, war Anlaß genug, dem Hufnagel gegenüber eher Zärtlichkeit als Ärger zu empfinden.

Während Erich im Schweiße seiner Bescheidenheit das Reserverad montierte, hatte ich endlich Gelegenheit, ihn über den heiligen Laurentius ins Bild zu setzen. Zu Ehren dieses Heiligen ist der Escorial erbaut. Sein voller Titel lautet »*Real Monasterio de San*

Lorenzo del Escorial«. Philipp II. hatte während der Belagerung von St. Quentin dem Heiligen ein Kloster gelobt, weil seine Artillerie eine seiner Kirchen hatte beschießen müssen. Dieser Heilige ist geröstet worden. So ist nach der Meinung des Volkes der Grundriß des Escorial ein Rost.

». . . Wendet mich«, spricht St. Laurenz mit Lächeln.

»Auf der linken Seite bin ich gar . . .«

Dieser fromme Vers aus der alten Legende hatte leider nicht die wünschenswerte Folge, Erich zur Bewunderung der glänzenden Haltung des frommen Mannes zu veranlassen. Vielmehr stieß er mich aus der Meditation an den Wagenheber, bis die Räder gewechselt waren.

Seit der Erfindung des Automobils ist das fünfte Rad am Wagen das wichtigste von allen. Es ist nämlich dasjenige, welches Beruhigung gibt. Wir hatten einen Hufnagel im fünften Rad. So rollten wir nur äußerst langsam und bescheiden weiter, gewissermaßen mit einem moralischen Nagel im philosophischen Hinterteil.

In einem kleinen, wirklich unbeschreiblich kleinen Ort trafen wir auf eine Anzahl Camions, deren Vorhandensein in uns reparative Hoffnungen erweckte. Die Camions sind eine Art von Benzinarchen, die den Verkehr zwischen den weit auseinanderliegenden kleinen Orten vermitteln. Ein modernes Auto funktioniert nach dem Prinzip der Wahrscheinlichkeit. Die Benzinarchen scheinen auf dem Prinzip der Unwahrscheinlichkeit dahinzurollen. Doch sind beide als Mechanovehikel der gleichen schöpferischen Idee entsprungen.

Wir hielten an.

Das erste, was wir feststellten, war, daß sämtliche Archen vollbeladen und im Begriff waren, abzufahren. Schon wollten wir den Hufnagel aus dem Hinterteil ziehen und mit einem Fluch in den Graben werfen, als er aufs neue seine magische Kraft bewies. Weit entfernt, uns im Stich zu bleiben, wurde er vielmehr die Veranlassung zu einer Kette von Ereignissen, aus denen wir mehr über Spanien erfuhren, als das genaueste Studium des Escorial uns hätte vermitteln können. Die Leute umstanden uns. Ihre Mienen schienen völlig gleichgültig zu sein. So galt es, eine Schlacht zu gewinnen.

Wir wandten uns an einen alten Mann mit würdigem Bart und hellen Augen, wie Menschen sie haben, die viel beobachten und wenig sagen. Diese mehr spontane als bewußte Aktion stellte sich als diplomatisch richtig heraus. Die Achtung vor dem grauen Haupte ist eine alte Überlieferung der Kultur. Wir hatten gezeigt, daß wir, wenn auch Fremdlinge, so doch keine Barbaren waren. Die erste Bresche war geschlagen.

Der Alte verstand uns so wenig wie wir ihn. Da wir ihm Ehre erwiesen hatten, konnte er nicht umhin, sich zum Anwalt unserer Sache zu machen, so unbekannt auch immer sie ihm sein mochte. Er rief einen jungen Mann herbei, der auf der Tasche seines blauen Monteuranzuges ein eindrucksvolles Wappen trug, das einen geradezu amtlichen Eindruck machte. Mit diesem Mann verbanden uns schon legitime Beziehungen, diejenigen nämlich, welche der Alte durch seine Aufforderung an ihn hergestellt hatte.

Wir führten ein langes Gespräch voller herzlicher Ausrufe, reich geschmückt mit Versicherungen gegenseitigen Vertrauens und gegenseitiger Hochachtung, ohne daß einer auch nur ein Wort des anderen verstanden hätte. Die Entwicklung freundschaftlichen Wohlwollens, ja geradezu menschlicher Anteilnahme wurde nicht wenig gefördert durch die Tatsache, daß langsam die Fahrer der Camions sich hinzugesellten, langsam freilich, um keine unvornehme Neugier erkennen zu lassen, aber doch eben neugierig. Auch die Camions selber entleerten sich allmählich. Kinder, Weiber und Esel schlossen das Amphitheater.

Erich ergriff einen Schraubenschlüssel, die Kappe vom Reserverad abzuschrauben, um durch Vorweisung des moralischen Nagels die Klärung der Sachlage zu fördern. Dies sollte sich als für ihn nachteilig erweisen. Durch Verrichtung einer gewöhnlichen körperlichen Arbeit verlor er viel von seinem bisherigen Glanze, so daß der Alte mit dem grauen Bart, der Patriarch der Menge, weiterhin mich durch Ansprache häufiger auszeichnete als ihn.

Das Auftreten des Nagels rief ein allgemeines Entzücken hervor. Die Weiber faßten kichernd danach. Der Mann mit dem Wappen ging zu tröstenden Gebärden über. Kurz, es war klar, wir sind als Menschen alle gleich. Niemand ist vor dem Zorn der Götter sicher.

Der Mann mit dem Wappen montierte nunmehr, unter dem

beifälligen Gemurmel der Menge, den Reifen ab und begann, mitten auf dem staubigen Dorfanger, ihn zu flicken. Er machte das schnell und geschickt. Daß sie alle schon eingestiegen gewesen waren, um sogleich abzufahren, das hatten sie, einer wie der andere, vollständig vergessen.

Zum Schluß sollte der Reifen aufgepumpt werden. Dabei erwies sich, daß der Ansatz der Pumpe auf das Ventil des Rades nicht paßte. Ein nördlicher Techniker hätte wahrscheinlich, schnell und geschickt, einen neuen Pumpenansatz gefräst. Der südliche Techniker nahm ein Stück Zeitung von der Straße, spuckte drauf und pappte es um Ansatz und Ventil – mit vollem Erfolg.

Wir waren lange im Zweifel, ob wir nun bezahlen sollten und wieviel. Schließlich kamen wir überein, uns lieber mit zuviel als mit zuwenig zu blamieren. Wir nahmen also einen etwas größeren Schein und boten ihn dem Manne mit dem Wappen.

Der Mann mit dem Wappen lehnte rundweg ab. Er tat es nicht unhöflich. Schließlich, woher sollten die Fremdlinge wissen, daß sie ihm zu nahe träten? Aber doch tat er es gemessen. Wir mußten den Rückzug antreten, aber wir wollten dabei unser Gesicht nicht verlieren.

So griffen wir zu jener Methode der Diplomatie, die in allen Lagen versöhnlich zu wirken geeignet ist. Wir luden zu einem Umtrunk ein. Dies wiederum konnte man uns nicht abschlagen, ohne uns zu kränken. So wurde die Humanitas besiegelt im Zeichen eines Trankopfers für Bacchus, den Gott brüderlicher Herzlichkeit. In den Jurten der Steppe, im Zelt in der Wüste, zwischen Freund und Feind ist der Trunk aus dem gleichen Becher das Siegel des Friedens.

Wir ließen die Vaterländer leben, den Frieden und die Güte des fröhlichen Gottes. Erich hatte den bezaubernden Einfall, den Hufnagel in den Becher zu werfen. Das Gelächter war allgemein.

Als Fremde waren wir gekommen. Als Freunde schieden wir. Hinter uns wurde der Fahrplan der Benzinarchen wieder in Betrieb genommen. Kleine Staubschlangen entfernten sich nach allen Seiten von der Stätte einer Komödie der Herzlichkeit, dem Anger eines ganz kleinen spanischen Gebirgsdorfes, der zur Bühne des Theatrum humanum wurde durch einen Hufnagel am rechten Platz.

Blick auf die Loire

Die Unvollkommenheit der Welt bringt es mit sich, daß ich versuchen muß, die zarten Valeurs der Loire, dieses Tales großer französischer Geschichte, einzufangen, während tatsächlich mein Auge über die Schneekonturen der Sierra de Gredos schweift, welche Altkastilien von Neukastilien trennt.

Die literarische Schwierigkeit, die darin liegt, wäre nicht so schlimm. Schwierigkeiten solcher Art werden von Literaten hochgeschätzt. Die Loire selbst ist ein Objekt langer literarischer Streitigkeiten. Es gibt keinen bedeutenden französischen Schriftsteller, der nicht über die Touraine seine Meinung geäußert hätte.

Diese Meinungen gehen weit auseinander. Stendhal, der sich nichts machte aus dem, was anderen Leuten gefiel, ging so weit, zu sagen: »*La belle Touraine n'existe pas.*« Während Balzac in einem Brief an Alfred de Vigny sich dazu verstieg zu schreiben: »Fragen Sie mich nicht, warum ich die Touraine liebe. Ich liebe sie, nicht wie man eine Geliebte liebt, noch wie man eine Oase in der Wüste liebt, ich liebe sie, wie der Künstler die Kunst liebt.«

Unglücklicherweise ist Stendhal für uns eine ebenso große Autorität wie Balzac. Wir müssen uns daher auf unser eigenes Auge verlassen.

Von den Geschichtsschreibern sind die Horizonte niemals genügend berücksichtigt worden. Die fruchtbaren und glücklichen Länder haben unbedeutende Horizonte. Die großartigen Horizonte sind den kargen Ländern vorbehalten. Weltreiche entstehen aus dem Kargen. Die Latiner waren ein armes Bergvolk. Sie begründeten Rom. Die Araber hatten in ihren Wüsten nichts als Horizont. Sie eroberten die halbe Welt.

Die spanische Weltherrschaft kam nicht aus dem glänzenden Süden, sondern aus der Hochebene von Kastilien. Wen die zärtliche Nähe fesselt, der hat nichts übrig für die großen Aufgaben, welche die großen Horizonte stellen.

Schlösser schaffen Horizonte. Der Schiffer freilich, der die Loire hinauffährt, sieht nichts von dem Blick, den man auf ihn hat. Wo die Weite nicht weit genug war, stellte der Mensch seine großen Bauwerke hin, seine königlichsten Schöpfungen. So ist die Touraine das Land der Schlösser und das Land der Könige geworden, das Land der Renaissance und das Land der Geschichte des Hauses Valois.

Schlösser an der Loire sind zahlreich wie schöne Frauen. Man kann sie sammeln. Das Wesen des Horizontes wird man dabei nicht begreifen, so wenig man das Wesen schöner Frauen begreifen wird, wenn man schöne Frauen sammelt. Eine lieben – das bringt weiter. Treten wir also entschlossen hinaus auf das Dach des Turmes im Château d'Amboise.

Großartig, was vor uns liegt! Großartiger noch, was hinter uns liegt!

Was vor uns liegt, ist ein breites fruchtbares Tal mit sanften Hügelketten zu beiden Seiten. Der Fluß strömt langsam und majestätisch dahin. Der Westwind, der seine Oberfläche kräuselt, bringt ihm den ersten Gruß des Ozeans.

Hier könnte einer fragen, inwiefern der Fluß nicht träge dahinfließe. Diese Frage ist nicht so dumm, wie sie scheint. Sie läßt sich sogar beantworten. Daß die Loire schön erscheint, ist nicht die Folge davon, daß man ausgezeichnet gespeist hat in einem dieser berühmten Gasthäuser Frankreichs, die Sterne im Baedeker haben wie anderswo die Kathedralen. Der Jangtse fließt tatsächlich träge dahin. Landschaften haben Gesichter, und Gesichter haben Schicksale. Es gibt Landschaften, denen bestimmt ist, der Rahmen großer Geschichte zu werden, und es gibt Landschaften, in welchen das erste größere Ereignis der Jüngste Tag sein wird.

Das Tal der Loire ist schön, aber es ist auch ein wenig lieblich. Nirgends gibt es mehr Nachtigallen als hier. Mag sein, daß das Stendhal gestört hat. Nichts ist von hier aufgebrochen. Dieser Horizont ist weit, aber sanft verschleiert. Er lockt nicht aus einer köstlichen Gegenwart in eine unbekannte Zukunft. Er lädt ein, sich niederzulassen. Er lädt ein zu bleiben, wenn man die Türme hoch genug baut, um über die Hügel hinwegblicken zu können. Das sanfte Tal bekommt durch seine mächtigen Kastelle einen pathetischen Akzent. Die Herrschsucht der Burgen wird durch die zärtliche Luft gemildert. Diese wohlgelungene Harmonie zwischen Landschaft und Baukunst ist es, die den Zauber der Loire ausmacht und dieses Stückchen Erde in der Welt berühmt gemacht hat.

Drehen wir uns um, so sehen wir drei Dinge – einen Hof, einen von einem alten schmiedeeisernen Gitter umschlossenen Altan am Hauptgebäude des Schlosses und eine kleine Kapelle. Größe und Schrecken menschlicher Herrschaft liegen in diesen drei Dingen beschlossen. Auf diesem Hof empfing König Franz I. von Frankreich Kaiser Karl V. auf seiner Reise durch das Abendland. Beleben wir noch einmal die stillen Steinplatten mit all jenen großen Herren, die im Gefolge eines deutschen Kaisers dahinzogen, der durch seine Lande reiste von Madrid nach Regensburg. Ein kaiserlicher Händedruck bedeutete damals Friede für ein Menschenalter. Kaiserlicher Zorn lastete schwer auf denen, welche er traf. Karl V. war ein Herrscher, der sich aufs Herrschen verstand. Im Gefolge des Königs von Frankreich stand der junge Prinz von Condé, dieser glänzende Ritter, der zwanzig Jahre später in eben diesem Schlosse, bei der Verschwörung von Amboise, seinen Degen in das Blut seiner eigenen Gefährten tauchen mußte, um den Verdacht, der auf ihm lastete, zu zerstreuen. An dem schönen alten Eisengitter des Altans hing man die Häupter der Verschwörung auf.

In der Kapelle befindet sich das Grab eines der größten Menschen, den der europäische Geist hervorgebracht hat. Dieselben Könige aus dem Hause Valois, die ihre Herrschaft so oft unter so schrecklichen Umständen verteidigen mußten, waren große Mäzene, prächtig und prachtliebend, von erlesenem Geschmack und immer bemüht, der Kunst gegenüber ihre königlichen Pflichten zu erfüllen.

Es ist das Grab Leonardo da Vincis, den König Franz I. an den Hof von Amboise gezogen hatte. Freilich, es ist nicht eigentlich sein Grab, sondern die Stelle, an der wahrscheinlich seine Gebeine liegen. Dasselbe rätselhafte Schicksal, das über dem Werk dieses Mannes liegt, hat auch seine sterblichen Reste getroffen. Die meisten seiner großartigen Arbeiten sind verlorengegangen – verbrannt, zerstört, geraubt, verdorben. Wir können nur ahnen, was dieser Mann der Welt gegeben hat. Es scheint geradezu, daß die Menschheit von irgendeiner Stelle, die darüber zu befinden hat, nicht für würdig erachtet wird, diese Offenbarung zu besitzen.

So ist auch die Kapelle, in welcher er beigesetzt war, abgebrannt. Erst am Ende des neunzehnten Jahrhunderts wurde eine Inschrift für ihn gemeißelt. Wenn man in Erwägung zieht, zu welch erhabenen Sphären der Geist dieses großen Mannes sich erhoben hat, so kann man nur mit einer gewissen Bewegung die Worte lesen, mit denen er auf seinem letzten Steine sich begnügen muß:

»Sous ce pierre reposent les ossements recueillis dans la fouille de l'ancienne chapelle royale d'Amboise parmi lesquels on suppose que se trouve la dépouille mortelle de Léonard de Vinci

Né 1452 Mort 1519.«

BEGEBENHEITEN

Verpaßte Tugend

Auf Grund des § 22 des Gaststättengesetzes hat der neue Polizeipräsident von Berlin ein Dutzend Nachtlokale im Westen Berlins geschlossen. Man kann da nur, wie Kaiser Augustus an einem entscheidenden Punkte seines Lebens sagen: »Applaudite amici. Comoedia est finita!« Jeder tugendhafte Bürger wird von einem Gefühl hoher Befriedigung ergriffen, wenn er sieht, wie das Laster mit der Wurzel ausgerottet wird.

Für den Chronisten war das Ereignis ein schwerer Schlag. Nicht etwa, weil er zu wenig Tugend hatte und vielleicht ohne diese Lasterhöhlen nicht auskommen könnte. Nein, vielmehr, weil er – der Venus Pandemos sei's geklagt – zu viel Tugend in einer bisher so lasterhaften Zeit gezeigt hat. Als der Chronist die Liste der geschlossenen Lokale überprüfte, stellte sich heraus, daß er kein einziges von ihnen kannte.

Das ist bitter. Warum das so bitter ist, liegt an den merkwürdigen Eigenschaften, die der Tugend zuvorkommen. Die vortrefflichste Definition der Tugend findet sich bei unserem großen klassischen Moralisten Wilhelm Busch. Da steht zu lesen:

»Das Gute, dieser Satz steht fest,
Ist stets das Böse, das man läßt.«

Aus diesem Axiom läßt sich ohne Schwierigkeit der Lehrsatz ableiten, daß, wenn man die Tugend üben will, man eine gründliche Kenntnis der Laster haben muß, welche man zu lassen hat. Wir dürfen uns da mit Fug auf die größten Beispiele der Geschichte beziehen. Sogar bei den Kirchenvätern finden wir einen glänzenden Fall von Tugend, die auf dem steinigen Wege über die Kenntnis des Lasters erworben wurde.

Der Chronist darf sich freimütig rühmen, auf dem Gebiet des

Lasters ein erstklassiger moralischer Fachmann zu sein. Mit sittlichen Schauern ist er durch das Yoshiwara von Yokohama geschritten. Mit Abscheu nahm er Notiz von den Abirrungen vom Wege der Tugend, die man an so berüchtigten Plätzen wie Tampico oder Port Said zu bemerken nicht umhin kann. Er könnte sogar Orte im eigenen Vaterlande nennen, die man bislang nur mit zitternden Lippen auszusprechen wagte. Jetzt kann man sie sich nur noch einander zuschweigen.

Es sei darauf verzichtet, diese Plätze zu nennen, um eine Obrigkeit, die ohnehin aufs äußerste angespannt ist, nicht noch mit neuen Problemen zu belasten. In Berlin freilich war die Obrigkeit selbst einem gewitzten Fachmann um Längen voraus.

Ewig nun wird meine Tugend dieser zwölf Lokale ermangeln. Niemals mehr werde ich Gelegenheit haben, die unbekannten Laster dieser verruchten Höhlen zu studieren. Ich werde das Böse, das ich zu lassen habe, nicht kennen. Wenn meine Seele gefährdet ist, muß ich auch dafür die Verantwortung der Obrigkeit aufbürden.

Wahrhaftig, sie hat es nicht leicht! Der schlichte Bürger, sofern er sich mit Tugend befaßt, hat auf gar nichts weiter zu achten, als daß er sie selber übt. Die Obrigkeit, sofern sie sich mit Tugend befaßt, hat darauf zu achten, daß andere sie üben.

Für einen Menschen von Geschmack wäre es eine unerträgliche Situation, darauf achten zu müssen, daß andere Tugend üben. Tatsächlich ist das ein vordringliches Merkmal des Puritaners, den man, um das Fremdwort zu vermeiden, den Säuberer nennen müßte. Säuberer können in der Welt fast alles erreichen. Die Tugend selbst zu üben, kommt den Menschen hart an. Man findet für die Ausübung der Tugend in der Weltgeschichte nur wenige Beispiele. Die Menschen nennen die, so die Tugend selber übten, Heilige und preisen sie hoch. So unerreichbar ihnen das Leben der Heiligen erscheint, sind die Menschen doch auf eine seltsam närrische Weise in die Tugend verliebt. Man bringt immer leicht eine Menge zusammen, die sich energisch dafür einsetzt, daß irgend jemand anders tugendhaft sein solle. Je weniger die Menschen sich fähig fühlen, Heilige zu werden, um so leichter sind sie davon zu überzeugen, daß andere welche werden müßten. So können Säuberer fast alles auf der Welt erreichen, außer daß sie selber tugendhaft werden.

Es gibt nur eine Tugend, die, wenn auch nur mühsam, für jedermann im Alter erreichbar ist. Es ist die Weisheit. Weisheit ist ohne Leidenschaft.

Ein seltener Glücksfall

Das Glück ist von jeher schon ein Sachverhalt gewesen, der den Menschen erstrebenswert erschien. Nur der Weise gibt sich keinen Illusionen hin. Weiß er doch, was für einen Grad von Glück es schon bedeutet, nicht ausgesprochen unglücklich zu sein, so wie Gesundheit hauptsächlich darin besteht, nicht ausgesprochen krank zu sein. Aber auch der Weise wird das Glück der Menschen immer gerne als eine Sache anerkennen, über die nachzudenken sich lohnt.

Fälle von ausgesprochenem Glück sind selten. Selbst Sauerbrodt mußte es erleben, daß sein böses Weib nur scheintot gewesen war. Hingegen ist der Fall des Xaver Hinterstoißer, Dienstmann Nr. 11 vom Stachus in München, als ein Fall von chemisch reinem Glück anzusprechen.

Um Xaver stand es seit langem schlecht. Er befand sich in der unangenehmen Lage eines Mannes, dem der Arzt zwar das Biertrinken verboten hatte, der aber über keinerlei Mittel verfügte, dieses Verbot zu übertreten. Eines Tages fiel ihm aus der Lotterie ein Gewinn von tausend Mark zu.

Xaver hätte nun die verschiedensten Möglichkeiten gehabt, sein Leben neu zu gestalten. Er hätte sich eine Parzelle kaufen können, er hätte etwas für seine Gesundheit tun können, er hätte das Glück auf Raten in zehn Monaten zu hundert Mark langsam verbrauchen können.

Aber Xaver, der alte Adam, tat nichts dergleichen. Hatte er deshalb fünfundvierzig Jahre als ein Hallodri gelebt, um in seinen letzten Tagen wie eine Betschwester mit dem Pfennig zu fuchsen? Ein Oktoberfest, gelebt im Paradiese, ist nicht zu teuer mit – nun, wir werden sehen, womit Xaver Hinterstoißer die Zeche beglich. Jedenfalls zahlte er in bar.

Er zahlte im Augustiner und im Thomas und im Paulaner. Er soff sich bei allen Kirchenvätern der Reihe nach herum. Niemals verfehlte er, die erste Halbe auf die großen Schutzpatrone zu leeren, die ihm beim Glückskonsum behilflich waren.

Am siebenten Tage seiner Fahrt traf ihn auf einer Bank im Englischen Garten der Schlag. Xaver Hinterstoißer besaß noch drei Mark und mußte auf Gemeindekosten beerdigt werden, dritter Klasse.

Sechs Tage war er reich. Sechs Tage soff er mehr, als alle Ärzte von München ihm hätten verbieten können. Sechs Tage lud er seine Spezis ein wie früher an manchem schönen Feierabend und starb, mit einem Taler in der Tasche, als ein reicher Mann. Mit tausend Mark war er seiner Lebtag im Glück, und mit drei Mark hat er noch sechs Halbe übriggelassen. Nun, die werden ihn nicht reuen. Bis er diesen Rausch ausgeschlafen hat, ist der Jüngste Tag schon angebrochen.

Das Glück ist apoplektisch und tausend Mark ein Geld, wenn man es nur nicht überlebt. Xaver Hinterstoißer hatte die Ökonomie des Daseins begriffen.

Friede seiner Asche!

In Erbschaftssachen gesucht

Wenn bedeutende Männer in die Jahre kommen, pflegen sie Erinnerungen zu veröffentlichen. Früher überließ man dergleichen seinem Biographen. Aber gerade die, die nicht ganz sicher sind, daß sie einen haben werden, tun es heutzutage lieber selber.

Wenn man diese Erinnerungen liest, gewinnt man den Eindruck, daß alle älteren, bedeutenden Herren ein fabelhaftes Gedächtnis haben. Bis in kleinste Einzelheiten erinnern sie sich an Dinge, die Jahrzehnte zurückliegen. Auf gewisse Weise muß man diese Leute bewundern. Ob man aber nicht jenen Mann mehr bewundern soll, der im Geschichtsbuch seines Sohnes nachsehen mußte, wenn er sich der Schlachten, die er mitgemacht hatte, erinnern wollte?

Über den Wert eines fabelhaften Gedächtnisses läßt sich streiten. Da einem im Leben mehr Unbill als Bill zustößt, wird man sich mit

Hilfe eines fabelhaften Gedächtnisses auch an weit mehr unangenehme Dinge erinnern als an angenehme.

Auch fragt es sich, ob es nicht besser ist, einen Mann, der einem hundert Mark schuldig geblieben ist, vollständig zu vergessen, als noch nach Jahrzehnten, statt einer Lücke im Gedächtnis, die man nicht spürt, eine Lücke im Portemonnaie zu haben, die schmerzt. Schließlich ist auch das fabelhafteste Gedächtnis nichts so Vollkommenes, als daß es nicht an Genauigkeit und Zuverlässigkeit leichtlich durch ein Tagebuch übertroffen würde.

Ob es noch viele Leute gibt, die ein Tagebuch führen? Und was mag in solchen Tagebüchern drin stehen? Das Wichtige natürlich! Aber woher weiß man, was wichtig ist?

»Heute morgen mit Erich zum Bratheringessen gegangen. Anschließend Skat gespielt. Zwei Mark zehn gewonnen! Herz ohne sieben! Alle drei Zehnen saßen blank!«

So etwa wird der 26. Januar in das Gedächtnis der Menschheit eingehen, wenn der Schreiber des Tagebuchs bei seiner Biographie an diesem Datum angekommen sein wird.

Erinnern Sie sich, geneigter Leser, was Sie zum Exempel im April 1934 getrieben haben? Waren Sie da etwa in Stuttgart? Sind Sie da einmal die Ameisenbergstraße entlanggegangen? Sie erinnern sich natürlich nicht mehr. Ein Tagebuch haben Sie nicht geführt. So gehen Sie am großen Glücksfall Ihres Lebens ahnungslos vorüber, vorausgesetzt allerdings, daß Sie schwarz und groß sind. Wenn Sie klein und blond sind, haben Sie mit der Sache nichts zu tun und werden niemals etwas erben. In einem großen süddeutschen Blatt fand sich dieser Tage folgende Anzeige:

> »In Erbschaftssachen gesucht!
> Derjenige schwarze, große Herr, der im April 1934 in Stuttgart die in der Ameisenbergstraße beschäftigte Köchin kurze Zeit kennenlernte und mit ihr einen Ausflug nach Cannstatt unternahm, wird dringend um seine Adresse gebeten unter . . .«

Da haben wir's! Wer hätte damals gedacht, daß da etwas zu erben wäre? Die ganze Tragödie steht vor unserem Auge auf, klarer als auf irgendeiner Leinwand der Welt. Der große, schwarze Herr verschwand. Er verschwand aus der Ameisenbergstraße, aus Cannstatt, aus Stuttgart. Nichts nötigt uns anzunehmen, daß er im brasilianischen Urwald von einem Kolibri gebissen oder in Kötzschenbroda von einer Elektrischen überfahren worden ist. Er hat geheiratet und wohnt in Billwärder. Aber er weiß von nichts.

Fast drei Dezennien hat die Köchin aus der Ameisenbergstraße auf den großen, schwarzen Herrn gewartet wie die Prinzessin im verwunschenen Schloß. Nur werden wir bei unseren Märchen leider älter, und nun ist die Gute an der Grippe gestorben. Niemals wird der große, schwarze Herr, der unterdessen grau geworden ist, etwas von jenem Unglück erfahren, das er angerichtet hat, und von jenem Glück, das ihm daraus erblühen sollte. Wenn er seine Biographie schreiben sollte, wird man darin nicht den kleinsten Hinweis auf den Ausflug nach Cannstatt finden.

Hier nehmen wir Teil an einer Tragödie, die darin besteht, daß nichts sich abgespielt hat. Traurig und erschüttert stehen wir daneben. Die Welt ist voll von ungeschehenen Dingen, aber die Unvollkommenheit der menschlichen Apperzeptionsfähigkeit läßt sie uns nicht zum Bewußtsein kommen.

Eine Briefmarke kaufen heißt, siebenmal nicht überfahren worden zu sein. Daran sollten wir denken, wenn wir mit unserem Los nicht zufrieden sind. Einen Schnupfen haben bedeutet, an keinem Typhus, keiner Pest, keiner Cholera zu sterben. Was für eine angenehme Sache, so ein Schnupfen! Wovor er uns bewahrt! Ein gebrochenes Bein bedeutet mindestens, daß das andere noch ganz ist. Welch ein Glücksfall!

Kurz und gut, leben heißt, nicht tot sein. Wem das nicht genug ist, dem ist nicht zu helfen. Das geschehene Unglück und das geschehene Glück sind morgen schon Vergangenheit. Das ungeschehene Unglück tröstet uns, und das ungeschehene Glück erfüllt uns mit Hoffnung. Denn der Mensch lebt nicht vom Gestern, sondern vom Morgen. Man sollte nicht damit anfangen, das Gestern zu beschreiben, ehe nicht das Morgen vorüber ist.

Ein Rätsel der Natur

Ein alter Herr hat es sich in diesen schönen Tagen nicht nehmen lassen, sich auf eine Bank im Park zu setzen. Es war ein dem lieben Gott besonders wohlgelungener alter Herr, mit einem immensen Vollbart von der Art derer, die eine rohe und zynische Jugend »Fußsäcke« nennt. Der Alte strich sich denselben und dachte vergangener Zeiten. Volle achtzig Jahre hatte der Bart gebraucht, um zu seiner heutigen Länge heranzuwachsen. Der Alte dachte an die Zeiten, da er selber noch im ersten Flaum der Jünglingsjahre mit gelben Nankinghosen im Rosengarten spazierengegangen war und ehrerbietig würdige Herren gegrüßt hatte, die immense Fußsäcke unter dem Kinn einhertrugen. Damals hatte er sich manchmal gewünscht, ein wenig mehr Bart zu haben, um ein wenig mehr Ehrerbietung einkassieren zu können. Denn selbst die Bewunderung junger Mädchen für gelben Nanking ist nicht zu vergleichen mit der Ehrerbietung, die einem würdigen Greis erwiesen wird.

Nun hat er es also auf achtzig Jahre und vierzig Zentimeter Bart gebracht. Aber das nützt ihm wenig. Denn das Alter hat unter dem letzten halben Jahrhundert stark gelitten. Es notiert heute unter pari. Die Jugend ist auf dem Plan, stößt Kugel, schwimmt Crawl, wandert Gelände. Die Greise aber sitzen in den Ecken. Zwar sind sie der Weisheit voll, aber keiner will etwas von ihrer Weisheit wissen. Der Markt für Weisheit des Alters ist verstopft. Weder Kontingentierung noch Produktionsdrosselung können da helfen. Wie will man weise Greise verhindern, weiterhin weise zu sein? Um jeden Greis liegt ein großer Haufen unverwerteter Weisheit herum, zum Schrottwert abzugeben. Die Kinder spielen damit.

Glücklicherweise ist es ein Merkmal der Weisheit, daß sie ohne Leidenschaft ist. Den weisen Greisen ist es unmöglich, sich zu ärgern. Ein weiser Greis, der sich ärgerte, würde alsbald aufhören, weise zu sein. Er wäre nichts als ein seniler Meckerer. Und deren freilich haben wir ohnehin schon viel zuviele.

Auch dieser dem lieben Gott so wohlgelungene Bartgreis auf der Bank im Park war vollständig friedlich. Er war so friedlich, daß er nach kurzem Dämmerzustand ein kleines Schlummerchen einlegte.

Alsbald erhob sich in den Gaukelträumen des Alten ein leises Summen, das langsam lauter und lauter wurde. Mochte es nun sein, daß er von Ozeanfluggeschwadern träumte, oder daß das Sausen für ihn ein mehr himmlisches Gebrause war – er lächelte glücklich im Traum.

Nicht so einige Zeitgenossen, die zufällig des Weges daherkamen! Auch sie hörten das Sausen und Brausen, das die Träume des Alten durchzog. Aber der Anblick, der sich ihnen bot, war nichts weniger als geeignet, ein Lächeln hervorzurufen.

Im Bart des alten Herrn hatte sich ein Bienenschwarm niedergelassen. So war der von Natur schon so respektable Bart durch die Bienen noch um ein Beträchtliches vergrößert.

Allmählich sammelten sich mehr Leute, um die Verehrung der Bienen für das Greisenalter zu bestaunen, während der Alte noch immer ozeanisch lächelte.

Die Versammelten schwankten noch, ob das Überfallkommando, das agrarpolitische Amt oder die Feuerwehr die für einen Bienenschwarm zuständige Dienststelle sei. Aber während man sich schließlich auf die Feuerwehr einigte, erwachte der Alte.

Wenn Sie, lieber Leser, auf einer Bank erwachen, und dreihundert Leute stehen in einer Entfernung von fünfzig Metern um Sie herum, und Sie entdecken, daß Sie nicht nur der Mittelpunkt des Interesses, sondern auch der Mittelpunkt eines Bienenstaates sind, was wohl werden Sie dann tun? In der Tat, es ist eine ungewöhnliche und schwierige Situation!

Der Alte tat das einzige, was er in seiner Lage tun konnte. Er blinzelte.

Wir haben alle in der Schule gelernt, daß die Biene einem nichts tue, wenn man sie nicht reize. Auch der Alte natürlich hatte das gelernt. Er verließ sich auf die Erfahrung seiner Lehrer. Es schlug ihm zum Heile aus. Unterdessen nämlich rückte die Feuerwehr an mit Wasserschlauch und Drahthelm. Vorsichtig wurde die Leitung gelegt. Dann wurde mit dreizehn Atmosphären Druck der Bienenfleiß von der Altersweisheit getrennt.

Manch gute Biene hat dabei ihr Leben lassen müssen. Aber das Alter zu ehren, ist nun einmal nicht ohne Gefahr. Der Bienengreis ist dabei fadennaß geworden. Er troff nur so. Aber selbst eine tropfende Weisheit ist immer noch besser als eine durch Bienenfleiß geschwollene.

Die Zuschauer gingen befriedigt von dannen. Die Feuerwehr packte ihre Schläuche wieder ein. Die Bienenkönigin sammelte den Rest ihrer geschlagenen Armee und beschloß, Würdebärte hinfort zu meiden. Inmitten des duftenden Rosengartens stand nun ein einsamer, tropfender Greis und dachte darüber nach, warum ein vierzig Zentimeter langer Riesenloreleybart heutigentags keine Ehrerbietung mehr einbringt, sondern nur eine Dusche aus dem städtischen Leitungsnetz. Er wird darüber bis ans Ende seines Lebens nachdenken können, und viel Weisheit wird noch herauskommen dabei.

Warum aber die Bienen den Bart gewählt haben, das wird ewig ein Geheimnis bleiben. Ob Bärte für Bienenköniginnen Sex-Appeal haben?

Ein Rätsel der Natur!

Geburt der Venus

In der großen Ausstellung der Royal Academy of Arts ist ein Bild ausgestellt, das aus dem Rahmen fällt. Freilich fällt es nicht auf das Parkett, sondern in die Seele des Beschauers hinein, um sie in Erstaunen zu setzen. Es ist das die Aufgabe, die Bilder auf der Welt haben. Wie selten auf dieser Welt erfüllt etwas die Aufgabe, die es hat.

Das Bild zeigt das Deck eines kleinen Heringsdampfers, der irgendwo zwischen Aran und den Lofoten herumschwimmt. Es ist gut, daß es keine Yacht ist, sondern ein Heringsdampfer. Von einer Yacht kann man träumen. Aber Yachten haben etwas Unsolides. Entweder sie gehören Millionären, die man nicht kennt, oder sie kommen in jenen Romanen vor, die wir deshalb so gerne lesen, weil sie so schlecht sind, daß wir sie selber hätten geschrieben haben können. Keiner von uns hat jemals wirklich lustgekreuzt, aber einen Hering ißt man zuweilen zum Abendbrot, und zwar besonders dann, wenn man zufrieden ist und ein gutes Gewissen hat. So erregt der Anblick eines Heringsdampfers ein Gefühl von Vertrautheit,

Menschlichkeit und Alltäglichkeit. Ich glaube, daß es die Absicht des Malers war, gerade diese Atmosphäre in uns wachzurufen, um dann jenes wunderbare Ereignis eintreten zu lassen, das auf dem Bild dargestellt ist.

Dieses wunderbare Ereignis ist nicht mehr und nicht weniger als die Geburt der Venus. Die Heringsfischer haben das Netz an Deck gezogen. Als sie es ausbreiten, enthüllt sich ihnen in unerhörter Reinheit und Keuschheit die Anadyomene, aus dem Schaum der Nordsee geboren.

Mit dem Ausdruck verzauberten Erstaunens betrachten die Fischer ihren Fang. Auf ihren Gesichtern liegt ein Ausdruck vollständiger Unschuld. Nur der erste Bootsmann, der wahrscheinlich ein Wesleyaner ist, hält die Mütze vors Gesicht. Mit dieser einen kleinen Geste puritanischer Verzagtheit ist alles in nuce angedeutet, was die Geburt der Göttin in dieser Welt für Folgen haben wird.

Wir haben keinen Anlaß, auch nur einen Augenblick daran zu zweifeln, daß sich das Ereignis morgen so abspielen kann, wie es heute gemalt worden ist. Fischer haben sich seit Jahrtausenden nicht geändert, und dem Meer ist noch keine halbe Minute seiner Ewigkeit verflossen, seit es die erste Venus aus dem Schaume steigen ließ. Auch damals war eine Zeit, da Venus nicht auf Erden weilte. Freilich, die Menschen waren voller Unschuld und warteten darauf, daß die Göttin der Liebe erscheinen sollte. Als sie emporstieg aus dem Schoß des Meeres, gehörte ihr die Welt. Es war nicht das schlechteste Zeitalter, als die Menschen der Venus dienten.

Die Venusfischer des Heringsdampfers der königlichen Akademie werden in arge Verlegenheit geraten. Es ist anzunehmen, daß der wesleyanische Steuermann Venus alsbald in seinen Mantel hüllen wird, wodurch sie viel von ihrer königlichen Unschuld verlieren wird. Außerdem muß er den Vorgang ins Logbuch eintragen. Dabei wird er in stilistische Schwierigkeiten geraten. Ohnehin hat Poesie im Schiffsjournal nichts zu suchen. Zudem graust ihm ein wenig vor den Schwierigkeiten mit der Hafenbehörde. Es ist jedem Schiff erlaubt, mit einigen Leuten weniger heimzukommen, als es beim Auslaufen an Bord hatte. Daß Leute ins Meer fallen, ist eine anerkannte und erlaubte Sache. Daß irgendwelche Personen aus dem Meer aufsteigen, dafür fehlen alle gesetzlichen Unterlagen.

Die Immigrationsbehörde wird sich in die Sache einmischen. Da die Dame in dem wesleyanischen Steuermannsmantel keine Nationalität hat, wird Venus möglicherweise aus England ausgewiesen werden. Der wesleyanische Steuermann wird außerordentliche Schwierigkeiten mit seiner Gattin bekommen, wenn sie Venus in seinem Mantel, mit dem ihr so wohlbekannten Flicken am Ärmel, von Bord gehen sieht. Aber da kein Strahl aus dem Auge der Göttin sie treffen wird, wird auch künftig die Liebe ihr Leben nicht beunruhigen. Venus, die Schaumgeborene, aber wird etwas erleben, was ihr neu ist. Wenn sie vor den strengen Herren der Hafenbehörde stehen wird, wird sie sich das erstemal genieren. Dabei wird sie nicht einmal wissen, was das eigentlich ist. Dann werden die Reporter kommen und sie für die Londoner Abendblätter interviewen.

Die Reporter, die gewohnt sind, Radschas aus Singapore und Negerkönige von der Goldküste zu interviewen, werden nicht in Verlegenheit geraten. Mit einem alten Homer bewaffnet, werden sie so antik sein, wie Reporter sein können. Schließlich werden sie irgendwo einen levantinischen Schiffskoch auftreiben, der außer Armenisch, Arabisch und Ägyptisch auch noch ein paar Brocken Griechisch spricht.

Dann wird Venus für die neue Revue am Oxford Circus ein glänzendes Angebot bekommen. Die Tillergirls werden sich über ihre vollschlanke Linie mokieren. Das wird sie nicht stören. Aber einige Lords werden ihr einen Heiratsantrag machen. Das wird zuviel sein für die Göttin. Eines Tages wird Venus verschwunden sein. Bei Sonnenuntergang ist sie hinter Falmouth aufs Meer hinausgeschwebt und in den feurigen Wagen Apolls gestiegen, um mit ihm hinter dem Horizonte unterzutauchen. Die wesleyanische Ordnung ist wiederhergestellt. Das aus dem Rahmen gefallene Bild in der königlichen Akademie kehrt wieder an seinen Platz zurück.

Nur der Schiffsjunge des Heringsdampfers wird niemals mehr aufhören können, von der schaumgeborenen Göttin zu träumen. Sein Knabenherz war der einzige Zufluchtsort, den Venus in England hätte finden können. Sie wußte, daß dieses Herz ihr nicht gehören sollte. So ließ sie ihm nur die Sehnsucht. Dieser Schiffsjunge wird als alter Mann seinen Enkelkindern von der Geburt der

Venus erzählen. So wird, wenn Venus schon lange wieder verschwunden sein wird, die Wahrheit zu einem Märchen geworden sein, das unschuldige Herzen erfreuen wird.

Das Problem von Candelo

Auf einer Burg in Oberitalien hat sich ein äußerst aufregender Vorfall abgespielt. Es handelt sich um eine Burg, die schon seit zweihundert Jahren keinen Burgherrn mehr hat. Sie gehört, seit der letzte Burgherr das Zeitliche gesegnet hat, den Bauern der Umgebung, die sie dazu benutzen, ihre Weinvorräte in den gewaltigen Verliesen sicher aufzuheben.

Auf dieser Burg brach Feuer aus. Als die Bauern, von den Flammenzeichen geweckt, herbeieilten, ihren Wein zu retten, entdeckten sie zu ihrem Entsetzen, daß als erstes die Holzverschalung des Brunnens ein Raub der Flammen geworden war und die in den Brunnen hineingestürzten Balken es vollkommen unmöglich machten, Wasser heraufzuholen. Die Burg brannte, und es war nur Wein da, den Brand zu löschen. Löschte man den Brand nicht mit dem Wein, so war der Wein verloren, denn die Mauern würden über den Fässern zusammenstürzen und sie zertrümmern. Nahm man den Wein zum Löschen, so war er auch verloren. Und doch, das Feuer zu löschen, hatte nur einen Sinn, wenn man den Wein damit retten konnte. Die Bauern standen da wie viele Esel Buridans, die, welches Heubündel sie auch fressen würden, auf alle Fälle eine Kolik davon bekommen würden.

Wir haben hier den außerordentlichen Fall, eine allgemein menschliche Situation vor uns zu sehen, für welche es in der ganzen Antike keine Fabel, keine Metapher, kein Beispiel, kein Exempel, keinen Fall gibt. Selbst die Bibel läßt uns da im Stich, dieses Buch, in dem zwei Jahrtausende genug fanden, ihre Weisheit daraus zu schöpfen.

Sollen die Bauern löschen oder nicht? Löschen sie, so ist ihr Wein dahin. Löschen sie nicht, so ist er auch dahin. Selbst die Sophisten in Alexandria haben sich niemals so verteufelte Situationen ausgedacht.

Das Problem von Candelo – so ist der Name dieser sophistischen Burg – wird so interessant werden wie die Antinomien der Vernunft, der Fermatsche Satz, der Wettlauf des Achilles mit der Schildkröte und die Quantentheorie.

Man könnte vielleicht einen Augenblick der Meinung sein, daß es eine große und erhabene Haltung sei, zuzuschauen, wie das Wüten der Elemente den Wein vernichtet. Aber Wein ist nicht etwas nur Materielles. Der Wein hat einen eigenen Gott. Der Zorn des Bacchus wäre nicht weniger furchtbar als der Zorn des Poseidon, der den Seefahrer des Lebens nicht in seine Heimat gelangen läßt. Der Zorn Bacchus' würde vielleicht einen olympischen Durst bedeuten, den ein Odysseus der Kneipe zwanzig Jahre lang nicht stillen könnte. Ein wahrhaft furchtbarer Gedanke!

Tatsächlich, das Problem von Candelo ist das Problem der Leidenschaft. Will der Mensch das Feuer seiner Leidenschaft löschen, so kann er es nur mit seinem Blute tun. Wenn er das Feuer gelöscht hat, ist er dahin. Wenn er es brennen läßt, dann verzehrt es ihn, und er ist auch dahin.

Die Bauern von Candelo haben ihren Wein in das Feuer der Götter gegossen. Es ist des Menschen Pflicht, auf dieser Welt zu verschwenden, was er behalten möchte.

Als die Bauern am Morgen die rauchenden Trümmer durchsuchten, fanden sie in einem Gewölbe, das der Zusammensturz erst geöffnet hatte, ein Faß, das niemandem gehörte. Es war unversehrt. Sie öffneten das Faß, und jeder von ihnen nahm sich einen Becher von seinem Wein, der uralt war und schwer und herrlich. Der letzte Burgherr noch hatte ihn gekeltert.

Seien wir keinen Augenblick traurig über das Problem von Candelo. Denken wir daran, daß es in einer menschlichen Welt, die die Verschwendung von uns fordert, unsere Pflicht ist, wie jener Mann zu handeln, der um 1750 ein Faß verschloß, damit die Enkel um 1950 davon trinken könnten.

Möge ein jeder seinen Nachfahren, welche er niemals kennen wird, Gutes erweisen, auf daß er wert sei, aus dem Becher der Ahnen, welche er niemals gekannt hat, zu trinken.

Schornsteinentschlüsse

Es ist ein feiner Trick der Natur, daß man nach seinem Tode nicht mehr am Leben ist. Der Leser, der glaubt, über die Banalität dieses Satzes lachen zu dürfen, wird sogleich bemerken, daß er sich blamiert hat. Es ist ein außerordentlich tiefsinniger Satz. Ich bin nicht wenig stolz darauf, ihn in dieser lapidaren Kürze als erster niedergeschrieben zu haben.

In einer kleinen Stadt in Sachsen hat sich ein merkwürdiges Ereignis zugetragen. Dorten beschloß ein Mann, der mit dem Leben fertig zu sein glaubte, sich umzubringen. Er stand nur noch vor der Wahl, auf welche Weise er das bewerkstelligen sollte.

Dieses ist in der Tat eine Schwierigkeit. Wenn ein Mensch beschließt, eine Ewigkeit nichts mehr fühlen zu wollen, sind ihm gewöhnlich auch drei Sekunden Schmerz vorher noch zuviel.

Der Gedanke, sich jederzeit von hinnen begeben zu können, gibt dem Menschen das Gefühl der Freiheit. Aber zufolge des oben erwähnten Tricks der Natur ist es unmöglich, von dieser Freiheit irgendeinen vernünftigen Gebrauch zu machen. Der Selbstmord ist die Möglichkeit katexochen. Möglichkeiten in Wirklichkeiten umzusetzen, ist zwar eine der aufrichtigsten Bemühungen des Menschen, aber jedenfalls auch diejenige, welche ihm im Leben die meisten Enttäuschungen einbringt. Sich mit der Möglichkeit des Selbstmordes zu beschäftigen, ist ein Zeichen von Weisheit. Ihn auszuführen ist eine geradezu erstklassige Dummheit. Bei einem so klugen Volke, wie die Hellenen es waren, wurde der Selbstmord mit dem Tode bestraft. In der Tat weiß man von keinem einzigen Philosophen, welcher den Selbstmord gepriesen hat, daß er sich wirklich umgebracht habe. Die Philosophen, sofern sie nicht hervorragende Dummköpfe waren, haben niemals den Selbstmord gepriesen, sondern immer nur die Möglichkeit des Selbstmords.

Jener Mann in der kleinen Stadt in Sachsen kam nach langen Überlegungen zu dem Entschluß, auf einen Fabrikschornstein seiner Vaterstadt zu klettern und sich von da ins Nichts hinabzustürzen. Der Ablauf dieses Unternehmens war lächerlich genug. Es war diese Art von Lächerlichkeit, von der aus zum Erhabenen nur ein Schritt ist. Als er oben angekommen war, verließ ihn sowohl der Mut vor dem Tode wie die Feigheit vor dem Leben. Er fing an, so lange zu brüllen, bis die Leute auf ihn aufmerksam wurden und die Feuerwehr ihn herunterholte.

Daß die Brücke vom Tod zum Leben eine schräge Feuerwehrleiter ist, ist überraschend. Den Dichtern sollte das Veranlassung geben, statt des Mondes und der Blumenwiesen die Feuerwehrleitern zu besingen.

Dem Mann auf dem Schornstein kann man jedenfalls das zubilligen, daß er seinen Entschluß reifen lassen wollte. Wenn man eine Eignungsprüfung für Entschlüsse einführen wollte, man müßte die Entschlüsse auf Schornsteine setzen.

Als der gute Mann, der sich ins Nichts stürzen wollte, hinabsah, bemerkte er, daß das Nichts ein ziemlich häßlicher Fabrikhof, also jedenfalls etwas war. Selbst wenn man sich ins Etwas stürzen will, sucht man sich dazu nicht einen häßlichen Fabrikhof aus.

Als er weiter umherblickte, sah er die Straßen, auf denen er als kleiner Knabe seine Dummheiten getrieben hatte. Dann erblickte er das Wirtshaus, in dem er noch einige Schulden hatte. Es war ihm unangenehm. Schließlich wurde ihm klar, daß von all den Gefühlen des Bedauerns und vielleicht auch der Reue, welche bei den Nächsten und Fernsten zu erzeugen er dieses Unternehmen gestartet hatte, er niemals irgend etwas erfahren würde. Es wurde ihm klar, daß er nach seinem Tode nicht mehr am Leben sein werde. In diesem Augenblick siegte die Neugier. Es schien ihm immer noch interessanter, zu erfahren, was die Leute über seinen Versuch sagen würden, als niemals zu erfahren, was sie zu seiner Ausführung gesagt hätten.

Man sieht, die Spitze eines Schornsteins ist ein hervorragender philosophischer Punkt. Er ragt dreißig bis fünfzig Meter über alle übrigen philosophischen Punkte hervor. Wenn man andere retten will, braucht man meistens nur ein wenig freundlich zu ihnen zu sein. Wenn man sich selbst retten will, steigt man am besten auf einen Schornstein.

Entschlüsse soll man nicht mehr auf die Waage legen, sondern auf die Schornsteinspitze hinauftragen. Über die Feuerwehrleiter wieder in die Ebene der Menschen hinabgelangt, sind Schornsteinentschlüsse geeignet, manches Gute im Leben zu stiften.

Ein Sammler

In Edinburgh hat ein Mann seinen achtzigsten Geburtstag gefeiert, der über eine einzigartige, die ganze Welt umfassende Sammlung verfügt. Obwohl er eine der besten Sachen, die es überhaupt auf unserer Erde gibt, gesammelt hat, gilt er für einen Narren. So ist es eine lohnende Aufgabe, über diesen Mann und sein Steckenpferd zu berichten.

Das Sammeln ist des Knaben früheste Leidenschaft. Was die Hosentasche eines Mannes im Alter von vier Jahren alles enthalten kann, davon kann sich eine erwachsene Fantasie keinen Begriff machen. Nicht nur, daß eine solche Hosentasche die allermerkwürdigsten und allerverschiedenartigsten Gegenstände enthalten kann, jeder einzelne dieser Gegenstände ist ein Abenteuer, eine Entdekkung, ein Symbol, ein Stück eroberter Umwelt. Einer jener magischen Sachverhalte, deren Ursprung in die Urzeiten des menschlichen Geschlechtes zurückreicht, hat dazu geführt, daß Mädchen keine Hosentaschen haben. Man sieht ohne weiteres, wie sehr sich eine Welt, die man in die Tasche stecken kann, von einer Welt, die in ein Körbchen gepackt wird, unterscheiden muß.

Das Gehirn eines erwachsenen Mannes ist von der Hosentasche seiner Knabenzeit nicht sehr verschieden. Er bewahrt darin die allermerkwürdigsten und allerverschiedenartigsten Dinge, die der Zufall des Lebens an seinem Periskop vorübergeschwemmt hat. Dazu ist er der festen Überzeugung, daß gerade das die wichtigsten Dinge von der Welt seien.

Die Hosentasche der erwachsenen Knaben weitet sich. Das Sammeln ist die früheste Leidenschaft des Knaben und die letzte Freude des alten Mannes. Wenn die Männer alle Dinge des Lebens mit soviel Sachkenntnis, Aufopferung und Begeisterung betrieben wie das Sammeln, würde die Welt vermutlich sich bedeutend angenehmer präsentieren, als sie es derzeit tut.

Männer sammeln Briefmarken, Raffaels, Spazierstöcke, Glimmerschiefer und Goethebriefe, je nachdem. Zweifellos sind diese Gegenstände nicht von gleichem Range. Es ist nicht ratsam, sich mit ihren Sammlern über diesen Rang zu streiten. Von allen edlen Pferden auf dieser Welt ist das Steckenpferd das edelste.

Der Mann in Edinburgh hat weder Glimmerschiefer noch Goethebriefe gesammelt. Er sammelte etwas, das wir alle zum Leben brauchen, etwas, dem die Landschaft ihr Grün und die Speisekarte ihren zweiten Gang verdankt, etwas, das Reichtum auf seinem Rücken trägt und jedem Armen gehört, etwas, das wir im Winter beschreiten, um uns im Sommer hineinzustürzen. Der Narr in Edinburgh sammelte das Wasser von Flüssen.

Es ist nicht einzusehen, warum man nicht vor einer Kelle Wasser aus den Fluten des heiligen Nil ebenso in erhabene Betrachtungen versinken sollte wie vor einem Stein von den Pyramiden oder einer Goldspange aus einem Pharaonengrab. Der Nil ist älter und heiliger als alle Denkmäler Ägyptens.

Ein Tropfen Wasser aus dem Mississippi, dem *Old man river*, kann einem mehr von der Geschichte Amerikas erzählen als ein Dutzend Schulmeister. Vielleicht hat ihn Onkel Tom schon im Munde gehabt und wieder ausgespuckt, und die Infusorien in seinem weltallgroßen Rund haben den frommen Negerliedern gelauscht, die durch sie hinbrausten wie die Fanfaren des Jüngsten Gerichts.

Wasser aus der Donau, Wasser aus dem Ganges, Wasser aus dem Jangtsekiang . . . Wahrhaftig, dieser Narr in Edinburgh hat in einer tiefsinnigen Weise die Welt auf Flaschen gezogen. So spaziert er in warmen Filzschuhen die Flüsse entlang, die die Scharen der Völker hinabgezogen sind unter den Wolken, die bergwärts zogen.

Wenn er tot sein wird, wird man alle Flüsse der Welt in einen Eimer gießen und das Steckenpferd, das keinen Herrn mehr hat, darin ersäufen. Das Steckenpferd wird um seinen Tod nicht trauern. Wir aber sollten daran denken, uns ähnlich buntgezäumte Tiere in den Stall unseres Feierabends zu stellen. Wenn die Narrheit nicht dafür sorgt, daß die Welt bunter wird, dann wird sie vor Vernunft so grau werden, daß sie keinem Weisen mehr gefallen kann.

Das Geschenk des Maharadschas

Maharadschas sind die wandelnden Märchenfiguren unserer Zeit. Wir müssen diesen liebenswürdigen indischen Despoten das Zugeständnis machen, daß sie sich ihrer märchenhaften Verpflichtungen immer in der nobelsten Weise entledigen. Immer wieder einmal heiratet ein Maharadscha eine arme Pariser Modistin, und jeder von uns hat die Vorstellung, daß, wenn ein Maharadscha in einem Berliner Grandhotel sich die Nägel schneiden läßt, er niemals verfehlen wird, das Maniküremädchen mit einer Perlenkette zu beschenken.

Wir wollen auch nicht auf jenen tückischen Statistiker hören, der uns vorzurechnen versucht, daß Perlen keine Zinsen trügen und sehr im Wert gesunken seien, und daß ein mecklenburgischer Viehgroßhändler weit wohlhabender sei als ein Maharadscha. Es kommt uns ja bei dem Maharadscha nicht auf die Perlen an, die er behält, sondern auf die, die er verschenkt.

Nun hat vor einiger Zeit der Maharadscha von Kashnapur auf einer Autofahrt von Marseille nach Paris einen Beutel mit Perlen und Brillanten im Werte von zweiundfünfzig Millionen verloren. Es ist dabei ganz gleichgültig, ob es zweiundfünfzig Millionen Pfunde, Dollars oder Pfennige sind. Es ist jedenfalls eine märchenhafte Summe.

Den Beutel hat ein Bauer gefunden, der vom Feld nach Hause zog. Natürlich hat er ihn beim Maire abgegeben. So kam der Maharadscha leicht und bequem wieder zu seinen Kostbarkeiten. Da er sich seiner Verpflichtung bewußt war, schenkte er dem Bauern einen Diamanten im Werte von einer Million.

Der Bauer zog nach Hause, an der rechten Hand seinen braven Gaul, der ihm seinen Acker umpflügen hilft, in der linken einen blitzenden Kieselstein, geeignet, jedem Kind helle Freude zu bereiten.

Weiter hat man von diesem Bauern nichts mehr gehört. Wahrscheinlich sind später die Pariser Juweliere bei ihm erschienen und haben ihm die unglaubhaftesten Summen für seinen Kieselstein angeboten. Wenn der Bauer Glück gehabt hat, dann hat sein Jüngster den Kiesel in den Teich geworfen, und er lebt arm und glücklich weiter. Wenn er Pech gehabt hat, hat er den Kiesel günstig verkauft und lebt nun in Paris in einem scheußlichen Haus ohne Misthaufen und ohne Hühner auf der Diele und ist reich und unglücklich.

Wenn Maharadschas sozial dächten, dann hätte wohl dieser dem Bauern ein zweites Pferd geschenkt. Das wäre sicher ein reichlicher Dank gewesen für die Ablieferung eines Beutels durchsichtiger Kieselsteine. Aber der Herrscher von Kashnapur dachte nicht sozial, und so ist der Bauer jedenfalls ziemlich hereingefallen.

Was den Bauern von uns allen unterscheidet ist, daß ihm ein Glück in den Schoß gefallen ist, das er gar nicht gesucht hatte. Das kann unsereinem so leicht nicht zustoßen.

Ein Bauer hat vom Glück eine sehr präzise Vorstellung. Daß es regnet, wenn die Saat kommt, daß die Sonne scheint, wenn er das Heu einbringen will, das ist Glück. Daß die Kuh gesund bleibt, und Weib und Kinder auch, das ist Glück. Daß der Sohn kräftig wird und ein guter Bauer, das ist Glück.

Wir, die wir von der Zivilisation angefressen sind, haben vom Glück nur sehr verworrene Vorstellungen. Das alte Märchen von der Fee mit den drei Wünschen würde heute nicht anders verlaufen als dazumal.

Schwerlich würde die Fee jemanden finden, der sich wünschte, in der Sonne zu sitzen, nichts zu tun zu haben und eine Zigarette, die nicht ausginge. Schwerlich auch würde sie jemanden finden, der Fischer an der Küste von Sizilien sein möchte, obgleich diese Fischer zu den wenigen Leuten auf unserem kleinen Erdball gehören, die nachweisbar nicht nur glücklich sind, sondern sich auch so fühlen.

Wir wissen alle, was Unglück ist. Wir wollen es gerne vermieden sehen. Was Glück ist, das wissen wir alle miteinander nicht genau.

So wandert die Fee über unsere hiesigen Gefilde. Sie schenkt den Diamanten von einer Million Mark einem Bauern. Sie spielt eine kostbare Ausgabe des Aristoteles einem in die Hände, der nur Detektivromane liest. Sie sendet einen Mann nach der Märcheninsel Bali, dessen Lebensziel es ist, Nähmaschinen zu verkaufen.

Freilich, zuweilen auch läßt die Fee dem Bauern Sonne auf sein Heu scheinen. Vielleicht wird der Mann mit dem Aristoteles noch einen Satz entziffern können. Das wäre wahrhaftig ein Glück für ihn. Die Weisheit eines griechischen Philosophen vermag selbst über ein Leben mit Detektivromanen hinwegzutrösten. Selbst der Mann mit den Nähmaschinen wird sicher einmal irgendwann vom Zauberstab der Fee berührt werden und wird eine Minute lang vor einem Tempel der Kwanyin stehen, der großen Göttin des Mitleids, und eine Minute lang wird er etwas von dem Glück empfinden, das die Betrachtung der Kunst dem Menschen zu vermitteln vermag.

Ackern wir weiter, lesen wir Detektivromane, und verkaufen wir Nähmaschinen. Schließlich, die Welt lebt nicht vom Glück. Wenn wir den Diamanten geschenkt bekommen im Werte von einer Million, dann wollen wir nicht kleinlicher sein als der Maharadscha des Schicksals, von dem wir ihn bekommen haben. Wir wollen den Diamanten nicht an die Juweliere verschachern, sondern wir wollen ihn als Kieselstein einem kleinen rotznäsigen Knaben schenken. Eine weggeschmissene Million ist nicht schlecht, wenn man weiß, daß es eine Million war. Ein Vermögen in den Teich zu werfen, von dem man nicht einmal weiß, daß es ein Vermögen war, das ist Größe.

Ein Karpfen wird den Diamanten schlucken. Der Viehhändler Theobald Polykrates aus Waren an der Müritz wird ihn an einem Sonntag auf die Gabel spießen.

Möge er ihm wohl bekommen!

Elefantastische Tragikomödie

Einen Elefanten hinter einem kleinen Hütejungen herlaufen zu sehen, wird immer ein Bild sein, das einen in Verwunderung versetzt. Niemals wird man ganz begreifen, welche List es eigentlich ist, auf die der Elefant hereinfällt. Die Sache ist um so erstaunlicher, als ja der Elefant von Zeit zu Zeit auf den Einfall kommt, sich zur Wehr zu setzen. Wir sind nicht wenig überzeugt von unserer Intelligenz. Aber wenn man irgendeinem von uns einen wilden Elefanten in die Hand drückte mit der Aufgabe, ihn zu zähmen, würden wir nicht wenig in Verlegenheit geraten. Doch kann die entgegengesetzte Aufgabe zu noch weit größerer Verlegenheit führen.

Der Radscha von Patialah besaß seit alters eine der Würde seines fürstlichen Namens entsprechende Menge von Elefanten. Es waren so an die hundertachtzig Stück. Diese wackeren Tiere würden selbst den Reichtum eines Radschas langsam aufgefressen haben, wenn sie zu nichts weiter als zur Würde gedient hätten. Sie mußten sich ihr täglich Heu selbst verdienen. So zogen sie Morgen für Morgen als Traktoren auf die Felder hinaus, Würde und Nutzen auf diese Weise trefflich vereinend.

Eines Tages kehrte der Radscha von einer Reise aus Amerika zurück und brachte, statt Eindrücken, Traktoren mit nach Hause. Ein amerikanischer Ingenieur hatte ihm vorgerechnet, wieviel billiger Traktoren wären als Elefanten. Zudem hätten Traktoren noch den Vorteil, daß sie niemals so wütend werden könnten wie wütende Elefanten.

Die Elefanten wackelten traurig mit den hundertjährigen Häuptern und hoben die Rüssel zum Himmel als erhabene Fragezeichen.

Die Traktoren funktionierten ausgezeichnet. Der Radscha war höchst zufrieden, bis eines Tages irgend jemandem einfiel, daß die Traktoren das Benzin und die Elefanten das Heu fräßen. Mit den Elefanten mußte etwas geschehen.

Zunächst wollte man sie verkaufen. Leider stellte sich heraus, daß die meisten andern Radschas auch schon Traktoren besaßen und der internationale Elefantenmarkt zur Zeit auf Baisse lag. Elefanten – Brief gestrichen.

Hundertachtzig Elefanten besitzen und sie loswerden müssen, damit sie einen nicht auffressen, das ist kein kleines Problem. Zuerst wurde der Hofweise befragt. Er zog sich in die fürstliche Bibliothek zurück, um die Frage in den Schriften der Alten zu studieren.

Dann wurde der Hofjägermeister befragt, ob man sie nicht erschießen könnte. Der Hofjägermeister war ein Mann von Ehre. Er lehnte es ab, auf zahme Elefanten zu schießen. Zudem meinte er, daß die fürstliche Tiefbauabteilung noch nicht genügend entwickelt sei. Diese dunkle Bemerkung klärte sich später dahingehend, daß der Wackere über die Beschaffenheit der Grube nachgedacht hatte, in der hundertachtzig tote Elefanten liegen könnten, ohne zu stinken.

Schließlich und endlich wurde auch der Hofnarr befragt. Der kam zur allgemeinen Verblüffung auf einen sehr einfachen Gedanken. Er meinte, man müsse doch die Elefanten wieder dahin zurücktun können, wo man sie herhabe. So wurde unter allgemeinem freudigen Aufatmen beschlossen, die hundertundachtzig Elefanten im Dschungel auszusetzen.

Zwar war das Gewissen des Radschas nicht ganz rein. Aber sein alter Großwesir meinte, daß doch, da man den Elefanten die Freiheit genommen habe, sie jetzt ihnen wiederzugeben geradezu eine großmütige Handlung sei.

Die hundertundachtzig kleinen Hütejungen trabten fröhlich los, und die hundertundachtzig Elefanten trabten ebenso fröhlich hinterdrein in Richtung Dschungel.

Bis dahin ging alles gut. Die Elefanten fanden den Dschungel so lustig wie wir eine Welt im Sommer. Aber als die kleinen Hütejungen sich nun leise und listig davonschlichen, schlichen die Elefanten noch ein wenig leiser und noch ein wenig listiger hinterdrein. Zum guten Schluß standen alle dreihundertundsechzig wieder vor dem Palast des Radschas, die Hütejungen klein und häßlich, die Elefanten groß und schön.

Das ist der augenblickliche Stand der Dinge. Die Traktorenchauffeure haben die Hütejungen verhöhnt. Aber gegen Hütejungen ist wenig zu machen. Hinter jedem kleinen Boy steht ein großer Elefant. Der Hofweise gräbt sich täglich tiefer in die alten Schriften hinein. Der Großwesir hat nach Amerika gekabelt und um einen Sachverständigen gebeten. Nur der Hofnarr geht ziemlich unerschüttert unter den Elefanten umher und füttert sie mit Zuckerrohr.

Ich bin überzeugt, daß diese Geschichte eine tiefsinnige Moral hat. Doch läßt sich darüber wenig sagen, solange wir nicht wissen, wie die Sache ausgehen wird. Sicherlich verschenken auch wir oft genug und in großmütiger Weise etwas, was wir nicht mehr haben wollen. Wenn man sich heraussuchen dürfte, welche Rolle man in dieser elefantastischen Tragikomödie spielen wollte, so möchte man wohl am wenigsten Radscha sein. Am ehesten vielleicht möchte man der Narr sein, von dem man vermutet, daß er in seinen weiten Taschen noch irgendwo einen Zauberkiesel hat, mit dem sich diese ganze Frage einfach und glänzend lösen läßt. Wir haben eine Konstellation entdeckt, in der sogar ein Radscha nicht zu beneiden ist. Doch dürfen wir nicht vergessen, daß jeder von uns einer ist. Denn schließlich, vor jedermanns Tür stehen Elefanten, die nicht in den Dschungel zurück wollen.

Der König von Tabor

Der König von Tabor hat abgedankt. Man braucht nicht bekümmert zu sein, wenn man nicht weiß, wo Tabor liegt. Wir werden es sogleich erfahren.

Tabor ist eine Südseeinsel, die in unseren Gesichtskreis tritt, weil der abgedankte König von Tabor der schwedische Matrose Karl Petersen aus Söderhamn ist. Vor zwei Jahrzehnten ging sein Schiff in der Nähe der Insel Tabor unter. Als einziger Überlebender wurde er an Land gespült. Als er sich am Strand aufrichtete, war er sich darüber klar, daß, wenn er nicht das Glück gehabt hätte, auf einem unbewohnten Atoll gestrandet zu sein, er von den Kanaken am Grill geröstet werden würde.

Für die Kanaken, die auf der Insel wohnten, lag die Sache anders. Mitten aus dem unendlichen Meer war ein Mann aufgetaucht, der einen Kopf größer war als sie alle und zudem weiße Haut, blaue Augen und blondes Haar hatte. Sie nahmen den Leichtmatrosen Karl Petersen aus Söderhamn als ein Geschenk des kanakischen Poseidon in Empfang und machten ihn zum König von Tabor.

Zwanzig Jahre hat er als ein glücklicher König über ein glückliches Volk geherrscht. Er hat ein Kanakenweib geheiratet und acht Kinder gezeugt. Nun aber hält ihn nichts mehr. Er will seine Krone niederlegen. Er will Tabor verlassen. Er will heim nach Söderhamn.

Von Cäsar ist uns die Äußerung überliefert, daß er lieber in irgendeinem Dorf der Erste als in Rom der Zweite sein wollte. Man weiß nicht recht, ob man diese Bemerkung bewundern soll. Es ist wahrhaftig keine schlechte Sache, in Rom der Zweite zu sein, wenn man ein Römer ist. Es wäre Zeit, daß die Historiker sich daranmachten, diese Äußerung ins Reich der Fabel zu verweisen. So wie es, nach einem Wort Liebermanns, die Aufgabe der Kunsthistoriker ist, die schlechten Bilder eines großen Malers als Fälschungen zu verwerfen, so ist es die Aufgabe der Historiker, die albernen Bemerkungen großer Männer als apokryph zu verwerfen.

Ich habe die sehr viel schwierigere, aber auch dankbarere Aufgabe, die Legenden zu schaffen, mit denen die Historiker sich nachher herumärgern müssen. So fasse ich meine Eindrücke von der Abdankung des Matrosen Petersen aus Söderhamn zusammen in den bemerkenswerten Ausspruch König Karls des Letzten von Tabor. »Ich will lieber in der Heimat der Letzte als in der Ferne der Erste sein.«

Dieser Ausspruch des Königs von Tabor ist dem Ausspruch Cäsars insofern überlegen, als der König von Tabor ihn wahr machte und sich das eine Krone kosten ließ.

Zwanzig Jahre hat der Matrose Petersen in Tabor gesessen und Heimweh nach Söderhamn gehabt. Zwanzig Jahre wird der König von Tabor in Söderhamn sitzen und Fernweh nach seinen Kannibalen haben. Das bemerkenswerte Schicksal dieses merkwürdigen Mannes hat ihm, so viele Erfüllungen es ihm geboten hat, die Erfüllung seiner Sehnsucht nicht gebracht. Uns bringt das Schicksal dieses Mannes die Erkenntnis, daß die Sehnsucht hinter fernen Meeren wohnt und die Seele des Menschen von ihm selber durch einen Ozean getrennt ist.

Der Meergott nimmt den Kanaken wieder weg, was er vor zwei Jahrzehnten so großmütig ihnen geschenkt hat. Sie sehen ihren König entschwinden hinter dem Horizont, über den er heraufkam. Man darf sie glücklich preisen, daß sie diesen Horizont nicht zu überschreiten vermögen. Was hätten sie davon, wenn sie, auf der Suche nach dem Götterhimmel, in den ihr König entschwand, nach Söderhamn kämen?

Wir aber wollen uns aufmachen nach Söderhamn und dort im »König von Tabor« bei Karl Petersen anfangen, Whisky zu trinken. Ein Whiskyfaß ist am ehesten noch geeignet, als Fahrzeug zu dienen, wenn der Mensch den Ozean durchkreuzen will, der ihn von seiner Seele trennt. Ach, wie selten ist unter diesen Seefahrern auf dem Meer der Sehnsucht einer zu treffen, der als sein eigener Kolumbus am anderen Ende der Welt sich selbst entdeckt.

Eine Nachricht

Der Chronist sitzt am Landwehrkanal des Lebens und angelt. Ob er es zu seinem Vergnügen tut, wollen wir dahingestellt sein lassen. Jedenfalls tut er es zum Vergnügen des geneigten Lesers. Heute hat er ein Adjektivum geangelt. Dieser Fang zwingt dazu, daß wir uns auch einmal mit dieser bescheidenen Sorte von Wörtern befassen. Dabei werden wir entdecken, daß die Adjektiva, ohne viel Aufhebens, einen beträchtlichen Teil unserer Welt besetzt halten. Das tun sie so geschickt, daß wir nicht das geringste davon merken. Man würde sich kein bißchen wundern, wenn die Adjektiva Feminina wären von der Art der Hausdamen oder Privatsekretärinnen. Tatsächlich ist das Adjektivum ein ebenso unverbindliches Neutrum wie das Mädchen. Nur die Art, wie sie beide die Verben verbindlich an sich ziehen, ist eben durchaus nicht unverbindlich. Das Adjektivum an unserer Angel fand sich in der Rubrik »Nachrichten aus aller Welt«.

»Ein plötzlich irrsinnig gewordener Mann hob in Saloniki (Griechenland) sein gesamtes Bankkonto von 25 000 Drachmen ab und verteilte es an einer Straßenecke. Passanten und Straßenjungen rissen sich um das Geld, bis die Polizei dem Treiben ein Ende machte.«

Wir haben es hier mit einem wahren Meisterwerk von Nachricht zu tun. Aus dieser Nachricht auch nur eine Anekdote zu machen, hieße, sich einer unziemlichen Breite bemüßigen. Man könnte, in sieben Hauptabschnitten mit siebenundzwanzig Kapiteln, eine Abhandlung darüber schreiben. Das Vollkommene ist unbegrenzt kommentierfähig. Das kann man am Corpus Juris Romanum sehen, das an Klarheit vollkommen, an der griechischen Architektur, die an Schönheit vollkommen, an Shakespeare, der an Tiefe vollkommen ist. An jede Vollkommenheit schließt der Kommentar sich an, weil nichts auf Erden vollkommen sein kann.

Es beruhigt uns, daß es 25 000 Drachmen sind und nicht 250 000. 25 000 Drachmen fangen gerade erst an, so etwas wie ein Vermögen zu sein. 250 000 Drachmen hätten sich vermutlich auch nicht verteilen lassen, ehe die Polizei dem Treiben ein Ende machte. Daß der Mann plötzlich irrsinnig geworden sein soll, nehmen wir nur mit Zurückhaltung entgegen. Es kann sehr wohl sein, daß der Prozeß, dessen dramatisches Ende wir miterleben, sich in vielen Jahren langsam entwickelt hat. Vielleicht hat das, was bei der fünfundzwanzigtausendsten Drachme zum Ausbruch kam, bei der ersten Drachme angefangen. Nur wir sind nicht imstande, die Folgerichtigkeit einer Entwicklung zu sehen, deren Beweggründe wir nicht kennen.

Das Verhalten der Passanten steht zu dem der Straßenjungen in einem scharfen moralischen Gegensatz, obgleich sie sich beide um das Geld rissen. Es ist das gute Recht von Straßenjungen, herumzulungern und sich etwas in den Schoß fallen zu lassen, und sei es das Glück. Es läßt sich nicht das geringste gegen die Straßenjungen sagen. Das, was ihnen geboten wurde, ergriffen sie. Sie warten immer auf irgend etwas, was unvermutet ihnen zufällt – einen Zigarettenstummel, eine Orange, eine Backpfeife, einen Dukaten. Sie leben dafür, das Unerwartete als Geschenk der Götter hinzunehmen. Nicht so die Passanten! Jeder von ihnen ist ein ordentlicher Mensch, der von irgendwoher kommt und irgendwohin geht. Jeder von ihnen lebt nach dem Grundsatz, daß eine Krähe die andere wäscht und jeder Arbeiter die Hälfte seines Lohnes wert ist. Jeder Passant, der sich ins Gewühl der Straßenjungen stürzt, irrt um schnöden Mammons willen ab vom Wege der Tugend. Keiner der Straßenjungen kommt auch nur einen Augenblick auf den Gedanken, darüber nachzudenken, was den Mann veranlaßt haben könnte, sein Geld unter die Leute zu werfen. Jeder der Passanten ist in dem Augenblick, in dem er die Situation erfaßt hat, der Überzeugung, daß es sich um einen plötzlich irrsinnig gewordenen Mann handelt. Im selben Augenblick ist er bereit, in schäbiger Weise die Situation auszunützen.

Was wohl mag den Mann veranlaßt haben, also seinem Vermögen Ziel und Ende zu setzen? Der Chronist kann es sich nicht versagen, vorher noch auf eine Feinheit in dieser Nachricht hinzuweisen, die entdeckt und aufgezeigt zu haben, ihm, wie er hofft, den Ruf eines vollkommenen Kommentators einbringen wird. Der Mann nämlich, der da angeblich plötzlich irrsinnig geworden ist, wählte, um sein Geld zu verteilen, nicht die Straße schlechthin, sondern eine Straßenecke. Kein Dichter, fürwahr, könnte sich die

Szenerie wirkungsvoller ausdenken. Wie ein leichter Wind um diese Ecke streicht, wie ein Hundertdrachmenschein hinaufgeweht wird auf einen Balkon, um einem glutäugigen Kind des Südens die Erfüllung eines Traumes zu bringen, wie »von allen Seiten« die Gier herbeistürzt und wie schließlich der Schauplatz nach diesem unwahrscheinlichen Vorgang sich entleert – der ganze Ablauf wird mit poetischer Prägnanz allein durch die Ecke vor unserem Auge heraufbeschworen. Nun aber ist alles vorbei. Die Straßenjungen eilen glücklich mit ihrer Beute davon. Die Passanten drücken sich hastig ins Gewühl, Krähenblicke voll schlechten Gewissens verstohlen um sich werfend.

Der Mann sitzt auf der Polizeiwache und ist vermutlich glücklich. Er hat die Absicht gehabt, sein Geld loszuwerden. Das ist ihm gelungen. Ein Psychiater wird ihn begutachten. Natürlich wird der Psychiater zu demselben falschen Ergebnis kommen, das der Shakespeare der Nachricht aus aller Welt durch sein Adjektivum vorweggenommen hat. Man könnte sich eine Welt vorstellen, in der solche Leute nicht dem Psychiater, sondern dem Philosophen zur Begutachtung vorgeführt würden. Der Philosoph würde bei diesem Manne tiefe Einsichten über das Wesen des Geldes entdecken. In dieser Welt würde die Nachricht nur um ein bescheidenes Adjektivum anders aussehen. Wie sehr möchte der Chronist sich und seinem geneigten Leser wünschen, in einer Welt zu leben, in der diese Nachricht lautete: »Ein plötzlich einsichtig gewordener Mann . . . hob sein gesamtes Bankkonto ab . . . und verteilte es an einer Straßenecke . . .«

Caesar, Hopp!

Im D-Zug ist der Reisende, nachdem er die Journale gelesen hat, endlich einmal völlig mit sich allein. Er muß, sozusagen, von seiner eigenen menschlichen Substanz im Hundertkilometertempo leben.

Es ist aufschlußreich, daß er schon nach sehr kurzer Zeit anfängt, Bockwürstchen zu essen. Ich vermute schon lange, daß den Bockwürstchen im Plan der Vorsehung eine besondere Rolle zugewiesen ist. Wie wir nunmehr sehen, sind die Bockwürstchen nicht dazu da, den Leib zu sättigen, sondern sie sind dazu da, die menschliche Substanz zu speisen. Sie sind die feurigen, mit Senf beschmierten Briketts der seelischen Lokomotive.

In Karlsruhe waren alle Leute ein wenig ungehalten, daß der D-Zug mehrere Minuten zu lange hielt. Aber schon in Bietigheim zeigte sich, daß unter der rasenden Oberfläche der Hundertkilometermenschen sich Tiefpunkte befinden, die, wie die Mitte der Erde, sich in einem Tag nur ganz langsam einmal um sich selbst drehen.

Auf dem Bahnhof in Bietigheim stand ein Bauer. Er war sichtlich alles andere als ein D-Zugs-Bauer. An der allgemeinen Schnelligkeit hatte er keinen Anteil. Statt dessen hatte er einen Hund.

Es war ein ganz wunderschönes Tier. Ich, der ich nicht zur Gilde der Hundezüchter gehöre, sondern zur Gilde der Hundertkilometermenschen, habe von Hunden keine Ahnung. Aber selbst der blutigste Laie sah, daß es sich um ein sehr edles Tier von reiner Rasse handelte, einen langhaarigen braunen Hühnerhund, der noch diese entzückende Tapsigkeit in seinen Bewegungen hatte, die für die edlen Jünglinge unter den Hunden so charakteristisch ist wie das Rotwerden für die edlen Jünglinge unter den Menschen.

Wie alle D-Zugs-Menschen die Überzeugung von der Notwendigkeit der Schnelligkeit haben, so eignet der Gilde der Hundezüchter die Überzeugung von der Notwendigkeit der Beständigkeit in der Erziehung. Während die einen auf die Schnelligkeit schwören, schwören die anderen auf die Beständigkeit.

In dem Augenblick, da der Wagen Paris–Wien vor dem schwäbischen Bauern mit seinem schwäbischen Hund hielt, stieß die Beständigkeit mit der Schnelligkeit, die Antike mit der Moderne, der schwäbische Bauernschädel mit dem D-Zug zusammen.

Der Leser mag in diesem Augenblick noch mit irgendeinem erreichbaren Nachbarn, sei es ein Hundezüchter, sei es ein Hundertkilometermensch, eine Wette abschließen, wer bei diesem Zusammenstoß der Stärkere sein wird.

Das Bäuerle jedenfalls öffnete die Tür zwischen Paris und Wien und sagte: »Caesar, hopp!«

Aber Caesar hoppte nicht. Das Bäuerle wiederholte eindringlich seinen Befehl: »Caesar, hopp!«

Caesar dachte nicht daran. Ob nun Caesar in dem Trittbrett

seinen Rubikon nicht erkannte, ob Caesar die Sonne von Bietigheim dem Geruch des internationalen, transkontinentalen Fernverkehrs vorzog oder ob Caesar nur schlechthin keine Lust hatte – wir wissen es nicht. Jedenfalls stand er auf dem Bahnsteig und wedelte mit dem Schweif.

Der Schaffner eilte herbei, um den Hund in den Wagen zu heben. Aber das Bäuerle wies einen derartigen Eingriff in die Beständigkeit der Erziehung entrüstet zurück. Es stand ja nicht nur Caesars Erziehung, seine eigene Ehre stand auf dem Spiel. Wie Cato wiederholte das Bäuerle auf dem Bahnstein von Bietigheim sein:

»Ceterum censeo Caesar hopp!«

Der Herr Bahnhofsvorsteher fing an, unruhig an seiner grünen Scheibe zu kauen. Aber einzugreifen wagte er nicht mehr. Sah er doch, angesichts der mit Hundertkilometermenschen gefüllten Abteilfenster, daß jetzt, bei schon drei Minuten Verspätung, nicht mehr nur das Prestige der ganzen Hundezucht in Frage gestellt war. Den Hund in den Wagen heben hieß, je weiter der Zeiger vorrückte, immer mehr, ganz Schwaben lächerlich machen.

»Caesar, hopp!«

Das konnte ein Schlachtruf des Hohns in der ganzen Welt werden.

Die Hundertkilometermenschen waren auf einmal nicht mehr böse. Sie lachten. Die Beständigkeit hatte über die Schnelligkeit gesiegt. Der schwäbische Bauernschädel zeigte sich, was freilich schon bekannt war, härter als eine D-Zugs-Lokomotive.

Wenn die Realitäten so hart im Raum aufeinanderstoßen, kann es eine Lösung nur in einer höheren Dimension geben. Da der Wagen sich zwischen Paris und Wien befand, wird es niemanden wundernehmen, daß er auch einen reisenden Mann aus Sachsen enthielt. Das sächsische Genie mit seinen besonderen Fähigkeiten für die höheren Dimensionen fand schließlich eine Lösung für die aufs äußerste zugespitzte Situation. Es brach einen Bockwurstzipfel Metaphysik aus dem Kosmos heraus und hielt ihn Caesar aus der Wagentür entgegen. Worauf Caesar mit einem Sprung über den Rubikon der schwäbischen Lächerlichkeit in den transkontinentalen Fernverkehr hineinsprang, um dem Mann aus Sachsen das Metaphysische aus der Hand zu fressen.

Das Bäuerle kletterte nach. Die Tür zwischen Paris und Wien wurde geschlossen. Die grüne Scheibe hob sich. Dampf zischte auf. Die Szenerie entrollte in den Horizont.

Wegerich und Meteor

Wenn einer sich zu der Kühnheit aufschwingt, schöpferisch zu werden, gelingen ihm im besten Falle großartige Unvollkommenheiten. Doch ist der Mensch nicht nur kühn genug, großartige Unvollkommenheiten zu schaffen. Er ist auch mutig genug, das Maß der Unvollkommenheit festzulegen. So gibt es eine Ästhetik der gemalten Bäume, während es eine Ästhetik der gewachsenen Bäume nicht gibt. Niemand kommt auf die Idee, daß er die Buche ein wenig platanischer haben möchte, obgleich er doch eine Breughelblume einer Gauguinblume vorzieht. Mit ästhetischen Kategorien haben wir uns der Natur noch nicht zu nahen gewagt. Dafür zeigen wir die größte Dreistigkeit in ihrer moralischen Beurteilung. Es gibt in der Natur ein Kraut, das wir so sehr verurteilen, daß wir ihm sogar die Eigenschaft »Kraut zu sein« durch sprachliches Edikt aberkennen. Wir nennen es Unkraut. Der Sinn, der keiner ist, ist Unsinn. Das Kraut, das keines ist, ist Unkraut.

Wir wissen nicht, was die Natur für eine Intention hatte, als sie den Wegerich hervorbrachte. Doch können wir mit einiger Wahrscheinlichkeit behaupten, daß es nicht in ihrer Absicht liegt, die Ernte dieses Jahres zu schädigen. Wenn wir den Wegerich ausrotten, nur weil wir ihn weder verspeisen noch zu einer Hose verspinnen können, handeln wir gegen den Wegerich nicht fair. Auch der Wegerich kann mit uns nicht das geringste anfangen. Unser einziges Recht ist der Hunger. Es ist eine alte Überlieferung des Menschen, Dinge, die er aus Hunger oder Gier tut, moralisch zu rechtfertigen.

Die Natur in ihrer Weisheit hat den Wegerich vortrefflich ausgestattet. Man muß annehmen, daß sie das Auftreten des Menschen vorausgesehen hat. Die Vermehrungsmöglichkeiten des Wegerichs sind so ungeheuerlich, daß unsere seit Jahrhunderten gegen ihn geführten Vernichtungsfeldzüge erfolglos geblieben sind. Wegerich vergeht nicht.

Diese Einsicht vermindert erheblich die Schuldgefühle des Feinempfindenden gegenüber dem Unkraut. Neuerdings ist dem Unkraut eine Ehre erwiesen worden, die das moralische Konto gleichzieht, dieselbe Ehre, die den Werken des Michelangelo, der antiken Plastik und den Goldschmiedearbeiten der Inkas erwiesen wird. In der Grafschaft Somersetshire wurde ein Museum für Unkraut eingeweiht. Wer das Unvollkommene liebt, wird auch künftig nach Florenz oder Berlin fahren, die Uffizien oder das Kaiser-Friedrich-Museum zu besuchen.

Wer aber das Vollkommene liebt, wird nach Somersetshire fahren und die Vollkommenheit bestaunen, die die Natur erreichte, als sie das hervorzubringen unternahm, was wir moralisch verurteilen.

Glaubt man nun, daß die Natur nur die Hervorbringung von Kofferfischen und Wegerich besser verstünde als wir, irrt man sich. Sie hat auch in wirtschaftlichen Dingen eine viel zu sichere Hand, als daß der Mensch sie je erreichen könnte.

Wir alle bemühen uns, reich zu werden. Einige freilich, wie zum Exempel die Philosophen, beschränken sich darauf, zu beweisen, daß es keinen Zweck habe, reich zu werden. Doch möchte ich nicht so einen Philosophen erleben, wenn ihm geschähe, was jenem Manne in Managua geschah, der durch einen gewaltsamen Akt der Natur in drei Sekunden Millionär wurde. Dialektik ist zu nichts nütze, wenn man mit ihr nicht ebensogut das Gegenteil beweisen kann. Die Sophisten, diese gescheiten Männer, auf die mit soviel Verachtung herabzublicken üblich geworden ist, wußten das genau. Dialektik dient nicht dazu, die Richtigkeit von Zielen zu beweisen, die man erreichen will, sondern die Nichtigkeit von Zielen, die man nicht erreicht hat. Der Sophist ist ein Fuchs, dem die Trauben zu süß sind. Er gewährt nicht Hoffnung, wovon jedermann zuviel hat, sondern Trost, wovon jedermann zuwenig hat.

Der Mann in Managua braucht zur Zeit beides nicht. Er befindet sich im Augenblick an jener Grenzscheide zwischen Hoffnung und Trost, die man Erfüllung nennt. Zwanzig Jahre hat er von seinem kargen Garten jeden Morgen in den Himmel geblickt, ob von daher nicht käme, was er mit aller Mühe aus seinem Garten nicht herauswirtschaften konnte. Zwar ließ die Natur Wunder über Wunder geschehen. Aus braunen Körnern ließ sie mächtige Bäume wachsen. Grünes Gras verwandelte sie in echte Wolle vermittels eines gewöhnlichen Schafes. Aber die Wunder der Natur hatten ungenügende Marktpreise. Und doch hat der Mann nicht vergebens geblickt, wenngleich die Natur ihm seine Wünsche nur erfüllen konnte durch eine gewaltsame Zerstörung ihrer eigenen Wunder. Eines schönen Morgens kam mit einem gewaltigen Krach aus den Tiefen des Himmelsraumes ein Meteor geschossen und landete in dem Garten des Mannes in Managua. Die Bäume waren zertrümmert, das Schaf war platt und hin. Aber dieses neue Wunder der Natur hatte den höchsten Marktpreis, den der Mann aus Managua sich nur wünschen konnte. Der Meteor bestand aus reinem Nickel. Der Block wurde einige Tage später an die United Steel für eine runde Million Dollar verkauft. Was der Mann durch ein Leben voller Arbeit nicht hatte erreichen können, schenkte ihm die Natur in drei Sekunden. Der Leser braucht kaum noch darauf hingewiesen zu werden, daß es nicht wünschenswert ist, auf solche Weise reich zu werden. Allzu leicht kann so ein kosmisches Glück sich in einen Grabstein verwandeln. Wer die Radieschen in seinem Garten betrachtet, soll sich freuen, wenn keine Million darauffällt.

Schon ein Apfel, der einem auf den Kopf fällt, ist Wunder der Natur genug. Wer für den Apfel, der nicht weit vom Stamm fällt, nicht aufrichtig dankbar zu sein vermag, dem wird leicht der Schädel zertrümmert von einem Meteor, der weit von seinem Sterne fällt.

Ein Stückchen eigener Erde ist besser als ein Stückchen eigener Sirius.

DIE DAME EVA

Brief an Sylvia

Mein liebes Kind!

Du bist achtzehn Jahre alt geworden. Ich habe Dich erzogen. Ich halte nicht viel davon. Disziplin und Manieren sind das einzige, was man einem Kind beibringen kann. Beides besitzt Du in hervorragendem Maß. Nun hast Du Dein Abitur gemacht und willst »ins Leben hinaus«. Das ist ein gefährliches Unternehmen. Die meisten Leute erleiden dabei Schiffbruch, die einen, indem sie es zu nichts bringen, die anderen, indem sie es zu etwas bringen, was sich nicht lohnt. Dein alter Vater zieht an seiner Zigarre und denkt darüber nach, was er in dieser Sache für Dich tun könnte.

Wir hatten in unserem sächsischen Gymnasium einen alten französischen Lehrer, der in Grenoble studiert hatte. Das war in unserer östlichen Kleinstadt Anlaß genug, ihn glühend zu bewundern. Er pflegte in die Lektüre Racines Ratschläge einzufügen: »Wenn Sie mal im Lääben draußen . . .« Als ich ihn nach meiner dritten Materialschlacht vom Lazarett aus einmal besuchte, sagte er immer noch: »Wenn Sie mal im Lääben draußen . . .« Du verstehst, daß, wenn auch seine Beharrlichkeit eine gewisse klassische Würde hatte, ich mit seinen Ratschlägen nicht viel anfangen konnte. Sie bezogen sich auf ein Leben, das es nicht mehr gab.

Wenn ich mir die Ratschläge überlege, die ich Dir geben könnte, wird mir klar, daß sie ebenso nutzlos wären wie die des Mannes aus Grenoble. Ratschläge beruhen auf Erfahrungen. Erfahrungen sind die Einsichten, die man aus den Dummheiten gewinnt, die man begangen hat. Die Dummheiten meiner Jeunesse d'or waren hervorragend. Entsprechend hervorragend sind meine Erfahrungen. Sosehr ich hoffe, daß Deine Dummheiten ebenfalls hervorragend sein werden, ist es doch ganz sicher, daß es ganz andere Dummheiten sein werden als die, welche die Erinnerungen Deines Vaters mit so viel Glanz vergolden.

Übrigens bin ich, mein liebes Kind, keineswegs sicher, daß die Dummheiten meiner Vieillesse verte weniger zahlreich sein werden. Ich fürchte nur, sie werden weniger hervorragend und nicht so golden in ihrem Glanz sein.

Immerhin, den Ratschlag kann ich Dir geben – keine Angst vor Dummheiten! Es gibt keine andere Möglichkeit! Sonst wirst Du weder Dich noch das Leben kennenlernen. Du kannst es nämlich nicht wissen! Der Kater ist der Preis für das Risiko der Neugier. Als stellungsloser Kandidat ein verwöhntes junges Mädchen aus reichem Haus zu heiraten, dem noch dazu der Vater mit Enterbung drohte, nun, das war ja wohl eine erstklassige Dummheit. Damals! Ein Menschenalter später ist sogar Deine Mama der Meinung, daß es das einzige Gescheite gewesen sei, das Dein Vater jemals getan habe. Das Leben ist eine langatmige Angelegenheit und Geduld die stärkste aller Waffen. Ich meine natürlich die Geduld, die Deine bezaubernde Mama mit mir hatte.

Die Männer also ... Nein, da muß ich Dir vorher eine Geschichte erzählen, eine Geschichte von einem Vater, der sich in der gleichen Lage befand wie ich, nur daß es ein Sohn war, der auf die Universität zog. Dieser Vater sprach also:

> »Mein lieber Junge! Du gehst jetzt auf die Universität. Ich kenne das Leben. Du kennst es noch nicht. Du bist ein gescheiter Bursche, und ich teile Deine Skepsis gegen die ältere Generation. Ich will Dich also nicht belästigen. Immerhin, drei Ratschläge möchte ich Dir auf den Weg mitgeben!
>
> Erstens, mein lieber Junge, unterschreibe niemals Blankoschecks! Zweitens, merke Dir, nichts auf der Welt lohnt sich so sehr wie gute Trinkgelder! Und drittens ...«
>
> Dabei betrachtete er nachdenklich den frischen, gutgewachsenen und nett aussehenden Boy.
>
> »... und drittens – ach, das hat ja doch keinen Zweck!«

Ich würde Dir natürlich sehr gern sagen, wie die Männer sind. Ich weiß es leider nicht. Sicher sind Männer von Natur schüchtern, intelligent, treu und rücksichtsvoll. Wenigstens sind sie das mit sechzehn Jahren. Man kann natürlich auch sagen, Männer seien frech, gerissen, treulos und brutal. Wenigstens sind sie das mit vierzig Jahren. Die Frage, welches das magische Agens ist, durch das sie so verwandelt werden, möchte ich unerörtert lassen.

Wahrscheinlich trifft man im Leben nur auf das, auf was zu treffen man bereit ist. Sieh Dir die Sache an! In zwanzig Jahren wirst Du es wissen. Vergiß nicht, mir dann Bescheid zu sagen! Die Sache hat schon immer meine Neugier beschäftigt. Doch vermute ich, daß die Enttäuschungen, die ein Ideal notwendig erleidet, menschlicher sind als die Befriedigung, immer nur seine Skepsis bestätigt zu sehen.

Eines jedenfalls ist sehr merkwürdig. Liebe ist nicht mit Qualität gekoppelt. Es gibt ein paar unglaublich törichte Gänse, in die sich verliebt zu haben Deinen alten Vater noch heute mit Staunen erfüllt. Liebe ist zwar nicht vollständig blind, aber sie ist blind für eine Eigenschaft des Menschen, auf die man meist zuletzt kommt. Wenn eine Frau sich über den Charakter eines Liebhabers nicht klarwerden kann, sollte sie sich immer die Frage vorlegen »Ist er vielleicht dumm?« Es gibt keine größere Erleichterung im Leben als die, daß die Antwort auf diese Frage Verzweiflung in Gelächter auflöst. Nur auf die Fragestellung kommt es an! Auf keinen Fall sollte eine Frau einem Mann ihr Jawort geben, ehe sie sich diese Frage gestellt hat. Dummheit ist unfähig zu Geduld. Ein wenig Klugheit ist für eine Ehe unentbehrlich. Denk daran, was ich Dir immer gesagt habe, daß Intelligenz und Dummheit sich wohl miteinander vertragen.

Damit sind wir also bei der Universität. Bedenke, daß Wissen nicht Bildung ist. Unser Dorfschuster, der am Sonntag in seiner Bibel liest, ist ein gebildeter Mann, auch wenn er wenig Wissen hat. Die Fachspezialisten unserer Wissenschaften sind, wenn ihr Wissen sich auf ihr Fach beschränkt, ungebildete Leute. Ein Physiker, der sich über Religion äußert, redet gewöhnlich ebensoviel Unsinn wie ein Theologe, der über Atomphysik spricht. Bildung kann die Universität Dir nicht vermitteln, nur das Material dazu. Auch die Philosophen sind, bis auf wenige goldene Ausnahmen, nicht die Lehrer der Weisheit. Sie sind die Fachleute des Denkens. Es ist natürlich ein großer Vorzug für Dich, richtig denken zu lernen. Aber die Weisheit des Lebens mußt Du Dir selbst erwerben.

So gebe ich Dir den Ratschlag – sei faul! Nichts ist schrecklicher als diese Sprinter des Hundertmetergedächtnisses, die auf der vorgezeichneten Aschenbahn des Wissens dem Zielband des Examens zurasen. Sei faul! Es ist das Gescheiteste, was Du tun kannst. Bummle durch das fantastische Museum der Theorien, mit denen die Wissenschaft versucht hat, eine bessere Erklärung der Welt zu geben als die, welche Du als Kind aus dem Buche Genesis gelernt hast. Keine einzige hat sich bisher als zulänglich erwiesen. Betrachte Dir die zoologischen Gärten der Wissenschaft und sieh Dir an, was die Ratio des Menschen alles entdeckt hat. Es ist eine verblüffende Fülle von erstaunlichen und aufregenden Dingen von der Spaltung der Seele bis zur Spaltung des Urans, vom Familienleben des Neandertalers bis zur Farbe, die der Bart des Propheten hatte! Du wirst finden, daß Dir die Biologie nach vierhundert Jahren großartiger Entdeckungen nicht sagen kann, was Leben ist. Du wirst finden, daß die Geisteswissenschaften die diffizilen Probleme der modernen Naturwissenschaften im allgemeinen damit erledigen, daß sie sich nicht darum bekümmern.

Verliere zwei oder drei Semester, und dann wähle, was Dir Spaß macht! Kein Mensch kann, ohne Schaden an seiner Seele zu nehmen, auf die Dauer einen Beruf ausüben, an dem er keinen Spaß hat. Aber erst wenn Du ein wenig faul gewesen bist, wirst du unabhängig genug sein, das, was geeignet ist, Dir Spaß zu machen, wirklich herauszufinden. Und wenn Du Dein Examen gemacht hast – aber das hat ja doch keinen Zweck! Bis dahin hast Du längst geheiratet. Und ich kann die Ratschläge, die ich Dir noch geben wollte, aufheben, bis Deine Tochter achtzehn Jahre alt sein wird. Für die Ratschläge, die wir beide zusammen ihr dann geben werden, wird sie uns beide zusammen auslachen.

So habe ich Dir nur noch Grüße von Onkel Felix zu bestellen. Er war einige Tage bei uns zu Gast. Er hat Kummer mit seinem Sohn. Kim will heiraten! Dabei hat der Lümmel noch nicht einmal sein Staatsexamen. Wie froh bin ich, daß ich eine Tochter habe!

Mama läßt Dir sagen, sie habe bei Kerschbaumer den blauen Stoff besorgt, damit Du Dein hübsches Leinenkleid verlängern kannst. Ich lege Dir einen kleinen Hundertmarkschein bei, falls Du Dir lieber ein neues Fähnchen kaufen willst. Aber das braucht

Mama nicht zu wissen. Sie wollte sich nämlich selbst eins kaufen.

Es umarmt Dich zärtlich, mein liebes Kind,

Dein alter Vater.

Eine galante Überraschung

Als Balzac »La Femme de Trente Ans« schrieb, eroberte er einer ganzen Generation von Frauen ein volles Jahrzehnt hinzu. Bis dahin herrschte die Meinung, daß ein Mädchen von fünfundzwanzig Jahren eine alte Jungfer und eine Frau von dreißig »passé« sei. Nicht zuletzt war es die Dankbarkeit der Frauen, die Balzac zu seinem weltweiten Ruhm verholfen hat.

Neuerdings hat ein Buch von sich reden gemacht, das von dem Grundsatz ausgeht, das Leben beginne mit vierzig.

Auch diesem Autor ist Ruhm geworden, und nicht nur durch die Dankbarkeit der Frauen, sondern auch durch die der Männer. Wenn eine Frau von vierzig einige graue Haare hat, haben Männer von vierzig zuweilen gar keine Haare mehr. Es ist uns bekannt, daß die Eitelkeit der Männer beträchtlich größer ist als die der Frauen. Auch ist sie empfindlicher, weil sie nur verborgen vor dem Spiegel im stillen Kämmerlein sich hervorwagt.

Balzacs Sieg war vollständig. Es war der Sieg über ein durch nichts begründetes Vorurteil. Ob die Zustimmung, die der Mann finden wird, dessen Leben mit vierzig beginnt, ein ebensolcher Sieg sein wird, muß sich erst herausstellen. Vielleicht ist es nur das Echo der Betroffenen, die es wahrhaben möchten, daß mit vierzig begänne, was mit zwanzig Jahren zu beginnen sie versäumt haben. In hundert Jahren werden wir darüber genau Bescheid wissen. Es ist nicht so einfach, der Menschheit ein Jahrzehnt hinzuzuerobern. Sicher ist nicht einmal, daß man Dankbarkeit dafür erntet – wovon die Ärzte, die dieses großartige Kunststück zweimal in einem Jahrhundert fertiggebracht haben, ein arg Liedlein singen könnten.

Irgendwann müssen wir uns entschließen, alt werden zu wollen. Ob wir das nun mit dreißig oder mit fünfzig tun, ändert nichts daran, daß es eine Aufgabe ist, die ebensoviele Möglichkeiten von

Siegen und Niederlagen enthält wie die Aufgabe, jung zu sein. Nur sind die Niederlagen, die ein alter Esel erleidet, blamabler als die eines jungen. Siege von Jubilaren sind weniger jubilant als Siege von Jünglingen, denen die Götter wohlgefällig sind.

Bevor aber nun ein Autor kommt, der Ruhm damit ernten will, uns zu beweisen, das Leben beginne mit fünfzig, wollen wir uns nach festen Anhaltspunkten umsehen. Der Chronist ist in der Lage, zumindest den Leserinnen eine galante Überraschung zu bereiten. Dabei möchte er vermeiden, seine Anhaltspunkte den Schwankungen zeitgenössischer Bewertung auszusetzen. Er greift auf einen gesicherten Bestand der Antike zurück, auf die Autorität des alten Homer, des weisen Vaters der Dichtkunst.

Als Odysseus nach Ithaka zurückkehrte, stieß er in seinem Hause auf zwei Dutzend Freier, die sich um Penelope bewarben. Wie alt war damals Penelope?

Sie hatte einen erwachsenen Sohn, Odysseus war zwanzig Jahre abwesend gewesen, zehn Jahre im Schützengraben und zehn Jahre auf der Heimreise. Penelope muß bei Odysseus' Rückkehr etwa vierzig Jahre alt gewesen sein. Penelope, eine Frau von vierzig, fand noch zwei Dutzend Männer, die das Leben mit ihr beginnen wollten.

Ein scharfsinniger Gegner könnte dem Chronisten entgegnen, daß es sich bei diesen Bewerbern kaum um Leute gehandelt habe, die eine Liebesheirat eingehen wollten. In der Tat war Penelope eine vermögende Dame. Unter den Freiern, die alle den Trojanischen Krieg nicht mitgemacht hatten, mag sich mancher Schildfabrikant und mancher Speergewinnler befunden haben. Unseren scharfsinnigen Gegner vermögen wir leicht aus dem Sattel zu heben. Er wird sich verblüfft im Sande wiederfinden angesichts der Frage, wie alt eigentlich Helena war, als Paris sie entführte. Er wird zugeben müssen, daß ein so verrücktes Unternehmen nur aus Liebe geschehen konnte.

Ein witziger, im Homer vortrefflich beschlagener schwedischer Gelehrter hat das ausgerechnet. Niemand scheint dazu geeigneter als ein Landsmann jener Helena von Hollywood, um die schon längst ein Krieg entbrannt wäre, wenn Männer noch so galante Helden wären wie zur Zeit Homers. Helenas Schwester war Klytämnestra, die Gattin Agamemnons, des Königs von Mykene. Sie war nach Homers eigenen Angaben nur wenig älter als ihre Schwester Helena. Eines ihrer Kinder ist Iphigenie, die bei Ausbruch des Trojanischen Krieges zwanzig Jahre alt war. Klytämnestra war also damals mindestens vierzig Jahre alt und Helena, als sie geraubt wurde, war vielleicht achtunddreißig oder neununddreißig. Als sie nach Griechenland zurückkehrte, war sie achtundvierzig Jahre alt.

Wir wissen nicht, ob es noch viele so schöne Frauen wie Helena in Griechenland gegeben hat. Es geht den Frauen mit der Schönheit wie den Feldherren mit dem Ruhm. Gesichert ist ihr Gedächtnis am ehesten, wenn sie einen finden, der sie in Stein oder Erz festhält, sie auf ein wenig Leinwand malt oder ihnen einige flüchtige Verse widmet. Was wüßten wir noch von Colleoni, wenn Verrocchio ihn nicht in Erz gegossen hätte. Wie vollständig hätten wir den Prinzen Eugen vergessen, wenn nicht ein Soldat am Lagerfeuer dem edlen Ritter einige unsterbliche Verse gewidmet hätte. Nicht jeder kann, wie Gaius Julius Caesar es so überzeugend getan hat, die Geschichte seines Ruhms mit den Berichten über seine siegreichen Feldzüge beginnen.

Selbst wenn es in Griechenland nur diese eine Frau von so edler Schönheit gegeben hätte, wüßten wir doch, daß die Männer der Antike bereit waren, für eine schöne Frau von vierzig Jahren einander die Heldenschädel einzuschlagen.

Wahrscheinlich hätten sie das auch getan, wenn Helena erst zwanzig gewesen wäre. Aber bei Homer, dem Vater der Dichtkunst, ist nichts zufällig. Es kommt also für die Frauen nicht so sehr darauf an, daß sie zwanzig sind oder daß sie, wenn sie vierzig sind, wie zwanzig aussehen, sondern daß sie, wenn sie die Vierzig überschritten haben, einen finden, der bereit ist, eine abgründige Verrücktheit für sie zu begehen.

Für Helena hat das Leben tatsächlich mit vierzig Jahren begonnen. Freilich, mit vierzig Jahren war auch ihr Glück zu Ende.

Die geneigten Leserinnen, die der Chronist so angenehm überraschen konnte, haben den Gewinn, daß sie über ihre ersten grauen Haare nicht betrübt sein müssen. Natürlich haben sie die Pflicht, nunmehr ein wenig im Homer zu lesen. Wenn sie sich bisher vor ihm gefürchtet haben, weil er so eminent klassisch ist, werden sie ihm jetzt ihre Dankbarkeit bezeugen müssen. Es läßt sich nicht leugnen, daß Homer künftig zu den galanten Autoren gerechnet werden muß.

Die Dichter sind es, die Sie, liebe Leserin, trösten werden, wenn Sie fünfzig geworden sind.

Oberschwester mit Lippenstift

In Wilmington im Staate Deleware haben die Krankenschwestern durch einen Streik sich das Recht erkämpft, auch im Dienst den Lippenstift zu gebrauchen.

Wilmington ist sehr weit weg, und ein Lippenstift ist ein sehr kleines Ding. Der Leser, der diese Nachricht liest, wird sich fragen, was ihn das angehe. Aber schließlich, der Mond ist auch sehr weit weg, und wir halten es für wert, Gedichte auf ihn zu machen. Ein Herz ist auch kein so besonders großes Ding. Wie kostbar wird es, wenn es einen etwas angeht. Bevor wir den Lippenstift von Wilmington in den Ascheneimer der Bedeutungslosigkeit werfen, wollen wir die Frage, was er uns angeht, sorgfältig untersuchen.

Aus der Tatsache, daß die Schwestern streiken mußten, um ihren Lippenstift im Dienst benutzen zu dürfen, können wir zweierlei schließen. Außer Dienst durften sie ihn offenbar benutzen. Irgend jemand war anscheinend dagegen, daß er im Dienst benutzt wurde.

Der Lippenstift ist ein Protest gegen die Unvollkommenheit des Daseins. Das Fragezeichen, das der Mensch hinter die Schöpfung setzt, ist mit Tinte in die Bücher und mit Rouge auf die Lippen der Frauen gemalt. Pascal zieht mit Elizabeth Arden an einem Strick. Frauen wollen sich schöner machen, als sie es von Natur sind. Freilich, es ist eine banale Auffassung der Männer, zu meinen, die Frauen machten sich für sie schön. Wenn eine Frau auf einem Atoll strandete, und es wäre ihr nichts geblieben als ihr Kosmetikköfferchen, sie würde sich für die Kolibris und für die Haifische ebenso schön machen wie für den Ball im Ambassador.

Die Krankenschwestern in Wilmington finden das Dasein ebenso unvollkommen wie die Millionen anderer Frauen in der Welt, die einen Lippenstift benutzen. Irgend jemand nun erwartete von ihnen, daß sie im Dienst ihren Protest in Rouge aufgäben und den Lippenstift nicht benutzten.

Die Patienten können es schwerlich gewesen sein. Wenn einer daliegt und die Unvollkommenheit des Daseins an seinem eigenen harten Leberrande abtasten kann, muß er nicht entzückt sein, wenn ein gesundes junges Ding ausdrücklich gegen die Unvollkommenheit protestiert, und das noch mit der überzeugenden Methode, sich so hübsch wie möglich zu machen! Man vergleiche jene tragische Demarkationslinie, die der Professor zur Belehrung der Jünger der Wissenschaft mit dem Farbstift am Leberrande des Patienten entlang auf seinen Bauch zeichnete, mit dem Amorbogen unter Schwester Evelynes Stupsnäschen.

Ein Patient, der gegen so vielversprechende Arabesken seiner Umwelt etwas einzuwenden hätte, wäre nicht nur von seiner Leber, sondern auch vom Neid geplagt. Nichts Besseres verdiente er, als über seine Leberlinie in den Hades zu stolpern.

Der Professor sodann ist frei von dem Verdacht, etwas gegen Lippenstifte im Dienst zu haben. Der Mann der Wissenschaft ist von seinen Mitmenschen durch eine Glasscheibe getrennt. Nachdem er ein Leben lang gelernt hat, das Vollkommene vom Unvollkommenen zu unterscheiden, warum sollte ihn das Vollkommene plötzlich überraschen. Schwester Evelynes Amorbogen ist für ihn ein Oberflächenphänomen. Die Güte ihrer Narkosen hat mit Elisabeth Arden so wenig zu tun wie mit Pascal.

Es bleibt also nur die Oberschwester. Die Oberschwester hat etwas gegen den Lippenstift im Dienst. Es wäre mehr als oberflächlich, wollte man darüber spöttische Bemerkungen machen. Die Oberschwester kämpft gegen die Unvollkommenheit des Daseins mit der Waffe der Tüchtigkeit. Die Tüchtigkeit der Oberschwestern ist von der Art, die man mit »sagenhaft« bezeichnet.

Eine untüchtige Oberschwester? Niemand hat das je erlebt. Man kann es sich nicht einmal vorstellen. Freilich, ebensowenig wie man sich eine untüchtige Oberschwester vorstellen kann, kann man sich eine Oberschwester mit Lippenstift vorstellen.

Hier nun beginnt das Interesse an dem Lippenstift von Wilmington allgemeine Bedeutung zu gewinnen. Kein Lustrum wird vergehen, und Schwester Evelyne wird Oberschwester sein. Die erste

Oberschwester mit Lippenstift. In diesem Augenblick wird sich etwas Entscheidendes in der Welt geändert haben.

Die Veränderungen, die Revolutionen hervorrufen, lassen sich bis zu einem gewissen Grade voraussehen. Aber es gibt neben den Veränderungen, die sich voraussehen lassen, immer Veränderungen, die vollkommen überraschend eintreten, Veränderungen, die weder die Klugen noch die Gescheiten noch die Schlauen vorauszusehen vermögen.

Nach dem Ersten Weltkrieg gab es ein erstaunliches Beispiel einer solchen Veränderung von vollkommen unvorhersehbarer Natur. Das war das epidemische Auftreten des Bubikopfes. Irgend etwas hatte sich bei den Frauen geändert. Irgend etwas aus dem tiefen Grunde ihrer Natur war hervorgebrochen. Alle Frauen auf der Welt schnitten sich die Haare ab. Es gab eine ungeheure Aufregung. Es wurden ganze Arsenale von Argumenten in die Diskussion geschleudert, dafür und dawider. Es wurde gewettert, gelacht und gehöhnt. Niemand leider ist auf die Idee gekommen, den Grund der Sache zu untersuchen, nicht einmal G. B. Shaw. Selbst die Rockefeller-Foundation, die von der Lepra bis zu den Flöhen, die die Eisbären Alaskas jucken, alles erfassen ließ, hat nicht einen einzigen Dollar ausgegeben, um herausfinden zu lassen, warum sich die Frauen in der ganzen Welt die Haare abschneiden ließen.

Sicherlich war es eine Art von Protestaktion. Die Frauen protestierten. Aber gegen was und gegen wen? Wir wissen es nicht. Uns natürlich haben sie es nicht gesagt. Da sie uns niemals sagen, was sie wirklich vorhaben, warum hätten sie es uns in diesem Falle sagen sollen? Vielleicht haben sie es sogar selber nicht gewußt. Vielleicht war es irgendein urweltliches Gefühl, das in ihnen protestierte. Vielleicht haben sie gegen die Männer protestiert oder gegen den Verstand, oder auch bloß gegen das, was der Verstand der Männer in der Weltgeschichte angerichtet hatte. Wir wissen es nicht.

Die Sache jedenfalls verlief im Sande. Irgendeine großartige Möglichkeit der Menschheit ist da im Sande verlaufen. Jedermann gewöhnte sich an den Bubikopf. Schließlich haben sich offenbar auch die Frauen selber daran gewöhnt. Gewohnheit läßt Gefühle in Vergessenheit geraten.

Und nun in Wilmington – Oberschwester mit Lippenstift! Ob

hier ein neuer Vorstoß beginnt? Ob die Frauen eine der großen überraschenden Veränderungen in ihren Handtäschchen schon mit sich herumtragen? Ob vielleicht große zukünftige Möglichkeiten der Menschheit schon an den zarten Handgelenken baumeln? Wenn Oberschwester mit Lippenstift eine Selbstverständlichkeit wird, kann alles in der Welt sich ändern.

Betrachten wir den Lippenstift von Schwester Evelyne in Wilmington mit Respekt. Vielleicht wird die Geschichte des nächsten Dezenniums nicht allein von Gelehrten in Tinte, sondern auch von hübschen Frauen in Rouge einer staunenden Nachwelt gemalt werden. Schließlich ist schon einmal in einem Schminktopf ein Weltreich verschwunden. Es war der Schminktopf der Königin Kleopatra von Ägypten. Warum sollte nicht ein Hauch von vollkommener Schönheit, von Schwester Evelynes Amorbogen über das Reich dieser Welt dahinwehen, das Leben ein wenig erträglicher gestalten? Wenn man zwischen der Schönheit und der Vollkommenheit einen Bogen schlagen will, scheint es, nichts eigne sich besser dafür als ein Lippenstift.

Ein Hauch von Glanz

Daß Frauen gerne hübsch aussehen wollen, halten wir für eine ihrer reizenden Launen. Aber wir sollten mit dem, was wir über Frauen denken, vorsichtig sein, mindestens so vorsichtig wie mit dem, was wir für sie fühlen.

Die Sache geht uns alle an. Wenn sie uns dabei mehr zu Herzen als zu Hirne geht, hat das seinen Grund darin, daß wir entgegenkommend sind. Wenn die Frauen auch von uns verlangen, daß wir ein Hirn haben, erwarten sie doch mit ebensoviel Selbstverständlichkeit, daß wir ihnen gegenüber davon keinen zu umfassenden Gebrauch machen. Ein Mann von Geschmack muß seinen Verstand ebenso sorgfältig zu verbergen trachten, wie eine Frau von Geschmack ihre Gefühle bis zum letzten Augenblick geheimzuhalten weiß.

Jeder Mann von einiger Erfahrung wird zugeben, wie schwierig es ist, gerade darüber Erfahrungen zu gewinnen. Die Sache wäre nicht so schwierig, wenn wir uns darauf verlassen könnten, daß die Frauen ihre Gefühle immer verbergen. Aber zuweilen sagen sie geradeheraus, was sie im Innern bewegt. Diese Augenblicke erkennt man niemals rechtzeitig und in ihrer vollen Bedeutung. Kommt einem endlich die Erleuchtung, ist alles schon zu spät.

Es gibt die von uns allen ohne Einschränkung bewunderte Erscheinung des Frauenkenners. Das ist der Mann, der in der Seele der Frau liest wie in einem offenen Buch. Merkwürdigerweise erfreut sich dieser von Männern so bewunderte Mann bei den Frauen keiner großen Beliebtheit. Fest steht, daß seine Ratschläge meist zu dem entgegengesetzten Ergebnis führen als dem, zu dem sie führen sollten. Manchmal freilich führen sie zum gewünschten Resultat. So sieht man sich bei den Ratschlägen der Frauenkenner immer in der verzweifelten Lage, nicht zu wissen, ob man sie genau befolgen oder das genaue Gegenteil davon tun soll.

Fest steht weiterhin, daß, wenn man in der Liebe alles ganz richtig gemacht hat, man es falsch gemacht hat. Aber wenn man alles falsch macht, dann hat man es auch nicht richtig gemacht. Die erfolgreiche Mischung von überlegener Erfahrung und Dußligkeit, die Verstand und Herz einer Frau in gleicher Weise erfreuen, findet man selten heraus. So befinden wir uns meistens nicht in der Lage von Frauenkennern, die ihrer Sache sicher sind, sondern in der Lage jenes Mannes, der auf die Frage, ob er in seiner Erkenntnis über das Wesen der Frauen weitergekommen sei, die klassisch schöne Antwort gab: »Noch zwei Jahre Erfahrung, und ich kenn' mich überhaupt nimmer aus!«

Die Laune der Frauen, die den Chronisten zu dieser kleinen Perlenkette von Stoßseufzern veranlassen, ist die Laune, seidene Strümpfe zu tragen. Die Jahresbilanz des englischen Handelsamtes ergibt, daß die Frauen in England im letzten Jahr für über dreihundertsechzig Millionen Mark seidene Strümpfe getragen haben. Das heißt, englische Frauen sind bereit, jeden Tag eine Million auszugeben für einen Hauch von Glanz. Auch wenn die Männer diese Million natürlich verdienen müssen, wäre es undankbar von ihnen, nicht entzückt zu sein. Es läßt sich nicht leugnen, daß die Männer an dem Umsatz in seidenen Strümpfen täglich eine Million verdienen. Der Anblick des Glanzes ist sozusagen geschenkt.

Ein ernster, moralischer Mann hat angesichts der dreihundertsechzig Millionen die Frage gestellt, was denn die Frauen mit diesem Geld früher gemacht haben, als sie noch mit vier Paar wollenen Strümpfen im Jahre auskommen mußten. Diese Frage kann man dem guten Manne leicht beantworten. Sie haben nichts mit diesem Gelde angefangen. Sie haben es gar nicht in die Hand bekommen. Woher hätten die Männer es auch nehmen sollen, da sie dazumal noch keinen Pfennig an dem ausgezeichneten Geschäft mit der Laufmasche im Glanz der seidenen Strümpfe verdienten.

An der kapriziösen Laune einer schönen Frau kann ein Mann leicht zugrunde gehen. Auf diesem Grunde findet der Anker der Erfahrung guten Halt. In unserem Falle haben die Männer es vorgezogen, aus einer Laune eine Weltindustrie aufzubauen. Sie sind dabei nicht schlecht gefahren. Daß dadurch ein wenig Glanz in die Welt gekommen ist, braucht den Moralisten nicht zu beunruhigen. Es ist dafür gesorgt, daß die Beine nicht in den Himmel wachsen, auch wenn sie seidenbestrumpft sind. Nur schöne Beine werden durch Seide schöner, häßliche aber häßlicher. Man sollte nicht klagen, daß deshalb die Welt ungerecht wäre.

Wenn das Häßliche sich durch simple Tricks in Schönheit verwandeln ließe, würde Schönheit etwas so Gewöhnliches werden, daß sie uns kein Vergnügen bereiten könnte. Die Häßlichkeit ist in der Welt glücklicherweise so verbreitet, daß sie uns nicht mehr erschreckt. Freilich sollten wir die kapriziösen Launen der Frauen immerdar sorgfältig unter Beobachtung halten. Wie leicht können daraus neue Weltindustrien entstehen.

Beitrag zur Philosophie des Kikelkakel

Einer schönen Frau ein goldenes Armband zu schenken, ist zweifellos ein nicht geringes Vergnügen. In einer Welt wie der unseren, in der der Wert der Dinge nach ihrem Nutzen gemessen wird, ist es ein Trost, daß das Nutzloseste zugleich das Wertvollste ist.

Was mag wohl das erste gewesen sein, womit Eva sich geschmückt hat? Sicher war es nur eine Kleinigkeit, ein paar Kirschen, die sie sich über die Ohren hängte, um Adam ein Lächeln zu entlocken, bis eines Tages Adam, der gerne Austern aß, die erste Perle fand.

Seitdem ist die Perlenkette das Geschenk, das jede Frau, von der Königin bis zum Blumenmädchen, sich wünscht. So dürfen wir ziemlich sicher sein, keinen Fehler zu machen, wenn wir feststellen, daß ein Geschenk die Eigenschaft haben muß, sowohl nutzlos wie kostbar zu sein.

Hier nun treten anscheinend eine Menge Schwierigkeiten auf. Aber die Schwierigkeiten sind nur scheinbar.

Nutzlos und kostbar?

Nun, eine Sache zu erfinden, die nutzlos genug ist, um sie einer Frau zum Geschenk machen zu können, ist nicht übermäßig schwierig. Die Phantasie der Modeschöpfer erfindet ununterbrochen kleine zärtliche Dinge, die wahrhaft nutzlos sind und die dennoch oder gerade deswegen das Herz einer Frau erfreuen. Da gibt es Ansteckblumen aus Leder oder Organdy; kleine Tüchel aus einem Fetzen Seide von der Größe eines Handtellers mit irgend etwas drum herum; Bastgürtel, die sich mit zwei Schlangenköpfen schließen lassen; Clips aus echtem Gablonzer Gold; Kettchen mit vielen Dingen, die daran hängen. Alles das sind Gegenstände von der Art, die am besten unter dem philosophischen Begriff des »Kikelkakel« zusammengefaßt werden. Es sind Kleinigkeiten, deren Sinn darin liegt, daß sie Unsinn sind. Es ist der Unsinn, das Überflüssige, was diesen Kleinigkeiten ihren kosmischen Sinn gibt.

Das Merkwürdige ist, daß die Männer, die, weder vor den Geheimnissen inneratomarer Zusammenhänge noch vor einem Kurzschluß im Radio zurückschreckend, die Welt bis in ihre letzten Bestandteile zerlegen, ohne sich Gedanken darüber zu machen, wie sie sie wieder zusammensetzen werden, daß dieselben Männer, die sich vor nichts zu fürchten scheinen, eine tiefe Scheu vor den Kleinigkeiten haben. Sie fürchten, bei Ankäufen in Kikelkakel ihre hoffnungslose Ignoranz auf diesem Gebiet zu enthüllen.

Dabei riskiert man bei mutigen Kikelkakeleinkäufen so gut wie nichts. Sollte man einmal einer Frau ein Kettchen schenken, das zu keinem ihrer Kleider paßt, ist es sicher, daß sie mit strahlendem Lächeln alsbald in die Stadt entschweben wird, um zu der Kette ein passendes Kleid sich zu besorgen mit dazu passenden Schuhen, dazu passendem Hütchen und dazu passender Handtasche. Aus dem Unsinn einer Kleinigkeit läßt sich, damit sie einen Sinn bekommt, eine ganze Winterausstattung hervorzaubern. Die Kettenreaktion ist keine Erfindung der Atomphysiker.

Betreten Sie also entschlossen irgendeinen dieser Kikelkakelläden, an denen Sie bisher so scheu vorübergestrichen sind! Sie werden das Vergnügen eines milden Verständnisses erleben, eines Verständnisses etwa von der Art, wie man es harmlosen Irren entgegenbringt. Wenn Sie dann den Laden mit einer Ansteckblume für drei Mark fünfzig verlassen, wird die Direktrice Sie bis zur Tür geleiten. Alle Verkäuferinnen werden zuerst bezaubernd Ihnen zulächeln und dann träumerisch in sich hinein mit dem Gedanken: »Ach ja, so einen Mann müßte man haben!«

Wenn Sie jedoch taktisch souverän vorgehen wollen, dann machen Sie es anders. Sie sehen sich am Morgen die Bluse, die Ihre Frau trägt, an. Da Sie das noch nie getan haben, werden Sie entdecken, daß es ein ganz reizendes Blüschen ist und die Dame in diesem Blüschen eigentlich recht hübsch aussieht. Nun merken Sie sich die Farbe, die das Blüschen hat – vielleicht graues Leinen. Am besten, damit Sie es nicht vergessen, notieren Sie sich die Farbe. Dann fragen Sie im Kikelkakelladen nach einer Ansteckblume für eine graue Leinenbluse. Die Verkäuferin wird die Direktrice bitten, und Sie werden erfahren, daß es ein wissenschaftliches Problem ist, ob man zu einer grauen Leinenbluse eine Ansteckblume in Beige oder in einem gedeckten Bleu nimmt.

Sie werden die ersten Sachkenntnisse auf dem Gebiet des Kikelkakel erwerben. Sagen Sie nicht, daß das wertlos sei! Es gibt keine Frau auf der Welt, die nicht für eine graue Leinenbluse leicht einundzwanzig verschiedene Kleinigkeiten sinnvoll zu verwenden verstünde. Auch können Sie mit Sachkenntnissen in Kikelkakel auf eine Frau weit mehr Eindruck machen, als wenn Sie alle Jahreszahlen der assyrischen Könige auswendig wissen.

Das Nutzlose ist also keine Schwierigkeit. Aber erfüllt die Organdyblume für drei Mark fünfzig die Bedingung, kostbar zu sein?

Nun, wie gesagt, diese Schwierigkeit ist nur scheinbar. Sie läßt sich lösen Dienstagnachmittag um 17 Uhr 10. Natürlich, über

Gemütstermine müssen Sie sich hinwegsetzen. Sehen Sie, was ist denn für die Frauen kostbar? Kostbar für die Frauen ist nur die Liebe. Es gibt keine Frau auf der Welt, für die nicht ein kleines Sträußchen Veilchen, das die Liebe ihr scheu und verlegen überreicht, unendlich viel kostbarer ist als ein Orchideenarrangement, mit dem man auf sie Eindruck machen oder sie bestechen will. Der Geburtstag freilich ist ein Gemütstermin. Ich glaube, die Frauen haben die Gemütstermine nur deshalb eingeführt, damit sie überhaupt einmal etwas geschenkt bekommen. Aber Dienstagnachmittag 17 Uhr 10 ist kein Gemütstermin. Die Überraschung – das ist für die Frauen der Beweis!

Sie werden mich noch fragen, wie man das macht, scheu und verlegen zu spielen. Nun, wenn Sie Dienstagnachmittag um 17 Uhr 10 Ihrer lieben Frau plötzlich ein Geschenk überreichen und noch dazu etwas so Albernes wie eine sinnlose Kleinigkeit, werden Sie ganz von selbst scheu und verlegen sein. Sie ahnen nicht, was aus dem Kikelkakel alles für Überraschungen erblühen können. Das Einfachste ist, Sie versuchen es einmal! Auf dem Gesicht Ihrer lieben Frau wird ein Lächeln erblühen, das Sie schon lange nicht mehr gesehen haben. Machen Sie sich klar, daß es Ihre eigene Schuld ist, daß dieses Lächeln so selten geworden war!

Mathematik der Weiber

Der irische Erziehungsminister will den Mathematikunterricht für Mädchen abschaffen. Er hat erklärt, daß die Beschäftigung mit Mathematik für Mädchen Zeitverschwendung sei.

Diese Nachricht ist geeignet, auf den meisten männlichen Gesichtern ein maliziöses Lächeln hervorzuzaubern. Wenn irgendein Vorurteil fest gefügt ist, so ist es das, daß die Differentialrechnung eine Domäne männlichen Verstandes sei und die höhere Mathematik eine Sache, von der die nichts verstünden, die man in diesem Zusammenhang die Weiber zu nennen pflegt.

Nun, ich habe von je die Mathematiker bewundert, so wie ein kleiner dicker Mann mit Bauch von ebener Erde aus die Akrobaten auf dem hohen Seil bewundert. Der kleine dicke Mann weiß sich dabei frei von Minderwertigkeitskomplexen. Er hat durchaus das Gefühl, daß auch er sich mit Grazie auf dem hohen Seil bewegen könnte, wenn er es halbwegs zwanzig Jahre lang geübt hätte. Er ist zufrieden darüber, daß er das nicht getan hat. Die Produktionen auf dem hohen Seil nennt der Volksmund von jeher brotlose Künste.

Wenn man die Frage stellte, ob Männer etwas von Mathematik verstünden – so wie man die Frage stellt, ob Männer etwas vom Kartenspielen verstehen –, so würde sich herausstellen, daß es darüber keine feste Meinung gibt. Sicher ist nur, daß die Männer über die Mathematik der Weiber eine Meinung haben. Was von dieser Meinung zu halten ist, werden wir sogleich sehen. Als die berühmte Sonja Kowalewska auf einen ordentlichen Lehrstuhl für Mathematik nach Göttingen berufen werden sollte, gab es über diese Berufung im Senat einen langen Disput. Freilich wurden nicht die mathematischen Fähigkeiten der zu Berufenden diskutiert, sondern die Frage, ob es angängig sei, auf einen Göttinger ordentlichen Lehrstuhl eine Frau zu berufen. Diese ja würde in den Senat einziehen. Das war seit der Begründung der ehrwürdigen Georgia Augusta noch nicht vorgekommen.

Dieser Disput wurde beendet durch einen Zwischenruf von David Hilbert, der seines ostpreußischen Mutterwitzes wegen mindestens ebenso gerühmt zu werden verdient wie seines wissenschaftlichen Genies wegen. Hilbert schnitt die Auseinandersetzung über die weibliche Mathematik mit der Bemerkung ab: »Aber meijne Harren, wir sind doch eejn Senat und keejne Badeanstalt!«

Zur Ehre der Mathematik sei's gesagt, der Zwischenrufer war der größte Mathematiker unserer Zeit. Wir können also sagen, daß wenigstens der Teil der Männer, welcher von Mathematik etwas verstehen, der Frage der weiblichen Mathematik mit einer gewissen Objektivität gegenübersteht.

Gleichwohl bleibt fraglich, ob selbst die Mathematiker den hier vorliegenden Problemen genügend gründlich nachgegangen sind. Mit der sogenannten Milchmädchenrechnung haben sich zwar die Dichter abgegeben und ihren moralischen Grund untersucht. Aber dabei wurde immer als gegeben vorausgesetzt, daß der Milchtopf auf den Steinen zerschellt. Wenn man einmal annimmt, daß der

Milchtopf ganz bleibt, dann stellt sich heraus, daß, vom mathematischen Standpunkt aus, die Milchmädchenrechnung vollständig richtig ist.

Wir verdanken Strindberg eines der schönsten Beispiele weiblicher Mathematik. Gewiß hat die Mathematik das Prinzip der geometrischen Reihe konzipiert. Aber das mathematische Prinzip, das in der folgenden Geschichte verborgen steckt, ist bislang von seiten der mathematischen Wissenschaft überhaupt noch nicht bemerkt worden.

Strindberg findet eines Morgens, während er am Frühstückstisch seiner Frau gegenübersitzt, bei der Post einen Brief, der offenbar die Rechnung einer Modistin enthält. Er reicht ihn seiner Frau, die ihn öffnet, aber nichts weiter dazu sagt.

Schließlich fragt er, ein wenig nervös:

»Wieviel ist es denn?« Wonach sie ihn auffordert, zu raten.

Er rät also:

»Hundert Kronen?«

»Nein, doppelt soviel.«

»Also zweihundert?«

»Nein, vierhundert!« –

Man könnte dies vielleicht das Prinzip der stereometrischen Reihe nennen. Man wäre von diesem Prinzip vollständig entzückt, wenn man nicht so traurig darüber sein müßte, daß Strindberg über diese Mathematik so böse geworden ist.

Ohne Zweifel gibt es weibliche Rechnungsarten, von denen unser wissenschaftlicher Verstand sich nichts träumen läßt. Nun wäre es nicht weiter schlimm, wenn unsere Vorurteile uns nur dazu führten, die Frauen um den Ruhm ihrer mathematischen Entdeckungen zu prellen. Frauen wissen zu genau, was für eine zweifelhafte Sache der Ruhm ist, als daß sie sich darüber sehr viel Kummer machten. Tatsache ist, daß die Fähigkeit der Frauen, aus hundert Kronen durch stereometrische Verdoppelung vierhundert Kronen zu machen, die Grundlage von unser aller Existenz ist.

Fern vom männlichen Verstand, fern von der mathematischen Forschung, fern vom wissenschaftlichen Ruhm spielt sich unter uns täglich tausendmal das unbeschreibliche Wunder jener weiblichen Mathematik ab, mit der noch kein Leibniz jemals sich befaßt hat. Es handelt sich um das mathematische Wunder, mit dem Haushaltsgelde auszukommen.

Chesterton hat uns das schöne Bild entworfen von dem Mann, der vor des Hauses Tür steht und mit der Schaufel das Geld hineinschaufelt. Gewiß eine harte Arbeit, die Schweiß genug kostet, freilich auch eine Arbeit, die nicht nur des Schweißes der Edlen, sondern auch des Schweißes der Schlichten wert ist. Die Frau dagegen muß die hundert Mauselöcher bewachen, durch welche das Geld wieder von dannen rinnt.

Vielleicht kämen wir uns sehr großartig vor, wenn wir der Frau die Schaufel in die Hand drückten und dann feststellten, daß sie nicht so prächtig schaufeln könne wie wir. Aber dann müßten wir die hundert Mauselöcher bewachen. Und da würden wir bald nicht nur gänzlich außer Atem kommen, sondern auch in Kürze vollständig blödsinnig werden.

Die Frauen werden in einem ganzen Leben nicht blödsinnig davon. Die Mathematik der Mauselöcher, von der wir keine Ahnung haben, ermöglicht es der Frau, ein ganz behagliches Heim in Betrieb zu halten mit halb soviel Geld, als ein Mann bei vorsichtiger Kalkulation dafür brauchen würde.

Dafür lassen sie uns den Ruhm, daß wir etwas von Mathematik verstünden und sie nicht. Sie lächeln noch dazu und kaufen sich von ihrem Überschuß als Krone ihres Lächelns ein stereometrisches Frühjahrsmodellhütchen, welches, wenn man es mathematisch definieren wollte, die dreidimensionale Projektion eines vierdimensionalen Körpers ist.

Ich stimme mit dem irischen Erziehungsminister vollständig darin überein, daß die Beschäftigung mit Mathematik für Mädchen Zeitverschwendung ist.

In dieser Sache sind sie alle geborene Genies.

Die unbekannte Macht

Wir befinden uns am Ende der letzten geschichtlichen Epoche, welche von Frauen geschaffen worden ist. Das Zeitalter der Ritterlichkeit, geboren im 13. Jahrhundert »aus den Traumgespinsten junger Mädchen in den stillen Kemenaten einsamer Burgen der Provence«, ist zu Ende. Wenn heutzutage ein junges Mädchen von einem grauhaarigen Herrn mit ausgesuchter Höflichkeit behandelt wird, sagt sie mit entzücktem Lächeln: »Ein Kavalier der alten Schule!« Aber sie schickt ihre Liebhaber durchaus nicht in diese siebenhundert Jahre alte Schule. Die jungen Mädchen nehmen es resigniert zur Kenntnis, daß ihre Liebhaber neue Schulen vorziehen, Schulen, in denen nicht Ritterlichkeit, sondern Autofahren gelehrt wird. Hundert PS ersetzen leicht das eine Roß, auf dem nur noch Don Quichote durch die Lande zieht.

Die Frauen haben falsche Wünsche. Sie wünschen nicht mehr, daß Poeten zu ihren Füßen sitzen. Sie wünschen sich einen Nerz. Sie wünschen nicht mehr, Männer von Geist und Witz zu lieben. Sie wünschen sich ein Bankkonto. Sie wünschen sich keinen Salon mehr, in dem sie Charme und Behagen verschenken können. Sie wünschen sich einen Sitz im Parlament. Sie wünschen nicht mehr, von Renoir gemalt zu werden, damit ihre Schönheit daure. Sie wünschen sich ein Abonnement bei Elizabeth Arden. Sie wünschen nicht mehr, im Alter Würde zu haben und Verehrung zu genießen. Sie wünschen, mit ihren Enkeln ins Kino zu gehen. Die Frauen sind bescheiden geworden! Sie sind schon zufrieden mit dem schäbigen Luxus, den die technische Zivilisation ihnen bietet.

Wäre die Macht der Frauen gebrochen, ließe sich an nichts mehr etwas ändern. Das Phänomen Familie beweist, daß das nicht der Fall ist. Wenn Frauen sich Kinder wünschen, haben sie noch immer jenen großartigen alten Hochmut, eines Mannes ganzes Leben dafür in Anspruch zu nehmen. Die Macht, welche die Frauen haben, ist ungebrochen, aber sie liegt brach. Wenn die Frauen sich zu einer Noncooperation, einem passiven Widerstand gegen die technische Zivilisation entschlössen, die könnten fast alles erreichen. Es käme darauf an, statt ins Kino zu gehen, neue Träume zu träumen und diese Träume, wie so oft schon in der Geschichte, Wirklichkeit werden zu lassen. Es gibt keine Mode, welche durchzusetzen die Frauen nicht die Macht hätten. Warum nicht, statt neuer Hüte, neue Ansprüche in Mode bringen?

Wir, die Kavaliere aller Schulen, wären glücklich, wenn man von uns endlich einmal etwas anderes verlangte, als den langweiligen

Rekord von tausend Stundenkilometern auf den noch langweiligeren Rekord von zweitausend Stundenkilometern zu bringen.

Aber die Frauen, eben, sind bescheiden geworden! Sie sind glücklich, wenn sie mit uns über die Erde dahinhuschen dürfen mit tausend Stundenkilometern. Sie sind glücklich, daß es so schnell geht. So sehen sie nicht mehr den Rauch, der aus den alten Kaminen ihrer alten Macht steigt. So sehen sie auch nicht mehr den einsamen Ritter von der Mancha, der verloren über die Erde reitet, einen Traum zu verwirklichen, der in den Luxuspolstern der tausend Stundenkilometer nicht mehr geträumt wird.

Die unbekannte Macht raucht eine Zigarette.

DER ALTE ADAM

Jägerlatein

Das aufregendste Zeitalter in der Geschichte der Menschheit ist in vollkommenes Dunkel gehüllt. Wir wissen nicht, woher wir kommen. Wir wissen nicht, wann und wie die menschliche Kultur entstanden ist. Selbst die frühesten Funde menschlichen Lebens auf der Erde zeigen den Menschen im Besitz dessen, was wir Technik nennen, und dessen, was wir Kunst nennen. Die Zoologie betrachtet den Menschen als ein Säugetier. Ihr macht der Herr im Frack, der am Steuer seines Wagens sitzt, kein Kopfzerbrechen. Der Herr ist *Homo*, und Frack und Achtzylinder faßt die Zoologie unter dem Beiwort *sapiens* zusammen.

Freilich, selbst in den allerurweltlichsten Urzeiten, selbst an jenem Punkt, da der Mensch noch nicht im Besitz der Technik und noch nicht im Besitz der Kunst war – und diesen Punkt muß es ja einmal gegeben haben –, selbst an diesem Punkt war er schon *sapiens*.

Wenn man genauer hinsieht, muß man feststellen, daß es kein Lebewesen gibt, das für den Daseinskampf der Urwelt so ungünstig ausgestattet war wie der Mensch. Er ist, das können wir an seinem Gebiß und an seinem Verdauungskanal feststellen, von vornherein als Omnivore, als Allesfresser, gebaut. Aber die Vegetabilien kann er unzubereitet nicht verarbeiten, und der Hackepeter, den er sich natürlich schon damals aus dem Filet einer Auerkuh hätte bereiten können, war ihm unzugänglich, weil die Auerkuh viel leichter in der Lage war, ihn umzubringen als er sie. Selbst wenn er sich mit einem Kaninchen hätte begnügen wollen, das Kaninchen wieder war viel schneller als er.

Es ist zwar sicher angenehm, daß wir heute nicht mehr mit den Krallen eines Löwen umherlaufen. Unsere Klavierliteratur hätte es dann wohl kaum bis zu Chopin gebracht, selbst wenn die Tasten mit Samt bezogen worden wären. Noch nicht einmal im Zirkus haben wir einen Löwen am Klavier zu sehen bekommen. Die Klavierlöwen, die Chopin spielen, haben keine Krallen, sondern eine Mähne. Aber der Urmensch hat den Löwen nicht um seine Mähne, sondern um seine Krallen beneidet. Aber eben, er war sapiens. Als er das erstemal aus Zorn über das lächerliche Gehoppel eines Kaninchens einen Stein ergriff und nach dem Kaninchen warf, hatte er die Technik entdeckt. Natürlich traf er vorbei.

Welches Glück für uns, daß wir für den Daseinskampf mit keinen anderen Waffen ausgestattet waren als mit unserer Schwäche und unserer Sapientia. Wären wir nämlich besser ausgestattet gewesen, wir säßen heute noch in Höhlen und fingen Kaninchen mit der Hand. Nachdem unser Zorn die Sache mit dem Stein entdeckt hatte, war der Weg über den Speer bis zur Winchesterbüchse sozusagen vorgezeichnet. Wir haben ihn brav und vorschriftsmäßig zurückgelegt.

Der Mann, der den ersten Stein warf, war noch kein Jäger. Das war erst ein Wilderer. Der erste Jäger war merkwürdigerweise derjenige Urmensch, der zum erstenmal den Stein nicht warf. Das Kaninchen war ein bißchen weit. Der Mann empfand so etwas wie den Wunsch, beim erstenmal zu treffen. Er sprang dem Kaninchen nach hinter den Busch. Da sah er das brave Tier, wie es mit den Ohren wackelte, umgeben von sieben Jungkaninchen, die nach Futter maunzten. Der Mann hob den Stein, aber er ließ ihn wieder sinken. Er rupfte einige frische Schachtelhalme und warf sie den Jungkarnickeln hin. Das Altkarnickel wackelte dankbar mit den Ohren.

Man sieht, daß es Wildhege gegeben hat, ehe das erste Tier von einem Jäger geschossen worden ist. Das mag denen zur Belehrung dienen, die die Jagd für ein grausames Vergnügen halten. Noch heute gibt es unter Jägern kaum eine verächtlichere Bemerkung, als wenn sie von einem sagen, er könne den Finger nicht gerade halten.

Als der Urmensch ohne Karnickel in seine Höhle zurückkehrte, saßen da freilich sieben Urkinder und maunzten nach Speise. Sein Weib machte ihm einen Krach. Es war ein Urkrach erster Klasse. Der Jäger, der erste Jäger der Menschheit, hat für sein waidgerechtes

Verhalten nur wenig Dank geerntet. Leise vergrämt verließ er die Höhle wieder. Draußen traf er einen Miturmenschen, welcher gleichfalls mit seinem Weibe Unterschiede gehabt hatte. Sie gingen selbander wieder in den Wald, setzten sich unter einen Felsenvorsprung und kümmelten einen Urkorn.

Die erste Kneipe der Menschheit war eröffnet.

Um sich seelisch aneinander aufzurichten, erzählten sie sich die Ursachen ihres Grams. Der Miturmensch stellte sich sogleich auf seiten des Karnickels und wurde somit der zweite Jäger der Menschheit. So dunkel die Vorzeit immer sein mag, wir wissen jetzt, daß in der ersten Kneipe der Menschheit zwei Jäger gesessen haben. Das wollen wir den Jägern nie vergessen.

Dann begannen, um ihrer seelischen Aufrichtung weitere Stützen zu verleihen, die beiden Urkornbrüder einander tolle Geschichten zu erzählen von Auerochsen, Bären, Wölfen und Wildebern. Dieses war das erste Jägerlatein. Immer noch, wie nicht vergessen werden darf, ist kein einziges Tier auf der Jagd erlegt worden. Es ist von ungeheurer Tragweite gewesen, daß an den Geschichten dieser beiden Jäger nicht ein wahres Wort war. Im Zorn wurde die Technik entdeckt, im Mitgefühl die Jagd und im Gram die Poesie.

Die Geschichten dieser beiden Urkornbrüder sind uns nicht erhalten. Ohne Zweifel müssen sie noch über Homer gestellt werden. Als Homer begann, gab es die Poesie schon. Als diese beiden unter ihrem Felsvorsprung zu lügen begannen, erfanden sie die Poesie. Dies diene denen zur Belehrung, die glauben, sich darüber aufhalten zu müssen, daß in den Geschichten der Jäger die Wahrheit keine ausschlaggebende Rolle spielt.

Durch Jahrtausende hindurch hat seitdem die Poesie den Menschen in seinem Gram getröstet. Nichts beweist die Großmut des männlichen Geschlechtes mehr, als daß es das weibliche Geschlecht an den Tröstungen der Poesie teilhaben läßt, obgleich das weibliche Geschlecht an der Erfindung der Poesie keinen Anteil hat. Immerhin müssen wir zugeben, daß, wenn wir hinsichtlich der Erfindung der Poesie den Weibern nichts, den Jägern alles zu verdanken haben, wir dem Urweib für seinen Krach danken müssen. Dieser Krach war es, der die Veranlassung zur Erfindung der Kneipe wurde.

Es ist zu bedauern, daß der Stein, den der erste Jäger der

Menschheit angesichts der Karnickelmutter sinken ließ, in keiner Jagdausstellung mehr gezeigt werden kann. Aber die Verdienste der Jäger um die Entwicklung der menschlichen Kultur mußten endlich einmal ins rechte Licht gerückt werden. Daß der Mensch im ganzen das Beiwort der Weisheit immer verdient habe, das zu sagen wäre übertrieben! Aber den Jäger, der die Kneipe und die Poesie erfunden hat, ehe er auch nur einen einzigen Schuß abgegeben hatte, den dürfen wir wohl einen *Homo sapiens* nennen.

Herrenpartie

Niemand weiß eigentlich, woher die Legende vom »schwachen Geschlecht« stammt. Gewiß, der Mann zieht in den Wald, den Bären zu töten. Aber alle ehrlichen Helden sind sich darüber einig, daß sie Angst vor dem Bären haben. Obgleich die Helden das, wenn sie unter sich sind, offen zugeben, sind sie sich merkwürdigerweise auch darüber einig, daß man so tun müsse, als ob man keine Angst vor dem Bären habe. Vor wem aber glauben sie, so tun zu müssen? Vor dem schwachen Geschlecht! Das ist es, warum die Helden sich den Bären aufbinden lassen.

Kommt der Bär, während der Mann im Wald ist, ihn zu töten, zufällig in die Höhle, in der Madame den Kleinen Honigbrote streicht, hat sie kein bißchen Angst vor ihm. Sie singt ihm etwas vor. Bären lieben Musik. Sie gibt ihm etwas Honig. Bären lieben Honig. Dann schiebt sie ihn wieder in den Wald hinaus. Das schwache Geschlecht läßt sich keinen Bären aufbinden.

Kommt der Mann dann, ohne den Bären natürlich, laut lärmend und froh, seine Angst hinter sich zu haben, in die Höhle zurück, lächelt sie leise. Alle Frauen sind sich darüber einig, daß ein Mann, der Angst gehabt und keinen Bären getötet hat, als Held zu betrachten, daß jeglicher Lärm ihm zu gestatten und alles ihm zu glauben sei, was er von den Gefahren erzählt, welche er soeben glücklich überstanden habe.

Das ist das allerälteste Gesellschaftsspiel der Welt. Es hat schon in der Steinzeit begonnen. Im Lauf der zehntausend Jahre Symbiose von lauter und leiser Macht, welche die Geschichte des menschlichen Geschlechts ausmacht, hat sich an der Sachlage wenig geändert. Am Himmelfahrtstag treffen sich die Bärentöter zur Herrenpartie.

Es wäre ein tiefes historisches Mißverständnis, die Herrenpartie im Automobil unternehmen zu wollen. Das mögen Politiker oder Sportsleute tun. Für den Bärentöter kommt nur ein Kremser in Frage, bespannt mit vier Rössern, welche aus einer Brauerei stammen müssen.

Im Kremser sitzt man einander gegenüber auf zwei Bänken, die an den beiden Seiten des Fahrzeugs entlanglaufen. Allein schon, daß man quer zur Fahrtrichtung sitzt, ist von tiefer symbolischer Bedeutung. Die Herrenpartie sitzt quer zum Ernst des Lebens. Ihr Ziel liegt nicht in Fahrtrichtung. Ihr Ziel ist eine gewisse mittlere Trunkenheit. Ein antiker Kremser der klassischen Bauart hat Platz für zwölf Personen, sechs auf jeder Seite. Da aber Bärentöter es lieben, nicht nur den Bären, sondern auch den Dämonen Trotz zu bieten, gibt es einen dreizehnten Teilnehmer, der zum Kutscher auf den Bock gesetzt wird. Er hat das Privileg, seinen Jugendtraum erfüllt zu sehen und zuweilen mit der Peitsche knallen zu dürfen. Obgleich bei jeder Herrenpartie eine mittlere Knöchelfraktur die Mindestleistung der Dämonen ist, würden die Bärentöter lieber den Gerichtsvollzieher mitnehmen, als daß sie im Dutzend führen.

Die wichtigsten Requisiten einer Herrenpartie sind ein Faß besten Bieres und der Bärenschinken, der freilich, da Bären auf freier Wildbahn in unseren geographischen Breiten verhältnismäßig selten sind, meistens durch ein westfälisches Schwein ersetzt werden muß. Auch die Tradition muß Konzessionen machen.

Für eine Herrenpartie, die überlieferungsbewußt am alten Brauchtum festhält, kommt als Kopfbedeckung des Tages nur ein Strohhut in Frage, und zwar einzig und allein in Form der Kreissäge, welche in gewissen Gegenden unseres Vaterlandes auch Butterblume genannt wird.

Von tiefer Bedeutung ist der Spazierstock. Es ist unerläßlich, gerade weil bei keinem der dreizehn auch nur die leiseste Absicht besteht, sich jemals irgendwann im Lauf des Tages um mehr als zehn Schritte vom Faß des Bieres zu entfernen. Der Spazierstock ist vollkommen überflüssig und somit das Symbol wahrer männlicher

Souveränität über den Zwang des Lebens. Höchstens kann der Spazierstock in spielerische Beziehungen zur Kreissäge gesetzt werden. Es gilt als Hauptspaß, den Spazierstock unversehens durch die Kreissäge des Nachbarn zu bohren. Freilich, den Spaß muß man verstehen.

Und schließlich trägt der Herr am Tag der Herrenpartie als dem einzigen Tag des Jahres Hosenträger. Es handelt sich da um ein soziologisches Phänomen delikaten Charakters. Später nämlich werden die Röcke ausgezogen. Aber das geschieht keineswegs aus Gründen der Bequemlichkeit. Es ist eine revolutionäre Demonstration gegen die Langeweile der Konvention. Gürtel und elegantes Oberhemd würden diese Demonstration ihres Revoluzzercharakters berauben. Jeder ordentliche Bärentöter bewahrt zu diesem Zweck das Jahr über in seinem Schrank ein Paar alter Hosenträger auf und ein Hemd mit Piquéeinsatz, das vor allem diesen gewissen Knopfzipfel haben muß, in dessen Mitte das ungeknöpfteste Knopfloch der Schöpfung prangt.

Als besondere Feinheit wird es begrüßt, wenn ein liebenswürdiger Oberstudiendirektor die altfränkische Gewohnheit unserer Vorfahren wieder aufnimmt und als Manschetten sogenannte Röllchen wählt. Diese, auf den Spazierstock gestülpt, geben der revolutionären Demonstration gegen die Langeweile eine geradezu anarchistische Nuance. Freilich, in den Wirren des Krieges sind die meisten dieser Röllchen verlorengegangen.

So equipiert, kann die Herrenpartie ihren klassischen Verlauf nehmen. Das maliziöse Lächeln, das die Macht der Klugheit dem Bärentöter bei seinem Abschied von der Höhle nachschickte, ist bald vergessen. So rollen sie dahin durch die holde Frühlingslandschaft, die wackeren Träger einer alten Überlieferung, fröhlich lärmend, unter Absingen von Liedern teils patriotischen, teils obszönen Inhalts. Die Rösser wiehern. Die Peitsche knallt. Das Bier schäumt. Die mittlere Trunkenheit ist bald erreicht. Die alte Torheit feiert einen goldenen Tag.

Doch wäre es fehl am Platze, gering zu denken über die Macht einer Torheit, welche sich zehntausend Jahre lang gegen die Macht der Klugheit behauptet hat.

Weisheit am Angelhaken

Hin und wieder in der großen Stadt sieht man an der Mauer eines Kais einen Mann stehen, der angelt. Kaum je hat ein Passant erlebt, daß so ein einsamer Mann einmal einen Fisch aus dem Wasser gezogen hätte. Aber das beweist nur, daß der Passant nicht genügend Geduld im Zusehen hatte.

Wenn man die braune Brühe betrachtet, die unter der Bezeichnung Spree durch Berlin schleicht, kommt man nicht leicht auf die Idee, daß darin lebende Fische herumschwimmen könnten. Aber der Angler ist nicht nur ein Heros der Geduld, sondern auch ein Prophet des Glaubens. Kein Wasser ist ihm trübe genug, als daß er nicht darin zu fischen versuchte.

Der einsamen Männer an den Kaimauern der großen Städte sind wenige. Aber Angler gibt es in Deutschland achtzigtausend, eine Bruderschaft der Einsamen, selber so stumm wie die Fische, aber für die Ökonomie der Nation von höchster Bedeutung. Wenn wir achtzigtausend Angler in Deutschland haben, ist nichts so sicher als die Tatsache, daß es achtzigtausend Philosophen in diesem Lande gibt. Die Männer haben sich hier ein imaginäres Reich gebaut, das bis dato der öffentlichen Aufmerksamkeit vollständig entgangen ist.

Das Angeln als einen Sport zu bezeichnen, hieße ebensosehr dem Sport wie dem Angeln unrecht tun. Sport dient der Ertüchtigung von Körper und Charakter. Er wird ohne Lohn betrieben, wenn nicht um den Lohn des Ruhmes. Angeln hingegen dient der Ertüchtigung der Seele. Seine Resultate kann man mit Salz und Lauch zum Abendbrot genießen. Angeln ist die einzige Art von Philosophie, von der man satt werden kann. Es ist auch die einzige Art von Arbeit ohne Tätigkeit. Wie man sieht, ist eine dergestalt beschaffene Mischung von Philosophie und Arbeit geeignet, das Ideal von achtzigtausend erwachsenen Männern zu sein.

Rundum schwirren die Angelhaken, und Streit entsteht immer erst dann, wenn Angelschnüre sich verfitzen. Achtzigtausend Angler sitzen rings im Land, achtzigtausend Symbole des Lebens, jeder für sich allein. Sie spielen das Leben, das sie nicht haben. Nur am Bach ist man allein. Am fließenden Wasser des Lebens ist ein fürchterliches Gedränge. Weit öfter als den Nobelpreis erwischt man einen alten Lederstiefel. Stundenlang ins Wasser sehen, Kieselsteine am Grunde zählen und abends eine frische Forelle essen, das ist das Leben, das man sich wünschen könnte. Achtzigtausend sind klug genug, wenigstens zuweilen sich dieses Leben zu gönnen. Seit fünfundzwanzig Jahren Angler!

Welch eine Empfehlung!

In der Tat, Angeln fördert Geduld und Hoffnung, zwei Eigenschaften, von denen die eine die nützlichste, die andere die unentbehrlichste ist, das Leben zu ertragen. Sitzen wir nicht alle am fließenden Wasser des Lebens und werfen die Angel aus mit dem Gedanken an unser Glück?

Es angelt der Zigarrenhändler nach dem Raucher, der Poet nach dem Einfall, der Friseur nach dem Kunden, der Arzt nach dem Patienten. Es angelt der Prophet nach dem Gläubigen, der Forscher nach dem Ruhm, der Politiker nach dem Erfolg. Wir alle angeln nach Geld. Und die Frauen angeln nach uns. Ohne Zweifel haben sie die längste Geduld und die meiste Hoffnung und darum auch den größten Erfolg.

An der Theke

Die Griechen hatten die ἀγορά. Wir haben die δήκη. Es hat durchaus seine Berechtigung, die Theke in griechischen Buchstaben zu schreiben. Erstens einmal könnte Theke gut und gern eine attische Göttin sein, eine der Jagdgefährtinnen der Artemis, die bei Gelegenheit einen Flirt mit Silen startet und mit den blumengeschmückten Thyrsosstäben einhertanzt. Zweitens ist die Theke, wie die Akademie, eine Einrichtung von klassischer Würde, die zum Austausch geistiger Güter dient. Jedenfalls ist hierzulande die Tradition der Theke lebendiger als die Tradition der Akademie.

An der Theke treffen sich Männer, Männer mit bunten Halstüchern oder mit schneeweißer Edelbinde, Männer mit Coltrevolvern im Gürtel oder mit Orden im Knopfloch, Männer mit Hosen, an denen die Bügelfalten oder die Kalkspritzer blitzen, Männer mit Siegelringen oder mit Öl an den Fingern.

Frauen treffen sich an der Theke nicht. Sie werden mitgebracht.

Damit wird eine Rangordnung angedeutet. Einige meinen, daß das noch eine letzte Erinnerung an jenes Konzil sei, wo die Frage, ob die Frauen eine Seele hätten, zugunsten der Frauen entschieden wurde. Diese Fragestellung ist uns im Lauf der Jahrhunderte zuweilen – übrigens selten genug! – verübelt worden. Sicher mit Unrecht! Wenn die Frauen eine Seele haben, so verdanken sie deren Anerkennung einer männlichen Majorität. Wieviel einfacher wäre es für uns gewesen . . . aber lassen wir das!

Man muß denen recht geben, die das Mitbringen von Frauen an die Theke für die Durchbrechung eines Prinzips halten. Da man Gesetze nicht brechen darf, andererseits aber durchaus etwas haben muß, was gebrochen werden kann, wurde das Prinzip eingeführt. Prinzipien sind diejenigen Gesetze, welche gebrochen werden dürfen.

Die Theke also ist ein männliches Prinzip. Darum wirken Frauen an der Theke so kühn. Darum auch fühlen sie sich, gemäß der im Grunde ihres Wesens schlummernden Neigung zur Anarchie, daselbst so wohl. Der einzige wirkliche Prinzipienreiter von Format ist die Frau. Ich möchte – ha! – das Prinzip sehen, das nicht bei Gelegenheit von einem hübschen Mädchen über alle Zäune hinweg mit Gelächter in den Bach geritten wird.

Das Brauchtum der Theke ist in den verschiedenen Kontinenten nicht sehr verschieden. Mag ein Indianer in Chemnitz noch so hilflos umherirren, wenn er eine Theke erblickt, wird er so gut wie ein Sachse in Indianapolis wissen, wie er sich zu benehmen hat.

Die Theke ist die Stätte zweier alter Freiheiten, der Freiheit zu reden und der Freiheit zu schweigen. Dazwischen, sozusagen zwischen zwei Gläsern, gibt es noch eine dritte Freiheit, die Freiheit zu knobeln.

Die Freiheit zu schweigen macht die Theke zu einem sicheren Hort jener echten Melancholie, welche der Grundzug des männlichen Wesens ist und aus welcher in souveräner Gleichgültigkeit die Entschlüsse zu allen großen Taten entspringen. Man beobachte die nicht etwa von oberflächlichem Takt, sondern von wahrer Ehrfurcht getragene Haltung eines Mixers gegenüber einem Gast, der schweigend an seiner Theke lehnt. Der Mixer schlägt Eier auf, rückt Gläser zurecht, wischt mit eilfertiger Geschäftigkeit den Tisch ab. Er würde sich eher den Finger abschneiden, als daß er das sakrosankte

Schweigen der Theke bräche. Nach vier und einer halben Minute, die, geschwiegen, eine wahre Ewigkeit sind, sagt er einmal, mit unnachahmlicher Nonchalance seine Stimme in die Gegend des Ofens zerflattern lassend: »Kalt heute draußen?«

Der Gast kann das nehmen wie ein Raketenseil, das einem schiffbrüchigen Unbekannten vom Land aus zugeschossen wird. Er kann es erfassen und seinen Untergang noch um einiges verschieben. Er kann es aber auch in den ewigen Ozean zurückfallen lassen. Dann darf er bis ans Ende seiner Tage weiterschweigen.

Die Freiheit zu reden macht die Theke zur Agora unseres Zeitalters. An der Theke darf man einen Mann nach einer Narbe fragen, die ihm quer übers Auge zieht. Dafür muß man jeder Geschichte, die er über diese Narbe erzählt, unbedingt Glauben schenken. An der Theke darf man die wildesten Behauptungen aufstellen. Man findet Hörer. Freilich muß man sich auch sagen lassen, daß man ein blutiger Ignorant, ein Greenhorn, ein Esel sei. In derlei Feststellungen liegt niemals die mindeste beleidigende Absicht. Nur wenn man schon einen in der Krone hat, dann darf man sogar übelnehmen, aber dann muß man sich an Ort und Stelle schlagen. Der Wirt sagt dann: »Kinder, seid vernünftig!« Das freilich heißt, den Steinen in der Oase predigen. Kinder sind nun einmal unvernünftig.

An der Theke kann man sich mit einem unbekannten Anhänger der Welteislehre oder des Briefmarkensammelns bis um vier Uhr in der Früh in bodenlose Gespräche verstricken. Während die Frauen die Prinzipien über die Zäune reiten, reiten die Männer ihre Steckenpferde auf dem Bartisch spazieren. Wenn sie sich durchaus nicht einig werden können, dann fragen sie den Sokrates des Schüttelbechers. So wie er für jede seelische Lage ein eigenes Rezept zu mischen weiß, so weiß er für jede Dummheit eine beschwichtigende Zustimmung.

Fruchten seine Bemühungen nicht, so stellt er zwischen die entflammten Geister den Knobelbecher. Wenn es viele Probleme gibt, die die Menschheit niemals lösen wird, das Problem, wer den nächsten Drink zu bezahlen habe, muß sofort gelöst werden. Wie Männer sind, lassen sie am liebsten das Glück entscheiden.

Es gibt Stehtheken und Sitztheken. Die Stehtheke ist ein Blechtisch, auf dem ein wenig Bier schwimmt. Rechts steht wie ein barockes Monument aus dem Park von Fontainebleau ein Aufbau von Zigarren, die gute »Montezuma« zu sechs und die »General Wrangel« zu acht. Wie viele Dichter haben wohl schon den Ehrgeiz gehabt, statt als Monument unter Bäumen als Zigarrenname an der Theke zu prangen? »Eine Däubler zu zehn!« oder »Eine George-Brasil!« Das wäre Nachruhm!

Links baut sich der Traum des Lamme Goedzack auf, ein Schinken, zehn Soleier, ein Hügel von kalten Bouletten und Eisbein in Sülze. In der Mitte steht der Wirt, breit und hemdsärmelig, und verteilt die guten Gaben. Noch in der Wüste würde man von ihm träumen, diesem Freund der Menschen, der sich für andere seine Leber ruiniert.

Die Sitztheke ist zivilisatorisch verfeinert. Sie wird gemeinhin Bar genannt. Die Bräuche sind dieselben. Die Stühle sind hoch und schwankend. Sie vermitteln einem schon durch die Art des Sitzens ein Gefühl für die Unsicherheit und Fragwürdigkeit des Daseins. Die Zahl der Drinks ist unendlich. An diesem ebenso wie an irgendeinem anderen Gegenstand kann man die Einsicht in die Unvollständigkeit menschlichen Wissens gewinnen.

Die Theke ist der Ort, wo der Tropfen Wermut in den Becher fallen darf, ohne daß man sich veranlaßt sieht, alsbald den ganzen Becher ins Meer zu werfen.

Die Theke ist der Rangierbahnhof der menschlichen Seele, ein Bebra des Gemüts auf der Fahrt von des Tages Mühe in den Frieden der Nacht. Schätzen wir uns glücklich, die Theke zu haben. Die Bahnhöfe des Lebens sind selten unseren Bedürfnissen in einer so komfortablen Weise angepaßt wie diese Oase zwischen Licht und Traum, aus deren Brunnen Korn und Pilsner sprudeln.

Über die Albernheit

Der Kilometerzähler zeigte 29 999 Kilometer. Noch einen Kilometer, und alle fünf Ziffern mußten auf einmal springen. Während ich gleichgültig vor mich hinsah, blickte Erich genauso gleichgültig auf die Landstraße, auf der er den Moritz II mit neunzig Sachen in der

Stunde auf Spur hielt. In diesem Augenblick hätte die Gralsburg am Horizont auftauchen können, wir hätten ihrer nicht geachtet. Natürlich trauten wir einander nicht. Und richtig, als die fünf Ziffern sich gleichzeitig in Bewegung setzten, fingen wir, um auf diese erlesene kosmische Pointe einander aufmerksam zu machen, beide gleichzeitig wie die Indianer zu brüllen an: »Dreißigtausend! Dreißigtausend!« Erich trat in die Bremse. Wir lachten, als ob dreißigtausend Kilometer die grandioseste Sache von der Welt wäre. Wir waren albern!

Aber die Götter waren auf unserer Seite. Als wir uns umsahen, hielt Moritz II genau vor einer Gralsburg. Wir wollen es dahingestellt sein lassen, ob sie für uns dahin gestellt war. Jedenfalls war es die altberühmte Kneipe »Zur guten Hoffnung«. Wortlos griffen wir beide unter den Sitz und holten eine ungeheuer verbeulte und verrostete Feldflasche hervor. Wir eilten in die Kneipe, füllten einen Jägerkorn in die Flasche und gossen diesen Korn über den Kühler von Moritz II unter Absingung des feierlichen Shanty:

»O take me to the merry land . . .« Und dann lachten wir, als ob wir die witzigsten Burschen von der Welt wären.

Leider, wie schon gesagt, waren wir nicht witzig, wir waren albern. –

Die Albernheit ist weit verbreitet in der Welt. Gleichwohl findet man sie weder in den Schriften der Alten noch bei den Scholastikern eingehender behandelt. Auch wird sie weder in der bildenden Kunst irgendwo dargestellt noch in der Poesie irgendwo gepriesen. Ja, man weiß nicht einmal, ob sie eine Tugend oder ein Laster ist. Sie ist eine apokryphe Eigenschaft des Menschen. Es wird Zeit, daß man sie in Betracht zieht.

Die Albernheit hat nichts mit der Narrheit zu tun. Die Narrheit ist für andere, eine Schutzhülle gegen die Umwelt. Die Albernheit ist für einen selber, eine Erholung von der Umwelt. Die Albernheit hat auch nichts mit der Torheit zu tun. Die sieben törichten Jungfrauen waren durchaus keine sieben albernen Jungfrauen. Sieben alberne Jungfrauen, das sind sieben Backfische. Backfische lachen nicht, Backfische kichern. Wenn der Ernst des Lebens in ihr Leben getreten ist, hören sie sowohl auf zu kichern, wie sie aufhören, Backfische zu sein. Und wenn sie auch noch aufgehört haben, Jungfrauen zu sein, dann sind sie derjenige Teil der Menschheit geworden, der zu sagen pflegt:

»Erich, sei nicht so albern!«

Während beim weiblichen Geschlecht die Albernheit nur in gewissen frustranen Frühformen auftritt, entwickelt sie sich beim Mann mit fortschreitender innerer Reife zu immer barockeren Formen.

Albernheit ist die Fähigkeit, über die allerdümmste Sache das allergroßartigste Gelächter anstimmen zu können. Gewiß gehört Sinn für Humor dazu, über eine komische Sache zu lachen. Zum Albernsein gehört mehr. Zum Albernsein bedarf es keines Grundes. Erst wenn man die Souveränität und Freiheit besitzt, da zu lachen, wo überhaupt kein Grund vorliegt, dann erst ist man albern. Die Albernheit ist ein Protest gegen die festgefügte und stumpfsinnige Ordnung der Welt, ein Aufstand der menschlichen Seele gegen das Gefängnis, das sie sich selber gebaut hat.

Ohne Zweifel haftet der Albernheit etwas Anarchisches an. Wenn Männer, die im Leben ihren Mann stellen, plötzlich aus heiterem Himmel ihren Mann nicht mehr stellen, sondern zu lachen anfangen, so bedrohen sie das Gleichgewicht des Daseins. Da sie keinen Grund haben, warum sie zu lachen angefangen haben, könnte es ja leicht eintreten, daß sie keinen Grund finden, zu lachen aufzuhören. Das alberne Gelächter ausgewachsener Männer ist immer der Anfang vom Untergang der Welt. Darum haben die Albernheiten der Männer für die Frauen etwas Unheimliches. So brauchen wir uns nicht zu wundern, daß es die Träger der Weltordnung sind, die gewesenen Jungfrauen, die uns zurückpfeifen aus dem schönen Land der Freiheit. »Erich, sei nicht so albern!« ist das Gralsmotiv der Alltäglichkeit, das Zeichen, daß das Jüngste Gericht noch zu verschieben und zunächst der Gasmann zu bezahlen sei.

Die Albernheit wird um so erhabener sein, je höher der Sockel ist, von dem der Mensch herabspringt. Man muß Geist haben, um ihn aufgeben zu können. Voltaires Albernheiten sind großartiger als die seines Dieners. Die Albernheiten der Götter sind erhabener als die der Satyrn.

Die Weisheit der Griechen fügte an die Tragödie das Satyrspiel. Die Komödien des Plautus stecken ebenso voller Albernheiten wie der Sommernachtstraum. Goethe wäre nicht ein so großer Mann geworden, wenn er nicht fähig gewesen wäre, sich von sich selbst zu erholen bei einigen Albernheiten, die freilich für einen gewöhnlichen Menschen ausgereicht hätten, den Ernst seines Lebens davon zu bestreiten.

So neigen wir, je näher wir der Sache kommen, immer mehr dazu, die Albernheit für eine Tugend zu halten. Jedenfalls, wenn sie ein Laster wäre, so wäre sie ein geselliges Laster.

Zwar, der wahrhaft große Geist ist albern auch allein, besonders in der Badewanne. Aber am besten ist man albern zu zweit. Hier entdecken wir, daß die Albernheit, um betrieben zu werden, die beste Sache voraussetzt, die es in der Welt gibt – sie bedarf der Freundschaft.

Einem Kameraden hilft man. Einem Kollegen mißtraut man. Mit einem Freunde ist man albern. Das angeborene Mißtrauen der Frauen gegen den Freund des Geliebten beruht darauf, daß die Frauen fürchten, der Freund werde den Geliebten zur Tugend der Albernheit verführen. Und das fürwahr fürchten sie mit Recht. Mit dem Freunde erhebt sich der Geliebte in jene hohe Sphäre, in der zwischen Sternen nur noch Gelächter erschallt. Nichts mehr gilt da die Realität. Alles sieht flach aus von da oben. Wenn die Liebe nicht ein Gebirge ist, dann sieht man sie nicht mehr.

Die Albernheit ist eine männliche Tugend, die Geist voraussetzt, um ihn aufgeben zu können, und Ordnung, um sie umstürzen zu können. Sie ist der Prüfstein der Freundschaft sowohl als der Liebe. Nichts sollten die Frauen so ernst nehmen wie unsere Albernheiten. Über nichts sollten sie trauriger sein, als wenn wir nicht albern genug sind. Der menschliche Geist bedarf der Möglichkeit der Freiheit. Wenn wir nicht zwischen den Sternen Gelächter ertönen lassen können, können wir dem Gasmann gegenüber nicht ernst bleiben. Wenn wir nicht die Rechnungen des Lebens begleichen, sitzen die Frauen, die des Lichtes so sehr bedürfen, im Dunkeln. Endlos wohl, endlos bis zum Jüngsten Tage, wäre das Gelächter, das wir anstimmten, wenn aus diesem Dunkel eine Stimme ertönte:

»Erich, sei nicht so albern!«

Spielregeln der Männer

Wie viele wohl von jenen Hunderttausenden, die den Marathonläufern der letzten Olympiade zujubelten, haben dabei des unbekannten Soldaten gedacht, der am 12. September des Jahres 490 vor Christi Geburt vom Schlachtfeld sich aufmachte, die Nachricht vom Sieg über die Perser nach Athen zu bringen? Der Name des Läufers von Marathon ist uns nicht überliefert. Vielleicht weil damals jedermann in Athen seinen Namen kannte, hat keiner der zeitgenössischen Geschichtsschreiber ihn aufgezeichnet. Auch die späteren, sogar Cornelius Nepos, lassen uns im Stich.

Wir sehen ihn, diesen Jüngling, wie er, von Staub und Schweiß bedeckt, durch das attische Land eilt, unter der schon sinkenden Sonne des Tages von Marathon, deren Glanz über der dreitausendjährigen Geschichte des Abendlandes leuchtet. Die Landschaft ist ausgestorben. Noch lastet über ihr die furchtbare Drohung eines übermächtigen Schicksals. Noch wissen die zitternden Bauern nicht, daß die tapferen Herzen der wenigen stärker waren als der Übermut der unermeßlichen Heerhaufen der Feinde. Nur dieser Jüngling, dieser eine einzige, dessen Weg wie eine Brücke ist, die ihren Bogen aus dem Dunkel der Vorzeit in das Licht der Geschichte schlägt, trägt die Nachricht von dem Sieg in seinem Herzen. Die Erschöpfung droht ihn zu übermannen. Aber an der Biegung des Weges taucht die Akropolis auf, das Ziel, dem er den unerhörten Sieg entgegenträgt.

Auf der Agora ist Athen versammelt, die Gruppen der Alten, die Scharen der Weiber und Kinder, eine durch Erwartung fast zur Verzweiflung gebrachte Menge, die stumm zu den Göttern fleht. Wie ein Löwe in die Herde bricht der Jüngling in diese Menge ein. Das ungeheure Wort »Sieg!« springt über den Platz. Der Jubel brandet zur Burg hinauf, zu den blauen Bergen, zum ewigen Himmel Attikas. Aber der Jüngling ist tot zusammengebrochen. Das ungeheure Wort hat ihm das Herz gesprengt.

Der Jüngling war das Symbol der Olympiade in der Antike. Feldherren, Staatsmänner, Gelehrte und Priester sind Männer. Die olympische Glocke ruft die Jugend der Welt. Ein olympischer Mann wäre um nicht viel weniger lächerlich als ein olympischer Greis.

Wenn wir Männer bewundern, wollen wir sie ihrer Taten wegen bewundern. Wenn wir Greise bewundern, wollen wir sie ihrer Weisheit wegen bewundern. Die Jugend bewundern wir ihrer Kraft und ihrer Schönheit wegen. Der Bereich, in dem Kraft und Schönheit ihre wahre Geltung erhalten, ist das Spiel. Die Götter mögen wissen, wer, als einen Stachel der Menschheit, den Ernst des Lebens erfunden hat. Sie sollten diesen Unseligen weder diesseits noch jenseits des Acheron zur Ruhe kommen lassen. Wenige Dinge haben in den Herzen der Männer so viel Verwirrung angerichtet wie der Ernst des Lebens.

Die Männer, deren eigentliche Sitten und Gebräuche im Grunde unbekannter sind als die der Papuas in der Südsee, haben von Natur aus die Neigung, nichts im Leben wirklich völlig ernst zu nehmen außer dem Spiel. Einem Mann wird es kaum je schwerfallen, einem anderen zu verzeihen, daß er es im Leben weiter gebracht hat als er selbst. Ein Maurermeister wird keinen Neid empfinden, wenn er das Haus seines Architekten am Ufer des Sees erblickt. Aber es würde dem Maurermeister schwerfallen, dem Architekten zu verzeihen, daß er besser Kegel schiebt.

Ein Bootsmann in seiner Koje im Vorschiff unter der Back kommt kaum jemals auf die Idee, sich in den Salon des Kapitäns zu wünschen. Aber wenn die beiden einmal zusammen an Land gehen, und sie geraten in Sankt Pauli an einen Schießstand, und der Kapitän schießt besser als der Bootsmann, dann kann es sein, daß Master Bootsmann einen stillen Ärger verspürt. Die Männer selbst wissen wenig von der tiefen Weisheit der Überlieferungen, nach denen sie sich richten. Es gelten zwischen Männern eine Anzahl von ungeschriebenen Gesetzen und Übereinkünften, deren Übertretung die allgemeine Verachtung zur Folge hat. Dabei ist es ganz gleichgültig, ob es sich um Seeleute oder Studenten, um Bauernburschen oder Generalstabsoffiziere, um Zeitungshändler oder Farmer handelt. Diese Gesetze gelten sowohl in Alaska wie in der Kalahari, auf dem Parkett wie im Schnee, zwischen Straßenlaternen wie zwischen den grünen Bäumen des Waldes.

Die Gesetze sind so streng, daß bei einigen auf Übertretung sogar die Todesstrafe steht. Niemand von uns hat etwas anderes als Befriedigung empfunden, wenn in den Goldgräberhütten unserer

Jugendbücher derjenige, der ehrliche Männer beim Würfeln betrog, erschossen wurde.

Alle diese ungeschriebenen Gesetze und Übereinkünfte kann man unter dem Begriff Spielregeln zusammenfassen. Die Weisheit einer uralten und lange vergangenen Zeit hat für das Spiel als das einzige, was Männer wirklich ernst nehmen, Regeln überliefert. Sie sind älter als alle Gesetze der Welt. Alexander der Große durfte ebensowenig beim Würfeln mogeln wie Cäsar oder Kaiser Barbarossa. Die geheimnisvollste Eigenschaft der Spielregeln ist die, daß sie auch im Leben gelten. Das hört erst da auf, wo der Ernst des Lebens beginnt. Solange das Leben ein Spiel ist, wird es immer die Aufgabe des Siegers sein, Großmut zu zeigen, und die Aufgabe des Besiegten, tapfer und beherrscht zu sein. Es gehört zu den Spielregeln des Lebens, daß der Stärkere den Schwächeren schützt und daß der Schwächere den Stärkeren nicht beneidet. Es gehört zu den Spielregeln des Lebens, daß man die Würfel nicht untersuchen darf, weil man kein Mißtrauen haben soll, und daß man keine falschen Würfel haben darf, weil man Vertrauen nicht mißbrauchen soll. Die höchste und edelste der Spielregeln des Lebens ist die, welche der Läufer von Marathon so tapfer einhielt, daß man des Lebens, und sei es noch so schön, nicht achten darf, wenn es um eine große Sache geht.

So ruft die olympische Glocke die Jugend der Welt. Sie soll das Spielen lernen, das einzige, was sie zu lehren einen Sinn hat.

Die Sieger werden den Lorbeer des Ruhmes tragen. Glücklicherweise ist es ein sehr vergänglicher Ruhm. Aus den Jünglingen werden Männer. Dann ist ihr Ruhm vergessen. Wenn die olympische Glocke, die sie zum Spiele rief, in ihren Herzen ein Echo gefunden hat, werden sie dem Lorbeer der Jugend nicht nachtrauern. Die heute die Sieger des Spieles sind, können morgen schon die Besiegten des Lebens sein. Wenn sie Männer sind, wissen sie, auch wenn die Klänge der olympischen Glocke längst verhallt sind, daß ewig, wie das ewige Spiel des Lebens zwischen Jugend und Tod, die Weisheit der alten Überlieferung der Männer gilt. Das Leben ist heiter zu nehmen und ernst nur das Spiel.

Anhänglichkeit an alten Hut

Sie haben, gnädige Frau, jetzt, wo es in den Sommer geht, zweifellos mehr Anspruch darauf, etwas von neuen Hüten zu hören. Alter Hut, offenbar, ist nicht Hut einer Dame.

»Dame mit altem Hut«, das könnte höchstens das Sujet eines Malers sein. Man sieht auf diesem Bild eine leuchtende Frühlingslandschaft, im Vordergrund einen Hund mit weißem Fell. Die Dame, die zu diesem Hund gehört, steht unter einer blühenden Kastanie und betrachtet ein merkwürdiges braungrünes Gebilde, das mitten auf der Wiese liegt. Ein Spatz hat sich darauf gesetzt, heiter und unbekümmert. Das braungrüne Gebilde ist ein alter Hut. Um einen solchen Hut handelt es sich hier.

In diesem Falle ist es sogar mein eigener. Noch liegt er nicht herrenlos auf der Wiese. Aber wer kann wissen, wie nahe schon er seinem heiteren Ende inmitten blühenden Frühlings ist. Es ist ein wunderbarer alter Hut. Er stammt aus der vornehmen Familie Pleß. Es sind nicht die Fürsten Pleß. Aber die Hutmacher Pleß sind in Wien auch eine Aristokratie. Was Sacher für den Magen, das ist Pleß für die Glatze.

Als er jung war, dieser Hut – wieviel Jahre ist das schon her! –, war er ein wahres Prachtstück. Zunächst einmal war er hellgrau, von jenem empfindlichen und aristokratischen Hellgrau, wie man es eigentlich nur an staubfreien, sonnigen Vorfrühlingstagen tragen sollte, wie sie manchmal über unwürdige Faschingshäupter ebenso prachtvoll wie unverdient hereinbrechen. Das Band war sogar noch um eine Nuance heller. Es grenzte nachgerade an Silbergrau.

Der Besitzer eines solchen Hutes, mag er im übrigen was auch immer auf sich herumtragen, qualifiziert sich als ein Gentleman von prätentiöser Lebenshaltung. Ein so hellgrauer Hut kann sein Cachet nur wenige Vorfrühlingstage halten. Ein einziger sanfter Märzschauer dunkelt ihn zu einem Hellgrau ab, das höchstens noch als gehobenes Mittelstandshellgrau gelten kann. Dann muß eigentlich ein neuer Hut her. Der neue kam natürlich nicht von selbst, ich hätte ihn holen müssen. Da fand ich zum ersten Male meinen alten Hut, wenn auch sein Alter nicht über einen halben März hinausging, schön.

Hier zeigte sich, dem Hute gegenüber, zum ersten Male diese merkwürdig irrationale, männliche Eigenschaft, die man nicht anders bezeichnen kann als eben mit Anhänglichkeit an alten Hut.

Das ist's auch, worüber die Lady auf unserem Frühlingsbild nachdenkt. Was muß das für ein Mann gewesen sein, der einen Hut so lange trug, bis er graugrün wurde und von der Natur nicht mehr zu unterscheiden war. Zuletzt war es natürlich ein Vagabund. Vagabunden sind die Aristokraten der Armut. Kein Hut scheint dieser Dame selbst für diese Aristokratie noch besser als so einer.

Vielleicht, gnädige Frau, können wir die Sache auf eine einfache Formel bringen. Treu nämlich sind die Männer nicht. Nein, das kann man beim besten Willen nicht behaupten. In ihren besseren Exemplaren sind sie anhänglich, anhänglich wie gute, große Hunde. Das ist in seiner Simplizität zweifellos ebenso sympathisch, wie es auch ein wenig lächerlich ist. Mißachten Sie das nicht!

Wenn der verehrte Herr Gemahl mit unerbittlicher Hartnäckigkeit an einem scheußlichen Aschenbecher festhält, den er aus stürmischeren Jahren in den, hoffen wir, Frieden seiner Ehe mitnahm, so bekämpfen Sie das nicht zu heftig. Sie bekämpfen eine seiner besten Eigenschaften.

Wo kämen die Frauen hin, wenn wir nicht so sympathisch anhänglich, so lächerlich anhänglich wären. Ganze Plantagen von Apfelbäumen haben wir mit ihnen abgeerntet seit jenem ersten faulen Apfel, der uns aus dem Paradies unserer Faulheit vertrieben hat. Von Apfel zu Apfel schaukelt die Geschichte der Menschheit unbekannten Zielen entgegen. Ja, weiß der Himmel, Äpfelchen, wohin du rollst.

Anhänglichkeit an alten Hut, Anhänglichkeit an Äpfelchen, das ist's, warum die ganze Sache weiterläuft. Sonst gäbe es auf der ganzen Erde nur noch Klosterruinen. Die Frauen, diese so bemerkenswerten Geschöpfe, wären aufgeschmissen. Was nützte ihnen der Apfel, wenn keiner ihn fräße?

Nicht wahr, jetzt begreifen Sie die Wichtigkeit von altem Hut? Ich darf annehmen, daß Sie künfig alte Hüte mit Wohlwollen, ja geradezu mit Zuneigung betrachten werden.

Das gehobene Mittelstandshellgrau war natürlich nur der Anfang des Abstiegs meines guten, alten Hutes. Später wurde er grün, dann braun, dann schwarz. In den letzten Jahren ist er wieder aufgeklart. Nun hat er schon lange diese braungrüne Wiesenreife, die seine postume Existenz einleitet.

Manche sehen verächtlich auf ihn herab. Er hat mehr erlebt als jene, die auf ihn herabsehen. Auch Schicksalsschläge blieben ihm nicht erspart. In Löbtau ist er von der Elektrischen überfahren worden. Bei Shanghai fiel er ins Gelbe Meer. Ich mußte ihn selbst herausholen. Chinesen können nicht schwimmen.

Auf dem Funkturm fiel er zu Huhn im Topf in den Topf. In Stockholm hat ihn mal ein Gaul angefrühstückt.

Annemarie hat ihn mal mit Sidol gereinigt. Kathrinchen hat das neue Leder eingenäht. Evelyne und Lucienne je ein neues Band. Mit Mary habe ich mich allein viermal das Hutes wegen verkracht, ganz abgesehen von der Sache damals mit dem Billett in Bellinzona. Das war in dem Jahr, als der Hut irisierte. Da war der Wein im Badischen so gut geraten, daß ich des Sprüchleins gedachte, welches die Bauern in solchen Jahren singen:

»Der Wein ist gut.
Ich kauf' mir keinen neuen Hut.
Ich setz' den alten auf –
und sauf'!«

Wir sind zwei alte Seefahrer des Daseins. So bald wird uns nichts trennen. Ich kann ihn schwenken, aufstülpen oder in die Tasche stecken. Er läßt sich alles von mir gefallen. Er hat ein Gesicht. Er ist ein Schlapphut, wenn ich traurig bin. Er thront keck, wenn ich Honorar bekommen habe. –

Und wenn ich wieder einmal Honorar bekomme, dann werde ich mir auch endlich einen anständigen Hut kaufen.

»?«

Wie bitte? Ein Widerspruch? Aber nein, gnädige Frau! Die Äpfelchen rollen doch nur in die neuen Hüte, in die Hüte von jenem empfindlichen und aristokratischen Hellgrau, wie man es eigentlich nur an staubfreien, sonnigen Vorfrühlingstagen . . .

Alter Hut auf grüner Wiese, dann sieht die Lady nur den Hut. Neuer Hut auf grüner Wiese, dann sieht sie den Hut nicht mehr, sondern nur noch den Aristokraten der Armut, der ihn trägt.

Vielleicht lasse ich auch nur den alten Hut zu Hause. Von dem Ersparten könnten wir dann Kaffee trinken.

Sogar im Schranke noch muß alter Hut dem Guten zum Besten dienen.

Onkel Otto an den Neffen Karl

Mein lieber Junge!

Ich erinnere mich noch mit Rührung daran, wie vernünftig Du Dich benommen hast, als ich Dich das erstemal in den Armen hielt. Während ich befürchtet hatte, daß Du mich in eine höchst lächerliche Lage bringen würdest, warst Du sorgfältig darauf bedacht, meine Würde nicht zu gefährden. Auch der Herr Pastor, der Dich taufte, sprach sich anerkennend über die stille Aufmerksamkeit aus, mit der Du der feierlichen Zeremonie folgtest, durch welche Du in die Christenheit aufgenommen wurdest.

Deine Jugend verlief unruhig. Die Christenheit, in die Du aufgenommen wurdest, zeigte sich nicht von ihrer besten Seite. Noch bevor Du auf die Welt gekommen warst, war das ausgebrochen, wovon Du später erfuhrst, daß es der Zweite Weltkrieg war. Als Du drei Jahre alt warst, brach etwas aus, was man Frieden nannte. Jetzt bist Du neunzehn Jahre alt und willst die Universität beziehen.

Früher hatte man dafür die schöne Redensart »Karl tritt ins Leben hinaus«. Schon das zu sagen, wäre heute ein völliger Unsinn. Zu einer Zeit, als Du den Anspruch auf eine umhegte Kindheit hattest, brach das Leben in Deinen Garten ein und verwüstete ihn. Dein Vater fiel auf der Krim. Deine Mutter mußte das alte Städtchen verlassen. Wie sie das fertiggebracht hat, Dich zu einem gesunden jungen Burschen heranzuziehen, ist eine Leistung, die immer tiefen Respektes wert sein wird.

Wenn ich versuche, mir vorzustellen, wie die Welt sich Deinem klaren und hellen Verstand darstellen muß, komme ich zu dem Ergebnis, daß sie auf Dich eigentlich keinen anderen als einen vollständig blödsinnigen Eindruck machen kann. Doch kann ich Dir hier immerhin einen Wink geben. Wenn Du Dich einmal fragen solltest, wer eigentlich an diesem verwirrten Zustand unserer Zeit schuld ist, empfehle ich Dir, von der Annahme auszugehen, daß der Schuldige Dein alter Onkel Otto ist.

Es gibt keinen vernünftigen Mann meiner Generation, der nicht zugibt, das meiste falsch gemacht zu haben. Wir alle haben zu spät begriffen, daß unsere Aufgabe der Bau einer neuen Gesellschaft war. So spiegelten wir uns in einer Literatur, die auf die feinste Weise den verlorenen Idealen des 19. Jahrhunderts nachträumte – *à la recherche du temps perdu*. Sicherlich kann man uns zubilligen, daß wir die alten Überlieferungen des Humanismus zu bewahren versucht und einiges davon auch wirklich bewahrt haben. Aber die Überlebenden einer Jugend, die in den Materialschlachten des Ersten Weltkrieges verblutet war, haben es nicht weiter gebracht als dazu, die Kommandeure einer Jugend zu werden, die auf den Schlachtfeldern des Zweiten Weltkrieges fiel.

Ich will Dich nicht damit langweilen, Dir auseinanderzusetzen, warum die Entwicklung so verlaufen ist. Ich habe nicht die Absicht, mich zu verteidigen. Ich will versuchen, Dir zu erklären, daß Deine Lage, die nur Nachteile zu haben scheint, einige Vorteile hat.

Der erste Vorteil ist, daß Ihr eine Menge mehr wißt, als wir gewußt haben. Der kriegerische Held als solcher ist kein Ideal mehr. Er ist nur noch, unter gewissen unausweichlichen Bedingungen, eine bittere Notwendigkeit.

Der zweite Vorteil ist, daß Ihr bedroht seid. Natürlich waren auch wir bedroht. Aber wir wußten es nicht. Irgendwo gab es noch die Illusion, daß die Welt zu den zivilisierten Zuständen des 19. Jahrhunderts zurückkehren werde. Ihr wißt von Anfang an, daß alles auf dem Spiel steht. Das ist die Eiszeitsituation des Menschen.

Der dritte Vorteil ist, daß das Denkschema des Nationalismus zerbrochen ist. Der Egoismus einer Nation ist kein »sacro egoismo« mehr, sondern eine gewöhnliche Dummheit, die um so schrecklicher ist, als sie nicht nur die Schuldigen, sondern auch die Unschuldigen ins Verderben stürzt. So werdet Ihr leichter, als wir es waren, imstande sein, der geeinten Christenheit, der ältesten und nobelsten Überlieferung des Abendlandes, zur Wiedergeburt in der politischen Realität zu verhelfen.

Der vierte Vorteil für Euch ist, daß bei dem Versuch, das Ideal des

Sozialismus zu verwirklichen, so entsetzliche Torheiten begangen worden sind, daß doch wenigstens die Chance besteht, künftig diese Torheiten zu vermeiden. Der Grundirrtum, der begangen worden ist, war der, zu glauben, daß eine neue Gesellschaft der sozialen Gerechtigkeit konstruiert werden könne.

Eine Gesellschaft ist aber keine Konstruktion. Eine Gesellschaft ist ein lebendiges Wesen. Sie muß wachsen. Jeder einzelne hat die Aufgabe, durch seinen persönlichen Stil zum Wachstum dieses Wesens beizutragen. So kann ich Dir nur sagen: Tu, was Dir Spaß macht! Ein neuer Stil wird entstehen, wenn das Richtige Dir Spaß macht. Hier muß man es darauf ankommen lassen.

Der letzte Vorteil endlich, den Ihr uns gegenüber habt, ist in dem Augenblick, in welchem Du die Universität beziehst, der wichtigste von allen. Während die Welt von Terror, Schrecken und Kriegen widerhallt, hat sich in der Stille der Gelehrtenstuben und Laboratorien eine der aufregendsten Epochen abgespielt, die es je in der Geschichte der Wissenschaft gegeben hat.

Wissenschaft ist nicht das, wofür das 19. Jahrhundert sie gehalten hat. Sie ist mehr und sie ist weniger. Ihre Leistungsfähigkeit geht weit über das hinaus, was der kühnste Utopist sich je hat träumen lassen. Ihr Nutzen ist geringer, als der ärgste Pessimist je hätte vermuten können, solange es nicht gelingt, die Auswertung der Ergebnisse der Wissenschaft unter moralische Kontrolle zu bekommen. Dem Forscher ist die Aufgabe gestellt, sich diesen Ergebnissen gewachsen zu zeigen, die neuen Wahrheiten der Wissenschaft mit den alten Wahrheiten der Moral zu einer lebendigen und harmonischen neuen Welt zu vereinen. Diese großartige Aufgabe ist die Aufgabe Eurer Generation. Ich gestehe Dir, daß ich Dich beneide.

Wählst Du ein naturwissenschaftliches Fach, so schwänze Deine Kollegs so oft wie möglich und treibe Dich in den geisteswissenschaftlichen Kollegs herum. Wenn Du ein geisteswissenschaftliches Fach wählst, so gehe in die Anatomie, und vor allem höre Dir an, was in der Wissenschaft der Physik gespielt wird.

Wenn Du die Universität betrittst, bedenke, mein lieber Junge, daß es die »Universitas Litterarum« ist. Es ist die alte und gloriose Halle der Neugier des westlichen Menschen, in der seit vierhundert

Jahren die glänzendsten Köpfe des Abendlandes versucht haben, einiges von den Geheimnissen der Schöpfung, in welche wir hineingeboren sind, zu enthüllen.

Du hast eine Zukunft. Ein verwitterter alter Kämpe, der nicht viel erreicht hat, wünscht Dir für diese Zukunft Glück.

Herzlichst
Dein Onkel Otto

PAS DE DEUX

Cocktail im Rasthaus

Unsere Zeit ist erfüllt vom Aberglauben an das Gegenständliche. Aber selbst etwas so Gewöhnliches wie der Gegenstand Staubsauger ist nur die Folge der Idee Staubsauger. Was für eine Idee!

Ein Auto ist im Grunde nichts weiter als eine Blechkiste. Diese Blechkiste ist in ihrer Existenz abhängig von einem Faszinosum, das magischer Natur ist. Es gibt Autos überhaupt nur, weil es ein Wunschtraum des Menschen ist, schnell zu sein. Wäre der Mensch nicht ein Narr der Geschwindigkeit, hätte er es nicht nötig, der Narr einer Blechkiste zu sein.

Doch ist zuweilen ein Traum mächtiger als alle Geschwindigkeiten, die ein Narr in seiner Blechkiste erreichen kann. In der Welt des Aberglaubens an den Gegenstand bricht von Zeit zu Zeit der Traum der Liebe ein. In der Tat, die Liebe ist geschwinder als der schnellste Narr. Im Vorüberflitzen vermag sie den Funken zu zünden, der in der Seele des Narren jenen Vergaserbrand hervorruft, dem er durch keine Geschwindigkeit mehr zu entfliehen vermag. In das schöne Mädchen, das ihm am Volant entgegenkommt, hat der Narr sich vernarrt. Fast hätte es ihn das Leben gekostet. Er hatte kein Vorfahrtsrecht.

So bezaubernd auch immer er sein mag, wenn ein schönes Mädchen einem Mann entgegenkommt, so nutzlos ist das, wenn sie es mit hundert Meilen Geschwindigkeit tut. Nun, der Narr mit dem Vergaserbrand bereute das Stück Geschwindigkeit, um das er an seinem Glück vorbeigeschossen war. Er wendete, um die Meilen, welche er zu schnell gewesen war, rückwärts wieder aufzuspulen. Nehmen wir den Fall an, daß die Liebe, die alte Zauberin, auch die Seele des schönen Mädchens in Brand gesetzt hatte, dann werden die beiden alsbald im Rasthaus bei einem Cocktail einander gegenübersitzen. Der vorüberflitzende Augenblick, der Bruchteil jener Traumsekunde, in welcher in der Seele eines Narren der Wunsch aufflammte, der Seele einer Närrin auf einem Regenbogen zu begegnen, hat es zuwege gebracht, 2 × 100 PS auf scharfer Bremsspur stillzulegen. Dabei sind die 2 × 100 PS Gegenstände von edel verchromter Überflüssigkeit geworden.

Der Fehler, welchen Romeo und Julia, die beiden seelischen Vergaserbrände im Rasthaus, nunmehr machen, dieser Fehler, zufolge dessen sich die 2 × 100 PS schließlich wieder mit Höchstgeschwindigkeit voneinander entfernen, ist, daß sie Traum und Wirklichkeit miteinander verwechseln.

Der Traum ist vollkommen nur im ersten Augenblick. Was da einander gegenübersitzt, sind durchaus nicht zwei Menschen von der gleichen gegenständlichen Wirklichkeit wie die beiden Autos, die draußen einander gegenüber parken. Was da einander gegenübersitzt, sind zwei glänzende Bilder, zwei Eidola, welche von der schöpferischen Phantasie der Liebe soeben in die Welt hineingeboren worden sind. Man braucht sich gar nicht mit der banalen Möglichkeit zu befassen, daß einer vom anderen ein Bild habe, das etwa der Wirklichkeit entspräche. Was kann das schon für eine Liebe sein, die nicht mehr hervorzubringen weiß als das, was ohnehin schon da ist! Auch ist niemand in diesem glanzvollen Augenblick, in dem der Blick der Augen zum erstenmal ineinandertaucht, sich selbst ähnlich. Hat doch gerade ein jeder, sich über sich selbst hinaus erhöhend, das Bild eines Menschen geschaffen, das ihm nunmehr lebendig gegenübersitzt.

Immer wieder haben uns die Poeten in den großen Dramen und Romanen der Weltliteratur von den erhabenen und heroischen Kämpfen berichtet, in welchen die Liebe ihren Traum gegen die Wirklichkeit verteidigt. Das Rasthaus kennt nur Kurzgeschichten. Hier hat man nur den Wunsch, den Traum sogleich in Wirklichkeit zu verwandeln. Wie einer, der ein Auto gekauft hat, damit beginnt, den Prospekt, in dem die Fehlerlosigkeit der 100 PS gepriesen wurde, mit den Fehlern zu vergleichen, die die Blechkiste tatsächlich zahlreich hat, so beginnt auch die Rasthausliebe alsbald damit, das kostbare Bild des tröstlichen Traumes, das sie selbst soeben erst erschaffen hat, mit der Wirklichkeit, die doch ohne Trost ist, zu konfrontieren. Nur die unglückliche Liebe, die nicht Auto fährt, sondern durch den Staub des Schmerzes zu Fuß dahinpilgert, verzichtet auf diese makabre Neugier. Darum sollte jeder Mann jeder Frau, welche ihn nicht erhört hat, dankbar sein. Sie hat ihm den Anlaß zu einer glanzvollen Schöpfung gegeben. Sie hat ihn verklärt. Sie hat ihn zu Taten angespornt, und gleichzeitig hat sie ihn verhindert, jemals zu erfahren, wie fragwürdig sein Ideal war.

Der Traum, den man zur Wirklichkeit machen will, dauert nicht so lange wie die Rast eines Kamels in einer Geschichte aus Tausendundeine Nacht. Der Traum, der Traum bleiben will, dauert so viele Märchentage, wie die Liebe entschlossen ist, etwas zu verteidigen, was überhaupt nur in den Herzen der Liebenden existiert. Wenn die Liebe ihren Traum lange genug verteidigt, vermag sie schließlich das Wunder zu vollbringen, daß zwei Menschen dem Bild, welches sie voneinander im Herzen tragen, ähnlich werden.

Des Menschen Leben ist aus Traum gewoben. Shakespeare hat es uns gelehrt. Freilich, Shakespeare hat niemals in einem Rasthaus einen Cocktail getrunken. Sonst wäre Romeo Rennfahrer geworden und Julia filmte in Hollywood.

Das Attentat

Im Städelschen Kunstinstitut in Frankfurt am Main hat ein Mann ein Attentat begangen. Ich bediene mich des alten Brauches, von einem Städelschen Kunstinstitut in Frankfurt am Main zu sprechen, obgleich es dergleichen gar nicht gibt. Das Städelsche Kunstinstitut nämlich liegt auf der anderen Seite des Mains, in Sachsenhausen. Der Main ist schon seit sechzig Jahren keine Trennungslinie mehr zwischen den Norddeutschen und den Süddeutschen. Aber die Frankfurter und die Sachsenhäuser wird er trennen bis ans Ende der Tage. Das Städelsche Kunstinstitut liegt für die Frankfurter »dribb der Bach«. Schopenhauer hat sein Leben lang hinübergeblickt. So braucht es uns nicht zu verwundern, daß das Idyll eines Frühromantikers in der Sehachse dieses Pessimisten noch so viele Jahre nach seinem Tode zum Ballungspunkt eines Dramas wurde. Es hängt dorten von Johann Anton Koch ein Gemälde, das darstellt, wie fünf

Nymphen einen Mann aus dem Wasser ziehen. Ein bis dato unbekannter Attentäter hat die Nymphen eine wie die andere mit einem Messer schwer lädiert.

Ein oberflächlicher Berichterstatter glaubt das Motiv der Tat darin erblicken zu können, daß die Nymphen nackt seien. Diese Erklärung ist zu billig, als daß wir uns mit ihr begnügen können.

Der Attentäter hatte zweifellos etwas gegen die Frauen. Vielleicht sind es gerade fünf Frauen, die ihn ruiniert haben. Es hat ihn die Ironie gereizt, daß fünf Frauen einen Mann sollten erretten können. In der Tat ist das ungewöhnlich. Fünf Frauen stürzen einen Mann ins Unglück. Es ist immer nur eine, die ihn herauszieht. Der Attentäter hat eine Affekthandlung begangen. Affekthandlungen sind fast immer ebenso ehrenwert wie blödsinnig. Hätte der Gute, der von fünf Frauen ins Unglück gestürzt wurde, nachgedacht, so hätte ihm nichts auf der Welt eine so vollständige Genugtuung geben können wie dieser ungewöhnliche Einfall eines Frühromantikers, der fünf Frauen einen Mann retten läßt. Am Ende jeder moralischen Fabel pflegt sich des Zuhörers eine gewisse Befriedigung zu bemächtigen. Das Gute hat gesiegt. Aber Voltaire hat glänzende Beispiele dafür gegeben, daß man Fabeln weitergehen lassen muß, um zu erfahren, ob an der Moral der Fabel etwas dran ist.

So könnte einen der Anblick des von den fünf Frauen geretteten Mannes befriedigen. Aber es ist ein allgemeiner Irrtum, daß die Romantik naiv gewesen wäre. Sie war im höchsten Grade ironisch, freilich nicht auf eine oberflächliche, sondern auf eine tiefsinnige Weise.

Es genügt, sich vorzustellen, wie die Geschichte mit dem Mann und den fünf Frauen weitergehen wird. Jede wird ihn für sich haben wollen. Das Bild, das vor unsere Phantasie tritt, ist von einem Frühromantiker nicht mehr zu malen. Man sieht nur, leicht zerrupft, die fünf Frauen im Wasser liegen und den Mann nachdenklich davorstehen.

Dieses Bild ist nicht geeignet, uns jenes Gefühl der Weltverbundenheit zu vermitteln, das das Wesen der echten Kunst ausmacht. Nur den Attentäter dürfte es befriedigen.

Es bleibt uns noch, darüber nachzudenken, was der Mann am

Nymphenteich nun machen soll. Holt er sie alle fünf heraus, ist die Lage so verzwickt wie vorher. Holt er nur eine für sich heraus, so wird er ohne Zweifel die falsche erwischen und sein Leben lang den vier anderen nachtrauern müssen. Läßt er sie alle fünf im Teich und läuft davon, so handelt er zwar nicht ohne Klugheit, aber er ist kein Gentleman.

Die einzige Lösung, die wirklich gentlemanlike ist, ist die, daß er sie alle fünf rettet und sich sofort wieder in den Teich stürzt, um sich nunmehr nicht noch einmal retten zu lassen. Ich muß gestehen, daß mich diese Lösung nur wenig befriedigt.

Kein Zweifel, sogar Alexander der Große hätte vor diesem gordischen Knoten mit seinem Schwert nur einen Lufthieb vollführen können. Niemals wäre er nach Indien gekommen. Wir können aus dieser Geschichte die Lehre ziehen, daß man sich aus dem Teich, in den man gefallen ist, auf keinen Fall von mehr als einer Frau retten lassen soll.

Auf die Geliebte warten . . .

Da steht er nun und wartet, eine in Seidenpapier unbestimmte eingewickelte Sache in der Hand. Selbstverständlich, es könnte eine Mausefalle sein. Was schließlich ist natürlicher, als mit einer in Seidenpapier eingewickelten Mausefalle vierundfünfzig Minuten lang um eine Litfaßsäule herumzugehen! Liebhaber, welche mit zehn überschweren Chrysanthemen vor dem Portal von S. Giovanni auf und ab schreiten, stolz auf das Unglück, in die Mausefalle geraten zu sein, sind seit den Italienischen Novellen des Herrn Henri Beyle, weiland Konsul in Civitavecchia, ausgestorben. Während ehedem ein Liebhaber für niemanden lächerlich war, nicht einmal für sich selbst, ist heute ein Liebhaber für jedermann lächerlich, sogar für sich selbst.

Nehmen wir an, die schöne Dame habe sich um fünf Uhr mit ihm an der Litfaßsäule verabredet. Wann kann sie kommen?

Es gibt keinen größeren Unsinn als die Behauptung, Frauen seien unpünktlich. Frauen haben zwar keine Beziehung zu Uhren, außer zu denen, welche in den Schaufenstern der Juweliere liegen; aber

Frauen haben eine wunderbare Beziehung zur Zeit. Für Männer hat die Zeit einen Wert. Für Frauen hat sie eine Bedeutung.

Sechs Minuten nach fünf Uhr da zu sein, würde bedeuten, eine heiße Leidenschaft zugeben. Zwölf Minuten wäre eine Art von liebenswürdiger Geneigtheit – für das erste Rendezvous entschieden zuviel. Zweiundzwanzig Minuten, das wäre vielleicht die richtige Dosis! Aber bei zweiunddreißig Minuten kann man schon die Treue erproben. Schließlich, man möchte einen treuen Liebhaber haben! Und bei zweiundvierzig Minuten erfährt man gleich, ob er ein Gentleman von Haltung und ein Mann von liebenswürdigen Manieren ist.

Während der wartende Gentleman das Personalverzeichnis von Gerhart Hauptmanns Biberpelz auswendig lernt und immer tiefer die Überzeugung in seine Seele sich eingräbt, daß Perlodont die beste Zahnpasta der Welt sei, spielt die schöne Frau mit der Zeit. Gewiß, bis vier Uhr neunundfünfzig ist auch sie ein wenig unruhig. Aber wenn die Glocken von S. Giovanni geschlagen haben, breitet sich tiefe Ruhe über ihr Gemüt. Von jetzt an wartet er. Welch ein Genuß! Wie köstlich nunmehr plätschert es sich in der Badewanne – drei Minuten noch!

Wenn die schöne Frau sich tatsächlich nach drei Minuten schon aus der warmen Welle reißt, hat sie das Gefühl, der Liebe ein Opfer gebracht zu haben. Dafür natürlich muß er büßen. Dafür kann er schließlich noch ein wenig warten.

Während sie sich ihrem Make-up zuwendet, hat er den Steckbrief studiert. Zehntausend Mark hat die Bank ausgesetzt. Mittelgroß, Gesicht oval, trägt karierte Mütze, über der linken Niere eine zehn Zentimeter lange Operationsnarbe. Wehe dem unglücklichen Defraudanten, käme er jetzt vorbei! An seiner Mittelgröße würde er ihn sogleich erkennen. Aber ums Himmels willen, dann müßte er ja mit zur Polizei! Unterdessen natürlich käme die schöne Frau, und jener wäre gar nicht mittelgroß, und die schöne Frau ginge wieder weg. Ein wartender Liebhaber ist der einzige Mensch, von dem ein Defraudant vor seinem eigenen Steckbrief in Ruhe sich Feuer geben lassen kann.

Das Make-up ist vollendet. Der schwarze Pullover und der schwarze Rock sind gewählt worden. Es sieht so nach gar nichts aus, durchaus jedenfalls nicht, als ob man sich besonders zurechtgemacht habe. Aber sie weiß, schwarz steht ihr glänzend, und den Pullover hat ihr jemand aus Paris mitgebracht, mit den kleinen rumänischen Stickereien, die jetzt letzter Schrei und so chic sind.

Fünf Uhr zweiunddreißig! Nun gut, er ist sicher ein treuer Liebhaber. Nun zwei Tropfen »En attendant«! Was für ein hübscher Name für ein Rendezvous-Parfum! Und nun erfahre ich wenigstens gleich, ob er gute Manieren hat. Ich werde mich beeilen.

Wer nicht begreifen kann, daß die schöne Frau jetzt tatsächlich das Gefühl hat, sich unerhört zu beeilen, der sollte sich als Laienbruder auf dem Berge Athos anmelden. Von Frauen versteht er nichts.

Er hat unterdessen festgestellt, daß das Seidenpapier schon recht zerknittert ausschaut. So geht er in den Laden gegenüber, von wo aus er die Litfaßsäule im Auge hat, und kauft ein frisches Arrangement.

Dabei erwägt er, wie köstlich es wäre, wenn sie jetzt käme, unruhig auf und ab ginge, eine verzweifelte Miene zeigte, nach der Uhr blickte, und er in dem Augenblick, in dem sie zu gehen sich entschlossen hätte, aus dem Laden träte. Dann könnte das alte Spiel von neuem beginnen.

Jedoch, fünf Uhr zweiundvierzig – sie ist noch nicht da! An der Ecke stand kein Taxi. Nun sitzt sie in der 176, eingeklemmt, verzweifelt, von allen Seiten mißtrauisch betrachtet, und die 176 hat eine Betriebsstörung. Sie ist den Tränen nahe. Ach Gott, der Arme! Und ich, ich kann doch nichts dafür!

Wer nicht begreift, daß die schöne Frau wirklich unschuldig ist – siehe unter Athos!

Um fünf Uhr siebenundfünfzig meldet sich die männliche Würde. Alles hat seine Grenzen! Man kann sich schließlich nicht lächerlich machen! Mein Herr, Sie erinnern sich! So versenkt er das Seidenpapierpaket verächtlich in den Gully. Natürlich bleibt es halbwegs stecken. Die Leute drehen sich um. Er wird rot. Wütend eilt er in die Kneipe an der Ecke und bestellt einen doppelten Steinhäger. S. Giovanni schlägt die sechste Stunde!

Grimmig und mit der Welt zerfallen blickt er auf die Litfaßsäule. In diesem Augenblick wäre der Defraudant geliefert, selbst wenn er eine Melone trüge und sich einen Vollbart hätte wachsen lassen. Noch einen Doppelstöckigen!

S. Giovanni schlägt die Viertelstunde. Plötzlich sieht er sie an der Litfaßsäule stehen. Die 176 hatte sich schließlich wieder in Bewegung gesetzt.

Er knallt einen Schein auf die Theke, stürzt hinaus, rutscht auf seinem Blumenstrauß aus, welcher immer noch aus dem Gully herausspießt. Mit vorwurfsvollem Blick empfängt sie ihn.

»Ich wollte gerade gehen. Ich stehe seit zehn Minuten hier. Die Leute gucken schon!«

»???«

»Na, waren wir nicht um sechs Uhr verabredet?«

Reise zu zweit

Wenn in der guten alten Zeit zwei Leute differenten Geschlechts das miteinander eingingen, was man mit so schöner poetischer Übertreibung den Bund fürs Leben nennt, so schickte man sie auf die Hochzeitsreise.

Dieser alte Brauch ist heutigen Tages kaum mehr im Schwange. Sicherlich deshalb, weil so viele Witze über die Hochzeitsreisenden gemacht worden sind, daß keiner mehr sich dem Gespött der Leute aussetzen will. Aber die alten Bräuche sind voll tiefer Weisheit. Wenn die Menschen die alten Bräuche aufgeben, so spricht das nicht gegen die Weisheit, die in den alten Bräuchen, sondern gegen die Dummheit, die in den Menschen steckt.

Wenn man anfängt, über den Sinn der Hochzeitsreise nachzudenken, findet man, daß sie ebensosehr über das Wesen der Liebe wie über das Wesen des Reisens Aufschluß gibt. Von einem Mann, der verliebt ist, sagt man, daß er den Verstand verloren habe. Nun ist das ohne Zweifel ein in hohem Maße begrüßenswerter Zustand. Wenn die Männer ihren Verstand beisammen haben, dann beschäftigen sie sich mit ihren eigenen Angelegenheiten und sind unerträgliche Egoisten. Wenn die Männer den Verstand verlieren, dann verlieben sie sich. Wenn dieser Zustand ernst genug ist und lange genug anhält, dann heiraten sie.

Die Frauen sind darauf angewiesen, daß die Männer den Verstand verlieren. Sonst würden im guten alten Europa nur noch Chinesen herumfahren und sich die prächtigen Klosterruinen ansehen, in denen die letzten verständigen Europäer gewohnt haben.

Ohne Zweifel ist ein verliebter Mann für alle Leute etwas Lächerliches – außer für die Frau, welche er liebt. Darum schickt man ihn auf die Hochzeitsreise, irgendwohin, wo keiner ihn kennt außer dem einzigen Menschen, für welchen er nicht lächerlich ist – seiner Geliebten. Bliebe er daheim, er würde Gefahr laufen, seine ganze Reputation zu verlieren. Der Mann ist so geartet, daß er eher aufhört zu lieben, als daß er anfängt, lächerlich zu sein. Von allen Helden ist Don Quichotte unter Männern am seltensten zu finden. Fort mit ihm! Nach Venedig! Zum Taubenfüttern! Sonst findet er womöglich in der vertrauten Umgebung seinen Verstand wieder. Die Frau aber hat, was sie haben will und was sie auf keine andere Weise haben kann – vier Wochen lang ist sie die Geliebte und nichts als das.

Wann immer der Bund fürs Leben nun in die Brüche geht, die Tauben von San Marco werden durch den Himmel der Ehe flattern, solange noch eine freigebige Hand daran denkt, sie zu füttern. Der einzige sichere Besitz des Menschen ist die Erinnerung. Wenn Philemon und Baucis schließlich fünfzig Jahre später nach Reichenhall fahren, um das Rheuma mit linden Wässern zu behandeln, sie rollen dahin auf den Rädern der Erinnerung. Das Glück ihrer jungen Tage ist das Glück ihres Alters. Nur junge Liebespaare und alte Eheleute sind es wert, daß die Welt schön ist.

So, wie man mit seiner Geliebten nur reisen kann, so kann man reisen nur mit seiner Geliebten. Unter den neueren Skribenten herrscht der Hang zu einer Art von Abenteuern, die es gar nicht gibt. Sie lassen einen Mann in die Welt hineinreisen. Auf irgendeiner Hotelterrasse, gemeinhin an einer Meeresbucht und womöglich in Ceylon, sitzt das fabelhafte Wesen, dessen der Skribent bedarf, um seinen Leser zufriedenzustellen. Tatsächlich sitzen auf den Hotelterrassen von Colombo nur alte Engländerinnen, hervorragende Ladies, aber sicher schwerer zu erobern als Ceylon selber, und auch für den Leser gar nicht geeignet.

Oder sie setzen eine Frau auf das Promenadendeck eines Luxusdampfers in einen Longchair. Der Herr, der in Abenteuer reist, braucht nur die nächste Mondscheinnacht abzuwarten, um einsam-zweisam vorn am schäumenden Bug des Schiffes und so weiter und so weiter. Abgesehen davon, daß das Betreten der vorderen Back auch für Passagiere der ersten Klasse verboten ist, an Bord von Luxusdampfern sind so viele Zellulosekönige, Edeltenöre und Lebertranmagnaten mit solidem Gold in der Kehle, im Safe und im Gebiß, daß der Herr, der nichts anderes vertritt als seine eigene schwachsinnige Auffassung vom Leben, nicht die leiseste Chance hat.

Ein Mann allein, schließlich, reist überhaupt nicht. Er fährt höchstens irgendwohin. Versucht er, es den Skribenten recht zu machen, so beweist er, daß er von vornherein keinen Verstand hat. Tatsächlich, diese Abenteurer haben den Verstand verloren, noch ehe sie eine Frau gefunden haben, um die es sich lohnte, ihn zu verlieren. Dann wundern sie sich, daß sie in Edinburgh nur Nurses, in Alexandria nur Fischweiber und in Paris nur Midinetten zu sehen bekommen. Sie werden niemals begreifen, was für eine abenteuerliche Sache es ist, eine Frau, die man nur in Steglitz kennt, in Edinburgh, in Alexandria, in Paris zu erleben.

Reisen zu zweit, das heißt einer Frau die Welt erobern. Wenn Napoleon Marengo für Josephine gewann, so kann noch immer jeder Don Quichotte, der den Verstand verloren hat, seiner Josephine aus Steglitz Venedig zu Füßen legen. Unter den lärmenden Faquinos, die sich mit bedrohlichen Gesten auf das Gepäck stürzen, einen zu wählen und ihm einen Befehl zu geben, das heißt eine Entscheidung treffen, eine Schlacht gewinnen, ein Mann sein.

Im Kursbuch einen Zug zu finden, der dann wirklich geht, wohin er soll, das gehört zu den Künsten eines Merlin, mit denen man eine Frau von heute leichter bezaubern kann als mit Minnesang.

Schließlich, wenn man im Trasimenischen See gebadet hat, muß man entscheiden, ob es nach Ravenna oder nach Ferrara gehen soll. Diese Entscheidung ist, wenn auch nicht so folgenschwer, so doch keineswegs leichter als die, welche Hannibal treffen mußte, nachdem er seine Elefanten in diesem See gebadet hatte. In Ravenna kann es regnen!

Wer hätte nicht schon die alten Meister gepriesen, wenn er

Josephine aus Steglitz an ihnen entlangführt. Ein kurzer Blick auf die Tafel und man sagt »Ein Simone Martini«, so, als ob das Bild seit vierhundert Jahren im Besitz der Familie wäre.

Die Frauen, diese bezaubernden Wesen, lächeln dazu, dankbar und staunend. Sie nehmen die Welt geschenkt aus den Händen eines Mannes, der für sie nicht lächerlich ist. Sie sind souverän genug, nicht danach zu fragen, wie viele Feinde man erschlagen mußte, um die Kostbarkeiten der Erde vor ihnen ausbreiten zu können.

Zu zweit stehen sie im Lärm der Bahnhöfe. Zu zweit lauschen sie dem Rauschen der nächtlichen Brandung. Sie gehen durch den Krach des Lebens in den großen Städten und durch die verzauberte Stille abendlicher Fischerdörfer. Sie sitzen im feierlichen Schweigen der alten Kirchen und in der frohen Betriebsamkeit der alten Schenken.

Ein Mensch allein im Lärm der Welt ist hoffnungslos verloren angesichts der nicht zu bewältigenden Fülle des Daseins. Zu zweit gehört ihnen die ganze Erde, ein Abenteuer, das erst mit der letzten Lira sein Ende nimmt.

Die Fee der Ferne verzaubert die Welt zu einer Laterna magica des Herzens. Wenn man zu zweit reist, kann man sich sogar für die Fischweiber in Alexandria begeistern. Man braucht mit ihnen keine Abenteuer zu erleben. Man photographiert sie.

Der Mensch muß sein Herz bei sich haben. Wenn er es bei Josephine in Steglitz verloren hat, dann muß er Josephine mitnehmen. Herz, mein Herz, wann reisen wir?

»Zwei Dritter Braunlage!«

Wenn wir über'n Harz sind, dann kann die Konvention in Steglitz allein spazierengehen. Konventionen haben kurze Beine. Wer aber ein Herz hat, der folgt ihm bis ans Ende der Welt.

Der glückliche Augenblick

Männer denken gern über das Problem der Ehe nach. Das ist eine hübsche Beschäftigung, deren philosophischer Wert daraus erhellt, daß die Frauen diese Zeit dazu benutzen, Monogramme in die Aussteuer zu sticken. Gleichwohl ginge man fehl, wenn man das

Nachdenken über das Problem der Ehe für eine nutzlose Beschäftigung hielte. Freilich, es gehört ein wenig Mut dazu. Die brillanten Bemerkungen, die Schopenhauer in seinem Traktat über die Weiber zu dieser Sache gemacht hat, tun einem jeden wohl. Aber es ist Bluff, am Biertisch mit dergleichen um sich zu schmeißen. Es muß gefordert werden, daß einer, der sich diese Anmerkungen zu eigen machen will, sie zuerst einmal seiner Braut vorträgt. Übrigens ist, nachdem Schopenhauer die europäische Ehe in Grund und Boden verdammt hat, das Ergebnis, zu dem er kommt, hauptsächlich das, daß er uns die konfuzianische Ehe empfiehlt. Mit diesem Ratschlag wären wir gar nicht schlecht dran, wenn wir nur Chinesen wären. Aber so leicht läßt sich unser 13. Jahrhundert nicht vergessen.

Die Kirchenväter haben ebenso gründlich über die Ehe nachgedacht wie der Philosoph vom Schaumainkai in Frankfurt am Main. Sie sind zu dem Ergebnis gekommen, sie eines Gelübdes für wert zu erachten. Man muß eine Weisheit bewundern, die einer Sache, die die Alltäglichkeit selber ist, eine Dauer verleiht, die ihr Würde gibt.

Natürlich ist durch Liebe noch niemals einer glücklich geworden. Aber mancher, der aus Liebe geheiratet hat, ist durch die Ehe glücklich geworden. Die meisten Leute freilich, die geheiratet haben, werden, wenn man sie fragt, behaupten, daß sie durch die Ehe nicht glücklicher geworden seien. Die Philosophen des menschlichen Wohls hören gewöhnlich an dieser Stelle zu fragen auf und sagen, je nachdem: »Aha!« oder »Na also!«

Aber an dieser Stelle sollten sie zu fragen anfangen! Das Fragen ist die sokratische Kunst in der Philosophie. Wenn sie die solchermaßen unglücklich Verheirateten fragten, was sie sich denn unter Glück eigentlich vorstellen, würden sie bald herausfinden, daß die Befragten vom Glück entweder eine vollständig schwachsinnige oder gar keine Vorstellung haben.

Das ist allerdings nicht allein die Schuld dieser bedauernswerten Leute. Die ganze abendländische Philosophie leidet an der eigentümlichen Arroganz, daß sie sich zu gut dafür ist, sich mit gewöhnlichen Dingen zu beschäftigen. Die Philosophen sind offenbar besorgt, ihre Würde zu verlieren, während es doch gerade ihre Aufgabe ist, den gewöhnlichen Dingen Würde zu geben.

Es gehört ein feineres Ohr dazu, die Stimme der Schöpfung im

Gezwitscher eines Spatzen zu erkennen, als sie im Donner des Niagarafalls zu vernehmen.

Ein dreibändiges Werk über die Wahrheit zu schreiben, verschafft hohe Ehre, selbst wenn es nur die halbe Wahrheit ist. Drei kleine Wahrheiten herauszufinden, gilt schier gar nichts. Dabei ist der Unterschied derselbe wie der zwischen einem, der eine großartige Theorie entwickelt, wie allen Leuten geholfen werden könne, und einem, der hingeht und einem braven Mann, der Hunger hat, eine warme Mahlzeit verschafft. Daß es Wahrheiten gibt, ist sicher. Ob es aber so etwas wie die Wahrheit gibt, ist jedenfalls zweifelhaft. Daß es das Glück nicht gibt, ist sicher. Daß es . . . Parbleu! Das Glück hat keinen Plural! Welche Überraschung! Darüber allein ließe sich ein dreibändiges Werk schreiben. Wir können also nur sagen, daß es glückliche Augenblicke gibt.

Wenn die Philosophen menschenfreundlich genug gewesen wären, sich mit etwas so Gewöhnlichem, wie es das Glück ist, abzugeben, hätten sie uns nicht zu sagen brauchen, daß es Glück nicht gäbe und daß es also keinen Sinn habe, danach zu streben. Sie hätten uns lehren können, daß es glückliche Augenblicke gibt, und nach welchen glücklichen Augenblicken zu streben wir uns zur Aufgabe machen sollten.

Die von Schopenhauer so geschätzten Chinesen haben viele Philosophen hervorgebracht, die sich mit diesen Gewöhnlichkeiten eingehend beschäftigt haben. Lin Yutang berichtet uns von den ›Dreiunddreißig Glücklichen Augenblicken im Leben des Chin Sheng-t'au‹, eines berühmten chinesischen Schriftstellers aus dem 17. Jahrhundert. Er zeichnete die ›Dreiunddreißig Glücklichen Augenblicke‹ auf, als er, mit einem Freund zusammen, zehn Tage lang durch einen Regen in einem Tempel festgehalten wurde. Es finden sich darunter drei Augenblicke, von denen jeder einzelne beweist, daß die Würde einer Sache niemals von der Sache abhängt, sondern allein von dem Menschen, der sie tut oder betrachtet.

»Mit einem scharfen Messer an einem Sommernachmittag auf einem großen, dunkelroten Teller in eine hellgrüne Wassermelone schneiden – ist das vielleicht nicht Glück?«

»Ganz zufällig in einer Kiste einen handschriftlichen Brief von einem alten Freund finden – ist das vielleicht nicht Glück?«

»Ein Fenster öffnen und eine Biene aus dem Zimmer lassen – ist das vielleicht nicht Glück?«

Sollten die Mädchen, während sie Monogramme sticken, naiv genug sein, daß sie gar nicht nach dem Glück der Ehe streben, sondern nach dem Glücklichen Augenblick des Heiratens?

Einmal lieb für Bösesein . . .

Einmal in der Woche packt den Ehemann, auch wenn er noch so vernünftig ist, das dringende Bedürfnis, kegeln zu gehen. Die Kugel rollt donnernd über die Oberfläche ihrer Bahn dahin und verschwindet mit Krach im Hintergrund. Das Kegeln ist also sowohl eine oberflächliche als auch eine hintergründige Angelegenheit.

Ob das Kegeln ein Laster sei oder eine Tugend, darüber streiten sich seit Sokrates' Zeiten zwei Parteien auf das heftigste. Die eine Partei, die sokratische Partei, sagt, es sei eine Tugend. Die andere Partei, die xanthippische Partei, sagt, es sei ein Laster. Die Ehemänner sind der Meinung, daß Kegeln ein herrliches Vergnügen sei. Die Ehefrauen meinen, daß Kegeln ein idiotischer Unsinn sei. Die philosophische Frage, ob Kegeln eine Tugend oder ein Laster sei, ist – wie fast alle Fragen der Philosophie – falsch gestellt. Es handelt sich nicht darum, ob Kegeln eine Tugend oder ein Laster, sondern darum, ob es eine für die Ehe nützliche Beschäftigung ist. Für eine Ehe ist ein bescheidenes und erträgliches Laster meistens vorteilhafter als eine hochmütige und unerträgliche Tugend.

Nun muß es nicht das Kegeln sein. Manche Männer gehen auf die Jagd, zum Angeln, in den Tierschutzverein, in den Briefmarkenverein, in die Freiwillige Feuerwehr, zum Trompetenblasen oder in die Parteiversammlung. Aber all das kommt schließlich aufs Kegeln hinaus. Das Kegeln hat noch den feinen Vorteil, daß es erfreuliche Ergebnisse erzielt, die vollkommen ohne Nutzen sind. Alle Neune! Bitte schön!

Vom Kegeln kommt der Mann mit etwas schlechtem Gewissen nach Hause. Möglicherweise bringt er einen Affen mit – einen lustigen kleine Ohrenmaki oder einen überschweren Schimpansen, je nachdem. Denn das Überflüssige erzeugt ebensoviel Durst wie das Notwendige. Die Frau hat Socken gestopft, eine äußerst langweilige Beschäftigung. Infolge der Langeweile ist sie schlecht gelaunt.

Das ist eine der Grundsituationen der Ehe. Der Mann hat durchaus gute Gründe, heiter zu sein. Er hat seine Zeit und einiges Geld angenehm vertan. Die Frau hat guten Grund, schlecht gelaunt zu sein. Sie hat ihre Zeit nützlich verwendet, den Ankauf neuer Socken gespart und sich dennoch gelangweilt. Es entsteht ein heftiger Streit über die Frage, wer da nun im Recht sei. Und das eben ist die falsch gestellte Frage. Und eine falsch gestellte Frage hat keine Lösung zur Folge, sondern Krach.

Das wahre Problem steckt ganz woanders. Denn, sehen Sie, die umgekehrte Situation kommt doch genauso häufig vor. Der Mann macht sich einmal eine Stunde eher im Büro frei, um mit seiner Frau ins Kino zu gehen. Es hat sich das als Überraschung ausgedacht. Aber wie es uns so geht, mit Überraschungen haben wir meistens Pech. Als der Mann nach Hause kommt, ist die Frau nicht da. Sie ist schon ins Kino gegangen. Sie also kehrt heiter aus dem Kino zurück – Gary Cooper war wieder einmal ganz groß! – und er, der plötzlich Hunger bekommen hat, ist schlechter Laune.

Das wahre Problem liegt darin, daß die beiden zu verschiedenen Zeiten schlecht gelaunt sind. Gleichzeitig heiter zu sein, ist wahres Glück. Und gleichzeitig schlecht gelaunt zu sein, ist entschieden auch noch eine Form der Harmonie.

Könnte man die Heiterkeit des Kegelns mit der Heiterkeit des Kinos zusammenschließen und ebenso die Sockenstopflaune mit der Hungerwartelaune, nun, das wäre schlechthin eine glückliche Ehe. Es scheint unmöglich, die Heiterkeit des Kegelns vom Dienstagabend mit der Heiterkeit des Kinos vom Freitagnachmittag zeitlich zur Deckung zu bringen. Aber das scheint nur so. Der Transfer der Heiterkeit – das ist das Problem!

Manches Problem, das keine Philosophie lösen kann, läßt sich durch einen Trick lösen. Wenn man kein Geld hat – ein Problem, das keine Philosophie lösen kann – bedient man sich des Tricks, einen Wechsel auszuschreiben. Man transferiert den Reichtum der Zukunft in die Armut der Gegenwart. Bei der Heiterkeit läßt sich der Reichtum der Gegenwart in die Armut der Zukunft transferieren. Diesen Trick will ich hiermit zum Wohl meiner Mitmenschen verraten.

Sie hatten, meine schöne Dame, da Sie ja schließlich ein Herz haben, natürlich am Mittwochmorgen ein wenig Reue empfunden, daß Sie Ihrem Mann, der so schwer für Sie arbeitet, am Dienstagabend die Heiterkeit des Kegelns verdorben hatten. Sie möchten, daß Sie die gute Laune, die Sie heute, Freitagnachmittag, aus dem Kino mitgebracht haben, Dienstagabend hätten. Das können Sie haben!

Sie kommen also aus dem Kino nach Hause, und er sitzt, schlecht gelaunt und hungrig, in der Küche und liest die Zeitung. Hören Sie sich einmal – nur dieses eine Mal – seine Vorwürfe gelassen und schweigend an. Nehmen Sie einen Zettel und schreiben Sie darauf:

»Gutschein!
Einmal lieb für Bösesein! – Olga.«

Diesen Zettel überreichen Sie dem Teuren. Er wird Sie mißtrauisch ansehen. Aber dann wird er den Zettel wegstecken. Dienstage nähern sich seit jeher schnell. Kommt er dann am nächsten Dienstagabend vom Kegeln heiter in Ihre schlecht gestopfte Sockenlaune hinein und überreicht Ihnen in dem Augenblick, in dem Sie gerade loslegen wollen, den Gutschein »Einmal lieb für Bösesein« – nun, teuerste Olga mit Herz, was werden Sie tun?

Sie werden lächeln, weil Sie lachen müssen. Ihre gute Laune, die Ihnen am Freitagnachmittag nichts nützte, haben Sie nunmehr am Dienstagabend, wenn Sie sie brauchen, zur Verfügung.

Natürlich müssen Sie sich sofort aus dem Überfluß der Heiterkeit des Kegelns einen Wechsel ausstellen lassen:

»Gutschein!
Einmal lieb für Bösesein! – Paul.«

Am besten ist's, diesen Gutschein schon so vorzubereiten, daß Paul ihn nur noch zu unterschreiben braucht. Männer unterschreiben gern.

Ein kleines Scheckbuch »Einmal lieb für Bösesein« ist ein hübsches Geburtstagsgeschenk in wertbeständiger Glücksvaluta, mit welcher Olga und Paul einander erfreuen können. Eine Ehe, in der ein Mann sorglos zu jeder Stunde vom Kegeln und eine Frau sorglos zu jeder Stunde aus dem Kino nach Hause kommen können, wie sollte das nicht eine glückliche Ehe werden!

Ein sehr kluger Mann hat einmal gesagt: »Das Gegenteil von Liebe ist nicht Haß, sondern Lieblosigkeit.«

Tragödie in drei Minuten

Madame Monika, die schöne Pianistin, saß hinter der Glasscheibe. Sie mußte niesen. Da sie ihr Taschentuch nicht finden konnte, schlug sie ihre weißen Hände vors Gesicht. Wie wunderbar schön waren diese Hände! Mir schien, es könne auf der Welt keine schöneren Hände geben. Es war ein bezauberndes Bild. Der Eindruck war um so hinreißender, als man von dem ganzen Vorgang nicht den leisesten Laut vernahm. Nur das Band surrte. Dann hantierte der Techniker am Schalttisch ein bißchen an den Knöpfen herum. Auf einmal ertönte laut das Niesen der großen Künstlerin, während sie selbst, hinter der Scheibe, ganz still vor dem Flügel auf ihrem Schemelchen hockte. Sie nämlich konnte ihr eigenes Niesen nicht vernehmen. Man gewann einen tiefen und nachhaltigen Eindruck von den surrealistischen Möglichkeiten der modernen Welt.

Der Techniker war ein netter Kerl. Ich gab ihm eine Zigarette. Daraufhin ließ er noch dreimal das hinreißende Niesen erschallen. Dann schnitt ich mir das himmlische Geräusch mit meiner Nagelschere aus dem Band heraus. Von da an trug ich diese kostbaren zwanzig Zentimeter der Erinnerung stets bei mir. Ganz gleichgültig, was die wunderschöne Frau mit den wunderschönen Händen nun gerade machte, ich konnte sie niesen lassen, wann immer ich wollte. Nachdem ich zwei Stunden lang ergriffen Mendelssohn, Ravel und Poulenc gehört hatte, wurde mir klar, daß irgend etwas nicht stimmte. Sonst vertrage ich höchstens Schlager. Offenbar befand ich mich in Gefahr. Ich entdeckte, daß ich der wunderschönen Frau zwei Stunden lang durchaus nicht zugehört, sondern zugesehen hatte.

Danach sprach sie einige charmante Worte mit dem berühmten Dirigenten, der die Aufnahme geleitet hatte. Mich, leider, sah sie gar nicht. Offenbar nahm sie an, ich hätte auch zugehört – ein nur allzu begreiflicher Irrtum. Wenn sie gewußt hätte, daß ich gar nicht zugehört hatte, zwei Stunden lang, vielleicht hätte die große Künstlerin mir zugelächelt. Wer weiß! Frauen, die ein Herz haben, verstehen so mancherlei Dinge. Der Dirigent, der mein Freund ist, versicherte mir hinterher, sie habe den Ravel – die Suite in es-Moll – mit Herz gespielt.

Abends, auf dem Ball, saß ich still in einer Ecke hinter einem großen Glase Wodka, unleugbar eine fragwürdige Figur. Zwischen dem markanten Profil des berühmten Dirigenten, meines Freundes, und der eindrucksvoll gebuckelten Glatze des bedeutenden Musikkritikers schwebte, wie von Renoir gemalt, Madame Monikas wundervoller Kopf. Renoir hatte ihr einen Champagnerkelch in die weiße Hand gemalt. Une impression parfaitement accomplie! Ich überlegte. Derartige Überlegungen fangen damit an, daß man sich selbst »Alter Esel« apostrophiert. Dies ist weniger eine Einsicht als eine List. Eine Dummheit zu begehen heißt, eine Weisheit lassen. Angesichts einer haarsträubenden Dummheit, welche zu begehen man entschlossen ist, erspart man sich, durch einen »Alten Esel« vorher, hinterher die beklagenswerte Feststellung, daß man nicht einmal gewußt habe, daß es eine haarsträubende Dummheit war.

Während dieser feinsinnigen Überlegungen setzte sich, ebenfalls mit einem großen Glas Wodka bewaffnet, Brüderchen Gregor Iwanowitsch stumm neben mich. Der Heilige Gregor mag an seiner Wiege gestanden haben. Offenbar aber hat er sich dann ziemlich bald empfohlen. Er mag anderes zu tun gehabt haben. So war liebes Brüderchen Gregor Iwanowitsch im Lauf seines Lebens eine mindestens ebenso fragwürdige Figur geworden wie ich. Brüderchen Gregor Iwanowitsch folgte meinem Blick. Als er die »impression parfaitement accomplie« entdeckte, war es in einem Augenblick auch um ihn geschehen. Auch er liebt Renoir. Man mag gegen uns sagen, was man will, Geschmack haben wir immer beide gehabt.

Sogleich versank Brüderchen Gregor Iwanowitsch aus seiner Stummheit noch eine Stufe tiefer in dumpfes Brüten. Ich kenne Gregor Iwanowitsch lange genug, um versichern zu können, daß es der »Alte Esel« war, mit dem er sein dumpfes Brüten begann. So saßen wir nebeneinander, während Monika, nichtsahnend, mit ihrer wunderschönen weißen Hand den Champagner in den Renoir hineingoß – gar nicht wenig übrigens!

Sollen wir oder sollen wir nicht? Der alte Unsinn! Und dann wieder am Bahnhof stehen, verzweifelt, mit heiterer Miene und teuren Blumen. Und auf Briefe warten, welche immer seltener kommen. Und hinter den Konzerten herreisen – für ein Lächeln! Und schließlich zusehen, wie entweder der berühmte Dirigent oder der bedeutende Musikkritiker das Rennen macht. Wie viele Wodka das dann wieder kostet!

Bei diesem Punkte unseres Nachdenkens angekommen, griffen wir beide gleichzeitig zu unseren Gläsern, sahen uns ins Auge, wie nur zwei fragwürdige Figuren einander ins Auge sehen können, und sagten gleichzeitig:

»Brüderchen – lassen wir!«

Dann verließ mich Gregor Iwanowitsch, wie seinerzeit der Heilige Gregor seine Wiege verlassen hatte. Eine Minute später sah sich der große Dirigent nach mir um. Als er mich so allein dasitzen sah, winkte er mich heran. Er schenkte mir Champagner ein. Ich begann die schöne Frau zu bewundern. Sie schoß einen Blick auf mich ab und faßte die fragwürdige Figur ins Auge. Himmel! Es gab so überraschende Dinge in der Liebe. Vielleicht hatte gerade diese schöne Frau ein Faible für fragwürdige Figuren.

Als sie nunmehr dem bedeutenden Musikkritiker eine witzige Bemerkung zuwarf wie einen silbernen Ball und dabei den zweiten Blick auf die fragwürdige Figur abschoß, hatte ich einen jener Augenblicke, in denen man bereit ist, vom Eiffelturm herabzuspringen. Ich fing den silbernen Ball in der Luft auf. Ein geistreicher Einfall blitzte durch mein Hirn. Sie sah mich an, gespannt wie Artemis, die einen Vogel im Fluge schießen will.

In diesem Augenblick legte sich eine Hand auf meine Schulter. Ich sah auf. Gregor Iwanowitsch!

Traurig, mit einem Oblomowblick von abgrundtiefer Melancholie, sah er mich an.

»Brüderchen, du hast mich verraten . . .!«

Niemals hat die schöne Frau erfahren, was Gregor Iwanowitsch damit sagen wollte. Niemals hat sie erfahren, was die fragwürdige Figur für eine brillante Bemerkung eben hatte machen wollen. Ich ließ den silbernen Ball fallen. Er zersprang am Boden in silberne Sterne. Ich erhob mich. Ich trank den Champagner aus. Ich warf einen letzten Blick auf die impression parfaitement accomplie. Renoir ist wahrlich ein großer Meister. Dann bin ich in den Garten gegangen und habe mich erschossen.

Abschiedsbrief an die Geliebte mit den beiden Hunden

Deraine! Teure, reizende und anmutige Geliebte! Als ich das erstemal vor Dir aufs Knie sank, biß mich Juliette mit ihren scharfen Zähnen ins linke Ohr. Du erinnerst Dich, wie maßlos es geblutet hat. Einige Tropfen fielen auf Dein Kleid. Es war das türkisblaue mit den silbernen Trägern. Die Blutstropfen glänzten wie kleine Rubine auf der glatten Seide.

Du warst rührend. Keinen Augenblick zögertest Du, Dein kleines Spitzentaschentuch zu opfern. Selten ist eine Wunde, welche das Leben schlug, so kostbar à la valencienne verbunden worden.

Juliette lag unterdessen unter dem Sofa, wedelte mit ihrer langen Rute und sah Dich an mit der jahrtausendealten Ergebenheit ihrer bernsteingelben Setteraugen – ein ergreifender Blick!

Er ergriff Dich. Ich verstand es so gut. Diese so offenbar unglückliche Kreatur mußte getröstet werden. Als die Blutung stand, stürztest Du Dich auf Juliette. Ich werde niemals dieses bezaubernde Bild auf dem Teppich vergessen – Juliette, vorsätzliche Körperverletzung, mit blutigem Ausgang, Motiv Eifersucht, Deraine, das schwarze Fell zärtlich mit ihren weißen schönen Händen streichelnd. Den Kniefall hattest Du vergessen.

Ein Gefühl tiefer Verlassenheit drohte mich zu überkommen. Vielleicht war der Blick, mit dem ich Euch da auf dem Teppich betrachtet habe, ebenso viele Jahrtausende alt und nicht weniger ergreifend als der Juliettes. Denn wahrscheinlich ist der Mensch älter als der Hund und sicherlich ergreifender. Aber der Blick ergriff nicht Dich, sondern Rommy.

Mit der unvermuteten Vivazität der Dackel, die immer so wirkten, als seien sie von der Sehne eines Bogens abgeschnellt, sprang

Rommy auf meinen Schoß, schnappte sich das Spitzentaschentuch und turnte damit über den Sessel auf den Schreibtisch. Dort saß er, triumphierend, ein Denkmal seines einfallsreichen Witzes, während mir das Blut wieder in den Kragen lief. So kam das Gefühl tiefer Verlassenheit nicht recht zustande.

Hast Du einmal nachgedacht – ich gebe zu, es ist das nicht eigentlich die Sparte, in welcher Du brillierst – aber vielleicht hast Du doch einmal darüber nachgedacht, warum der Kniefall niemals wiederholt wurde. Nun, heute will ich es Dir erzählen. Ich habe mich damit beschäftigt, die Nächte einsam auf meinem Turmzimmer in den qualvollen Zweifeln des Herzens zu verbringen und am Tage eine Organisation aufzubauen. Dich für eine Stunde gleichzeitig von Deinen beiden Hunden zu trennen. Es gelang. Ich bestach den Diener, Juliette am Abend mit ins Wirtshaus zu nehmen. Freilich, das war nicht der Preis, den ich bezahlte. Der Preis, womit ich seine Zustimmung erkaufen mußte, war, daß ich ihm für sein infames Lächeln die verdiente Ohrfeige nicht verabreichen konnte. Es wäre natürlich das einfachste gewesen, der Diener hätte auch Rommy mit ins Wirtshaus genommen. Aber das duldet der Wirt nicht. Wenn beide Hunde in der Schenke sind, toben sie herum, als ob sie in Deinem Boudoir wären. Sie springen dann auf die Theke, um Bier zu schlecken. Dabei gehen zu viele Gläser entzwei; auch gibt es Gäste, die Mühe haben, das zu verstehen.

So habe ich Rommy in die Waschküche gesperrt. Da ich gegen ihn nicht unfair sein wollte, habe ich sie vorher geheizt. Gleichwohl, er sah mich, als ich ihn verließ, mit einem hintergründigen Blick aus seinen Dackelaugen an. Mir war nicht wohl dabei. Aber das Leben ist seiner Natur nach grausam. Ich war nicht in der Lage, daran etwas zu ändern.

Es verlief alles ausgezeichnet. Ich wählte den weiten Bogen. Ich erzählte Dir aus den Liaisons Dangereuses. Das Moment der Gefahr in der Liebe schien Dir vertraut zu sein. Die wunderbare Geschichte aus Paris von der Amerikanerin mit den hundert Dollars auf meinem Frühstückstablett lockerte die Situation weiterhin in Hoffnung erweckender Weise. Du lachtest Dein betörendes Lachen. Auch mit meinen Erlebnissen aus den leichten Häusern im Hafenviertel von Panamá lag ich entschieden richtig. Heute kannst Du ruhig erfahren, daß ich nie in meinem Leben in Panamá gewesen bin. Die Geschichte hat mir ein alter Kapitän erzählt, der wegen einer im Trunke erworbenen Radiusfraktur bei mir in Behandlung war.

Schließlich hatte ich den Sieg vor Augen. Der so schwierig zu treffende Augenblick für den Kniefall nahte. In Deinen wunderbaren, tiefen, meergrünen Nixenaugen blitzten jene zauberhaften kleinen goldenen Fünkchen auf, welche ein Stigma der Anadyomene sind. Dein glatter Arm, der leicht auf meinem lag, schien fast schon zu schweben, bereit, mich zärtlich zu umfangen.

Dies war vielleicht der glücklichste Augenblick in meinem Leben. Nur den Lieblingen der Götter gelingt es, aus meergrünen Nixenaugen goldene Fünkchen zu zaubern.

Aber diesmal waren die Götter nicht auf meiner Seite. Plötzlich trat ein tiefes Erschrecken in die wunderbaren, meergrünen Nixenaugen. Die goldenen Fünkchen erloschen. Du wurdest blaß. Du richtetest Dich kerzengerade auf und stelltest mit zitternder Stimme die Schicksalsfrage: »Um Gottes willen, wo sind die Hunde?«

Dies war vielleicht der unglücklichste Augenblick in meinem Leben. Nun ist ein Liebhaber, sei er glücklich oder unglücklich, wenn er überhaupt zu etwas gut ist, jedenfalls dazu gut, der Geliebten ihre Wünsche zu erfüllen. Zu diesem Behufe haben wir im Lauf der Zeit eine ziemliche Menge wilder Tiere umgebracht, goldene Äpfel verteilt, Turniere ausgefochten, Seeräuber erschlagen und den Zauberring vom Silbermöwentempel am grauen Berg über dem Meer geholt.

Aber Du begehrtest weder ein Königreich, noch einen goldenen Apfel, noch die blaue Blume aus dem Land der fernen Feen. Du begehrtest einen Dackel und einen Setter.

Ich wußte glücklicherweise, wo die Köter steckten. Insofern war meine Lage nicht vollkommen verzweifelt. Etwas konnte ich retten, vielleicht einen Blick der Dankbarkeit, aber eben nur, wenn ich statt der goldenen Fünkchen die Hunde herbeizauberte. Ich zauberte. Nach zehn Minuten waren die Biester beide wieder da. Das Feuer in der Waschküche, leider, war ausgegangen. Rommy zitterte vor Kälte. Juliette war, obgleich allein, doch auf die Theke gesprungen, hatte zuviel Bier geschluckt, schwankte und war besoffen. Das

Lächeln des Dieners in der Schenke übertraf an Infamie noch bei weitem das des Nachmittags. Sollte ich ihn jemals im Walde treffen, so ist er ein toter Mann.

So verbrachten wir einen reizenden Abend mit einem halb erfrorenen und einem ganz besoffenen Hund. Ich säuberte den Teppich für das süße Juliettchen und bereitete die silberne Wärmflasche für Rommy.

Wie warst Du entzückend! Was bist Du doch für ein Genie der Zärtlichkeit! Wie überströmend ist die warme Güte Deines Herzens! Wie bezaubernd ist die Poesie Deiner Einfälle, wenn Du Kosenamen erfindest! Wie hinreißend schön sind Deine Hände, wenn sie, leicht und zart, sich im Spiel des Streichelns ergehen, so wie die Eidechsen dahinhuschen über den warmen Sand in der Sonne Korsikas! Du schöne Fee! – Hundefee!

Wie glücklich müßte der Sterbliche sein, dem das alles zuteil würde. Wie recht habe ich, Dich zu lieben! Wie gern hätte ich für Rommy gefroren, für Juliette den Drehwurm gehabt. Den dankbaren Blick für den Sterblichen hattest du vergessen. Erst als wir uns trennten, machtest Du die delphische Bemerkung, daß ich mich ein wenig mehr um die Hunde kümmern müsse. Die Hunde durften in dieser Nacht in Deinem Bett schlafen – die Hunde!

Welch eine Nacht! Ich saß einsam auf dem Söller, pflegte die Wunden, welche der Gram meinem Herzen geschlagen hatte, mit Schnaps und lyrischen Gedichten. Nach langen und tiefen seelischen Qualen beschloß ich, mich mehr um die Hunde zu kümmern – für einen dankbaren Blick in der Woche, vielleicht.

Ich ging morgens mit den Hunden spazieren. »Aber geh nicht so schmutzige Wege!« Ich ging nachmittags mit den Hunden spazieren. »Aber laß sie nicht wildern!« Dazwischen ging ich mit den Hunden, abwechselnd, von Zeit zu Zeit für kurze Zeit ins Freie.

In den kalten Nächten schliefen die Hunde bei mir oben auf dem Söller. Da sie gewohnt sind, im Bett zu schlafen, und mein Bett für uns drei zu klein war, richtete ich mir auf dem Teppich ein schlichtes Lager ein. Rommy und Juliette waren damit einverstanden. Rommy wollte gewöhnlich um drei Uhr raus. Man sieht so selten die Schneelandschaft im Mondlicht um diese feierliche Stunde zwischen Nacht und Morgen, in welcher die Menschen zu sterben pflegen.

Juliette hatte ihre Wünsche erst gegen fünf Uhr. Der Mond stand dann schon hinterm Waldesrand. Manchmal krähte ein Hahn. Um sieben Uhr wurden die reizenden Tiere beide munter. Ich schlief gewöhnlich nach dem Frühstück heimlich noch eine Stunde, bis der Diener meldete, daß Du Dein Frühstück befohlen hättest. Dann erschienen Juliette, Pierre und Rommy an Deinem herzoglich burgundischen Himmelbett, um Dir ihre Aufwartung zu machen. Die Hunde wurden stürmisch liebkost und bekamen Keks, welchen sie stürmisch fraßen, während ich, mehr streng, befragt wurde, ob die guten Tiere auch richtig gefrühstückt hätten. Keks bekam ich nicht. So war ich als Liebhaber allmählich immer mehr auf die Hunde gekommen. Ich will nicht sagen, daß der Posten eines Hundeliebhabers nicht ein angenehmer wäre, aber er füllte den Tag etwas zu sehr. Das Epos, das ich zu Deinem Ruhm dichten wollte, es kam so wenig aufs Papier wie ich ins Bett.

Und vorige Woche nun wanderte ich in die Stadt, die Hundekuchen zu holen. Es sind ja nur vierzehn Kilometer und es waren auch nur zwanzig Grad minus. Und schließlich, wenn man liebt, ist alles leicht.

Ich nahm einen Zehnkilosack in Empfang und barg ihn im Rucksack. Als ich über den Schwarzen Markt mich auf den Heimweg machte, wurde ich angehalten. Ich sagte guten Gewissens, es seien Hundekuchen, was ich da im Rucksack hätte. Als der Sack geöffnet wurde, waren Haferflocken drin – zehn Kilo Haferflocken. Die Leute müssen da etwas verwechselt haben.

Das Gefängnis war kühl, die Haferflocken haben wir nicht bekommen. Aber es waren ein paar nette Leute da, welche mir sagten, wo man Haferflocken bekommen könne. Quel monde!

Acht Tage sind eine lange Zeit. Aber hat nicht Amadis von Gallien für das schöne Fräulein Oriana acht Jahre, acht Monate und acht Tage auf dem Armutsfelsen geschmachtet? Wie himmlisch tröstlich war der Gedanke, daß Du meiner dächtest, vielleicht eine Zähre vergössest meinetwegen, der ich Deinetwegen für Hundekuchen im Kalabus saß.

Auch konnte ich wunderbar die Nacht durchschlafen. Nur geträumt habe ich nie von Dir, sondern immer nur von Rommy und Juliette. Ich war auch nicht allein. Aber Du weißt ja – depuis que je t'aime, ma solitude commence à deux pas de toi. Ich wußte, ich würde Dich wiedersehen. Und diesmal wohl mußte der dankbare Blick fällig sein, der dankbare Blick, welcher mich für alles entschädigen würde.

Daß Du so zornig warst bei meiner Rückkehr, weil ich so borniert gewesen war, nicht selbst rechtzeitig in den Sack zu spähen – ich verstehe es gut. Acht Tage waren die armen Hunde ohne Hundekuchen, während ich an der öffentlichen Verpflegung schmarotzte. Wenn Du ahntest, wie hinreißend im Zorn Deine meergrünen Augen sprühten, mit goldenen Fünkchen drin! Oh, ich habe die goldenen Fünkchen noch einmal hervorgezaubert, ich, der Liebling der Götter! Nichts wird mich jemals der Erinnerung daran berauben können. Es war zauberhaft! Aber Dein Zorn hat mich vernichtet. Ich vermag nicht, das länger zu ertragen. Ich vermag nicht, länger bei Dir zu weilen.

Deraine, meine süße, anmutige und reizende Geliebte, ich verlasse Dich. Ich verlasse Dich für immer. Der Söller sieht mich heute nacht zum letztenmal. Während Deine goldenen Haare, in deren Duft alle Blumen der Welt sind, auf dem seidenen Kissen ruhen und Deine langen Wimpern auf dem Glanze der Nachtcreme, ziehe ich einsam in den kalten Morgen hinaus.

Rommy wird mich ein Stück begleiten. Irgendwo hinter dem Parktor wird er, wenn ich weiterziehe, in Verlegenheit geraten, in die rührende Verlegenheit eines Dackels. Sein kleines gutes Hundeherz wird den Schmerz des Abschieds spüren. Dann wird er mit voller Fahrt heimschnüren und an Deiner Tür kratzen. Du wirst ihn hereinlassen, Du wirst ihn liebkosen, und er wird bei Dir schlafen. Noch ahnst Du nicht, daß er das Missing link ist zwischen Dir und mir, und daß sein Kratzen nichts anderes war, als meine Abschiedsgrüße mit Hundepfoten an Deine Tür geschrieben.

Vielleicht wirst Du eines Tages, wenn ich schon lange weg bin, das treue Herz vermissen, das für Dich schlug. Ich werde dann Sisal pflanzen am mittleren Kongo und mir Krokodile halten. Die bellen nicht und wedeln nicht mit dem Schwanz. Und wenn eines mich fressen wird, werde ich an die goldenen Fünkchen denken in Deinen wunderbaren, meergrünen Nixenaugen. Du darfst sicher sein, daß ich noch im Rachen des Krokodils lächeln werde.

Adieu Deraine! Ich werde Dich lieben bis ans Ende meines Lebens! Auf dem Stein, unter welchem das Krokodil, mit mir inside, begraben liegen wird, wird eine Strophe stehen aus einem Gedicht, das Baudelaire für uns gedichtet hat:

»Einmal, o Süße, eins nur, lag zu guter Stunde
Dein glatter Arm auf meinem leicht.
Es hat das Grau in meiner Seele tiefem Schattengrunde
Nie die Erinnerung gebleicht.«

Adieu Deraine! Adieu!

Wenn Du mir noch einen letzten Gruß senden willst, den ich auf meinem Herzen tragen werde zum mittleren Kongo, ich wohne für einige Tage in Zürich im Baur en ville. Pierre

Telegramm:

= D = Pierre Baur en ville Zürich

Bitte sofort zurückkommen stop flehe Dich an, mich nicht im Stich zu lassen stop Juliette ist erkrankt. Deraine

HERR ANTROBUS MEINT . . .

Seit Thornton Wilder sein Theaterstück »Wir sind noch einmal davongekommen« über die Bühnen der Welt gehen ließ, ist Herr Antrobus ein Begriff. Es ist der Mensch, der von der Sintflut über die Völkerwanderung bis zur Gegenwart, von der Erfindung des Rades über die Erschaffung der Schrift bis zur Spaltung des Atoms Jahrtausende überlebt hat. Dieser Herr Antrobus ist der Zeitgenosse schlechthin. Er begnügt sich damit, die Dinge durch die Lupe seiner Erfahrung zu betrachten.

Onkel Pekingmensch

Mein Onkel in Peking war der Erfinder der Hände. Er galt damals als ein Sonderling. In der Familie hielt man nicht viel von ihm. Später ist er als der Pekingmensch in der Wissenschaft sehr berühmt geworden – Pithecanthropus erectus sinensis.

Er war als erster auf die Idee gekommen, aufrecht zu gehen. Natürlich wußte er zunächst nicht recht, was er mit seinen Vorderfüßen anfangen sollte. Er wußte ja nicht, daß es seine Hände waren. Wir fanden ihn damals alle sehr komisch. So kam es, daß er sich, unserer Torheit wegen, an den Kopf faßte. Diese prähistorische Geste hat nachher, in der Historie, vielfach Nachahmung gefunden.

Wie alle großen Erfinder sank er unbekannt ins Grab. Vor dreißig Jahren hat man seinen Schädel ausgegraben. Diese Ausgrabung war eine sehr unangenehme Überraschung für die Wissenschaft. Es stellte sich nämlich heraus, daß Onkel Pekingmensch 240 000 Jahre älter war als der älteste Affe, den die Wissenschaft kennt. Lange hatte man gehofft, einen Affen zu finden, der älter wäre als Onkel Pekingmensch. Aber ehe es zu diesem Affen gekommen ist, haben die Ereignisse der Wissenschaft einen Streich gespielt. In China brach eine Revolution aus, und der Schädel des Pekingmenschen wurde gestohlen.

Man vermutet, daß der Dieb ein Philosoph ist, dem der eigene Kopf nicht mehr bedeutend genug war, um sich, der menschlichen

Torheit wegen, an denselben zu fassen. Sicher ist, daß der Mensch es im Gebrauch der Vorderfüße nunmehr so weit gebracht hat, daß er seine eigenen Ahnen stehlen kann. Ich, Herr Antrobus, würde mir an den Kopf fassen. Aber ich habe Rheuma im Kreuz. Ich habe das von Onkel Pekingmensch geerbt. Schon damals sagte Tante Pekingmensch, diese unnatürliche Aufrechthaltung würde Onkel Pekingmensch nicht lange durchhalten. Es scheint fast so, als ob die Tante, wie alle Tanten seit eh und je, schließlich doch noch recht behalten wird.

Die Reisigmenschen

Wenn Menschen meinen, daß sie in die Zukunft sähen, was tun sie dann? Sie kaufen Zucker! In diesen unruhigen Tagen voller unkontrollierbarer Gerüchte hat fast jedermann Zucker gekauft.

Das erinnert mich lebhaft an die Leute, die Reisig zu sammeln anfingen damals, als die Eiszeit so plötzlich über uns hereinbrach. Von den Reisigmenschen ist keiner am Leben geblieben. Sie sind alle erfroren. Übrigens sind sie auf eine höchst unwissenschaftliche Weise zugrunde gegangen. Sie wurden ausgemerzt, obwohl sie eine Auswahl der Tüchtigsten waren. Übrig geblieben sind ein paar Narren, die die Kälte nicht mochten. Mit einem Säckchen voll Sonnenblumenkernen wanderten sie tausend Meilen nach Süden. Von diesen Phantasten stammen die Zuckermenschen ab. Man sieht, es hat nichts genützt. Den Zuckermenschen würde es in der nächsten Katastrophe genauso ergehen, wie es damals den Reisigmenschen ergangen ist.

Eine Stunde Angst verwandelt zwanzigtausend Jahre Vernunft in einen Rauch. Mut besteht darin, daß der Mensch in seiner Angst die Vernunft nicht verliert und sich der zwanzigtausend Jahre erinnert, die er überlebt hat. Mut ist der Kern, aus dem die Sonnenblume der Zukunft erblüht. Was für Kerne sonst noch in dem Säckchen sein sollten, wird erst zwanzigtausend Jahre später ein gescheiter Historiker auf wissenschaftliche Weise feststellen.

Ich bin sicher, daß Sonnenblumenkerne in den nächsten Tagen

nicht einmal mehr auf dem Schwarzen Markt zu haben sein werden. Ich, Herr Antrobus, besitze davon noch ein Säckchen voll. Ich werde sie essen und Schalen auf die Lage spucken.

Verständigung

Eines Tages – es war erst wenige tausend Jahre nach der Erfindung des Rades – kam vor der Höhle des alten Herrn Antrobus, meines verehrungswürdigen Großvaters, ein Mann an, der auf einem Schubkarren einen ziemlich großen Stein angerollt brachte. Der Stein war mit gemeißelten Zeichen bedeckt. Es war ein Brief seines Bruders, der im Gebirge wohnte.

Es nahm nicht einmal eine ganze Woche in Anspruch und schon war es meinem Großvater, der ein gelehrter Mann war, gelungen, die Zeichen zu entziffern. Keine drei Monate später war die Antwort gemeißelt, und der Mann mit dem Schubkarren rollte den Antwortbrief ins Gebirge zurück. Dieses Ereignis wiederholte sich Jahr für Jahr. Die beiden Brüder standen in engem Kontakt miteinander. Ihre Verständigung war vortrefflich.

Seit dieser Zeit hat der Mensch die Mittel der Verständigung ständig verbessert, und so gibt es unterdessen siebzig Millionen Telefonanschlüsse auf der Welt. Es ist also ein jeder, der ein Telefon hat, mit siebzig Millionen anderen, die auch ein Telefon haben, durch einen Kontakt aufs engste verbunden.

Nun ist aber ganz offenbar für eine Verständigung vor allem erforderlich, daß der Verstand Kontakt bekommt. Der Verstand steckt aber nicht im Steckkontakt. Es gibt also siebzig Millionen Steckkontakte, die keinen Verstand für Verständigung haben. Welch ein Fortschritt!

Ich, Herr Antrobus, stehe diesmal mit meiner Meinung nicht allein. Mit siebzig Millionen Steckkontakten teile ich die verbreitetste aller Meinungen unserer Zeit, jene Meinung, die auf der Welt täglich siebenhundertmillionenmal der Verständigung dient.

Ich, Herr Antrobus, meine: »Hallo!«

Der vergessene Elefant

Einen Elefanten soll man sich nur anschaffen, wenn man wirklich einen braucht. Das ist eine alte Regel. Einen Regenschirm kann man sich anschaffen, auch wenn man nicht wirklich einen braucht. Nun ist zwar ein Elefant in Indien ebenso ein Zeichen von Würde wie ein Regenschirm in London. Aber der Unterschied stellt sich sogleich heraus, wenn die Würde vergessen wird. Wenn man einen Regenschirm vergißt, macht es nichts weiter aus. Wenn man aber einen Elefanten vergißt . . .

Der erste Elefant, der des Menschen Freund gewesen ist, wurde mit der Flasche großgezogen. Mein Großvater hatte ihn im Dschungel gefunden. Ich, Herr Antrobus, habe als kleiner Junge den Elefanten sehr geliebt. Der Elefant war fröhlich und hat immer getan, was ich von ihm wollte. Ich glaube, er hat mich auch ein bißchen liebgehabt. Dann wurde der Elefant Soldat und mußte mit Alexander dem Großen kämpfen und mit Hannibal über die Alpen ziehen. Später diente er der Würde der Maharadschas. Als die Würde auf den Regenschirm überging, kam der Elefant in den Zoologischen Garten. Seitdem ist er traurig. Zuweilen besuche ich ihn. Dann sind wir zusammen traurig.

Seit des Menschen Würde auf den Regenschirm übergegangen ist, bleibt die Würde häufig in einer Ecke stehen. Früher dachte man, das sei ein Zeichen von liebenswürdiger Vertrottelung. Aber die Psychoanalytiker haben herausgefunden, daß die Gegenstände eine symbolische Bedeutung haben. Man spannt, wenn es regnet, nicht nur den Schirm auf, sondern auch die Bedeutung, die er hat. Die Psychoanalyse beschäftigt sich mit dem Symbol, das man in der Ecke stehenläßt, in der man den Schirm vergißt.

Die Presse meldet, daß in einem Fundbüro in Delhi ein Elefant steht, der vergessen worden ist. Es ist die alte Würde des Menschen, die in der Ecke, in der der Elefant vergessen wurde, stehengeblieben ist. Erst war der Elefant im Fundbüro traurig. Er hat wohl an meinen Großvater denken müssen. Aber das Fundbüro mußte täglich dreißig Regenschirme verkaufen, um das Heu zu bezahlen, das die alte Würde fraß. Gestern ist der letzte Regenschirm verkauft worden. Die alte Würde hat die neue Würde aufgefressen.

Seitdem ist der Elefant wieder fröhlich. Ich, Herr Antrobus, werde nach Delhi fahren, um den fröhlichen alten Elefanten zu besuchen. Er weiß natürlich, wer ihn stehengelassen hat. Und mir wird er es auch sagen. Aber ich, Herr Antrobus, werde ihn nicht verraten. Eher fresse ich meinen Regenschirm!

Kulturbeutel

Wenn das Jahr sich anschickt, zu Ende zu gehen, läßt der Mensch seit jeher in seinen Bemühungen etwas nach. Selbst Kriege beginnt er nie um diese Zeit. Ganz heimlich nur gräbt er die Streitaxt aus. Er braucht sie, um Holz zu spalten. Es ist kalt. Das Herdfeuer muß brennen.

Ich, Herr Antrobus, habe schon viele listige Tyrannen ihrer Herrschaft beraubt. Die Herrschaft über das Feuer hat Frau Antrobus niemals aus der Hand gegeben, seit der ersten Höhle, die warm zu kriegen mir gelang. An diesem Feuer saß Frau Antrobus durch die Jahrtausende. Erst spann und webte sie. Dann strickte und häkelte sie. Dann las und schrieb sie. Die Antrobuskinder tobten umher und verschmierten meine Höhlenzeichnungen, indem sie sich alberne Tiere ausdachten, über denen die Wissenschaft noch heute grübelt. Wenn ich den Kindern einen Bären schnitzte, lächelte Frau Antrobus. Wenn die Kinder den Bären vergessen hatten, warf Frau Antrobus ihn ins Feuer. So ist von den Anfängen der Plastik wenig erhalten geblieben. Ich mußte dazu übergehen, in Stein zu arbeiten. Diesen Fortschritt der Kultur verdanken wir der Herrschaft von Frau Antrobus über das Feuer.

Alle großen Werke sind im Frieden des Herdfeuers entstanden, über welches Frau Antrobus herrscht. Alle Menschen erinnern sich ihr ganzes Leben lang an die kostbare Behaglichkeit der langen Abende im Beginn des Winters, in denen die Kultur ihren Anfang nahm.

Eines Tages erlosch das Herdfeuer, und Prometheus mußte stempeln gehen. Der Herd wurde elektrisch. Was geschah mit der Kultur?

Wir erfahren es aus dem Adventskatalog eines Warenhauses. Der

Katalog bietet an zu DM 3,75, fünfundzwanzig mal dreizehn mal sieben Zentimeter groß, in Rot, Grün, Blau oder Gelb – »Kulturbeutel mit Reißverschluß«. Eine umfangreiche Enquête hat ergeben, daß der Kulturbeutel an und für sich leer ist. Es scheint, als ob es wiederum Frau Antrobus aufgegeben sei, die Kultur mit Inhalt zu füllen. Eine zweite, noch umfangreichere Enquête hat dann ergeben, daß Frau Antrobus die Kultur mit Zahnbürste, Lippenstift, Puderdose und einem Paar Nylons füllt.

Ich, Herr Antrobus, habe, da ich kein Holz mehr zu spalten brauche, Zeit. Ich werde über die Kultur nachdenken. Sollte ich dabei zu keinem Ergebnis kommen, werde ich einen Bären schnitzen und ihm den Kulturbeutel aufbinden.

Wer aber wird den Bären Frau Antrobus aufbinden?

Vorsicht mit nützlichen Erfindungen!

Der Mensch ist zu vielerlei begabt. Er hat die Gabe, dem Acker Frucht abzutrotzen, Gedichte an die Geliebte zu verfassen, Pferde zu züchten, faul zu sein. Er ist, was man einen begabten Menschen nennt.

Die Erfindungsgabe des Menschen hat die Kultur geschaffen. Über nichts kann der *homo ludens*, das spielende Kind der Schöpfung, so sehr in Entzücken geraten wie über etwas, was seine Gabe erfindet.

Mit dem, was der Mensch erfindet, verwandelt er die Welt. Dabei ist er ziemlich schnell von den Feuersteinkeilen zur Stratosphärenrakete vorgedrungen. Das Entzücken hat dabei langsam nachgelassen. Heute starrt der *homo ludens* nach oben in die Richtung, in der in Sekundenschnelle der Schatten seines Ingeniums im leeren Raum verschwindet. Das Entzücken ist mit dem Schatten enteilt. Der *homo ludens* hat dabei ein steifes Genick bekommen. Irgendeine uralte Erinnerung, daß er sich einmal mit der Welt in Harmonie befunden hat, taucht in ihm auf. Aber das war lange vor den Feuersteinkeilen.

So sah der Mensch sich schon vor einiger Zeit genötigt, den leidenschaftlichen und übertriebenen Gebrauch seiner Erfindungsgabe moralisch zu begründen. Er erfand »die nützliche Erfindung«.

Wie immer, wenn die Moral mit dem Entzücken zusammentrifft, entsteht eine säuerliche Nuance. Aber schließlich, eine nützliche Erfindung – das müßte doch etwas sein! Jetzt handelt es sich nicht mehr um das egoistische Entzücken eines einzelnen. Jetzt handelt es sich um das Wohl der Menschheit.

So betrat vor fünfundsiebzig Jahren, an einem sanften Herbsttag Anno Domini 1886, ein Genie der Erfindungsgabe das Patentamt der Vereinigten Staaten von Amerika. Es war ein großer Tag in der Geschichte der nützlichen Erfindungen. Der Wackere hatte nur ein bißchen Draht in der Hosentasche, einen halben Meter Draht. Es war nicht Edison, der eine so schreckliche Menge nützlicher Erfindungen gemacht hat. Es war ein schlichter Farmer aus Texas, der seine und aller seiner Nachbarn Kühe dazu bewegen wollte, daß sie nicht dahin liefen, wohin sie wollten, sondern daß sie da blieben, wo das spielende Kind der Schöpfung sie haben wollte. Das Land der Freiheit verlieh dem Erfinder ein Patent, das die Freiheit der Kühe ein wenig einschränkte.

Die Erfindung nahm einen ungeheuren Aufschwung. Ganze Staaten konnten auf der Erfindung des schlichten Texasfarmers vorübergehend fest begründet werden. Der Texasfarmer wurde ein reicher Mann. Die Kühe sind seitdem ein wenig melancholisch.

Fünfundsiebzig Jahre sind eine lange Zeit. Immerhin gibt es unter uns noch einige Zeitgenossen, die ihre erste Jugend vor der großen Ära der nützlichen Erfindung des Texasfarmers verbracht haben.

Was für eine glückliche Jugend muß das gewesen sein! Der Draht, den der Texasfarmer vor fünfundsiebzig Jahren im Land der Freiheit patentiert bekam, war Stacheldraht.

Eine Teufelskurve

Die Leute sind heute nicht mehr fromm genug, um noch an den Teufel zu glauben. So ist es für Mephisto ein leichtes, sich in der Technik eine führende Stellung zu verschaffen. Von da aus leistet er sich dann zuweilen einen seiner höllischen Späße.

Jene Meister des Konstruktiven, das dem Destruktiven dient, jene Männer, die die Wissenschaft zu nichts Besserem zu mißbrauchen wissen, als daß sie neue Waffen schaffen, überlegen sich nie, gegen wen diese Waffen sich richten werden. Gegen Menschen! Natürlich! Aber gegen welche? Die Erfahrung hat gezeigt, daß jeder Gegner genau drei Jahre nach einer großartigen Erfindung in der Lage ist, die großartige Erfindung nicht nur nachzumachen, sondern gleich immer auch ein wenig zu übertreffen. Die Matadore des Fortschritts merken nicht, daß sie beide ergebene Sklaven ein und desselben Unsinns sind.

Daß sie das nicht merken, ist so töricht, daß es nicht nur uns ärgert, sondern sogar den Teufel. Ganz ohne Menschheit könnten die Teufeleien dem Teufel keinen Spaß mehr machen. Mephisto ist durchaus darauf angewiesen, daß es uns gibt.

So beschloß der Teufel eines Tages, den konstruktiven Genies ihre Torheit eindrücklich zu demonstrieren. Er gab einem genialen Erfinder den genialen Gedanken ein, einen Torpedo zu konstruieren mit einem Elektronengehirn, das das Schraubengeräusch des zu zerstörenden Schiffes akustisch dazu auswertet, den Torpedo in sein Ziel zu steuern. Hat das Elektronengehirn des Torpedos das Schraubengeräusch des Gegners einmal erfaßt, landet der Torpedo unerbittlich und unausweichlich in der feindlichen Schraube.

Der erste große Versuch auf offener See wird angesetzt. Selbstverständlich ist der Teufel, als Sachverständiger der Regierung, mit eingeladen. Behaglich lehnt er an der Reling und blickt hinüber nach dem automatisch gesteuerten Zielschiff, das langsam vor der Kimm dahinzieht. Der Versuchstorpedo mit dem Elektronengehirn und einer kleinen Sprengladung im Kopf wird abgeschossen. Alles beobachtet mit großen Ferngläsern gespannt den Lauf des Geschosses, das eine hübsche Blasenbahn durch die ruhige See zieht. Nach ein paar hundert Metern, als die Kraft des Abschusses verbraucht ist, verlangsamt das Elektronengehirn den Lauf seines Torpedos. Das Gehirn denkt nach. Das steht nicht im Programm. Die konstruktiven Männer werden unruhig. Der Sachverständige der Regierung lächelt. Aber Elektronengehirne sind sehr klug. Immer wieder versichern uns die Gazetten in eindringlicher Weise, daß sie sogar weit mehr als unsere Gehirne leisteten.

Plötzlich besinnt sich das Elektronengehirn und setzt den Torpedo wieder in schnelle Fahrt. Die konstruktiven Männer atmen auf. Offenbar hat das Elektronengehirn jetzt das Schraubengeräusch registriert. Der Sachverständige der Regierung bindet sich eine Schwimmweste um. Niemand achtet darauf.

Das Elektronengehirn hat in der Tat ein Schraubengeräusch erwischt. Der Torpedo macht eine große, elegante Kurve und nähert sich von achtern dem Schiff, von dem er abgeschossen wurde. Ehe sich die konstruktiven Männer von ihrer Verblüffung über die Teufelskurve des Elektronengehirns erholt hatten, war der Torpedo schon mit einem Knall in ihrer eigenen Schraube explodiert.

So macht die Technik ihre Fortschritte. Der Sachverständige der Regierung wurde, natürlich als erster, gerettet. Auch die konstruktiven Genies wurden gerettet. Aber gemerkt haben sie nichts. Es war, wie sie in einem solchen Fall zu sagen pflegen, ein teuflischer Zufall.

Die Gnade Allahs

Die Sandwüste von El Alamein hat eine merkwürdige Veränderung erfahren. In den Jahren, die seit der großen Panzerschlacht vergangen sind, ist aus der Wüste eine Steppe geworden. Über fast tausend Meilen, von Alexandria bis zum Golf der Großen Syrte in der Cyrenaika, erstreckt sich eine riesige grüne Fläche von Chenopodae. Dieses bescheidene Meldengewächs hat die harte Welt der Beduinen in ein Paradies verwandelt. Von Chenopodae werden die Kamele der Beduinen satt.

Das Wunder der Wüste ist entstanden aus dem Zusammentreffen zweier Mängel. Die Wüste hat kein Wasser und Chenopodae hat keine Wurzeln, die Wasser aus der Tiefe heraufholen könnten. Die Pflanze hat nur ganz zarte und oberflächliche Wurzeln. Mit diesen Wurzeln hat Chenopodae gelernt, vom Morgentau zu leben.

Da die Beduinen keine Ahnung von den Zusammenhängen der Sache haben, glauben sie vernünftigerweise an ein Wunder und nennen Chenopodae mit schöner Bedeutung »Die Gnade Allahs«.

Die Wissenschaft konnte die Zusammenhänge schnell und einwandfrei klären. Truppen des Generals Auchinleck haben die Samen in den Futtersäcken ihrer Mulis aus Australien mitgebracht. Chenopodae fand günstige Wachstumsbedingungen. Das ist alles. So verzichteten die Botaniker vernünftigerweise darauf, in ihre Erklärung die Hypothese von der Gnade Allahs aufzunehmen.

Ich, Herr Antrobus, frage mich, ob nun die Botaniker recht haben oder die Beduinen.

Die Botaniker können sehr schön erklären, warum Chenopodae vom Morgentau leben kann. Was die Botaniker aber nicht erklären können, ist, warum die Schöpfung Australien mit Chenopodae beschenkte, Afrika aber nicht. Die Hypothese der Beduinen erklärt das mit. Sie ist nicht nur umfassender. Sie ist auch einfacher. Simplicitas sigillum veritatis!

Ich, Herr Antrobus, meine, daß die grüne Weide der Gnade Allahs doch wohl der dürren Wüste der Wissenschaft vorzuziehen sei. Von der Wissenschaft wird nur der Verstand des Menschen satt. Von der Gnade Allahs leben sogar Kamele wie im Paradies.

Seifenblasen

Zweifellos ist es für die Politik der Römischen Republik von größter Bedeutung gewesen, daß im Senat niemals ein Projekt wie eine Seifenblase geplatzt ist. Selbst Cäsar, der große Cäsar, hat nie in seinem Leben eine Seifenblase platzen sehen. Es gab damals noch keine Seife.

Hätte Cäsar vermocht, Kleopatra die Welt in einer Wunderkugel vorzuspiegeln, vielleicht läge Washington heute im Sudan und der Kreml am Nordpol. Am Nordpol gäbe es keinen heißen und im Sudan keinen kalten Krieg. Die Welt sähe anders aus.

Als der Erfinder der Seife die Seife erfand, erfand er die Voraussetzung für die Hygiene und damit die Voraussetzung für die Zivilisation des 19. Jahrhunderts. Er hat nicht ahnen können, daß das Wichtigste an seiner Erfindung nicht die Sauberkeit war. Arnold Toynbee hat sechs respektable Bände über die Geschichte der Menschheit geschrieben. Er entdeckte, daß die Menschheit zwanzig

Gesellschaften ohne Seife hervorgebracht hat und nur eine mit Seife. Diese leider ist ausgerechnet die unsere!

Alle Kinder der einundzwanzigsten Gesellschaft wurden in ihrer Jugend davon entzückt, daß die Welt sich in einem Wunder spiegeln kann, das aus nichts als einem Hauch besteht. Und alle Kinder der einundzwanzigsten Gesellschaft mußten die erschütternde Erfahrung machen, daß das Wunder platzt, wenn man es berührt. Das ist die Quelle, aus der das Gefühl für die Fragwürdigkeit unserer Welt, aus der die Lebensangst, der Existentialismus, der Nobelpreis, die Ortskrankenkasse und der kalte Krieg stammen.

Jetzt hat ein Genie der späten einundzwanzigsten Gesellschaft die Kolloidchemie auf die Seifenblase angesetzt. Das Genie hat eine Seifenblase erfunden, die man auf der Hand dahinrollen lassen kann. Die Kinder der späten einundzwanzigsten Gesellschaft werden vor der erschütternden Erfahrung bewahrt, daß Wunder platzen, wenn man sie berührt. Die Seifenblase ist stabil geworden mit einer Halbwertzeit von elf Sekunden. Das Wunder ist nicht mehr vom Zufall abhängig. Was soll diesen Kindern im Leben noch passieren?

Ich, Herr Antrobus, meine, daß das der Beginn der zweiundzwanzigsten Gesellschaft sein wird, und außerdem meine ich noch, daß hier wieder einmal der Falsche keinen Nobelpreis bekommen hat.

Der letzte Pfennig

Nichts von dem, was ich, Herr Antrobus, je besessen habe, hat so viel Unheil auf der Welt angerichtet wie mein letzter Pfennig.

Damals, als ich friedlich in Makedonien saß und unter meinen Ölbäumen träumte, nahm mir Alexander der Große meinen letzten Pfennig ab und bezahlte damit seinen Feldzug nach Indien. Damals, als ich friedlich in der Steppe meine Schafe weidete, nahm mir Dschingis Khan meinen letzten Pfennig ab, damit sein Enkel Peking erobern konnte. Damals, als ich friedlich meinen Kohl bei Magdeburg baute, nahm mir Napoleon meinen letzten Pfennig ab und zog damit nach Moskau.

Ich, Herr Antrobus, weiß, daß mein letzter Pfennig der Wehrsold des Teufels ist. Darum habe ich seit jeher etwas dagegen gehabt, meinen letzten Pfennig herauszurücken.

Es waren immer gute Zeiten, wenn ich mit dem Geld in der Tasche klimpern konnte, ohne daß einer gleich alles für eine neue Seite im Geschichtsbuch haben wollte. Aber es ist lange her, daß ich mit Geld klimpern konnte. Viele Jahre lang durfte ich nur rascheln. Das Raschelgeld hat den großen Nachteil, daß, wenn man es vergräbt, um den letzten Pfennig daran zu hindern, Unheil anzurichten, die Mäuse es sind, die den letzten Pfennig fressen. Dann gab es Groschen, mit denen man schon scheppern konnte. Jetzt darf ich wieder klimpern. Die neuen Kupfermünzen sind da. Sie sind tatsächlich aus Kupfer. Das könnte mich mit Hoffnung erfüllen. Spare in der Not, da hast du Zeit! Morgenstunde hat Kupfer im Munde! Wer das Scheppern nicht ehrt, ist des Klimperns nicht wert! Aber ich, Herr Antrobus, ich bleibe mißtrauisch. Mein letzter Pfennig ist mit meinem vorletzten unlöslich verschmolzen. Es gibt als gute Münze nur Zweipfennigstücke. Alexander der Große wäre darüber entzückt gewesen. Er hätte doppelt so weit marschieren können. Vielleicht hätte er die Mongolen in Peking getroffen und schrecklich besiegt. Auch Napoleons Armee wäre erst am Ural erfroren.

Ich habe mir meinen verschmolzenen Pfennig genau betrachtet. Die neue Münze trägt auf der Vorderseite die Zahl Zwei, von Ähren umrahmt, auf der Rückseite ein Eichenblatt.

Es wird also der Ruhm wieder auf dem Markt als Scheidemünze von Hand zu Hand gereicht. Schon immer war des Teufels Wehrsold mit dem Ruhm unlöslich verschmolzen. Kopf oder Adler? Ähre oder Ruhm?

Fortuna rollt nicht mehr auf einer goldenen Kugel durch die Welt. Sie radelt zwischen Ähre und Ruhm auf meines letzten Pfennigs Kupferrand dahin. Eines Tages wird mir wieder jemand meinen letzten verschmolzenen Pfennig abnehmen, um eine neue Seite im Geschichtsbuch zu schreiben. Die Göttin des Glücks wird dann zu Fuß gehen müssen.

Ich, Herr Antrobus, werde ihr auf diesem Fuße folgen.

Diogenes in Bonn

Wenn Diogenes unter den Strahlen der attischen Sonne mit seiner Laterne über die Agora von Athen ging, um einen Menschen zu suchen, lachten die Athener. Sie waren intelligente Politiker und nahmen den Diogenes für einen Narren. Sie wußten nicht einmal, wie recht sie damit hatten. In der Welt der intelligenten Politiker hatte die Weisheit eine Zuflucht schließlich nur noch bei einem Narren finden können. Die bescheidene Tonne des Diogenes stand unter dem Schutz der Göttin Pallas Athene.

Eines Tages aber verging den Bürgern von Athen das Lachen. Der große Alexander machte sich auf den Weg, Diogenes zu besuchen. Die Macht verließ ihren Palast, um sich zur Tonne der Weisheit zu begeben. Die Bürger von Athen wurden Zeugen eines der schönsten Augenblicke in der Geschichte der Menschlichkeit. Als Alexander der Große in seinen Palast zurückkehrte, hatte er die einzige Niederlage seines Lebens erlitten. Diogenes hatte ihm etwas demonstriert, was nicht einmal sein großer Lehrer Aristoteles ihn gelehrt hatte, daß zwar die Macht der Weisheit, die Weisheit aber nicht der Macht bedürfe.

Alexander der Große beneidete den Diogenes. Welch wahrhaft humaner Zug! Weit mehr um dieser königlichen Bescheidenheit als um aller seiner Siege willen hat Alexander es verdient, »der Große« genannt zu werden.

Vor dem Bonner Bundeshaus wandelte in diesen Tagen ein einsamer Mann auf und ab, der eine Laterne in der Hand trug und ein Schild geschultert hatte, auf dem geschrieben stand: »Ich suche Versöhnung und Menschlichkeit«. Auch die Bürger von Bonn haben natürlich über diesen Narren gelacht. Das ist ihr gutes Recht. Sie haben keinen Grund, weniger intelligent zu sein als die Bürger von Athen. Aber leider hat man nichts davon gehört, daß die Macht ihren Palast verlassen habe, um sich von einem Narren belehren zu lassen. Unsere regierenden Automobile bremsten wohl kurz, aber dann gingen sie um so schneller in die intelligente Kurve, die von der Weisheit wegführt, als es galt, einige verlorene Sekunden der Neugier wieder aufzuholen.

Ich, Herr Antrobus, gehe mit Pallas Athene jede Wette ein, daß, wenn sie den Diogenes persönlich auf die Agora unserer Intelligenz schickte, man der Weisheit nicht einmal eine Tonne genehmigen würde.

Nur wenn die Weisheit einen Flüchtlingsausweis hätte, dürfte sie, von keiner Macht gestört, in einer solchen wohnen.

Ein edler Wettstreit

Ehre und Glück der Völker sind das Ziel des gewaltigen Aufwands der Politik. Freilich, wenn man genauer hinsieht, möchte es scheinen, als ob der Export und die Kanonen die Ehre und der Import und die Butter das Glück der Völker seien. Aber der Mensch lebt nicht vom Brot allein. Sieben edle Städte stritten sich einstens um die Ehre, der Geburtsort Homers zu sein. Heute streiten sich zwei edle Städte um das Glück Romeos und Julias.

Seit vielen Jahrhunderten schätzt die edle Stadt Vicenza als ihren edelsten Schatz das Bett, in dem das berühmteste Liebespaar der Welt geschlafen hat. Vor einiger Zeit ist dieses Bett aus der edlen Stadt Vicenza gestohlen worden. Einige Studenten der edlen Stadt Verona, die auf Ex- und Import von Ehre und Glück geschaltet waren, haben das kostbare Stück entführt. Woraufhin einige Studenten der edlen Stadt Vicenza den aus dem 13. Jahrhundert stammenden Panzer des Mastin della Scala in einer nächtlichen Aktion aus Verona exportierten.

Handelte es sich statt um einen Panzer aus dem 13. Jahrhundert um einen Tank aus dem 20. Jahrhundert, und wäre der Gegenwert nicht ein Geheimnis der Liebe, sondern ein Atomgeheimnis, wäre ein Krieg unvermeidlich. So hingegen haben sich die Würdenträger von Verona und von Vicenza in der edlen Stadt Mantua getroffen und einen Kompromiß geschlossen. Bett und Panzer werden getauscht. Ehre und Glück kehren an ihren alten Platz zurück. Damit aber auch der Gerechtigkeit Genüge geschehe, haben die Würdenträger der beiden edlen Städte beschlossen, daß sowohl die Studenten von Verona wie die Studenten von Vicenza demütig und reuevoll auf Mauleseln nach Mantua reiten müssen. Dorten sollen sie verurteilt, alsbald aber auch begnadigt werden.

Ich, Herr Antrobus, meine, daß Ehre und Glück der Völker leichter zu bewahren wären, wenn die Würdenträger, statt immer an Export und Kanonen zu denken, zuweilen im Homer läsen, und statt immer nur an Import und Butter zu denken, zuweilen von der Liebe Romeos und Julias träumten. Es ist schade, daß die meisten Würdenträger, statt auf Mauleseln geruhsam fürbaß zu trotten, so viel Automobil fahren müssen, daß sie weder zum Lesen noch zum Träumen Zeit haben.

Sprudelnder Überfluß

Das Leben ist, wie jedermann weiß, von notwendigen und überflüssigen Dingen in gleicher Weise erfüllt. Ein Hahn, der auf einem Misthaufen steht, erweckt den Eindruck einer gewissen Notwendigkeit. Ein Hahn in einer Bahnhofshalle vermag diesen Eindruck nicht in gleicher Weise zu erzielen. Aber schließlich ein Bahnhofsvorsteher, der auf einem Misthaufen steht, vermag das auch nicht. Es scheint, als ob es sowohl für das Notwendige wie für das Überflüssige angemessene Orte gibt.

Daß eine Quelle aus einem Berghang sprudelt, findet jedermann in Ordnung. Wenn auf dem großen Platz in der großen Stadt zwischen Elektrischer und Würstelbude, zwischen Kiosk und Polizist ein Springbrunnen fröhlich eine Wassersäule in den holden Frühling steigen läßt, sind die Meinungen geteilt. Die einen stehen entzückt vor diesem Wunder, das Natur und Technik auf so vollkommene Weise vereint. Sie betrachten träumerisch den aus Sprühregen und Sonne gewobenen Schleier, der den Polizisten in eine goldene Aura hüllt. Die anderen kümmern sich um den goldenen Schleier einen feuchten Staub. Sie sehen nur ihre Steuern in die Luft sprudeln. Sie erklären den Versuch des hochwohllöblichen Magistrats der edlen alten Stadt, Natur und Technik in einem Wunder zu vereinen, für ruchlose Verschwendung.

Ich, Herr Antrobus, meine, daß das Überflüssige das Notwendige ist. Ich habe nicht das geringste dagegen, daß aus meinen Steuern goldene Schleier gewoben werden. Das Notwendige tropft kärglich auf den heißen Stein. Das Überflüssige sprudelt. Ich liebe Polizisten mit goldener Aura. Freilich meine ich, daß Polizisten mit goldener Aura ihren Dienstplatz an der Quelle am Berghang haben sollten. Auf diese Weise würde der hochwohllöbliche Magistrat der edlen alten Stadt das Wunder zustande bringen, die Polizei aus einer Notwendigkeit in eine Überflüssigkeit zu verwandeln.

Ich, Herr Antrobus, meine, daß Steuern in nichts Besserem angelegt werden könnten, als in einer überflüssigen Polizei.

»Eins Zweiter vorgestern!«

Die Welt hat ihre Tücken, von der Atombombe, die aller Tage Abend ist, bis zur Rückfahrkarte, die schon am vierten Tag zu Ende geht. Offenbar ist der Raum weniger wert als die Zeit. Wenn wir im Raum an dieselbe Stelle zurückkehren wollen, bekommen wir Fahrpreisermäßigung. Wenn wir in der Zeit an dieselbe Stelle zurückkehren wollen, müssen wir entsetzlich teuer dafür bezahlen. Die Rückfahrkarte der Zeit ist am Schalter der Selbsterkenntnis zu lösen. Der Preis ist in Reue zu entrichten.

Ob es den Tiger manchmal reut, das Lämmchen gefressen zu haben? Die Psychologen lachen über eine solche Frage. Sie halten nichts von Fabeln. Aber vielleicht haben die Tiere die allerschönsten Fabeln, in denen sie sich über uns lustig machen. Wenn ich ein Löwe wäre, kein Wort würde ich je mit einem Menschen wechseln. Es gibt eine alte Sage unter den Seeleuten, daß die Affen nur deshalb nicht Englisch lernen, weil sie nicht arbeiten wollen. Eine Geschichte, die das zu beweisen scheint, hat sich vor kurzem in der Wissenschaft ereignet.

Ein Tierpsychologe hatte in einem Zimmer einige komplizierte Apparate aufgebaut, um mit einem Affen eine Intelligenzprüfung zu veranstalten. Er führte den Affen in den Raum, schloß ab und bückte sich, um durch das wissenschaftliche Schlüsselloch zu spähen und zu sehen, wie der Affe sich verhalten werde. Neben sich hatte er eine hübsche Menge scharfsinniger Schlüsse liegen, die er zu ziehen gedachte.

Und wie verhielt sich der Affe?

Vor dem psychologischen Schlüsselloch, zu dem auf der einen

Seite der Forscher sich gebückt hatte, um zu spähen, hockte auf der anderen Seite, ebenfalls um zu spähen, der Affe.

Ein ernster Fall! Noch niemals hat sich der Psychologie eine so wunderbare Möglichkeit geboten, dem Problem des Lebendigen so tief ins Auge zu schauen. Wer, anstatt nunmehr scharfsinnige Schlüsse zu ziehen, darüber zu lachen anfängt, ist ein Tor, der das Affenpanier schon ergriffen hat.

Wenn die Atombombe die Zeit des Menschen ausgelöscht haben wird, dann wird auf einem Baum im Urwald ein alter Schimpanse sitzen und traurig und bekümmert sagen: »Seht Ihr, Ihr Affen! Ich hab' es Euch immer gesagt!« Dann werden die Affen die Herrschaft über die Erde antreten. Aber wahrscheinlich werden sie ziemlich nett zu denen sein, die mit dem Affen am Schlüsselloch über die Psychologie gelacht haben.

Die Magie der Zeit kann aus jeder Torheit eine Weisheit machen. Die Zeit braucht dazu nur ziemlich viel von sich. Die Reue kann das schneller.

»Eins Zweiter vorgestern!« ist die Fahrkarte der Zukunft.

Das Erbe des Empire

Früher konnte sich jedermann, wenn der Sinn ihm danach stand, einen Affen kaufen. Jetzt muß sich jedermann, auch wenn der Sinn ihm gar nicht danach steht, einen Affen schenken lassen. Die Regierung von Madras hat sich an die ganze Welt mit der Bitte gewandt, sich Affen schenken zu lassen. Die Affen in Madras haben sich ungebührlich vermehrt. Sie sind eine Plage geworden. Sie fressen das Land kahl. Da die Hindus fromme Leute sind und keine Tiere töten, bleibt der Regierung nichts anderes übrig, als die Affen zu verschenken.

Ich habe, als ich diese Nachricht gelesen habe, wie jeder andere zuerst auch gelacht. Aber wer zuerst lacht, lacht am schlechtesten. Die Sache ist nicht so einfach. Wenn nämlich auf der ganzen Welt niemand sich einen Affen schenken lassen will, werden die Affen in Madras sich weiter vermehren, und die Hindus in Madras werden zu hungern anfangen. Auf einer Palme in Madras sitzt nicht nur mein,

Herrn Antrobus', sondern jedermanns Affe. Jedermann, der sich keinen hungrigen Affen von der Palme holt, lädt sich einen hungrigen Hindu aufs Gewissen. Die ungebührliche Vermehrung einer Horde von Affen vermag die ganze Welt in moralische Verwirrung zu stürzen.

Früher hatten die Hindus für ihre Affen ihre Engländer. Die beschäftigten sich damit, die Affen waidgerecht zu dezimieren. Jetzt haben die Hindus für ihre Affen nur noch uns. Das Empire hat den Hindus die Freiheit und den Hunger und uns die Affen und das schlechte Gewissen vererbt.

Ich, Herr Antrobus, meine, daß das Erbe des Empire sowohl auf der Palme als auch auf dem Gewissen eine schwere Last ist.

Auf falscher Sohle

Wenn der Mensch die Vergangenheit ins Licht seines Bewußtseins rücken will, stehen ihm zwei Scheinwerfer zur Verfügung. Der eine ist das Gedächtnis, der andere die Erinnerung. Beide können glänzend sein. Das finstere Mittelalter und die gute alte Zeit sind ein und dasselbe – das finstere Mittelalter im Gedächtnis, die gute alte Zeit in der Erinnerung des Menschen. Das Gedächtnis bewahrt die Einzelheiten jenes Mosaiks der Unzulänglichkeiten, aus denen sich das Leben zusammensetzt. Die Erinnerung bewahrt den Glanz des Ganzen. Immer wieder versucht der Verstand mit seinem glänzenden Gedächtnis, dem Herzen zu beweisen, daß seine glänzenden Erinnerungen holde Täuschungen seien. Aber das Herz hört nicht auf den Verstand. Mit der List der Erinnerung verhindert das Herz, daß der Mensch über seinem glänzenden Gedächtnis den Verstand verliert.

Vor hundertfünfzig Jahren machte sich Johann Gottfried Seume von Leipzig aus auf den Weg nach Süden. Dieser sein »Spaziergang nach Syrakus« hat ihm Weltruhm eingebracht. Es war die finstere Zeit, die im Gedächtnis der Menschen als die Zeit der napoleonischen Wirren aufbewahrt wird. In Johann Gottfried Seumes Erinnerung ist es ein Spaziergang gewesen.

Am Ende des europäischen Spaziergangs schrieb der Dichter

einen Brief an seinen sächsischen Schuster in Leipzig, in welchem er diesem Meister des Leistens seine Anerkennung für die gelieferten Stiefel aussprach, die, ohne besohlt werden zu müssen, den ganzen Weg zum Ruhm durchgehalten hätten.

Ich, Herr Antrobus, der ich in den Wirren dieser Zeit viele Tausende von Meilen auf den Wegen des Ruhmes marschiert bin, habe dabei die Sohle verloren und den Ruhm. Jetzt weiß ich, daß das einfach daran gelegen hat, daß ich mir die Stiefel beim falschen Schuster habe besohlen lassen.

So bin ich barfuß in die neue Zeit hineinspaziert. Ewig werden mir die kalten Füße dieses Anfangs im Gedächtnis bleiben. In der Erinnerung aber wird es ein europäischer Spaziergang gewesen sein.

EULENSPIEGELKABINETT

Spende an das Meer

Eine englische Küstenstadt besaß ein von einem hochherzigen Spender gestiftetes Aquarium mit ein paar hundert Fischen darin. Eines Tages war kein Geld mehr da, die Fische zu füttern. So beschloß man, sie zu versteigern. Da die meisten der Fische zwar selten, aber nicht eßbar waren, kam kein Gebot zustande. Die ganze Stadt war traurig, weil nun die armen Fische voraussichtlich würden verhungern müssen. Da kam ein Eulenspiegel des Wegs daher. Er besaß gerade noch hundert Pfund. Das war genau die Summe, für die man die Fische kaufen konnte.

So ging er hin und erwarb das ganze Aquarium. Daß auch dem Eulenspiegel nun kein Geld mehr blieb, die armen Fische zu füttern, konnte ihn nicht stören. Er hatte in seinem Kampf gegen den Fischhunger einen Bundesgenossen, an den die Bürger der Stadt noch nicht gedacht hatten. Eulenspiegel borgte sich einen großen Eimer und schmiß das ganze Aquarium ins Wasser, sozusagen eine hochherzige Spende an das Meer.

Er befindet sich jetzt in der beneidenswerten Lage eines Mannes, der dem großen Nationalmuseum ein kleines Bild gestiftet hat, Katalognummer 1872, dritte Seitengalerie links, obere Reihe.

Der Eimer steht noch am Strand. Eulenspiegel, der schon weitergezogen ist, hat vergessen, ihn zurückzugeben. Wir aber müssen der historischen Genauigkeit wegen noch berichten, was mit dem Aquarium geschah, als es im Meer – fast hätte ich gesagt gelandet war. Aber natürlich, es ist nicht gelandet, es ist gemeert.

Die Fische hatten einen so gewaltigen Hunger, daß alsbald die Kleinen die Kleinsten fraßen. Dann fraßen die Mittleren die Kleinen. Dann fraßen die Großen die Mittleren. Die Großen waren davon so fett und faul und unbeweglich geworden, daß sie alle miteinander von einem Haifisch verschlungen wurden. So ordnete die Natur die hochherzige Spende in ihren weiten Rahmen wieder ein. Wir können Till Eulenspiegel, der, um hundert Pfund erleichtert und um eine gute Tat beschwert, fröhlich singend am Strand seines Naturmuseums entlangzog, nur beglückwünschen, daß er eine so unüberwindliche Abneigung gegen das Baden hatte. Sonst hätte der Haifisch vielleicht auch den hochherzigen Spender noch ins Magazin genommen.

Güte und Mitleid tragen ihren Lohn in sich.

Rübezahl im Harz

Die meisten Wohltaten, die auf der Welt nicht getan werden, unterbleiben deshalb, weil es immer ein wenig peinlich ist, Wohltäter zu sein. Es kommt einem, der etwas hat, meistens nicht auf einen oder hundert Taler an. Aber durch Wohltaten erwirbt man sich Dankbarkeit. Zwar gilt Undankbarkeit als etwas besonders Herzloses. Gleichwohl ist Dankbarkeit eine Sache, welche lästig ist sowohl für den, der sie haben muß, wie für den, dem sie erwiesen wird. Wohltaten lassen sich demnach am leichtesten da erweisen, wo man auf Undankbarkeit rechnen kann. Das ist einer der Gründe, warum die Bettler sich durch so viele Jahrhunderte und unter so vielen Völkern so lange haben halten können. Die Bettler wissen, daß sie dem, dem sie etwas abnehmen, die Chance geben, etwas für das Wohlbefinden seiner Seele zu tun. Bettler sind nie so dumm gewesen, bei ihren Wohltätern auf Dankbarkeit zu rechnen.

Das Wohltun hat eine gewisse Beziehung zum Einmaleins. Ich zeigte einmal einem berühmten amerikanischen Schriftsteller ein hervorragendes Bauwerk der Hauptstadt. Es gehörte gewissermaßen zu dem zu Zeigenden dazu, daß dort die Fremden von Werkstudenten geführt wurden, welche sich auf diese Weise ihr Brot verdienten. Ich informierte den berühmten Schriftsteller darüber, daß der nette junge Mann, der in einem ausgezeichneten Englisch alles vortrefflich erklärte, ein solcher Student sei. Sofort regte sich in dem berühmten Mann das Bedürfnis, etwas für diesen jungen

Mann zu tun. Hatte er sich doch selber einstens durch Tellerwaschen den Zugang zu den höheren Bezirken erkämpft.

Da stand das Problem der Wohltat! Kein Zweifel, der junge Mann hätte zehn Mark ausgezeichnet brauchen können. Aber konnte man sie ihm anbieten, ohne ihn zu kränken? Kein Zweifel, der junge Mann würde unter allen Umständen zehn Mark lieber haben, als nicht haben wollen. Aber würde er sie nehmen können, ohne sein Gesicht zu verlieren?

Der berühmte Mann, der eine einfache Seele hatte, entdeckte schließlich eine Lösung, die ebenso geistreich wie verblüffend war. Anstatt den jungen Mann mit zehn Mark zu kränken, machte er ihm eine Freude, indem er ihm hundert Mark schenkte. Es ist klar, daß auch der empfindlichste junge Mann ein Geschenk von hundert Mark ohne weiteres annehmen kann. Seitdem gebe ich verlegenen Wohltätern gern den Ratschlag, zu überlegen, ob sie nicht aus ihrer Verlegenheit herauskommen können, wenn sie ihre Wohltat mit zehn multiplizieren. Meistens geht es!

Dieser geistreiche Beitrag zum Problem der Wohltat, den wir dem berühmten Amerikaner verdanken, wird aufs vortrefflichste ergänzt durch einen Landbriefträger im Harz. Wir hätten niemals etwas von diesem Eulenspiegel des Wohltuns erfahren, wenn sein Tod nicht sein geheimnisvolles Tun enthüllt hätte. Bei seinem Hinscheiden ist alles herausgekommen. Erfüllen wir die ehrenvolle nekrologische Pflicht, über einen Mann zu berichten, der das Wohltun als Schwindel betrieb und so vielleicht der erste Mensch ist, dem der Ehrentitel eines Wohlstaplers zukommt.

Der brave Mann im Harz war Jahrzehnte hindurch bei Schnee und Sonnenschein über Berg und Tal getrabt. Statistiker rechnen gern aus, daß so ein Mann zwei und ein halbes Mal um den Äquator gelaufen sei. Nun hätte der Mann zwar, wenn er das getan hätte, die Erde besser kennengelernt. Aber da er den Äquator um die Bäume des Harzes geschlungen hatte, kannte er die Welt besser. Was er von dieser Welt am besten kannte, war ihr Elend.

Er wußte, in welchen Hütten ein wenig Wohltat fehlte. Wenn er sein Geld in den Wald trug, mußte er oft darüber nachdenken, daß es doch meistens die bekämen, die es nicht brauchten, und selten die, denen es bitter vonnöten war. Es ist der Wunschtraum eines

Geldbriefträgers, das Geld einmal dahin zu tragen, wo es fehlt, und die Nachnahmen da zu kassieren, wo es etwas zu holen gibt.

Eines Tages nun begann eine merkwürdige Sache. Als der brave Mann im Harz alt und sein Bart grau geworden war, trat das ein, was er sich so lange gewünscht hatte. In seinem Revier bekamen auf einmal von einem unbekannten Wohltäter die Leute das Geld, die es brauchten. Manche Hütte, an der der Biedermann hundertmal hatte vorüberschreiten müssen, konnte er nun betreten und ein wenig Glück mit Überraschung gegen Quittung verteilen. Man kann sich vorstellen, was das dem Alten in seinen letzten Jahren für Freude gemacht haben muß. Man kann diese Freude einem Mann gönnen, der dreißig Jahre lang so wacker seine Pflicht getan hatte.

Der Witz der Sache ist, daß es der biedere Alte selber war, der sich diese Freude gönnte. Bei seinem Tod entdeckte man, daß er es gewesen war, der das Geld verschickt hatte, auf diese Weise eine Erbschaft verwertend, die er einige Jahre zuvor gemacht hatte.

Dieser listige alte Rübezahl hat alle Vorteile genossen, welche das Wohltun bietet, ohne je unter einem einzigen seiner Nachteile gelitten zu haben. Zum Schluß wurde ihm noch der seltene Lohn, daß die Leute freundlich hinter seinem Sarg hersprachen.

Vorausschau

Nichts wünschen sich die Menschen so sehr, wie ein wenig vorausschauen zu können. Ist doch das unerwartete Glück fast ebenso unbequem wie das unerwartete Unglück. Im einen Falle wird man um das Hauptvergnügen jedes Glücksfalles gebracht, nämlich die Freude darauf. Im anderen Falle ist man der Möglichkeit beraubt, sich mit Gleichmut dagegen zu wappnen. Auch kommt man sich bei einem vorhergesehenen Unglück weise vor, wenn es eintritt, bei einem unvorhergesehenen Glück dagegen dämlich.

Die Menschen haben ganze Wissenschaften entwickelt, um der Zukunft ein wenig hinter den Vorhang zu spähen. Und wer von uns wäre ganz frei von jenem leisen Schicksalgruseln, das das menschliche Herz ergreift, wenn eine alte Zigeunerin die Handlinien betrachtet und dabei mit dem Kopfe wackelt.

Liegt die Zukunft auf der Hand? Oder in den Sternen? Oder im Karokönig? Wer kann das wissen!

Nun gibt es freilich außer den magischen Möglichkeiten der Vorausschau noch die rationalen. Mr. Rockefeller hatte keine magischen Qualitäten und, soweit bekannt, auch keine Hofastrologen. Er hatte nur die richtige Nase. Eine Menge Dinge lassen sich berechnen. Unser Respekt vor einem Manne, der die Ereignisse der Zukunft mit nichts als seinem Verstand richtig vorauszuschauen vermag. Er steht nicht mit höheren Mächten, sondern mit sich selbst im Bunde, und dergleichen könnte jedermann ihm nachtun, der ihm an Verstand gewachsen wäre. Was wir an Mr. Rockefellers Erfolg bewundern, ist nicht sein Glück und nicht seinen Reichtum, sondern den Verstand, den wir ihm zusprechen müssen.

Man sollte nicht meinen, daß es leicht wäre, ihn darin zu übertreffen, so sehr wir uns auch anstrengen mögen. Aber glücklicherweise ist der Chronist in der Lage, den geneigten Leser darüber ins Bild zu setzen, daß wir alle, einschließlich Mr. Rockefeller, mit Längen geschlagen sind von einem weisen Manne, der bis zum jüngsten Tag vorausgesehen hat.

Dieser Mann war ein geiziger Sonderling. Natürlich ist er tot. Die einzig wirklich dauerhaften Feststellungen, die man treffen kann, lassen sich ja ohnehin nur in einem Testament treffen. Und natürlich war er geizig. Denn der Geizige ist der Mann der Vorausschau schlechthin. Er ist ein Leben lang gewappnet gegen die Unglücksfälle, die nicht eintreten werden.

Dieser weise Mann hat in seinem Testament bestimmt, daß er unmittelbar am Eingange des Totenackers verscharrt zu werden wünsche, damit er bei der Auferstehung, wo unfehlbar jeder schnell herauszukommen sich bemühe, nicht allzusehr ins Gedränge gerate.

Zur allgemeinen Beruhigung sei mitgeteilt, daß der Wackere, der also für alle Zeiten und sogar für die Ewigkeit aussorgte, schon 1816 in Oxford gestorben ist. Rockefeller war also an Vorausschau schon geschlagen, noch ehe er geboren war. Und wir, die wir diesen Weltrekord an weiser Voraussicht niemals werden erreichen können, brauchen uns auch nicht mehr zu bemühen. Es sei denn, daß einer noch für das aussorgen wollte, was, kurz nach dem Gedränge am Ausgang des Totenackers geschehen wird. Aber das ist eine Sache, die außerhalb der Zuständigkeit eines Chronisten liegt, der sich mit der Zeit und nicht mit der Ewigkeit zu befassen hat.

Schicklicher Abgang

Solon von Athen, einer der sieben Weltweisen, hat die tiefsinnige und nachdenkliche Bemerkung gemacht, daß niemand vor seinem Tode glücklich zu preisen sei. Wer sich über den Lauf der Welt keine Illusionen macht, wird ihm beistimmen. Aber wie viele Menschen gibt es, die wenigstens nach ihrem Tode glücklich zu preisen sind. Die Ursache dafür liegt darin, daß die wenigsten Menschen es verstehen, sich im richtigen Augenblick einen schicklichen Abgang zu verschaffen. Viele geben den Kampf zu früh auf, die meisten freilich zu spät. Gleichwohl hat uns die Geschichte einige treffliche Beispiele, wie man zu sterben hat, aufbewahrt. Die Kunst zu leben ist nicht einfach. Die Kunst zu sterben ist ungleich schwieriger.

Gräfin M., Gattin eines kaiserlichen Botschafters im Paris der achtziger Jahre des vorigen Jahrhunderts, stammte aus einem schottischen Adelsgeschlecht. Sie hatte den Grafen M., einen Grandseigneur alten Stils, erst im Alter von fünfundfünfzig Jahren geheiratet. Jeden Morgen, wenn sie von ihrem Ausritt zurückkam, besuchte sie den Grafen in seinem Arbeitszimmer in der Botschaft, wo sie einige liebenswürdige Minuten mit ihm verplauderte. Eines Morgens, als sie, ihm gegenübersitzend, eine kleine Geschichte erzählte, wurde ihr schwindlig. Ohne im geringsten ihren Tonfall zu ändern, unterbrach sie sich und sagte:

»Excuse me George! I am dying . . .«

Dann sank sie in ihren Sessel und war tot.

Man glaube nicht, daß die Möglichkeit, auf eine würdige Weise zu sterben, eine hohe soziale Stellung zur Voraussetzung habe. Von einem Räuber, der wegen vieler Untaten zum Tode verurteilt war, wird berichtet, daß er, als der Staatsanwalt ihm mitteilte, die Hinrichtung werde am Montagmorgen um fünf Uhr vollzogen werden, nur kurz gesagt habe: »*Die* Woche fängt gut an!«

Dem Chronisten ist ein Fall zu Ohren gekommen, der sich im

Sommer dieses Jahres auf der Donau abgespielt hat. Die wahrhaft philosophischen Ereignisse gelangen häufig erst spät zur Kenntnis der Menschen. Sie sind darum kein bißchen weniger bedeutungsvoll.

Es handelt sich um einen Vater, der mit seiner wohlgeratenen Tochter zu einer Schönheitskonkurrenz gefahren war. Das Töchterlein, in seiner ersten Lenze Pracht, schlug alle anderen wohlgeratenen Töchterlein aus dem Felde und wurde zur Schönheitskönigin der Wachau ausgerufen.

Welches Vaterherz würde sich da nicht mit Stolz füllen? Keinen Augenblick bedachte der Gute die sittlichen Gefahren, die seine Tochter von Stund ab bedrohten. Die Hoffart ist noch nicht einmal das schlimmste. Da gibt es Filmhoffnungen, die nicht in Erfüllung gehen. Männer, mit denen man sich unglücklich verheiratet, Kleider, Ansprüche, Ehrgeiz, kurz – alle die gefährlichen Folgen, die Erfolge nach sich ziehen. Fürwahr, Schönheitskönigin zu sein ist nur an einem einzigen Abend schön, an dem Abend, an welchem der Neid der anderen noch frisch und gelb über einen dahinrieselt.

Um all die drohenden Folgen kümmerte sich der Vater nicht. Er tat sich ganz fürchterlich einen antrinken, und froh singend fiel er bei der Heimfahrt aus dem Kahn in die Donau und ward nicht mehr geseh'n.

Die oberflächliche Berichterstattung der Journale sprach allgemein von einem Unglücksfall. Dabei handelt es sich um einen geradezu außergewöhnlichen Glücksfall. Wäre der Gute am Leben geblieben, er hätte mit seiner Tochter nur noch Ärger und Kummer erlebt. So schied er dahin im Bewußtsein, Vater einer Königin zu sein. Das Mädchen, statt hoffärtig zu werden, war so erschrocken, daß sie weder zum Film ging, noch eine gute Partie machte, sondern ihren Emil heiratete, der sie schon liebte, als sie noch keine Königin war, und der sie wahrhaft edel zu trösten wußte, nachdem sie als Königin so unglücklich geworden war. Selbst Solon würde nicht zögern, diesen Vater, der nur noch hätte unglücklich werden können, nach seinem Tode glücklich zu preisen. Ob der Mensch von heute, um den Ansprüchen der Philosophie genügen zu können, immer blau sein muß, das freilich bleibt auch weiterhin eine strittige Frage.

Über die Kunst, erbzulassen

Jedermann wird der Vermutung zustimmen, daß es ein großes Vergnügen sein muß, ein Vermögen zu verschenken. Dieses Vergnügen wird einem Menschen nicht geschenkt. Die Voraussetzung dafür ist immerhin die, daß einer ein Vermögen besitzt. Was ein Vermögen ist, davon haben die wenigsten eine klare Vorstellung. Die meisten denken, es sei so etwas wie »um eine Million herum«. Aber ein Vermögen ist nichts anderes als eine Sache, mit der man etwas »vermag«. Im Hinblick darauf sind arme Leute besser dran als reiche. Für einen reichen Mann muß ein Vermögen schon ziemlich groß sein, damit er etwas damit vermag, was ihm Spaß macht. Für einen armen Mann können drei Mark ein Vermögen sein. Was vermag einer alles mit drei Mark, wenn er Herz und Phantasie hat! Ein Armer verschenkt oft genug sein ganzes Vermögen. Daß er davon so wenig Aufhebens macht, liegt daran, daß er nicht versucht, aus Taten, die ihm im Himmel angerechnet werden, hienieden Nutzen zu ziehen. Beim Teufel stehen wir mit unseren Missetaten in der Kreide. Die guten Taten bleiben verborgen, weil sie so hoch in die Sterne geschrieben werden, daß man sie nicht mehr sieht.

Heute wollen wir das Lied von einem braven Manne singen, der nicht einmal ein armer, sondern ein reicher Mann war. Daß reiche Leute ihr Vermögen selten verschenken, ist durchaus nicht nur ein Zeichen von Bosheit oder Schlechtigkeit. An einem Vermögen hängen viele Dinge. Der Schweiß der Altvorderen, das Glück der Götter, die alten Tage treuer Knechte, lauter Dinge, die man so ohne weiteres nicht verschenken kann.

Aber einmal in seinem Leben kann jeder reiche Mann sein Vermögen verschenken, dann nämlich, wenn er nichts sonst mehr vermag als das Zeitliche zu segnen. Ein jeder hat einen Letzten Willen. Es gibt keine Sache auf dieser Erde, in der die alten Überlieferungen aus den frühen Tagen der Menschheit so sehr respektiert werden wie ein Letzter Wille. Daß reiche Leute, wenn sie erbzulassen sich anschicken, sehr genau nachdenken, kommt nicht häufig vor. Die Erfahrung zeigt, daß sie ihr Vermögen gewöhnlich Leuten vererben, die man mißzubilligen geneigt ist. Nie gehört man selbst dazu!

Der brave Mann, den wir heute preisen, hatte nachgedacht. Er war dabei auf den feinsinnigen Einfall gekommen, das Vermögen, das er sich in seinem Leben erworben hatte, in seinem Tode denen zurückzugeben, denen er es verdankte. Vielleicht war er ein guter Wirt gewesen. Sein Vermögen stammte aus einem Gasthaus, das er zeit seines Lebens trefflich geführt hatte. Das Geld sollten seine Gäste zurückbekommen. Dabei lag ihm daran, daß es nicht jeder beliebige bekäme, sondern die Getreuen unter ihnen, die auch nach seinem Tode nicht allzu schnell zu einer anderen Theke hinüberwechseln würden, um ihn dort bei fremdem Korn zu vergessen. Das bewerkstelligte der brave Mann auf folgende listige Weise. Nach seinem Tode geschah nichts. Die Leute redeten darüber. Klatsch bleibt nur drei Tage frisch. Dann findet man keinen mehr, dem man ihn erzählen kann. Am zehnten Tage nach des braven Mannes Heimgang tat sich die Tür des Gasthauses auf. Ein feierlicher Herr erschien, zog das Testament aus der Tasche, erbrach es und erklärte den anwesenden Gästen, daß sie alle zusammen achtzigtausend Mark zu gleichen Teilen erbten. Da es zwanzig Gäste waren, kamen auf jeden von ihnen viertausend Mark. Das ist, vom Himmel gefallen, ein hübsches Sümmchen.

Die Weisheit des braven Mannes liegt nicht so sehr in seiner Vorausberechnung als in der Tatsache, daß er dem Zufall eine Türe offen ließ. Natürlich waren es überwiegend treue Gäste, Stammbrüder, die das Geld bekamen. Nur einer war ein armer Teufel, der sich von seiner letzten Mark, seine Seele zu wärmen, einen Grog bestellt hatte. Und diese Mark schon hatte er von einem unbekannten Wohltäter geschenkt bekommen. Man sieht, daß Wohltun Zinsen bringt. Aber man sieht auch, welche Wunder zwei Zufälle und ein Grog im Leben zu bewirken vermögen. Sicher wird der brave Mann im Himmel, der so klug erbzulassen wußte, sich herzlich gefreut haben über den armen Teufel, der so unversehens zu seinem Gelde kam.

Nun haben wir uns nur noch mit der Frage zu befassen, wie man sich angemessen zu benehmen hat, wenn man ein armer Teufel ist und für eine geschenkte Mark, die man versaufen wollte, ein Vermögen bekommt. Ein solcher Fall ist in den Handbüchern des guten Benehmens nicht vorgesehen. Jeder arme Teufel empfindet in einer solchen Lage einen Augenblick lang das Bedürfnis, fromm zu werden. Das zweite Bedürfnis ist, leider, ein zweiter Grog. Wer sich frei von Lastern fühlt, werfe das erste Glas nach diesem Manne. Wer aber weiß, daß das menschliche Herz verwirrt und voller Schuld ist, der lasse ihm mit zarter Geste das erste Stück Zucker in den dampfenden Grog seiner neuen Wohlhabenheit fallen. Sicher wird der reiche arme Teufel später im Regen auf dem Friedhof stehen, ein Kränzlein niederzulegen auf dem Grabe seines ihm unbekannten Wohltäters. Sein Dankgebet wird den Erblasser im Himmel zum Erröten bringen. Bei dieser rührenden, aber feuchten Szene wird der reiche arme Teufel sich einen Schnupfen holen. Dabei verwandelt er sich in einen armen reichen Teufel, dem niemand mehr nachrechnen wird, wie viele Grogs er noch sich einverleiben wird.

Sprichwörter

Oft genug schon haben wir gehört, daß irgendwo die Leute so eng in einem Haufen beieinanderstanden, daß kein Apfel mehr zur Erde konnte. Geriet man selber mit einer Tüte Äpfel ins Gedränge, wurde die Tüte zerrissen. Die Äpfelchen entrollten nach allen Seiten. Entweder macht man da ein hochmütiges Gesicht und tut so, als ob die Äpfel einen nichts angingen. Oder man kriecht auf der Erde herum und sucht sie zwischen den Beinen seiner Mitmenschen wieder zusammen. Die Mitmenschen lachen dazu, aber keiner erkennt, daß es nie so eng ist, daß nicht noch ein Apfel zur Erde könnte.

Tatsächlich geht zuweilen auch ein Kamel durch ein Nadelöhr. Das »Nadelöhr« – so hieß an den Toren von Jerusalem ein kleiner Nebeneingang, der noch offengehalten wurde, wenn die Tore schon geschlossen waren. Wenn es ein sehr kleines Kamel war, ging es zur Not auch einmal durch ein Nadelöhr. So bleibt für Leute mittleren Wohlstandes wenigstens eine kleine Hoffnung, daß auch sie noch die ewige Seligkeit erreichen können.

In diesen Tagen hat Bill Moran in Chikago uns bewiesen, daß nichts leichter zu finden ist als eine Nadel im Heuhaufen. Er schloß darüber eine Wette ab. Nachdem die Nadel feierlich in den Heuhaufen versenkt worden war, fing er an, sie zu suchen. Er hätte sich dabei auf sein Glück verlassen können. Vielleicht hätte er die Nadel nach fünf Minuten gefunden. Die Leute hätten gesagt, Billy habe eben Glück. Aber Billy kam es nicht darauf an, den Leuten sein Glück zu beweisen. Er wollte ihnen zeigen, daß sein kluges Köpfchen imstande sei, jede Wette zu gewinnen.

So nahm er einen Halm nach dem anderen von seinem Heuhaufen weg und legte ihn daneben. Nach knapp sechsunddreißig Stunden lag die Nadel auf der einen, der Heuhaufen auf der anderen Seite.

Wenn die Nadel an einem Ende einen genügend großen Brillanten hat, lohnt es sich, eine ganze Scheune auf diese mathematische Weise zu bearbeiten. Aber auch wenn es eine ganz gewöhnliche Stecknadel ist, sollten wir immer gehen, sie zu suchen. Beim Halmsortieren kommen einem Einsichten, die mehr wert sind als alle Brillanten dieser Erde. Ohne Zweifel – Morgenstunde hat Gold im Munde, aber leider – zu keiner Stunde schläft sich's besser. Wer den Pfennig nicht ehrt, ist des Talers nicht wert. Aber die, die seiner nicht wert sind, haben ihn gewöhnlich. Der Weg zur Hölle ist mit guten Vorsätzen gepflastert. Wie angenehm geht sich's auf diesem Wege. Und führt der Weg, der mit schlechten Vorsätzen gepflastert ist, etwa nicht zur Hölle? Mit was mag der Weg zum Himmel gepflastert sein? Kein Sprichwort belehrt uns darüber.

Sprichwörter gehen zwölf auf ein Dutzend. Gebranntes Kind scheut das Feuer. Aber wenn die Kinder groß sind, spielen sie mit nichts lieber als mit dem Feuer. Sie verbrennen sich bei jeder Gelegenheit den Mund. Sie verbrennen sich bei jeder Gelegenheit die Finger, jeder ein Mucius Scaevola mit den Brandblasen der Erfahrung in der schwieligen Faust. Man soll sein Licht nicht unter den Scheffel stellen. Aber wenn man es auf den Scheffel stellt, kommt Hochmut vor dem Fall. Nichts wird darüber gesagt, wohin man nach dem Hochmut fällt. Vielleicht ins gemachte Bett. Bleiben wir darin liegen und denken wir noch ein wenig nach!

Ich habe den Elefanten einmal gefragt, warum er so gerne im Porzellanladen herumtrample. Er gestand mir, daß ihm das gar keinen Spaß mache, weil er sich dabei doch manchmal verletze. Er tue das nur, weil die Leute das von ihm erwarteten. Auch der Wolf trüge den Schafspelz nur ungern. Der Pelz sei vollständig verlaust.

Wenn der Krug dreihundert Jahre zum Brunnen gegangen ist, ohne zu brechen, kauft ihn der Händler als Antiquität. Dann kommt der Krug in eine luxuriöse Villa auf einen Mahagonibord und ist tausend Mark wert. Selbst aus den Scherben, die Der zerbrochene Krug verstreute, entstand noch ein großartiges Lustspiel.

Gute Taten lohnen sich. Aber wie ist's, wenn man sich selbst eine gute Tat antut? Hört sie dann nicht auf, eine solche zu sein? Aber schließlich, ist man nicht selbst auch ein Mensch? Der Weg zum Himmel ist mit guten Taten gepflastert. Wie könnte man es wagen, ein einziges Geschöpf von seinen guten Taten auszunehmen?

Jeder sein eigener Wohltäter auf dem Weg zum Himmel! Ewig währt am längsten!

Polykrates in Chikago

In Chikago läuft zur Zeit ein Mann herum, der eine Sorge eigener Art hat. Es ist eine polykratische Sorge, eine so seltene Art von Sorge, daß über sie berichtet werden muß. Der Mann in Chikago ist in Sorge, daß er seine wertvolle goldene Uhr, Anno 1735 in Liverpool angefertigt und seit Generationen im Besitz der Familie, wiederbekommt. Wohlgemerkt, er ist nicht etwa in Sorge, daß er sie nicht wiederbekommt. Er ist in Sorge, daß er sie wiederbekommt. Wir kennen diesen Mann nicht. Niemand kennt ihn. Das ist sein Glück. Doch können wir seine Existenz und seine Sorge mit Hilfe der Logik haarscharf nachweisen. Die Existenz eines Menschen zu beweisen, den niemand kennt, ist eine dankbare Aufgabe.

In der Hand haben wir die goldene Uhr. Sie wurde im Magen eines Fisches im Michigansee gefunden. Das ist ein merkwürdiger Aufenthaltsort für eine goldene Liverpooler Uhr aus dem Jahre 1735. Wir fragen uns, wie ein so wertvoller Gegenstand in den Magen eines Fisches kommt. Sogleich fällt einem der Ring des Polykrates ein. Das ist der einzige Fall, bei dem etwas Derartiges schon einmal sich ereignet hat. Die näheren Umstände sind bekannt. Ohne Zweifel hat auch der Mann, dem die Liverpooler Uhr gehört, den Göttern ein Opfer bringen wollen. Daß er sie zufällig verloren hätte, kann man nicht annehmen. Liverpooler Uhren von 1735 trägt man an einer goldenen Kette. Leute, die eine kostbare goldene Uhr an goldener Kette tragen, haben immer eine Weste an. Eine Weste zieht man nicht einmal beim Rudern aus.

Selbst wenn man annehmen wollte, daß der Mann die Weste beim Rudern ausgezogen hätte, hätte man im Magen des Fisches die Knöpfe der Weste finden müssen. Von dergleichen Knöpfen war aber nicht die kleinste Spur zu entdecken.

Es steht also außer jedem Zweifel, daß die Uhr sorgfältig von der Weste abgenommen und ins Wasser geworfen wurde. Dafür gibt es nur ein Motiv. Es ist das des Polykrates, ein Übermaß von Glück durch ein Opfer an die Götter ausgleichen zu wollen. Der Leser wird vielleicht erwarten, daß der Chronist nun dazu übergeht, Mutmaßungen anzustellen über das Glück, das der Mann mit der Uhr aus Liverpool ausgleichen wollte. Aber derart bodenlose Mutmaßungen haben in einer so streng logischen Untersuchung, wie diese es ist, nichts zu suchen. Sicher ist es kein Glück von der gewöhnlichen Art gewesen, etwa ein Großes Los oder ein gelungener Börsencoup. In einem solchen Fall wirft man den Fischen ein Freilos oder ein paar Aktien zu. Daß der Mann ein altes Familienerbstück preisgab, beweist, daß sein Glück von höherer Art gewesen sein muß. Darüber werden wir erst etwas erfahren, wenn der Mann gefunden sein wird. Auf jeden Fall wird er in dem Augenblick, da er glücklich gefunden sein wird, schon unglücklich sein. Von diesem Augenblick an ist er vom unberechenbaren Zorn der Götter bedroht.

Der scharfsinnige Leser darf nunmehr jenen Einwand vorbringen, den vorzubringen er kaum noch erwarten kann. Die Uhr ist von 1735 und der Fisch – ist's vielleicht ein Karpfen, der schon hundert Jahre alt ist? Dann könnte der Mann, dem die Uhr aus Liverpool gehörte, seit fünfzig Jahren tot sein. Dieses wäre, vom Gesichtspunkt der literarischen Vollkommenheit des Fischmagenfundes, in höchstem Grade zu bedauern. So sympathisch uralte Karpfen sind, in diesem Falle hätte der Karpfen gewissermaßen den Punkt auf dem »i« gefressen. Dann wüßten wir, daß die Götter seinerzeit das Geschenk des Polykrates aus Chikago angenommen hätten. Das würde bedeuten, der Mann, der die Uhr ins Wasser warf, durfte sich weiter seines Glückes freuen, bis er schließlich darüber starb. In diesem Falle hätte es in der ersten Hälfte des neunzehnten Jahrhunderts einen vollkommen glücklichen Mann gegeben, und wir wären in der beklagenswerten Lage, nicht einmal seinen Namen zu wissen!

Der Fisch ist glücklicherweise kein Karpfen, sondern ein Hecht. Hechte sind gierig. Sie werden nicht uralt. Der Fischsachverständige des Chikagoer Fundbüros stellte fest, daß das inkriminierte Tier höchstens acht oder zehn Jahre alt, und höchstens seit drei Jahren groß genug sei, eine goldene Uhr zu verschlucken. Der Mann also lebt. Über kurz oder lang wird er gefunden werden. Dann haben die Götter ihm auf das Deutlichste gezeigt, daß sie keine Geschenke von ihm nehmen. Von da an hat er mehr zu fürchten.

Was könnte der Unglückliche tun, dem Zorn der Götter zu entgehen?

Die Götter, offenbar, haben Sinn für Fairneß. Zweifellos doch hätte es schon bei dem Tyrannen von Samos in ihrer Macht gestanden, den Ring, den er, ihnen zu opfern, ins Meer warf, zu behalten und ihn gleichwohl zugrunde zu richten. Dazu waren sie zu anständig. Nachdem sie beschlossen hatten, ihn zugrunde zu richten, wollten sie wenigstens keine Geschenke mehr von ihm annehmen. So sandten sie ihm seinen Ring per Eilfisch zurück. Schon in der Tertia haben wir uns gefragt, warum der weise Solon sich so eilig aus dem Staube machte, anstatt seinem Freund den Ratschlag zu geben, den Ring sogleich wieder ins Meer zu werfen. Wahrscheinlich hatte Solon, des samischen Weines ungewohnt, einen in der Krone, so daß seine Weisheit nicht mehr voll funktionsfähig war. Hätten die Götter den Ring wiedergehabt, hätten sie, fair wie sie sind, solange sie den Ring besaßen, nichts gegen Polykrates unternehmen können. Dem chikagesischen Polykrates werden wir den Ratschlag geben, seine Uhr, wenn er sie glücklich zurückbekommt, alsogleich wieder in den Michigansee zu werfen. Dann kann er seine Tage in Frieden zu Ende leben.

Sollte die Uhr ein zweites Mal wiederkommen, müssen wir das Unglück dieses Mannes in Kauf nehmen dafür, daß wir die Macht der Götter bewundern dürfen. Die polykratische Sorge, diese seltene Abart der gemeinen Spezies Sorge, gehört zu jener Art von Sorgen, die man haben möchte. Wie auch immer der weitere Verlauf der Ereignisse sein wird, auf alle Fälle müssen wir der Dame Logik dankbar sein. Sie erlaubte uns, aus einer goldenen Uhr im Bauche eines Fisches im Michigansee zu schließen, daß die Götter fair sind.

Sanctus Franziscus in San Francisco

Man kann die Menschen einteilen in solche, die in den Zoo gehen, und solche, die nicht in den Zoo gehen. Die freilich, die nicht in den Zoo gehen, gehörten in einen Zoo. Sie sind zwar keine Unmenschen. Aber Untiere sind es schon.

Ich leider kann mich nicht damit begnügen, einfach nur so vor den Straußen auf und ab zu stelzen. Beschäftigt mit der Erforschung der menschlichen Seele, frage ich mich, warum auch andere da so stelzen. Das Zoomotiv ist ein wichtiges Element der praktischen Psychologie. In den meisten Fällen dürfte es sich um ein brüderliches Gefühl franziskanischer Erinnerung handeln. Auch sieht fast jeder Mensch irgendeinem Tier ähnlich. Es gibt solche mit Pferdegesichtern. Nebenbei gesagt ist das eine sehr anständige Sorte. Beinahe die einzige Klasse von Menschen, bei denen Pferdegesichter niemals vorkommen, sind die Pferdehändler.

Der alte Buchhalter meines Vaters war ein Storch. Wie mancher Oberst a. D. läuft als Marabu herum! Professorenpinguine sind von Pinguinprofessoren kaum zu unterscheiden. Auf meiner Trambahn der Kondukteur ist ein stilles Gnu.

Ich besuche den Zoo, um die Phantasie der Schöpfung zu bewundern. Was für ein göttlicher Einfall – das Kamel! Und vor dem Gebirge Bär kann man länger staunen als vor dem ganzen Jungfraumassiv.

Ich bin überzeugt, daß es manchen gibt, der mit den Vögeln tauschen möchte. Ein solcher Wunsch scheint mir verständlich. Und neulich hörten wir von einem jungen Mann, der einen solchen Tausch wirklich vorgenommen hat.

Es handelt sich um einen jungen Künstler, einen offensichtlichen Liebhaber der Freiheit, und zwar nicht der eigenen, sondern der Freiheit anderer. Der vortreffliche junge Mann schlich sich eines

Nachts in den Zoo von San Francisco, öffnete das Vogelhaus und entließ Adler und Kolibri in die Freiheit. Diese Maßnahme hatte eine beträchtliche Reihe von Folgen, von denen einige vorauszusehen, andere unvorhersehbar waren.

Zu den vorauszusehenden Folgen gehörte, daß die Freiheit nur dem Adler gut bekam. Wenn auch der Kolibri höher zum Himmel aufstieg als jemals zuvor, so doch nur im Magen des Adlers.

Zu den unvorhersehbaren Folgen gehörte, daß die Gänse sich, aus Dankbarkeit, von ihrem Befreier nicht trennen mochten und so lange und so laut schnatternd hinter ihrem Wohltäter herliefen, bis ein Nachtpolizist ihn verhaftete.

Am nächsten Vormittag schon war der Wohl- und Übeltäter vom Schnellrichter zu acht Tagen Haft verurteilt. Der junge Mann hatte Geist genug, den Polizeirichter zu bitten, diese acht Tage in dem nunmehr vakanten Vogelhaus des Zoos verbringen zu dürfen. Der Polizeirichter, ein Stoiker, hatte Geist genug, ihm diesen mildernden Umstand zu bewilligen. Da sitzt er nun, dieser seltene Vogel, zur Freude aller anderen Stoiker, im Vogelhaus von San Francisco, umschnattert von seinen Gänsen, die, wenn sie auch das Kapitol nicht gerettet haben, diese nächtliche Geschichte ans Tageslicht brachten. Niemals haben die San Franciscaner soviel Anteil an ihren Zoovögeln genommen als seit der Nacht, da sie verschwunden sind. Niemals waren die San Franciscaner dem heiligen Franziscus so nahe wie beim Anblick dieses jungen Mannes, der tat, was sein mitleidiges Herz nicht lassen konnte.

Nur der Kolibri stimmt uns traurig.

Hinter der Maske

Wenn zwei Freunde, die in ihrer Jugend miteinander Pferde gestohlen haben, sich nach Jahren unversehens wiedertreffen, kann es leicht geschehen, daß der eine den anderen mit »Na, du alte Maske!« begrüßt.

Es wäre das eines jener zärtlichen Schimpfworte, wie sie unter Männern überliefert sind. Sie haben eine alte, verborgene Bedeutung. Hier vielleicht soll nicht mehr damit gesagt sein, als daß das

Gesicht eines Menschen nicht so viel von ihm verrät, wie die Kundigen meinen. Es trägt einer sein Gesicht immer so zur Schau, wie er es geschaut haben will. Es ist also in einem Gesicht immer etwas von dem drin, was einer ist, und etwas von dem, was er sein möchte.

Bei einem so alten und so weisen Volk, wie es die Chinesen sind, kann einem sogar so etwas zustoßen wie daß man sein Gesicht verliert. Und das letzte Gesicht, das wir auf dieser Erde zurücklassen, wenn wir schon keinen einzigen Gedanken mehr denken, ist unsere Maske.

Auf irgendeine Weise also hat der Pferdedieb in seiner verlegenen Einfalt eine sehr tiefsinnige Bemerkung gemacht. Er befindet sich in der Gesellschaft eines geistreichen Franzosen, der diesem Sachverhalt einen natürlich witzigen Ausdruck gab.

Auf einem Fest des ersten Kaiserreiches betraten die geladenen Gäste den Saal in Maske und Kostüm. Die schon Anwesenden hatten zu raten, wer der Kömmling sei. Der Kaiser Napoleon kam als Mandarin herein. Da er aber seine Hand auf den Rücken gelegt hielt, eine Geste, die damals jedes Kind in Europa kannte, riefen alle schon bei seinem Eintritt: »Der Kaiser! Der Kaiser!« Er wechselte noch zweimal die Verkleidung, aber jedesmal wurde er sofort an seiner charakteristischen Haltung wiedererkannt. Sascha Guitry macht dazu die Bemerkung, wie sehr man es bedauern müsse, daß der Kaiser nicht auf die Idee gekommen sei, in der Maske Napoleons aufzutreten. Wie lange da wohl die Leute geraten hätten!

Irgendwann einmal will sich der Mensch von der unerhörten Anstrengung, stets sein eigenes Gesicht zu tragen, erholen. Man wird das um so eher begreifen, je genauer man sich die Gesichter ansieht, die die meisten Menschen zu tragen genötigt sind.

Es wäre nicht verwunderlich, wenn der Mensch sich diese Erholung gönnte zum Exempel bei Begräbnissen von in Ehren gestorbenen Schurken, deren Tod ihn kalt läßt. Tatsächlich wäre das »Kleine Trauergesicht«, an der Krempe des Biberhuts befestigt, nur eine ganz geringfügige Ergänzung zu dem ohnehin schon sonderbaren Kostüm, das bei solchen Festen üblich ist.

Dieser ausbaufähige Gedanke würde dazu führen, daß man im Schrank neben den Schlipsen gleich die passenden Gesichter hängen hätte. Die »Edle Langeweile mit schwarzer, gestreifter Krawatte« käme für wissenschaftliche Vorträge so gut in Frage wie für Aufsichtsratssitzungen. Die »Kleine Demut mit Gummikragen« wäre das Gesicht, dessen man sich dem Finanzamt gegenüber mit Erfolg bedienen könnte.

Das Verlobungsgesicht mit dem Ausdruck einer gewissen dumpfen Entschlossenheit würde man am Hochzeitstag mit dem Heiratsgesicht tauschen, das den Charakter heiterer Resignation zu zeigen hätte. Gerade da, wo das Leben uns nötigt, ernst zu sein, hätte man – in der Schatulle stets bei sich zu tragen! – die tragische Maske der Würde bereit.

Vor wieviel Mühen würde das den Menschen bewahren! Hinter der tragischen Maske der Würde könnte er das sein, was einzig auf der Welt zu sein ihm Spaß macht, nämlich ein Narr. Und niemandem geschähe dadurch ein Leides. Aber die Welt nimmt keine Rücksicht auf die Bedürfnisse der Narren. Doch darf man vermuten, daß sie die Narren beneidet. Wenn der Fasching kommt mit seinen heiteren und leichtsinnigen Festen, mit denen wir dem Winter so viel von seiner Strenge nehmen, setzen die Leute, die von Natur voll tragischer Würde sind, die Narrenmaske auf. Und die Narren, die von Natur voll bezaubernder Albernheiten sind, nehmen die Maske der Würde vor ihre Knollennase.

Köstlich ist das Gefühl, dahinzuschreiten und nicht nur tun, sondern auch lassen zu dürfen, was man will. Nirgends auf der Welt ist man so wunderbar allein wie hinter einer Maske. Der alte Traum, sich unsichtbar zu machen, hier geht er in Erfüllung. Wenn man unsere Nase nicht mehr sieht, haben wir keinen Freund, keinen Bruder, keine Geliebte mehr. Wer von uns wäre Napoleons genug, daß man ihn an einer Geste erkennen könnte?

Aber der Mensch ist ein sonderbares Geschöpf. Das, was er sich so sehr ersehnt hat, das, was er endlich hier erreicht hat, die vollkommene Einsamkeit, die Unsichtbarkeit selbst, er will nicht in ihr bleiben. Colombine lockt mit schwarzen Augen, und Dr. Adam Pierrot steigt nach.

Namenlos zwar ist die Heiterkeit, und erlaubt ist, was gefällt. Aber über der Trauer dieser Erde wie über ihrer Heiterkeit thront die alte Göttin der Zeit. Um Mitternacht hebt sie die Hand. Jener zitternde Augenblick ist gekommen, da nach dem alten Gesetz der Maske die Maske fällt. Hier aber, auf dem höchsten Gipfel der Freude, erlaubt das alte Gesetz die Flucht, die das Leben nie erlaubt.

Zuweilen flieht Colombine. Sie hat Angst. Doch zumeist flieht Dr. Adam Pierrot. Er hat gute Gründe. Aber gute Gründe sind immer schlecht. Wer den Mut hat, das Schicksal herauszufordern, der lasse die Hand der Göttin herniederfallen und nehme Colombine in den Arm.

Ob das Glück oder Pech ist, kann erst die Zukunft zeigen. Wenn die Maske fällt, sehe Dr. Adam Pierrot Colombinen mutig ins Antlitz. Auf jeden Fall ist es ein Gesicht, das er von einer Göttin geschenkt bekommt.

ARABESKEN

L'art pour l'art

Die Kunst des Feuilletons besteht nicht darin, über ein Thema zu schreiben, sondern über kein Thema zu schreiben. Statt des Themas gibt es einen Anlaß. Anlaß kann jeder Hosenknopf sein.

Wenn man den Knopf als Exempel nimmt, will man damit sagen, daß der Knopf etwas von Natur Unbedeutendes sei. Es kommt also darauf an, dem Unbedeutenden Bedeutung zu geben. Damit nun niemand sage, wir drückten uns vor unseren eigenen Maximen, wollen wir bei diesem Anlaß bleiben. Schreiben wir über den Knopf.

Sowie wir sein bescheidenes Rund ins Auge fassen, entdecken wir, welch bedeutsame Rolle dieser unbeachtete Gegenstand in unserem Leben spielt. Jeden Morgen durchschneidet prächtig und großartig die Scheibe der Sonne den Horizont. Mit genau derselben Regelmäßigkeit, mit welcher allmorgendlich die erhabene Scheibe der Sonne den Horizont durchschneidet, mit genau derselben Regelmäßigkeit durchschneidet allmorgendlich die bescheidene Scheibe des Hosenknopfs das Knopfloch. Zwischen der Sonne und dem Himmel besteht das gleiche Verhältnis der Angemessenheit wie zwischen dem Knopf und seinem Loch. Ja, wenn die Sonne, von Wolken verhangen, nicht in unseren Morgen tritt, so ändert das wenig an unseres Tages Lauf. Wenn aber der Hosenknopf sein Knopfloch verfehlt, ist unsere menschliche Würde in Gefahr. Wie blind waren wir bisher, einen Gegenstand gering zu achten, von dessen Wohlverhalten die Würde unserer Person abhängig ist.

Es wäre eine dankbare Aufgabe, nunmehr eine Untersuchung über die Würde anzuschließen, diese sonderbare Eigenschaft, die auf eine so metaphysische Weise mit den Hosenknöpfen in Zusammenhang steht. Niemand könnte uns daraus einen Vorwurf machen. Da wir kein Thema haben, dürfen wir beliebig schweifen. Halten wir uns an den Knopf.

Je fester wir uns an den Knopf halten, um so leichter wird er abreißen. Schon haben wir ihn in der Hand. Ein abgerissener Knopf ist geeignet, einen nachdenklichen Menschen melancholisch zu stimmen. Es gibt viele Symbole für die Vergänglichkeit des Irdischen. Wir lieben es, für die Darstellung dieses Sachverhalts erhabene Gegenstände in Anspruch zu nehmen. Das ist wohl auch der richtige Weg, wenn es darauf ankommt, durch sentimentalische Effekte das Gemüt in Schwingungen zu versetzen. Wenn es einem aber darauf ankommt, den Verstand zur Einsicht zu bringen, ist ein abgerissener Knopf ein brauchbareres Instrument als die schönste Reproduktion der Toteninsel.

Man könnte sich sehr wohl einen Philosophen vorstellen, der, wie andere sich Gemütswerte gerahmt an die Wand hängen, sich die Tapete mit Einsichten schmückte. Ein abgerissener Knopf im Goldrahmen über dem Schreibtisch wäre mehr als nur der Einfall eines Surrealisten. Es wäre ein Zeichen von Weisheit. Leichtlich ließe sich nunmehr abschweifen in eine Untersuchung über die verschiedenen Delektationen des menschlichen Geistes. Schon wären wir beim Wesen der Kunst und beim Unterschied von Kunst und Philosophie angelangt, aber wir wollen ja über den Knopf schreiben.

Es gibt Knöpfe, die an Stellen abreißen, wo man das nicht sieht. Sie sind wie heimliche Fehltritte, von denen niemand nichts weiß. Sie erzeugen ein Gefühl von schlechtem Gewissen. Da der Mensch über ein außerordentlich entwickeltes Talent verfügt, mit seinem Gewissen in erträglicher Symbiose zu leben, bleiben solche Knöpfe jahrelang abgerissen.

Ein Hosenträger, bekanntlich, setzt sechs Knöpfe voraus, denn er hat sechs Benzel. Beim alten klassischen Hosenträger ist das nicht so wichtig. Zur Not tut er seine Pflicht auch mit drei Knöpfen, denn beim klassischen Hosenträger sind die Benzel fest. Nun gibt es aber so eine verteufelte neuere Art von Hosenträgern, bei denen die Schlaufen locker sind und eigentlich dreimal zwei nicht abgerissene Knöpfe voraussetzen. Daß diese Hosenträger sich überhaupt eingeführt haben, müßte man als ein Zeichen des Verfalls des männlichen Geschlechts betrachten, wenn die Männer nicht einen Ausweg gefunden hätten, der beweist, daß ihre altüberlieferte Nichtsnutzigkeit noch ungebrochen ist. Es wird nämlich einfach die Schlaufe mit ihren beiden Benzeln auf einen Knopf geknöpft. Ist schon ein abgerissener Knopf eine Art von Symbol des schlechten Gewissens, so sind die beiden Benzel auf dem einen Knopf ein Symbol der menschlichen Moral. Solange niemand es sieht, scheut sich der Mensch nicht, zwei Benzel auf einen Knopf, zwei Handlungen an ein Motiv zu knüpfen, mit unzureichenden Voraussetzungen sich den Anschein von Ehrbarkeit und Solidität zu geben, kurz, den Schein über das Sein, die Lüge über die Wahrheit zu setzen. Das weite Feld der Moral liegt vor uns. Wie nahe läge es, den Spiegel zu putzen und ihn der Menschheit vorzuhalten. Aber wir wollen über den Knopf schreiben.

Nunmehr nämlich kommen die abgerissenen Knöpfe, die man sieht. Wenn man auf der Straße steht und mit einem Freund noch schnell, ehe der Autobus kommt, ein Welträtsel lösen muß, hat man den unbezähmbaren Drang, den anderen am Knopf zu fassen und an dem Knopf zu drehen. Über dieses Phänomen ist schon viel nachgedacht worden. Es gibt eine Anzahl höchst geistvoller Theorien über diesen Drehdrang. Uns ist die Sache weder erstaunlich noch rätselhaft. Der Knopf hat, wie wir sahen, die unmittelbarsten und engsten Beziehungen zur Sonne, zur Würde des Menschen, zur Vergänglichkeit des Irdischen, zur Kunst, zur Philosophie und zur Moral. Warum sollte ein so bemerkenswerter Gegenstand nicht ebenso enge Beziehungen zur Logik haben?

Der logische Knopf, wenn oft genug an ihm gedreht ist, reißt, logischereise, nach einiger Zeit ab. Hier geraten wir ins Gebiet der Charakterkunde. Es gibt kaum eine bessere Gelegenheit, den Charakter seiner Freunde kennenzulernen, als wenn man ihnen von ihrem neuen Mantel einen Knopf abdreht. Die Möglichkeiten der freundschaftlichen Reaktion sind mannigfaltig. Es bedarf keines Schiffbruchs, um zu erfahren, auf welchen seiner Freunde man sich verlassen kann. Es ist klar, daß es nur diejenigen sind, welche, wenn der Knopf ab ist, zu lachen anfangen.

Der aufschlußreiche Zusammenhang zwischen Lachen und Zuverlässigkeit – aber, um des Himmels willen, wo geraten wir hin! Die wirtschaftliche Bedeutung der Knopfindustrie, der angenähte Knopf, und zwar der angenähte Knopf schlechthin und das Annähen eines Knopfes als der Beginn einer glücklichen Liebe, die zu Ehe, Wohlstand, Kinder- und Enkelsegen führt – fürwahr, der Knopf ist rund und hat kein Ende. Er ist ein Welträtsel, ein Ding an sich, ein wahres Wunder des Lebens.

Ich bitte um Nachsicht, daß ich in der Vorrede steckengeblieben bin. Dies ist vielleicht der geringste Vorwurf, den man einem Literaten machen kann. Man befindet sich da in der besten Gesellschaft. Der Autor, ein Sisyphos des Hosenknopfs, verspricht, den Knopf noch weiter den Berg der Erkenntnis hinanzurollen. Wenn wir schließlich den Berg hinaufgekommen sind, dürfen wir hoffen, daß dort oben eine Fee uns empfangen und uns einen goldenen Knopf überreichen wird, den goldenen Knopf von Fortunas Mütze, der niemals mehr abreißt.

Dämon 39^2

Früher waren Seuchen eine wilde und apokalyptische Angelegenheit, die die Menschen mit Entsetzen erfüllten und an das Jüngste Gericht mahnten. Die modernen Epidemien sind sachlich, zivilisiert und geschmackvoll zurückhaltend. Man bemerkt sie nur in den Bilanzen der Arzneifabriken, wo sie als lebhafte Umsatzsteigerungen erscheinen. Die Menschen, die von ihnen befallen werden, denken nicht an das Jüngste Gericht, sondern an die nächste Apotheke. Trotz aller unzweifelhaften Verbesserungen unserer Verkehrsmittel sind unsere Verbindungen mit dem Himmel schlechter geworden.

Die Sache fängt mit einem harten Husten an. Es klingt wie das Bellen eines heiseren Hofhundes in kalter Winternacht. Man ahnt schier noch nichts Böses. Man weiß noch nicht, daß der Dämon einen schon beim Wickel hat. Man wurstelt immer noch munter umeinand' – ein schönes Beispiel menschlicher Hybris auf der Grundlage der Ignoranz!

Aber schon zwölf Stunden später werden die Knochen weich. Der Dämon fängt an, sich einzurichten. In dem Maße, wie er langsam von einer Person Besitz ergreift, schrumpft deren Umwelt zusammen. Das Bellen wird kontinuierlicher, heiserer, etwas höher und nimmt einen atonalen Charakter an. Dies ist der Augenblick, da der alte Ratschlag am Platze ist: »Weiterrauchen und nicht verzweifeln!« Dies ist auch der Zustand, in dem nach alter Überlieferung große Mengen von heißem Grog von Nutzen sein sollen. Aber wenn der Grog nicht so heiß ist, daß man ihn nicht trinken kann, dann soll man ihn nicht trinken. Ich bin weit davon entfernt, eine so ehrwürdige Überlieferung mit den oberflächlichen Mitteln rationalistischer Aufklärung widerlegen zu wollen. Es ist Tatsache, und jeder im Grogtrinken Erfahrene wird mir das bestätigen, daß man in diesem zweiten Stadium Grogmengen vertragen kann, die einen in gesunden Tagen umwerfen würden. Die Erklärung ist einfach genug. Es ist der Dämon, der den Grog säuft.

So sitzt also am zweiten Tag abends, da, wo vorgestern noch ein würdiger und honoriger Bürger saß, der sich seiner Pflichten gegen die Gesellschaft bewußt war, eine febrile Hülse, von einem besoffenen Dämon erfüllt, mit einer Umwelt von der Größe einer mittleren Tonne.

Der nächste Tag bildet den tragischen Höhepunkt eines Verfalls, von dem die Gelehrten behaupten, daß sein Erreger ein ultravisibles Virus sei. Das ist, wenn man es nur recht versteht, eine Sache, die unsichtbar ist, weil man sie nicht sehen kann. Aber das erkläre man einem Mann, der geschüttelt wird von einem Dämon, der wieder nüchtern ist und einen Kater hat!

An diesem Punkt endlich, wo aller männliche Stolz nicht soviel wert ist wie ein Glas Wasser, verläßt Eva den Wigwam durch die hinteren Felle und holt den Magier, den Zauberer, den Medizinmann, der von Berufs wegen Dämonen k. o. schlägt.

Es ist ein wahrer Jammer, daß die Ärzte keine Bärte mehr tragen. Zweifellos würden die Dämonen vor bärtigen Ärzten mehr Respekt haben als vor solchen, die glattrasiert sind.

Während man von dem Dämon zu einem immer formloseren Nichts zusammengebeutelt wird, sitzt auf einmal der freundliche

Magier auf des Schlachtfelds Kante. Nachdem er eine Reihe von althergebrachten Klopf- und Horchriten vollzogen hat, sagt er schlicht: »Eine ganz gewöhnliche Grippe!«

Ein gerader Linker für den Dämon! Er hat einen Namen bekommen. Damit schon hat der Zauberer die erste Runde für das formlose Nichts gewonnen. Der Dämon hat einen Namen! Jetzt kann man ihn beschwören. Ha, und lächerlich gemacht ist er auch noch! Vor einem lächerlichen Dämon braucht man sich nicht mehr zu fürchten.

Das Zauberwort des Magiers erhebt das formlose Nichts zur Würde eines Kranken und den Zustand erbärmlicher Klapprigkeit zur Würde einer Krankheit. Die neue Umwelt ist geschaffen, die Umwelt des Kranken, der seine Rechte und seine Pflichten hat.

Zu seinen Rechten gehört der Anspruch auf unbeschränkte Mengen von Mitleid seitens Evas, die unterdessen wieder in Erscheinung getreten ist, als ob nichts gewesen wäre. Es ist ganz unglaublich, was für Mengen von Mitleid ein kranker Mann vertragen kann. Ich sage nur, so viel wie gesunde Frauen Komplimente. Mag Eva es sich selber ausrechnen.

Aber der Kranke hat auch Pflichten. Zum Beispiel Wünsche zu äußern, damit der Nächsten Liebe genügend Betätigungsmöglichkeiten findet. Und dann natürlich hat er die Pflicht, seinem reizenden Magier, der ihm seine menschliche Würde wiedergegeben hat, eine Freude zu machen. Es muß ihm also morgen besser gehen. Also bellt er heiser nach einem Filetbeefsteak mit Spiegelei und reichlich Meerrettich. Ein schwerer Uppercut für den Dämon! Wenn einer aufrichtig bemüht ist, seinem Doktor eine Freude zu machen – der arme Mann, der ist jetzt vierzehn Stunden täglich unterwegs –, dann sind auch die einfachsten Medikamente geeignet, ihm zu helfen. Allmählich fängt der Dämon an zu kränkeln. Am nächsten Morgen – welch reizende Szene!

»Na, wie geht's?«

»Ach, danke, Doktor! Danke! Danke! Bedeutend besser! Großartig das Chinin! Einfach wunderbar!«

»Na ja! Erprobte Sache das!«

Da krümmt der Dämon sich und haucht sein schwarzes Leben aus. Der reizende Magier aber zieht zufrieden von dannen, der Würde nicht bedürfend, die er so reichlich zu verschenken hat.

Nun heißt es nur noch, zweimal vierundzwanzig Stunden schlafen, von vier Filetbeefsteaks unterbrochen.

Dann ist die ganz gewöhnliche Grippe vorbei, und dann könnte man anfangen, wieder über die Krise in der Medizin nachzudenken.

Aber ich werde den Herren Doktoren etwas husten, tief, sonor und locker, und eine Flasche Rotwein auf das Wohl des Chinins trinken. Eva lächelt und hat gegen nichts etwas dagegen.

Vielleicht sollte man überhaupt von Zeit zu Zeit einmal krank werden. Ob gar das Kranksein im Leben vielleicht einen Sinn hat? Für die Ärzte sicher! Sie leben davon. Für die Versicherungsgesellschaften auch! Sie werden reich und mächtig davon. Auch für die Apotheker, auch für die imposante pharmazeutische Industrie hat die Krankheit ihren guten Sinn! Sie gibt ihnen die schöne Gelegenheit, ihren Mitmenschen zu helfen. Womöglich hat die Krankheit sogar für den Kranken einen Sinn.

Es wird Zeit, einen Urlaub zu nehmen und in den Kirchenvätern darüber ein wenig nachzulesen.

Trauer um Kötzschenbroda

Von der Karte ist ein Ort verschwunden, der auf unserem Kontinent einen hohen philosophischen Rang hatte. Dieser Ort ist nicht durch Lava verschüttet worden. Er hat, sozusagen, Selbstmord begangen. Kötzschenbroda ist nicht mehr! Die Kötzschenbrodaer haben beschlossen, nicht mehr länger Krötzschenbrodaer zu sein. Sie haben sich selbst aufgegeben und sich mit Radebeul vereinigt.

Die Bedeutung Kötzschenbrodas für das europäische Ganze ist mit den Mitteln eines platten Rationalismus nicht festzulegen. Dem Sächsischen haftet etwas Chthonisches an. Gewiß, es gibt noch die Babisnauer Pappel. Es gibt noch Kamenz und Gottleuba, und Radebeul ist sogar noch größer als vorher; aber in Kötzschenbroda hatte sich der Genius der sächsischen Sprache selbst ein freilich vergängliches Denkmal gesetzt.

Vor einigen Wochen konnten wir einer Diskussion folgen, die sich um das Sächsische drehte. Da hatte einer die überraschende Meinung von sich gegeben, daß der König von Sachsen verhöhnt worden sei, weil behauptet worden war, er hätte Sächsisch gesprochen. Wie sehr heißt das, diesen König mißverstehen. Wir Sachsen haben mit großem Interesse verfolgt, wie es Nord- und Westdeutsche waren, die uns verteidigten. In der Tat, die anderen haben es nötig, uns zu verteidigen. War Luther nicht Sachse? Waren Leibnitz und Lessing nicht Sachsen? Waren Nietzsche, Carl Gustav Carus und Karl May nicht Sachsen?

Zugegeben, wir haben uns ein wenig verausgabt. Aber niemand wird bezweifeln wollen, daß es der Dialekt, daß es die Volkssprache ist, aus deren Humus die Sprache der Dichtung wächst. Der aus dem sächsischen Sprachkreis stammende Luther hat unsere hochdeutsche Sprache geschaffen. Nun ist der Boden müde und das Sächsische ein wenig gewöhnlich geworden. Aber sind Shakespeares Dramen weniger wert, weil sie auf fröhlichen Jahrmärkten gespielt wurden?

Immerhin sind wir in der Pause der Erholung, die wir unserem sprachschöpferischen Genie nach der Konsolidierung des Hochdeutschen schließlich gönnen durften, durchaus nicht faul gewesen. Unsere Landsleute Bach, Schumann und Wagner haben derweilen etwas für die Musik getan.

Ihr alle dürft ruhig über das Sächsische lachen. In den tiefen Katakomben der sächsischen Seele lagern die goldenen Schätze eurer Zukunft. Unseren König haben wir deshalb so geliebt, weil er stolz genug war, die Sprache seines Volkes zu sprechen. Wie wir ihn dann begraben haben, standen Hunderttausende seiner trauernden Landeskinder an seinem letzten Wege, eine Ehrung, die so leicht einem Herrscher nicht zuteil wird.

Nun ist in seinem Reiche die Zinne von Kötzschenbroda eingestürzt. Aber sie hat nur eine neue Katakombe unter sich begraben. Wir wissen noch nicht, welche Schätze aus dieser Katakombe später einmal ans Licht der Sonne treten werden.

Kinderspielzeug

Wenn Ommi ihren fünften Geburtstag feiert, steigt natürlich auch Onkel Bamm vom Dachstuhl der Philosophie zum Festkuchen kindlicher Lustbarkeit hinab, um in feierlicher Weise seine Glückwünsche zu überbringen. Handelt es sich doch darum, zu sehen, wie die jüngste der Generationen zu den Problemen der Zeit Stellung nimmt. Die Weisheit müssen wir nehmen, wo wir sie finden.

Nun, Ommi hat sowohl der Technik neue Wege zur Verinnerlichung gewiesen, als auch das Verhältnis von Ratio und Metaphysik einer weitgehenden Klärung zugeführt.

Unter den Geschenken, die Ommi bekommen hat, befinden sich zahlreiche wertvolle und nützliche Gegenstände, von denen man mit Fug annehmen darf, daß sie den Eltern viel Freude gemacht haben. Ommi dagegen wendet ihre Anteilnahme zwei Dingen zu, die weder wertvoll noch nützlich sind. Das eine ist ein Purzelaffe. Er ist von der Sorte, denen man einen Schlüssel zwischen die Rippen steckt, dergestalt, daß sie, wenn man den Schlüssel wieder herauszieht, nunmehr ganz von selbst Purzelbäume schlagen. Das Verhalten dieses Affen wurde von Ommi äußerst beifällig aufgenommen.

Man muß in Erwägung ziehen, daß Ommi diesem Affen Beifall zollte in der gleichen Woche, in der eines der größten Kraftwerke der Welt eröffnet wurde. Hier hingegen hat ein ernsthafter, erwachsener Mann sich hingesetzt und hat seine profunden Kenntnisse über die Gesetze von Ursache und Wirkung, hat das Geheimnis der Hebelarme und der Übersetzung zusammengefaßt zur Konzeption des Purzelaffen. Ommi hat begeistert in die Hände geklatscht. Wahrhaftig, das heißt man, etwas für die Zukunft der Menschheit tun. Sollte es nicht der eigentliche Sinn der Technik sein, daß wir einigen Spaß an ihren Ergebnissen hätten? Statt dessen machen die Leute einen Götzen daraus, und der Götze, natürlich, frißt sie. Ommi mit dem Purzelaffen wird die abendländische Zivilisation besseren Zielen entgegenführen.

Das zweite, was Ommis Billigung fand, ist eine walnußgroße Glaskugel mit einem grünen Elefanten drin. Nichts nützt es, daß sie die nützlichsten Schuhe bekommen hat, einen außergewöhnlich brauchbaren Sommerhut, einen eleganten neuen Schlabberlatz und dergleichen notwendige Gegenstände. Sie verachtet die Ratio der praktischen Werte. Sie stößt fasziniert auf die Metaphysik des grünen Elefanten in der gläsernen Murmel zu.

Tatsächlich, wenn man es sich recht überlegt, dieser grüne Elefant mit seinen gläsernen Begleitumständen ist ein vollkommenes Rätsel. Was muß das wohl für ein Mensch gewesen sein, der das erstemal einen Elefanten in Glas schloß, grün noch dazu? War es ein Kinderfreund, ein schizophrener Schiffskoch, ein Spinoza der Anschauung? Jedenfalls zeigte er, daß unsere Welt nur eine von vielen möglichen Welten ist. Wenn man erwägt, daß wir in einer dieser anderen möglichen Welten vielleicht einen Rüssel hätten, lila wären und in Asphalt gebettet, dann erscheint es doch ganz empfehlenswert, den grünen Elefanten nicht um seine Beschaulichkeit zu beneiden. Dann erscheint sogar diese Welt recht erträglich, und wir wollen Ommi dankbar sein, daß sie uns einen Ausblick eröffnet hat in die Wege, die die Kosmogonie hätte nehmen können. Wir wollen Ommi Bonbons schenken und eine zweite Glaskugel mit einem gelben Krokodil darin.

Moment musical

Geschwindigkeit ist der Stolz unserer Zeit. Wenn einer mit hundert Kilometern über die Landstraße braust, so bläht er sich ein wenig auf, als ob es sein Verdienst wäre, daß es so schnell geht. Freilich, wenn sich ein Ochse über den Weg stellt, dann ist es aus mit dem Stolz, und die hundert Pferde müssen vor dem einen Ochsen halten. Automobilfahrer fangen dann an, über den Ochsen zu schimpfen. Sie ahnen nicht, daß der Ochse ein Wink des Himmels ist, der sie an die Unvollkommenheit nicht der Landstraße, sondern des Lebens erinnern soll. Man möchte meinen, wenn der Himmel mit einem Ochsen winkt, so müßte das zu sehen sein. Aber die Menschen sind blind bis zu dem Baumstamm, an welchem Hoffart und Geschwindigkeit so leichtlich in einem Haufen Blech und Knochen ihr Ende nehmen. Der Zeitgenosse, der mit dem D-Zug über die Schienen eilt, ist besser daran. Irgendwo zwischen Marktredwitz und Weiden kreischen plötzlich die Bremsen und der D-Zug hält. Der Reisende liest noch sieben Zeilen Leitartikel, dann sieht er auf.

Es ist halb sieben Uhr abends.

Ein Blick aus dem Fenster zeigt, daß die Sonne sich soeben anschickt, über blauen, fernen Hügelketten unterzugehen. Ein weißer Streifen Abendnebel zieht langsam vom Bach herauf. Eine Kuh blickt mit ihrem großen, seelenvollen Auge still und nachdenklich den D-Zug Berlin–Rom an und wedelt mit dem Schwanz. Man braucht nicht anzunehmen, daß sie sich bewußt ist, zwischen Rom und Berlin zu stehen, sowenig als sie weiß, daß ihr Schwanz zwischen Paris und Moskau hin und her pendelt. Sie steht auf einer Wiese, welche älter ist als Rom, Moskau und Paris zusammen. Sie steht schlechthin. Der Zeitgenosse, der bis zum Kreischen der Bremsen nur ein lächerliches Partikel der Zivilisation war, erblickt aus dem haltenden Zuge plötzlich eine uralte Wiese. Er blickt auf die Astern im Garten des Bahnwärterhauses. Er sieht eine Katze, einen Mann, ein Kind. Er sieht Rauch aus einem Schornstein steigen und riecht Bratkartoffeln. Sofern er das nur alles wirklich bemerkt, ist er schon ein Mensch. Es ist ein Moment musical der Philosophie. Wenn der Himmel mit einer Aster winkt, dann möchte jedermann Bahnwärter werden. Der Mann, der später die Bratkartoffeln essen wird, gibt die Strecke frei, die Strecke nach Rom. Vielleicht ist er hungrig.

Die Bremsen lockern sich. Der Zug rollt an. Der Mensch wird aus der Stille der Betrachtung wieder in den rasenden Strom der Geschwindigkeit hineingerissen.

Hinterm Fensterkreuz

Ich sitze an einem Fenster. Rechts oben ist es ein wenig verdunkelt durch Wein, der an der Mauer wächst und gerade sich anschickt, jenen verwickelten Prozeß zu starten, der zum Schluß als Blume aus dem Glase steigt. Hinter mir steht ein gewaltiges Sofa, auf das ich von Zeit zu Zeit einen sehnsüchtigen Blick werfe. Es stammt noch aus der Väter Tagen und war einst die Basis jenes wahrhaft christlichen Seelenfriedens, welcher ein so hervorstechendes Merkmal der Predigten des hochseligen Pfarrers, weiland Superintendenten der churfürstlichen Haupt- und Residenzstadt war. Im Hinblick auf das Sofa fühle ich eine leichte Müdigkeit. Lenken wir unseren Blick von dem unerreichbaren Sofa und seinem Frieden zum Fenster hinaus, sehen wir auf der rechten Seite die Dächer einiger Bauernhäuser mit ihren Schornsteinen, aus deren einem ein stiller Rauch zum Himmel steigt, den Fleiß einer braven Frau zu preisen, die zum nahen Mittagessen die Kartoffeln weich hat.

Ganz nahe zur Linken steht die alte Klosterkirche, in einem reinen und edlen romanischen Stil, geschickt aus mächtigen Quadern, welche nahezu ein Jahrtausend lang der Frömmigkeit Schutz geboten haben und sicher noch ein weiteres Jahrtausend ragen werden, um zu beweisen, daß der Mensch nicht allein von der Kartoffel lebt.

Vom Turm der Kirche läutet die helle und freundliche Mittagsglocke. Der Fährmann an der Weser legt das Ruder nieder, um zu Mittag zu essen.

Es wäre nunmehr das Gegebene, sich weiter in die Reize des Landlebens zu versenken. Aber so leicht wird einem das Leben nicht gemacht. Vor dem Portal der Kirche, durch das so viele hundert Jahre die frommen Benediktinerinnen würdig und gemessen aus und ein geschritten sind, steht ein Auto.

Auf den ersten Blick ist es ein ganz gewöhnliches Auto. Aber auf den ersten Blick ist jedes Mädchen zum Verlieben. Auf den zweiten Blick kommt es an.

Beim zweiten Blick sieht man unter dem linken Hinterrad einen sonderbaren gelben Wollknäuel hervorrollen, der sich bei näherer Betrachtung als ein Gössel in der Blüte seiner Jugend herausstellt. Schon auch kommt Mutter Gans um den Kotflügel herumgeschwenkt, um sich zu überzeugen, daß das Gössel bei seinen Forschungsfahrten im Reich der Technik keine Diätfehler macht. In diesem Augenblick ist die Poesie tatsächlich vollkommen.

Vollkommene Poesie währt niemals lange. Der Mann hinterm

Fensterkreuz denkt an Martini und wie knusprig dann das Gössel in der Pfanne schmoren wird. Schon auch kommt Ponto geschossen, der Foxterrier, und will sich auf das Gössel stürzen. Dem rechtzeitigen Dazwischentreten einer Magd gelingt es, einen Mord zu verhindern, dem die Bratpfanne als moralische Unterlage gefehlt hätte.

Unschlüssig steht das Föxchen neben dem Auto. Auf den ersten Blick erscheint auch ihm ein Kotflügel eine Ecke zu sein wie jede andere. Aber ehe noch der Fox das Bein gehoben hat, ist er stutzig geworden. Er beschnuppert das Auto und wird immer nachdenklicher. Was er da in die Nase bekommt, ist Straußenwitterung, Antilopenlosung und der Ruch vom Gnu.

Natürlich weiß Ponto nicht, was ein Gnu ist. Aber der erste Europäer, der ein Gnu zu sehen bekommen hat, wußte ja auch nicht, daß es ein Gnu war. Ponto hat eine afrikanische Entdeckung gemacht. Er wird ohne Zweifel unter den Hunden des Dorfes ungemein an Ansehen gewinnen.

Das Auto auf den zweiten Blick nämlich kommt stracks aus der Wüste Kalahari. Wir wissen ja lange schon, daß so etwas möglich ist. Aber wenn die Kalahari so geradeswegs vor dem Tor der benediktinischen Frömmigkeit vorfährt, so geraten wir doch in nicht geringes Erstaunen.

Da ich an Neugier einem Foxterrier nicht nachstehe, habe ich einmal die Nabe berührt und bin dann mit dem Finger über das Papier gestrichen. Es ist also nicht zuviel gesagt, wenn ich behaupte, daß diese Betrachtungen im Staub der Wüste Kalahari geschrieben sind.

Morgen rollt das Kalahariauto wieder gen Süden, und ehe noch die Kirschen reif sein werden, wird es wieder den Staub der Wüste aufwirbeln. Ein nächtlicher Schakal wird den Ruch des benediktinischen Gössels in die Nase und einen furchtbaren Hunger in den Hals bekommen. Aber das Gössel ist von einer weisen Vorsehung dem Enkel des weiland churfürstlich-hessischen Superintendenten aufgehoben. So wird der Schakal vor Wut in den Pneu beißen. Die gute benediktinische Frühlingsluft, die der Kalaharimann auf dem Klosterhof mit so viel Mühe in seinen Reifen hineingepumpt hat, wird mit einem leisen Pfiff durch die heiße Nacht der Wüste streichen.

Ein einsamer Kaffer wird diesen tausendjährigen frommen Hauch einatmen. Das wird ihm an der Pforte des Himmels gewiß einmal von großem Nutzen sein. Einem Kaffern, der etwas vom Hauche des heiligen Benedikt verspürt hat, muß doch wohl die ewige Seligkeit sicher sein.

Zweifellos ist es eine höchst oberflächliche Betrachtungsweise, über die Fazilitäten der Kommunikation gering zu denken. Die Methoden, deren die Vorsehung sich bedient, um dem Menschen Gutes zu erweisen, sind meistens viel zu delikat, als daß wir sie so ohne weiteres durchschauen könnten.

Wir begleiten das gelbe Gössel auf seinem Weg um den Misthaufen herum und unter den Beinen des Hengstes Heinrich hindurch mit viel Wohlwollen und mit vielen guten Wünschen. Wir folgen dem Klang der Glocken bis zu den nahen Bergen jenseits des Flusses, wo er im Walde verschwindet. Der ganze weiche Moosboden ist bedeckt mit einem wunderbaren Teppich frommer Klänge, die seit vielen, vielen Menschenaltern auf ihn herniedergefallen sind.

Wir folgen dem Kalaharimann nicht ohne leisen Neid. Wie gerne würden auch wir uns einmal das Verdeck von einem Vogel Strauß zerhacken lassen. So gerne steckt er den Kopf nämlich gar nicht in den Sand. Dafür wird der Kalaharimann mit leisem Neid an uns denken, wenn wir die frischen Kirschen von den Bäumen pflücken werden.

Über die Kunst zu warten

Könige, wenn sie höflich sind, lassen niemanden warten. Eine Dame, wenn sie pünktlich ist, bleibt fast keine Dame mehr. Eine Behörde, die niemanden warten läßt, ist ein Wunder.

Wissen ist Macht, aber Wartenlassen auch. Der König hat Macht genug. Er braucht niemanden warten zu lassen. Für die Dame ist das Wartenlassen eine Kunst. Für die Behörde ist es ein Erziehungsmittel.

Sein Leben lang wartet der Mensch – auf seine Frau, auf sein Glück, auf eine Genehmigung, auf den Tod. So wäre es nützlich, wenn man in der Jugend in einer Kunst unterrichtet würde, derer man später so dringend bedarf. Da das Warten eine philosophische Kunst ist, wird sie natürlich ebensowenig gelehrt wie irgendeine andere Philosophie, die dem Menschen von einigem Nutzen sein könnte.

Am besten erlernt man die Kunst des Wartens an Orten, wo es unvermeidlich ist. Diese Orte tragen offen und ehrlich die Bezeichnung »Warteraum«. Der König, die Frauen und die Behörden können es vermeiden, uns warten zu lassen. Der Arzt und die Eisenbahn können das nicht. Das Wartezimmer eines Arztes ist um so vertrauenweckender, je voller es ist. Wenn man einen Doktor aufsucht und findet, daß das Wartezimmer leer ist – welch ein Schreck! Sogleich überkommt einen das Gefühl, verloren und verlassen zu sein, das Gefühl, der ganzen Macht der Wissenschaft allein ausgeliefert zu sein. Zehn Vordermänner sind zehn Bundesgenossen. Gemeinsam haben sie die Chance, die Macht der Wissenschaft so weit zu schwächen, daß ein jeder sie ertragen kann. So genießt man zwischen der Journalen von vorgestern »the glorious uncertainty of life«, bis der Blutdruck festgestellt und das Rauchen endgültig verboten ist.

Hoffnung ist der Inhalt des Wartens. Die Kunst des Wartens besteht darin, die Zeit des Wartens, anstatt sie verloren zu geben, seinem Leben hinzuzugewinnen. Die Zeit des Wartens ist eine graue Leinwand, die jedermann wegwerfen möchte. Der reife Meister des Wartens bedeckt sie mit einem köstlichen Gemälde seiner Phantasie. Wahrscheinlich gibt es auf der ganzen Welt keinen prächtiger frescogeschmückten Raum als den Wartesaal dritter Klasse in Bebra, jener Station, die nur dem Umsteigen dient. Er ist einer der klassischen Tempel der Philosophie, darin die Buddhisten des Wartens aus Ost, West, Nord und Süd zusammenströmen, die Tugend der Geduld zu üben. Geduld ist die bescheidenste aller Tugenden, aber im Leben ist sie die stärkste aller Waffen. In Bebra vergeht die Zeit langsamer als anderswo. In Bebra kann man träumen. Wenn man sein Leben verlängern wollte, man müßte in Bebra leben. Die Torheit des menschlichen Geschlechts kann man aus nichts anderem deutlicher ersehen, als daraus, daß jedermann Bebra, den Tempel des

Traumes, wo das Leben länger dauert als anderswo, so schnell wie möglich verläßt.

Der Mensch wartet und wünscht den Abend herbei. Der Mensch wartet und wünscht den Sonnabend herbei. Der Mensch wartet und wünscht den Ultimo herbei. Keinen Augenblick macht er sich klar, daß er die ganze Zeit den Wunsch hat, seinem Tode ein Stündchen näher zu kommen. Wer in den Tempeln der Geduld die Kunst des Wartens erlernt hat, der ist gewappnet gegen die Unbilden des Daseins. Er ist verbündet mit der mächtigsten aller Mächte – mit der Zeit. Ohne daß er sich seinem Tode näher zu wünschen braucht, erlebt er den Abend, den Sonnabend, den Ultimo. Für ihn geht der Regen, der Winter, die Krise und sogar der Besuch von Tante Emma leicht vorbei. Dabei hat er auch noch manchen Spaß.

Wenn die schöne Frau ihn zweiunddreißig Minuten an der Litfaßsäule warten läßt, macht sie sich noch keine Sorgen. Sie versteht sich darauf, jede Art männlichen Zorns zu besänftigen, zu ignorieren oder lächerlich zu machen. Aber die Kunst zu warten, ist bedeutender als die Kunst, warten zu lassen. Ein heiteres, ein gelassenes Lächeln nach zweiunddreißig Minuten wird die schöne Frau völlig aus der Fassung bringen. Eine fassungslose schöne Frau ist entschieden zweiunddreißig gut geträumte Minuten wert.

Die Könige, deren Höflichkeit die Pünktlichkeit war, sind sehr selten geworden. Wenn wir die Kunst zu warten so weit entwickelt haben, daß auch die Damen pünktlich sein werden, können wir unsere Kunst nur noch verwenden, um auf das Wunder zu warten, daß man auf Ämtern nicht mehr zu warten braucht.

Darüber wird uns vielleicht der Tod ereilen. Aber wir werden nicht auf ihn warten müssen. Er ist, wie alle Majestäten, pünktlich.

Streitbare Kunst

Wenn man Ideale näher untersucht, findet man gewöhnlich, daß sie Forderungen enthalten, die zu erfüllen die menschliche Natur ganz besonders wenig Neigung zeigt. Das Ideal der Frömmigkeit erscheint uns deshalb als etwas besonders Bewunderungswürdiges, weil der Mensch von alters her ein so hervorragendes Talent dazu hat, Sünde auf Sünde zu häufen.

Es gehört, zum Exempel, heute nicht mehr zu den menschlichen Idealen, auf zwei Beinen zu gehen. Das ist nur so lange ein Ideal gewesen, als es uns entsetzlich schwerfiel, die Balance auf den Hinterbeinen zu halten. Seit wir alle dieses Ideal erfüllen, haben wir die Anstrengungen, die es uns gekostet hat, vergessen. Sich an erreichten Idealen zu erfreuen, gehört nicht zu den Bedürfnissen der menschlichen Seele. Für den Sachverhalt des erreichten Ideals hat die Sprache keinen Ausdruck. Nur die Gesamtsumme aller erreichten Ideale wird mit dem Worte Zivilisation bezeichnet. Sie zu verachten, gehört zum guten Ton.

Man könnte die Lehrer der Weisheit fragen, ob es einen Sinn habe, Idealen nachzustreben, da sie doch, nachdem sie erreicht sind, ihren Wert verlieren. Aber die Philosophen haben dieser Frage rechtzeitig vorgebeugt. A priori lassen sie als Ideal nur gelten, was von vornherein als kaum erreichbar angesehen werden kann. Nun gibt es hohe und edle Ideale, die allen Forderungen der Philosophen gerecht werden. Aber es gibt auch niedrige Ideale, sozusagen Gebrauchsideale für den Alltag. Zu den verbreitetsten gehören Ruhe und Frieden.

Natürlich haben wir alle ein solches Ideal; denn wir alle haben ein Talent für Zank und Streit. Die Sprache – die ewige Mutter der Weisheit! – hat dafür viele Ausdrücke, von der »Auseinandersetzung« über »Unterschiede« bis zum »Zoff«. Es wäre ein schöner Anlaß für einen größeren Familienstreit, zu fragen, wie viele Wörter die Sprache für Streit hat.

Nun sind die meisten Leute, wenn sie einen Streit anfangen, des Ideals sich bewußt und haben ein schlechtes Gewissen dabei. Das sind die, die bei den Engeln noch nicht als ganz verloren gelten. Aber es gibt auch Heiden, die ihr Laster mit Vergnügen und gutem Gewissen betreiben. Über diese müssen die Engel weinen. Die Menschen, die keine Engel sind, dürfen über sie lachen.

In Glasgow gibt es ein Ehepaar, das lange Zeit hindurch alle seine Nachbarn durch den Lärm seiner ehelichen Zwistigkeiten zur Verzweiflung brachte. Vielerlei Versuche wurden unternommen, die beiden miteinander zu versöhnen. Die Versuche waren gut gemeint. Alle Nachbarn trugen das Ideal der Ruhe und des Friedens im Herzen. Sie meinten ganz naiv, den beiden müßte doch wohler sein, wenn sie in Frieden miteinander lebten.

Dies war ein großer Irrtum. Das Ehepaar gehörte zu den Heiden. Sie frönten ihrem Laster, von keinem Ideal beschwert, mit wirklichem Vergnügen. Und sie betrieben es mit hoher Kunst. Es läßt sich nicht leugnen, daß die Laster nur deshalb einen so schlechten Ruf haben, weil es so wenig Vorschriften gibt, sie zu betreiben. Die Philosophen haben uns mit vielen trefflichen Anweisungen versorgt, wie die Tugend zu üben sei. Aber obgleich sie doch genau wissen, daß wir ganz ohne Laster niemals auskommen werden, haben sie uns völlig im Stich gelassen mit Anweisungen, wie man Laster mit Weisheit und Mäßigung betreibt.

So ist neben so vielem anderen auch die Kunst zu streiten in Verfall geraten. Noch bei den homerischen Helden war die Kunst, ein streitbares Wort zu führen, ebenso hoch angesehen wie die Kunst, mit dem Schwert zu treffen.

Später brachten die Sophisten das Streitgespräch zu prächtiger Blüte. Ihre großen Redner fanden, worauf uns Jacob Burckhardt hinweist, bei besonderen Feinheiten der Replik einen ähnlichen Beifall, wie ihn unsere große Dirigenten bei irgendeinem ganz besonders kühnen Ritardando finden.

Die wissenschaftlichen Disputationen des Mittelalters waren eine hohe Schule des Streitens. Und eigentlich bekam nicht der recht, der recht hatte, sondern der, der besser streiten konnte.

So wie viele hohe Künste der Altvorderen sich in vulgären Formen erhalten haben, hat sich auch die Kunst des Streitens im Ehezwist ein lebendiges Refugium bewahrt. Dem Chronisten erscheint es sicher, daß viele Ehen unglücklich sind, nicht weil die Eheleute sich streiten, sondern weil sie sich nicht richtig streiten. Eine der wichtigsten Voraussetzungen für einen guten Streit ist die, daß überhaupt kein Grund für ihn vorliegt. Es darf nur einen Anlaß geben. Die Sprache sagt: »Ein Streit wird vom Zaune gebrochen.«

Hat man einen Grund zum Streiten, ist man im Recht. Wenn man im Recht ist, schickt es sich, großmütig zu verzeihen. Ein Streit kann nicht entstehen. Ist man im Unrecht, muß man es großmütig eingestehen. So wenig es jemals einen Grund zum Streiten geben kann, ein Anlaß ist immer da. Der Anlaß freilich muß klug gewählt werden. Es ist eine zweite wichtige Voraussetzung für einen guten Streit, daß er völlig überraschend kommt. Nur durch das Element der vollkommenen Verblüffung kann man beim Gegener so viel Zorn erzeugen, daß ein Streit in allen seinen dramatischen Phasen ungestört ablaufen kann.

Der Chronist kann natürlich nicht das ganze Lehrbuch »Über die Kunst zu streiten« in einem Aufsatz unterbringen. Der Leser sei diesbezüglich auf das große zweibändige Werk aus seinem Nachlaß hingewiesen. Das Crescendo, der Wechsel des Themas, das kontrapunktische Element, die Peripetie, die Katharsis und die Versöhnung, alle diese Stufen sind je ein Kapitel wert. Allgemein sei dem Leser das Studium junger Liebesleute empfohlen. Unter ihnen steht die Kunst zu streiten, aus einem Streit alle denkbaren Ergötzungen herauszuholen, noch in hoher Blüte. Doch kann der geneigte Leser auch nach Glasgow fahren. Dorten beantwortete das streitsüchtige Ehepaar die Friedensbemühungen seiner Nachbarn damit, daß es deren Häuser kaufte und sie ausquartierte. So streiten sie sich heute sozusagen in allem Frieden und von niemandem gestört. Die Kunst zu streiten hat in Glasgow ein Asyl gefunden. Es ist nur ein Beweis für den Verfall dieser Kunst, daß die Leute in Scharen zu den Dirigenten laufen, die doch nur Lärm fürs Gemüt erzeugen, während sie für einen wahrhaft kunstvollen Streit, der ein scholastisches Vergnügen erster Ordnung ist, kein Verständnis mehr haben.

Seelischer Brückenbau

Jedermann wird damit einverstanden sein, daß einmal eindringlich darauf hingewiesen wird, um wieviel schneller und bequemer unsere Autobusse im Lauf der Jahre geworden sind. Leider, was wir für die Sitzfläche dazugewonnen haben, das haben wir für die Seele verloren. Um ebensoviel wie die Autobusse bequemer geworden sind, um ebensoviel geschlossener sind sie geworden.

Wer erinnert sich nicht noch mit Sehnsucht jener Biedermeierkarossen, auf deren offenem Deck man abenteuerliche Reisen durch das Märchenland der großen Stadt machen konnte. Wer träumt nicht zuweilen von jenen mutigen Mädchen, die ihre sowohl duftigen als auch duften Fähnchen im Fahrtwind flattern ließen als Signale eines Frühlings, der immer und immer noch auf sich warten ließ.

Die Biedermeierkarossen verschwanden. Einem Gerücht zufolge sollen sie an eine kleine Stadt verkauft worden sein und allda noch wacker ihren Dienst tun. Vielleicht hat man Glück und begegnet eines Tages einem dieser freundlichen Elefanten, um mit ihm vom Neuen Tor zum Markt zu fahren und vom frühen zwanzigsten Jahrhundert zu träumen. Uns bleiben nur die hinteren Plattformen, sofern sie offen geblieben sind. Man kann, auf ihr Geländer gelehnt, eine Reise durch den Tiergarten machen, die an Naturschönheiten ihresgleichen sucht. Ob der Neuner oder der Neunzehner zu diesem Behuf oder zu diesem Bereif vorzuziehen sei, darüber sind die Kenner sich nicht einig. Einig sind sie sich über die Wichtigkeit des unmittelbaren Kontaktes mit der Natur durch eine Glasscheibe, die nicht vorhanden ist.

Steigen zwei einander fremde Menschen in den rollenden Glaskasten, so werden sie einander fremd bleiben, so lang auch das Stück ihres Lebensweges, das sie miteinander zurücklegen, sein möge. Sind sie aber durch die einige Millionen Kilometer entfernte Sonne miteinander verbunden, so haben sie die Möglichkeit, sich kennenzulernen. Die Brücke, die die fremdesten Menschen miteinander zu verbinden vermag, ist ein Gespräch über das Wetter.

Gib mir einen Stern, der uns beide bescheint, und ich will, o Mitmensch, eine Brücke von mir zu diesem Stern und von diesem Stern zu dir schlagen. Die konstruktiven Talente der menschlichen Seele sind denen unserer Ingenieure erheblich überlegen.

Daß Gespräche über das Wetter banal seien, hat man schon mehr als einmal gehört. Es ist eine banale Bemerkung. Der Abbé Leseigne hielt das Wetter für das feinste und schwierigste aller Gesprächsthemen. Darin war er mit Alexander von Humboldt einer Meinung.

Ich sehe ein, daß es nunmehr Zeit wird, einige technische Anweisungen zum seelischen Brückenbau zu geben. Vor allen

Dingen muß man sich den Feind, den man zu seinem Freunde machen will, genau besehen. Solche von einer gewissen munteren Leibesfülle sind bessere Brückenpfeiler als die Hageren. Bietet ja auch der Dicke der Sonne eine weit größere Wirkungsfläche für ihre wohltuenden Strahlen als der Dünne. Ferner ist es wichtig, das erste Seil über den Abgrund der Fremdheit nur so ganz leichthin zu werfen, in einem Schnörkel, oder, um die Sache ganz präzis auszudrücken, auf eine Weise, die man in Sachsen »leschär« nennt.

Also zum Beispiel ist es nicht unangemessen zu sagen: »Na, da schiene sie mal wieder!«

Diesen unbeschreiblichen Satz wollen wir beschreiben. Es bedarf kaum der Erwähnung, daß es sich um ein Plagiat handelt. Meine schriftstellerischen Talente hätten niemals ausgereicht, eine so vollkommene sprachliche Schöpfung zustande zu bringen. Das Copyright dieses Satzes steht dem Autobusschaffner zu, dessen Neunzehner um elf Uhr einundvierzig die Corneliusbrücke passiert.

Dieser Konjunktiv »schiene« ist ein Musterbeispiel von Unverbindlichkeit und insofern ein Musterbeispiel von Verbindlichkeit. Die Feinheit dieses Satzes liegt darin, daß die Sonne nicht genannt wird. Damit wird die Gemeinsamkeit, die doch erst geschaffen werden soll, vorausgesetzt. Das »sie« setzt eine Vergangenheit voraus, in der die Sonne schon vorgekommen ist. Diese Vergangenheit ist das Paradies.

Daß es möglich sein soll, vermittels eines ungenannten Gegenstandes und eines Konjunktivs zwei Menschen vom Hinterperron eines Autobusses geradeswegs ins Paradies zu befördern, würde kaum glaubhaft erscheinen, wenn es nicht soeben bewiesen worden wäre.

Der wahre Wert unseres Satzes kommt aber erst zutage, wenn man die Antwort betrachtet, die er erheischt, obgleich er nicht einmal eine Frage ist. Es gibt da, wie bei der spanischen Eröffnung, nur eine beste Antwort. Sie lautet: »Ja, da scheint sie mal wieder.«

Mit diesem Indikativ kehrt der so stracks ins Paradies Beförderte wieder auf die Autobusplattform zurück. Natürlich sind nun diese beiden, die in einer kurzen Wechselrede eine so weite Reise zurücklegten, Freunde fürs Leben, auch wenn sie sich vor einer

Minute noch nicht kannten und sich nach zehn Minuten niemals wiedersehen werden. Wie die spanische Eröffnung fortzusetzen sei, ist nicht so ohne weiteres zu sagen. Es gibt da mehrere Schulen. Da die Sonne heuer ungewöhnlich früh und ungewöhnlich warm scheint, ist die Frage, ob vielleicht das Klima sich ändere, durchaus nicht fehl am Platze. An der Bendlerstraße hört man schon den Golfstrom rauschen, der wärmer geworden sein soll, und wenn man sich den Linden nähert, fährt man unter der Sonne Neapels dahin.

Die Sonne scheint über Gerechte und Ungerechte. Wir können wenig dazu und nichts davon tun. Wenn wir unsere menschliche Aufgabe nicht vollständig mißverstehen wollen, ist es unsere Pflicht, ausführlich die Sache von allen Seiten zu bereden. Je alltäglicher wir dabei sein werden, um so tiefer werden wir in jene Schichten vorstoßen, in denen die einfachen und selbstverständlichen Dinge sich abspielen. Die Sonne ist alltäglich, aber dieses eben von aller Ewigkeit bis in alle Ewigkeit.

Schicksal mit Frist

Fast jeden Morgen, wenn man sein Frühstücksbrötchen zu sich genommen hat, pflegt es zu klingeln. Das ist der erste dramatische Moment des Tages. Unten vor des Hauses Tor dreht das große Roulette des Lebens Hunderte von Menschen vorüber. Einer krümelt sich aus dem Strom heraus und nähert sich der Haustür. Zuerst muß er die Quarantänekommission passieren. Portiersfrauen, die Schicksalsnornen des kleinen Mieters, sind morgens schlecht gelaunt.

»Ze wem woll'n Se denn?«

»Fünfter Stock links!«

Er rüstet sich zum Anstieg und klettert Stufe um Stufe empor. Noch sitzt man unschuldig und friedlich, eine Meise auf dem Fensterbrett betrachtend, seinem Tage gegenüber, der endlich vielleicht Großes bringen wird.

Wenn es dann klingelt, ist es, als ob der Croupier des Glücks sagt: »Rien ne va plus!« Der Würfel ist geworfen. Der Rubikon schäumt auf. Sieg oder Niederlage – alles hängt von der Türklinke ab.

Natürlich, man kann es sich einfach machen und nicht öffnen. Aber ist das eines Menschen würdig, der weiß, daß er aus dem Paradies vertrieben ist? Eine Schlacht kann nur gewinnen, wer bereit ist, sie zu verlieren. Ins Grab sich zögern kann nicht unsere Aufgabe sein.

Öffnen wir!

Es herrscht die allgemeine Meinung, daß der angenehmste Mensch, dem man da öffnen könne, der Geldbriefträger sei. Tatsächlich, Geldbriefträger sind in der ganzen Welt freundliche Leute.

Sind wir doch geneigt, Wohltaten, die wir durch eines Menschen Hand empfangen, ihm selbst als Verdienst anzurechnen. Freilich verhalten wir uns da nicht viel geistreicher als König Dareios, der den Boten, der ihm die Nachricht von der verlorenen Schlacht von Marathon brachte, töten ließ. Ich glaube, daß die Geldbriefträger nicht nur Spiegel unserer freundlichen Gefühle, sondern von Natur freundlich sind. Alle Menschen, die viel mit Menschen zu tun haben, werden mit den Jahren milder und nachsichtiger.

Dann gibt es die Bettler. Man sollte sie nicht gänzlich abschaffen. Es ist niemals ein schlechtes Zeichen, wenn als erster morgens ein Bettler klingelt. Die Bettler geben uns die Möglichkeit, den Göttern zu opfern. Man sollte die nicht mißachten, die uns für einen Groschen dem Olymp in Erinnerung bringen. Vortrefflich auch, wenn Frau Klotz die frische Wäsche bringt! Das Oberhemd im Schrank ist Linnen und geeignet, uns mit dem erhabenen Gefühl von Besitz und Wohlstand zu erfüllen.

Auch Spenden, die an der Tür erbeten werden, bringen uns nicht aus der Fassung. Sie haben den Vorteil, daß es, sie zu geben, allemal besser ist, als sie nicht zu geben. Auch hier bleiben wir nicht unbelohnt. Man spendet sich so durch! Nun aber klingelt es, und die Kugel des Glücks rollt Zero. Vor der Tür steht ein würdiger Mann mit Aktentasche. Er entnimmt seiner ledernen Pandorabüchse ein amtlich knisterndes Papier. Es ist der Herr Vollstreckungsbeamte!

Niemand wird im ersten Augenblick allzu höflich gegen ihn sein. Wer möchte um Mitleid bitten, wo er Gerechtigkeit zu fordern das edle Recht des Bürgers hat. Auch hegt man den Verdacht, ein Gerichtsvollzieher müsse ein grimmiger Herr sein. Die Würde des Staates verträgt keinen Spaß.

Also bittet man ihn mit gemessenen Worten, ins Zimmer zu treten, in das Zimmer, von dem man noch nicht weiß, ob es ihm nicht gehören wird, wenn er es wieder verläßt. Scheu blickt man sich um. Die Kommode sieht aus, als ob sie Beine habe und davonlaufen wolle. Die Bilder pendeln sanft im Winde der Gefahr. Setzt man sich, hat man das Gefühl, der Stuhl weiche unter einem von hinnen.

Aber wahrhaftig, der Herr Vollstreckungsbeamte rückt alles, was er ins Wanken zu bringen scheint, selber wieder zurecht. Ich glaube nicht, daß es sich mit irgendeinem Zeitgenossen angenehmer plaudern läßt als mit einem Vollstreckungsbeamten. Versteht er doch des Daseins Kummer besser als irgendeiner. Ist er doch bereit, einem Glauben zu schenken. Findet er doch, daß Schulden vielmehr ein Unglück als eine Schande sind. Welch ein Philosoph! Schließlich überkommt einen etwas von dem souveränen Gefühl eines Königs, der noch in seinen letzten Minuten auf dem Schafott leutselig mit seinem Scharfrichter sich unterhält.

Ich ziehe den Vollstreckungsbeamten einem Geldbriefträger vor. Die Konversation mit einem Geldbriefträger erhebt sich selten über landläufige Redensarten hinaus. Die Unterhaltung mit einem Vollstreckungsbeamten geht dem Schicksal auf den Grund und steigert sich in der Gemeinsamkeit einer zu lösenden Aufgabe zu wahrer Humanität.

Wo sollen die achtundsechzig Mark fünfzig herkommen benebst den Gebühren, von denen der Herr Vollstreckungsbeamte mit so viel Delikatesse versichert, daß sie durchaus nicht für ihn selbst bestimmt seien. Niemand könnte je so taktlos sein, das auch nur zu vermuten.

Man ist bereit, ihm Kasten und Schränke zu öffnen. Man bedauert förmlich, nicht durch ein altes Silberservice dem trefflichen Manne die Mühe seines Berufes erleichtern zu können. Aber, beim Jupiter, die achtundsechzig Mark fünfzig sind nicht da.

Indessen, es ist nicht notwendig, den Frack vom Bügel zu nehmen. Der Herr Vollstreckungsbeamte hat noch ein letztes Mittel zur Verfügung, mit dem er alle Schwierigkeiten beseitigt. Das Wunder heißt die Frist. Es ist förmlich, als hätte man auf Zero gesetzt und gewänne nun mit der Bank. Drei Tage Frist! Was soll einem da noch passieren! Der Dichter zückt die Feder und bereichert die Nation um ein neues Meisterwerk. Es ist nicht sein Verdienst. Alle Ehre gebührt einzig der Humanität des Vollstreckungsbeamten. Wie viele treffliche Werke mag die zeitgenössische Literatur enthalten, die nicht im schöpferischen Rausch, sondern erst in der Frist geschrieben wurde.

Wenn ich mir eine literarische Ehre in meinem Leben von Herzen wünsche, ist es die, Ehrenmitglied des Bundesverbandes deutscher Vollstreckungsbeamter zu werden.

Niemand kann seinem Schicksal entgehen. Aber Schicksal mit Frist ist wahrhaftig zu ertragen.

Von der Scholle zum Parkett

Der Herbst ist, von einer höheren philosophischen Warte aus betrachtet, in erster Linie die Zeit der reifen Pflaumen. Zwar sind die Gedichte chinesischer Lyriker über den Duft von Pflaumenblüten von hervorragender Qualität, und wir dürfen uns glücklich schätzen, daß der menschliche Geist angesichts so vergänglicher Erscheinungen zu so unvergänglichen Leistungen fähig ist. Aber was ist ein Gedicht über den Duft der Pflaumenblüte, verglichen mit einer reifen Pflaume in der Hand!

Aus den Träumen des Frühlings wird im Herbst Marmelade gemacht. Darüber melancholisch zu werden bedeutet, die Weisheit der Schöpfung noch nicht verstanden zu haben. Wer sich auf einer Himmelsschlüsselwiese verliebt hat, wird eine Martinsgans zum Hochzeitsschmaus haben. Wir sind irdische Wesen. Für die Seele haben wir Byron, die Wolken, Rousseau und die Ferienrückfahrkarte mit 33 ⅓ % Ermäßigung. Für den Leib sind die Martinsgans, der Wollsweater, die Klöße und ein gutes Bett. Nur der neue Wein stärkt Leib und Seele zugleich. Aber der Herbst ist nicht nur der wohlwollende Patron der heiteren Resultate. Er ist immer auch der fröhliche Gott der heiteren Verwandlungen.

Wir ziehen im Sommer aus unseren großen Städten hinaus, um etwas für unsere Gesundheit zu tun. Im Herbst ziehen wir wieder in die großen Städte hinein, vermutlich, um etwas gegen unsere Gesundheit zu tun. Unter diesem Aspekt ist der Frühling nur der bleiche Knabe der Rekonvaleszenz, der Herbst aber der höchste Punkt in der Jahreskurve unseres Wohlbefindens. Der Herbst ist die Peripetie unserer Verrücktheit. Wenn die Martinsgans in der Pfanne schmort, schlägt unsere Sommerverrücktheit jählings in die Winterverrücktheit um.

Man nehme den Badestrand von Norderney im Juli und werfe ihn in den Dezember. Ein barfüßiger Herr in schwarzweiß gestreiftem Boxertrikot, der an einer Schlaufe in der Untergrundbahn hinge, wäre noch ganz angängig. Er könnte für einen Fanatiker des Vegetarismus gelten. Man würde ihm einen Groschen schenken. Merkwürdiger schon wäre der Herr Generaldirektor, der mit frohem Quietschen seinem Aufsichtsratsvorsitzenden ein Gummikrokodil an den Kopf würfe. Ein Magistratsobersekretär grübe im Salon die Diele um und baute für seine Kinder eine Sandburg. Über die Bordkanten der Automobile am Kurfürstendamm hingen Netze, um Fische für das Abendbrot zu fangen.

Oder man nehme das Parkett einer Dezemberpremiere und werfe es in den Juli. Auf einmal erhöbe sich der Herr im Frack in Loge drei und kletterte mit alpinistischem Geschick an der Brüstung hoch. Langsam zur Wölbung der Decke hinübertraversierend, gelangte er zum Kronleuchter, pflückte sich ein Kristallblümchen und steckte es sich ins Knopfloch. Die Dame in der dritten Reihe Parkett links, in dem märchenhaften blauen Samtkleid mit der bezaubernden Schleppe, holte sich aus der Garderobe einen vierzig Pfund schweren Rucksack, der akkurat in ihren Rückenausschnitt hineinpaßte, ergriffe einen Stock mit Zwinge und verließe das Foyer mit kräftigem Schritt: »Wem Gott will rechte Gunst erweisen . . .«

König Lear aber käme im dritten Akt in Gamsledernen auf die Bühne und sänge ein Schnadahüpferl. Von allen Rängen tönte ein fröhliches »Holliüüh! Holliooh!« als bergkräftiges Echo.

Der Philosoph unterbricht an dieser Stelle die Verwirrung, die ein Austausch des Julimenschen mit dem Dezembermenschen hervorrufen müßte, und erhebt die ernste und bedeutungsvolle Frage, welche der beiden Verrücktheiten unsere normale Verrücktheit ist. Sind wir Fischerknaben und Sennhirten, die sich winters in Fräcke verkleiden und den König Lear bewundern? Oder sind wir Magistratsräte und Generaldirektoren, die im Sand spielen und die Nordwand des Matterhorns erklettern?

Nun, sicher sind wir verkleidete Fischerknaben und Sennhirten. Diese hat es eher gegeben als Magistratsräte und Generaldirektoren. Wir müßten an der Wohlordnung der Welt verzweifeln, wenn wir nicht die Frauen hätten. Nur die Frauen bringen es fertig, im Juli wie im Dezember anmutig zu sein. Wenn Eva im Juli im Strandanzug Spagat oder die Kerze macht, verdient sie gleichermaßen die Bewunderung des Fischerknaben wie des Magistratsrates. Wenn sie im Dezember ins Theater fährt im blauen Samtkleid mit Schleppe, wird der Generaldirektor sie nicht weniger verehrungswürdig finden als der Sennhirt. Es ist der Herbst, der uns den Spaß bietet, zusehen zu dürfen, wie Eva sich verwandelt.

Freilich, wenn Eva der Anmut entbehrt, ist das kein Spaß, im Dezember nicht und nicht im Juli. Verrücktheit ist nur mit Anmut zu ertragen.

So loben wir zwischen unserer Sommerverrücktheit und unserer Winterverrücktheit den Herbst als normale Jahreszeit. Ohne lächerlich zu wirken, können wir mit Eifer uns der Martinsgans zuwenden, den neuen Wein erproben und reife Pflaumen zum Nachtisch essen. Auf alle Fälle ist es besser, mit Eva Pflaumen zu essen als einen Apfel. Der Apfel gehört in die Gans.

Möge ein jeder eine Eva haben, die ihm die Gaben des Herbstes mit Anmut zu reichen weiß!

Groschen im Hinterhof

Musik hat auf das menschliche Gemüt eine seltsam erweichende Wirkung. Allerdings kann man diese Wirkung leichter auf dem Hof eines Berliner Mietshauses feststellen als in der Philharmonie. Wenn vormittags so gegen elf Uhr ein harmonisches Trio seine getragenen Weisen an den Küchenfenstern empor zum viereckigen Himmel steigen läßt, öffnen sich die Fenster wie durch einen Zauber, und es fängt an, Geld auf die Musiker hinabzuregnen. Dergleichen hat man in der Philharmonie noch nie beobachtet.

Von morgens bis abends werden dem Zeitgenossen reelle Werte

gegen Barzahlung angeboten. Wie selten entschließt er sich, sein Geld für irgendeinen dieser Werte herzugeben. Von morgens bis abends denken kluge Leute darüber nach, wie sie den Zeitgenossen dazu veranlassen könnten, sich von seinem Groschen zu trennen. Wie wenigen gelingt es, ihn dazu zu bewegen. Dabei kann man doch für einen Groschen schon das »Neueste aus aller Welt« bekommen und für zwei Groschen einen ganzen Bahnsteig oder die Geliebte an die Strippe. Hier aber entschließt sich der Mensch, sich von seinem Groschen zu trennen für einige Töne, die schon in den viereckigen Himmel entschwebt sind, ehe der Groschen auf dem Hof angekommen ist.

Doch glaube man nicht, daß der Mensch in diesem Fall seinen Groschen für einen so unreellen Wert, wie es die Musik ist, hergibt. Für seinen Groschen kauft er sich Hochgefühl. Das Gefühl, ein edler Mensch, ein Wohltäter zu sein, ist gemeinhin mit hohen Ausgaben verbunden. Die Hofmusiker verdanken ihre guten Geschäfte der Tatsache, daß sie Hochgefühl schon für eine so erschwingliche Summe, wie zehn Pfennige es sind, vermitteln können.

Den Beweis dafür erbrachte ein Berliner Müllkutscher. Dieser mit einem herrlichen Tenor begabte Mann kam unlängst auf den Einfall, auf einem Hof, auf dem er den Müll abholen sollte, eine Kunstpause einzulegen. Von des Lebens Lust gepackt, fragte er zu den Küchenfenstern hinauf: »Was kann so schön sein wie deine Liebe?« Es hallte gewaltig im Schacht. Natürlich taten sich alsbald die Küchenfenster auf, und manche schöne Maid lächelte zurück dahingehend, daß nichts so schön sein könne wie gerade ihre Liebe. Eine Menge in Zeitungspapier gewickelter Groschen fielen auf den Mülltenor hinab. Der freilich war darüber eher verblüfft. Im Dienst nämlich darf man nicht durch Singen Geld verdienen. So brach er jählings ab, packte seine Müllkästen und verschwand. Einsam auf dem Hof blieben die Groschen liegen.

Die Gesichter an den Küchenfenstern waren ziemlich verdutzt. Doch wußte in jedem Fall die linke Hand noch, was die rechte getan hatte, nämlich daß sie die Wohltat in Zeitungspapier geschlagen hatte. Und sogar die Füße wußten noch, was die Hände getan hatten. Aus allen Stockwerken stürzten die Wohltäter auf den Hof hinab, sich ihre Groschen wiederzuholen.

Die Musik hatten sie gehabt. Das Hochgefühl hatte der Mülltenor liegenlassen. So wurde auf einmal aus einer guten Tat, bei der es nicht darauf ankam, ein leichtfertiger Unsinn, zum Fenster hinausgeworfenes Geld.

Das Geld zum Fenster hinauszuwerfen galt bislang als eine der bequemsten Methoden, es loszuwerden. Aber man sieht, wenn nicht der Richtige unten steht, der es aufhebt, muß man fünf Stockwerke hinunterklettern, um es selber wieder aufzusammeln.

FRÖHLICHE WISSENSCHAFT

Dionysische Paläontologie

Am Viktoriasee haben sie einen alten Herrn ausgegraben. Er hatte einen wundervoll ausgebildeten Unterkiefer und eine prachtvolle hohe Stirn. Die Ausgrabung wäre nicht weiter aufregend, wenn dieser alte Herr nur einfach so in der Erde gelegen hätte. Aber er lag nicht nur einfach so in der Erde, sondern er lag in einer geologischen Schicht.

Die Prähistoriker stürzten sich, mit den Geologen vereint, auf den Kinnladen und vereinbarten auf Grund der bei ihnen gültigen Konventionen, daß dieser alte Herr zweihundertfünfzigtausend Jahre alt sei. Ich persönlich bin der Meinung, daß das übertrieben ist. Nach den vorliegenden Beschreibungen gebe ich diesem Ehrengreis der Vorgeschichte höchstens zweihundertvierzigtausend Jahre.

Die Entwicklungstheorie gerät durch diesen Fund in eine ganz verzweifelte Lage. Der älteste Affe, den man kennt, ist nämlich nur siebzigtausend Jahre alt. Es ist schade, daß Affen für Wissenschaft nichts übrig haben. Es würde sich jetzt beweisen lassen, daß der Mensch nicht vom Affen abstammt und also der Affe auch nicht für ihn verantwortlich gemacht werden kann. Da die Affen ihrerseits vermutlich keinen Wert darauf legen, von uns abzustammen, könnte man diese alte Streitfrage endlich begraben. Aber leider, leider, Affen haben für Wissenschaft nichts übrig. Ihre Methode, die Schöpfung zu preisen, ist zu naiv, als daß sie ernst genommen werden könnte. Affen schaukeln auf Lianen seit siebzigtausend Jahren. Mögen wir immerhin am Klettertau des Logos auf und nieder flitzen, wir werden niemals die geschichtliche Stabilität der Affen erreichen.

Die Ursache dafür läßt sich schon bei dem alten Herrn vom

Viktoriasee nachweisen. In seiner geologischen Schicht fand man, keinen Meter von ihm entfernt, ein ehemals hölzernes Trinkgefäß. Unterdessen ist es versteinert. Die Versteinerung hat uns das Gefäß bewahrt und die Tatsache, daß es mit einem Muster geschmückt war. Es ist klar, der alte Bursche hat gesoffen. Mitten in der Paläontologie hat ihn der Schlag getroffen, so daß sein Gebein nicht begraben wurde, sondern mit den Jahrtausenden in die Tiefe sank.

Dieser vorzeitliche Schlaganfall war, gewissermaßen, eine frühzeitige Warnung an das Menschengeschlecht. Sie hat nichts genützt. Bisher waren wir der Meinung, daß wir seit dreißigtausend Jahren söffen. Jetzt wissen wir, daß wir es schon seit mindestens zweihundertundvierzigtausend Jahren tun.

Der alte Herr vom Viktoriasee war der erste, der vom Zweck zum Selbstzweck überging und uns damit einen so ungeheuren Vorsprung vor dem Ichthyanodon verschaffte. Die Urviecher tranken, weil sie Durst hatten. Der Mensch zerbrach diesen Zusammenhang. Er verschaffte sich Durst, um trinken zu können. Damit zum erstenmal wurde eine biologische Funktion in den Bereich der Moral gedrückt. Daß der Mensch dabei mit dem Unmoralischen anfing, liegt in seiner Natur. Vom Unmoralischen zum Moralischen ist nur ein Schritt, so selten er auch getan wird. Vom Biologischen zum Unmoralischen, das war ein Sprung in die Zukunft, ein Sieg, der die Grenzen des Animalischen zerbrach und erstmals der Kultur die Tür öffnete. Es war die Tür der Schenke.

Das Trinken ist neuerdings in Verfall geraten. Es gibt so viele trübe Apostel, die von den Schäden an der Gesundheit reden. Man sollte sie mit dem Kinnbacken vom Viktoriasee erschlagen. Wenn wir die letzten zweihundertundvierzigtausend Jahre davon nicht zugrunde gegangen sind, werden wir es wohl auch in Zukunft noch eine Weile aushalten.

Der Verfall des Trinkens ist nicht von den Aposteln der Mäßigkeit verursacht. Mit ihren Angriffen haben sie eine Festung erobert, die von ihrer Besatzung schon verlassen war. Der Verfall des Trinkens geht mit dem Verfall der Moral Hand in Hand.

Die Menschen sind im Lauf des letzten Jahrhunderts so durch und durch demoralisiert worden, daß sie nicht mehr die Notwendigkeit empfinden, besondere Einrichtungen zu haben, in denen das Unmoralische gepflegt wird. Der Nachteil für das öffentliche Wohl liegt auf der Hand. Anstatt daß die Unmoral nach festen Riten gepflegt wird an Stätten, die dafür geeignet sind, hat sie sich in gänzlich anarchischer Weise über weite Gebiete des Lebens verbreitet, wo sie nichts zu suchen hat. Der Verfall der Schenken ist für das öffentliche Wohl ein nahezu ebenso bedenkliches Zeichen wie der Verfall der Familie. Das Saufen, anstatt ein Laster zu sein, ist eine Gewohnheit geworden, bei der niemand mehr etwas findet. Die Familie, anstatt eine Tugend zu sein, ist eine Gewohnheit geworden, an der jedermann etwas findet.

Das Saufen war so weit seines wahren Charakters als einer unmoralischen Handlungsweise beraubt, daß es als eine Krankheit betrachtet wurde. So kam es, daß Trunkenheit vor Gericht als mildernder Umstand galt, eine Beleidigung für jeden, der die Molle ernst nimmt.

Wenn wir die Aufgabe übernehmen, die Familie wieder zu einer moralischen Institution zu machen, so dürfen wir an der Schenke nicht achtlos vorübergehen. Niemand wird ehrlich glauben, daß die Menschen von Natur gut sind. Zur Tugend muß man sie zwingen. Zum Laster braucht man sie, dem Himmel sei's geklagt, nicht zu zwingen. Man muß dafür Sorge tragen, daß sie die richtigen Laster haben. Das vortrefflichste Laster, das ein Mann haben kann, der für seine Familie sorgt, ist, daß er zuweilen in die Schenke geht.

Gedenken wir mit Ehrfurcht jenes wichtigen Potators vom Viktoriasee! Sorgen wir, daß auch unsere Trinkgefäße noch nach zweihundertundvierzigtausend Jahren einer Betrachtung wert sind. Als Prometheus die kalte Welt betrat, trug er in der rechten Hand eine Fackel, die der Menscheit die äußere Wärme schenkte, in der linken eine Flasche Korn, der wir die innere Wärme verdanken. Wenn es die Kultur war, die zur offenen Tür der Schenke hereinkam, ist der Weg, den der Mann beschreitet, wenn er aus der Schenke hinaustritt, der Weg nach Hause.

Seien wir stolz auf unsere Tugenden. Hinsichtlich unserer Laster wollen wir vom Stolze absehen. Wir wollen uns ihrer freuen. Auf dem schmalen Pfad, der die Schenke mit dem Heim verbindet, läßt sich ein Leben abtraben, das eines ehrlichen Begräbnisses würdig ist.

Von der Tugend allein kann man nicht leben. Vom Laster allein kann man nicht sterben.

»Herr Ober! Einen großen Korn!«

Auch im Frack ist Dionysos ein Gott.

Die Jochelbeere

Die Wissenschaft hat unser Weltbild einige Male gründlich durcheinander gebracht. Vor wenigen hundert Jahren noch befanden wir uns im Mittelpunkt des Weltalls. Die Sonne ging Morgen für Morgen großartig über der Schöpfung auf. Eines Tages stellten dann die Gelehrten fest, daß die Sonne eine explodierende Gasfabrik ist und Mütterchen Erde eine Art kleiner Tennisball, der mit einer erschrekkenden Geschwindigkeit um die Gasfabrik herumsaust. Man konnte das beweisen. Jedermann sah es ein. Einige Humanisten waren traurig. Aber wie könnte man auf Leute Rücksicht nehmen, die der Mathematik keinen Glauben schenken. Das Merkwürdige an der Sache ist, daß, unter völliger Mißachtung der Beweise der Gelehrten, auch weiterhin Morgen für Morgen die Sonne großartig über der Schöpfung aufgeht. Soweit der Chronist sehen kann, sind bislang seitens der Wissenschaft keinerlei Anstrengungen unternommen worden, diesen klaffenden Widerspruch aufzuklären.

Dafür hat die Wissenschaft beträchtliche Anstrengungen unternommen, weitere grundlegende Sachverhalte der Natur zum Umsturz zu bringen.

Im Gewächshaus des Botanischen Instituts in Dahlem hängt an einem Strauch ein Gebilde, das große Aussicht hat, der Ausgangspunkt vielfacher Verwirrungen zu werden.

Jedermann kennt die Johannisbeere und weiß, daß sie eine Frucht ist. Ebenso weiß jedermann, was eine Stachelbeere ist. Die Gelehrten in Dahlem haben sich um den gottgegebenen Unterschied zwischen Johannisbeere und Stachelbeere nicht gekümmert. Sie haben die beiden gekreuzt. Da hängt nun dieses Gebilde an seinem Strauch. Es ist weder eine Johannisbeere noch eine Stachelbeere. Es ist eine Dynamitpatrone der Neuerungssucht.

Die erste Schwierigkeit, die nach Entstehung dieses neuen Früchtchens in Erscheinung trat, war nicht naturwissenschaftlicher, sondern philologischer Natur. Die Frucht am Strauche naturwissenschaftlicher Erkenntnis hatte keinen Namen.

Es ist ein wahres Glück, daß die Dahlemer Forscher in bezug auf Philologie genauso naiv sind wie wir in bezug auf die Dahlemer Forscher. Der Horror vacui ist in der Lexikologie genauso ausgeprägt wie in der Physik. Wenn die Philologen dieses Vakuum entdeckt hätten, hätte es eine Revolution gegeben oder ein Preisausschreiben. Die Dahlemer Forscher sprangen munter wie die Zicklein über diesen klaffenden Abgrund hinweg. Sie unterhielten sich fröhlich über dieses Früchtchen aus eigenen Gnaden und nannten es »Jochelbeere«.

Die Dynamitpatrone hat einen Namen. Res acta est! Aber wenn man bedenkt, daß dieser Name eine Kreuzung aus Johannisbeere und Stachelbeere ist, wird klar, daß die Frage sich aufdrängt, ob sie nicht Stachisbeere hätte genannt werden müssen. Das Problem der Stachisbeere ist insofern ein eminent philosophisches Problem, als es erst auftaucht, nachdem es keines mehr ist. Nun könnten wir uns die Jochelbeere munden lassen, wenn es damit sein Bewenden hätte. Aber der »Himbapfel« ist auf dem Marsch. Die »Pfirsine« wird ebensowenig auf sich warten lassen wie die »Birnane«.

Die schöpferischen Erfolge der Dahlemer Philologen haben andere nicht schlafen lassen. Dänische Gelehrte haben eine Mohrrübe ergriffen und sie in den gottgegebenen Unterschied von Frucht und Gemüse hineingebohrt. Sie haben die Mohrrübe hochgezüchtet und hinaufentwickelt. Was sie uns jetzt anbieten, ist nicht mehr ein Gemüse, sondern eine saftige, süße und wohlschmeckende Frucht.

Worin der Unterschied von Frucht und Gemüse besteht, ist schwer zu sagen. Gurken wachsen wie Erdbeeren. Gurken sind Gemüse. Erdbeeren sind Früchte. Erbsen wachsen wie Jochelbeeren. Aber Jochelbeeren sind Früchte. Erbsen sind Gemüse. Am Preis kann es nicht liegen. Artischocken sind bedeutend teurer als Kirschen. Ein Brund früher Spargel ist kostbarer als der kostbarste Pfirsich. Die Gemüse kauft man bei der Gemüsefrau, selbstverständlich. Aber kauft man die Früchte bei der Fruchtfrau? Keineswegs! Die Gemüsefrau ist universell und handelt mit beidem. Gewiß, der Apfel fällt nicht weit vom Stamm. Aber der Kürbis rollt auch nie weit von seinem Mistbeet herunter. Daß Früchte besser schmeckten als Gemüse, kann man auch nicht sagen. Wer zöge nicht eine Schüssel Trüffeln einer Schüssel Kirschen vor?

Außer Zweifel nur steht die Überlegenheit der Frucht gegenüber dem Gemüse in poetischer Hinsicht. Zwar haben Impressionisten und Niederländer einen Blumenkohl mit der gleichen Hingabe gemalt wie einen Pfirsich. Aber man kann sich schwerlich vorstellen, daß Paris der Aphrodite als Preis der Schönheit eine Gurke überreicht hätte. Die goldenen Gurke des Paris – das hätte selbst Homers Möglichkeiten überstiegen.

Wenn der Apfel des Paradieses eine Kartoffel gewesen wäre, vielleicht hätte sich die Geschichte der Menschheit anders entwikkelt. So haben wir in die Frucht gebissen und müssen nun das Gemüse mit krummem Buckel im Schweiße unseres Angesichts aus Mutter Erde herausbuddeln.

Diese äonenalten Unterschiede sind von den dänischen Gelehrten beseitigt worden. Es steht nichts mehr dem im Wege, weitere Gemüse zu Früchten hinabzuzüchten. Schließlich werden wir Ananasgemüse mit der Sense ernten. Die Souveränität der Wissenschaft über die Natur hat ihre Grenzen noch lange nicht erreicht. Sie wird nicht einmal vor den Vegetabilien haltmachen.

Göttingen ist schon immer eine Stadt voller Merkwürdigkeiten gewesen. Aus den chemischen Laboratorien Göttingens stammen synthetische ätherische Öle, die an Wohlgeruch alle Blumendüfte der Erde weit hinter sich lassen, obgleich es in diesen Laboratorien meistens nur nach Schwefelwasserstoff riecht. Jetzt hören wir, daß Göttinger Gelehrte beauftragt wurden, sich auf dem Gebiet der Edelziege zu betätigen. Die Ziege wird in einem solchen Maße veredelt werden, daß über kurz Göttinger Jünglinge an warmen Frühlingsabenden auf dem Hainberg dem Engel ihres Herzens voller Inbrunst und Poesie als höchste der Zärtlichkeiten ins Ohr flüstern werden: »Meine süße Ziege!«

Selbstverständlich würde keiner von uns auch nur im geringsten erstaunen, wenn dem Stammbaum der gelehrten Göttinger Edelziege eines Tages ein Einhorn entspränge. Das Göttinger Einhorn ist das Wappentier der Zukunft. Wenn wir erst einmal das erreicht haben, können wir die ganze Schöpfung nach unserem Gutdünken gestalten. Falls die Naturwissenschaftler bescheiden nach einem Fachmann suchen, der etwas von der Schöpfung versteht, sollten sie sich unter den Theologen umsehen. Der Dorfpfarrer von Cleversulzbach im Unterland würde ihnen vom Wesen der Schöpfung mehr verraten können, als sie jemals begreifen werden.

Zauberei

In München fand der Weltkongreß der Zauberer statt. Aus aller Welt sind sie erschienen, die Männer, deren Aufgabe es ist, zu beweisen, daß Physik bewiesen werden muß. Wir alle sehen Zauberer gern. Wir lassen uns von ihren Kunststücken verblüffen, aber wir sind auch stolz darauf, genau zu wissen, daß es mit rechten Dingen zugeht. Wir sind so aufgeklärt, daß wir nicht mehr an Wunder glauben. Niemand bemerkt, daß, während wir es aufgegeben haben, an Wunder zu glauben, wir bereit sind, an etwas viel Verrückteres zu glauben, an etwas, das weit jenseits der Grenzen unseres Verständnisses liegt, nämlich an die mathematischen Formeln der Physik.

Wenn der Zauberer eine Kugel von der Erde aufsteigen läßt, sind wir bereit, zu schwören, daß irgendein Faden da sein muß, der sie hält. Wir glauben energisch an den Faden zwischen der Kugel und der Hand des Zauberers, obwohl niemand den Faden sieht. Wir glauben an diesen Faden ebenso energisch wie an die Verbindung zwischen Kugel und Erde, die man Schwerkraft nennt und die auch noch niemand gesehen hat.

Einige Leute werden sagen, daß man die Schwerkraft beweisen könne. Nehmen wir einmal an, daß die Beweise, die die Physik für ihre Behauptungen beibringt, wirklich Beweise wären, die Leute jedenfalls, die sich so energisch weigern, an Wunder zu glauben, haben sich niemals von diesen Beweisen überzeugt. Außerdem sorgen die Physiker selber dafür, daß die Beweise nicht allzuviel Kraft behalten. Stellt sich doch immer wieder heraus, daß irgend etwas, was die Physik für feststehend angenommen hatte, durchaus nicht feststand und bei dem Versuche, es erneut zu beweisen, vollkommen sich in Brüche auflöste.

Wenn ich mir die Freiheit nehme, an die Wunder zu glauben, die die Zauberer vollbringen, hat niemand das Recht, mich deswegen zu verlachen. Der Glaube der anderen an die Physik ist um nichts besser fundiert als mein Glaube an die Wunder. Die Geschichte der Wunder ist uralt und steckt voller tiefer Geheimnisse. Sie haben ihre Gültigkeit über Jahrtausende hin bewahrt, während die Geschichte der Physik, noch keine fünfhundert Jahre alt, eine Geschichte voller Irrtümer ist, die in schöner Regelmäßigkeit durch immer neue von Nobelpreisen gekrönte Irrtümer abgelöst werden.

Die Zauberer werden von diesen Ausführungen nicht entzückt sein. Leben sie doch gerade von dem Glauben der Leute an die Physik. Das ist's, was das Zauberkunststück so aufregend macht, daß man nach einer physikalischen Erklärung sucht, die man nicht findet. Die Verblüffung ist jedesmal gelungen, wenn das, was geschieht, im offenen Widerspruch zur Physik steht. Ich, der ich an Physik nicht glaube, bin so leicht nicht zu verblüffen. Freilich setzt es mich in Erstaunen, wenn eine Piquedame aus dem Kartenspiel verschwindet. Aber es setzt mich nicht mehr in Erstaunen, als wenn des Zauberers eigene Braut verschwindet.

Denen, die an meinem Verstand zweifeln, sei gesagt, daß auch mein Glaube an Wunder seine Grenzen hat. Wenn der Chronist mit zwei Zauberern Skat spielt, würde er das Verschwinden einer Piquedame und ihr Wiederauftauchen als Herzdame nicht als Wunder hinnehmen. In diesem Falle würde er seine Zurückhaltung aufgeben und den Gesetzen der Physik eine gewisse Gültigkeit zusprechen.

Während in München die Zauberer einander durch ihre Tricks in Verblüffung setzen, tagen in einer anderen großen Stadt die Astrologen, die Männer, die das Schicksal aus den Sternen deuten.

Die Astronomie befindet sich der Astrologie gegenüber in einer anderen Lage als die Physik der Zauberei gegenüber. Während die Zauberer sich immer noch ein magisches Mäntelchen umhängen und alles daran setzen, daß man ihnen mit wissenschaftlichen Erklärungen nicht beikommt, machen es die Astrologen genau umgekehrt. Ihr ganzer Ehrgeiz geht dahin, daß man sie nicht als Magier betrachtet. Das Ziel ihres Strebens ist, aus der Astrologie eine Wissenschaft zu machen. Dabei haben sie leider das zurückgestellt, was ihrer Tätigkeit seinen schönsten Reiz gab – die Erforschung der Zukunft. Man betrachtet die Horoskope nicht so sehr als die Uhren, von denen man die glücklichen Stunden von morgen ablesen kann, sondern als die Uhren, von denen man die traurigen Stunden von gestern abliest. Astrologie ist zur Charakterkunde geworden.

Die Wissenschaft als Ganzes wird kaum etwas dagegen haben, daß man diese Form der Astrologie eine Wissenschaft nennt. Wie es Forscher gibt, die Bakterien auf unserer Haut als die nächsten Teile unserer Umwelt erforschen, muß es natürlich auch Forscher geben, die die fernsten Teile unserer Umwelt in ihrem Bezug auf uns unters Teleskop nehmen.

Mögen Sie, geneigte Leserin, noch so eng neben mir auf dem Kanapee sitzen, so ist doch Ihre Stellung im Universum etwas verschieden von der meinen. Die Differenz einer einzigen Winkelsekunde auf dem Kanapee macht in der Gegend der Venus schon ein paar hübsche Tagesmärsche aus und in der Gegend der Plejaden schon ein halbes Lichtjahr. Sie begreifen, wie das auf die Dauer den Flirt erschweren muß.

Die Astrologen berechnen solche Schwierigkeiten genau. Wenn sie sich tief und lange in ein Horoskop versenken, liegt des Menschen Charakter offen vor ihnen. Das ist ein bewundernswertes Ergebnis.

Auf diese Weise ist etwas Außerordentliches erreicht, nämlich daß ein Mensch etwas von einem anderen erfährt. Dieses Ergebnis der Astrologie ist um so bewundernswerter, als hier auf eine umständliche, mühsame und feinsinnige Weise eine Einsicht gewonnen wird, die ein erfahrener Hotelportier in weniger als einer Sekunde herbeizaubert.

Vom Irrsinn des Daseins

Daß dem Dasein im wesentlichen das Merkmal milden Irrsinns zukommt, wird niemand ernsthaft bestreiten wollen. Die allgemeine Übereinstimmung in diesem Punkte kann man am besten ablesen an der durchgängigen scheuen Bewunderung, die wir solchen Männern gegenüber empfinden, die in der verwirrenden Mannigfaltigkeit vor unseren Augen trigonometrische Ordnungspunkte festzustellen versuchen. Die Trigonometrie des Irrsinns nennt man Philosophie. Die Aufgabe wäre leicht, hätte man den archimedischen Punkt. »Man gebe mir eine Stelle, von der aus ich die Welt betrachten kann, und ich will euch sagen, was los ist.« Aber leider liegt jede uns zugängliche Stelle zur Betrachtung der Welt in der Welt selbst. So nimmt jeder von den braven Mathematikern der Deutung seine eigene Verwirrtheit überallhin mit. So ist, sogar durch den Versuch der Klärung, neue Verwirrung immer gewährleistet.

Die natürliche Ordnung muß man aufrichtig bewundern. Unsere Unwissenheit ist auf die wunderbarste und vollkommenste Weise geschützt. Eine Welt, die wir vollkommen verstünden, wäre unerträglich langweilig. Außerdem wäre der abendländische Mensch seiner höchsten und edelsten Leidenschaft beraubt, für den Irrsinn des Daseins die geistvollsten und tiefsinnigsten Erklärungen zu finden. Darin hat er seit eh und je Großes und Bewundernswertes geleistet. Mögen wir außerstande sein, das Dasein zu erklären, die Versuche, die in dieser Richtung unternommen worden sind, dürfen uns mit Stolz erfüllen.

Unser aller Sorge muß sein, daß die Versuche, die der abendländischen Geistesgeschichte ihre Würde und ihre Bedeutung geben, nicht abreißen. Wenn einer schon nicht zu den auserwählten Mathematikern der Deutung gehört, hat er wenigstens die Verpflichtung, sich blödsinnig zu benehmen. Nur durch ständige Neuproduktion originalen Irrsinns kann den Philosophen das Material beschafft werden, das sie befähigt, immer wieder neue Erklärungen abzugeben.

Im allgemeinen braucht man sich hier nicht zu beklagen. Unserem Zeitalter kann man viele Vorwürfe machen. Aber dieses eine Plus muß man ihm lassen: Der Irrsinn hat sich zu einer Mannigfaltigkeit entwickelt, der in den Preislagen von einem Pfennig bis zu einer Million Mark über ein reich assortiertes und in manchen Verkaufsabteilungen geradezu vollständiges Lager verfügt.

Vom Streichholz bis zum Nobelpreis geht die Skala des Grotesken. Während die Menschen in Republiken zu wohnen versuchen, werden die Streichhölzchen von Königen beherrscht. Mit der Dividende des Dynamits werden die Dichter geehrt. Aber so selbstverständlich es unter Dichtern ist, gegen Dynamit zu protestieren, so wenig ist es üblich, gegen die Dynamitdividende sich ablehnend zu verhalten.

Dabei braucht keiner traurig zu sein, wenn er im Lift des Schicksals nicht bis zu dem Stockwerk für Nobelpreise und Stargagen hinaufgehoben wird. Schon im Zwischenstock gibt es schöne Dinge, die auch den kleinen Mann erfreuen können. Sechstagerennen, Daviscup, Landtagsmatches und die Boxweltmeisterschaft im Schwergewicht sind geeignet, den Bedarf eines nicht allzu anspruchsvollen Bürgers in befriedigender Weise zu decken.

So ginge alles gut, wenn nicht die Zeit käme, in der die Gurken ins Essigglas wandern.

Die Gurke, ohne Zweifel, ist eine Frucht von metaphysischem Gehalt. In der Form, in der sie in der Natur vorkommt, ist sie natürlich unbrauchbar. Allein die saure Gurke vermag die Ansprüche des Menschen an kosmische Harmonie zu erfüllen. Schon viele Philosophen haben darüber nachgedacht, warum die Gurke so eigentümlich gurkenförmig ist.

Dies scheint mir eine müßige Frage. Weit wertvoller wäre es, zu wissen, welcher geniale Kenner der menschlichen Seele diesen unbrauchbaren grünen Strunk zuerst in Essig gelegt hat. Diese Großtat, der nirgends die verdienten gurkenförmigen Denkmäler gesetzt sind, hat der Menschheit eine Frucht geschenkt, die weit mehr als nur eine Nahrung ist. Mit Huhn auf Reis kann man sich den Magen füllen. Die saure Gurke dagegen ermöglicht es dem Menschen, seine melancholische Seele zu speisen. Ich wüßte unter den Früchten des Sommers keine, die der sauren Gurke den Essig reichen könnte.

So wenig wir über die Erfindung der sauren Gurke wissen, so sicher ist, daß sie nicht zufällig erfunden wurde. Tatsächlich bemächtigt sich der menschlichen Seele um diese Zeit eine ganz eigentümliche Erkrankung.

Das ganze Warenhaus vom Streichholz bis zum Nobelpreis, von Kreuger bis Thomas Mann, macht auf einmal dem Bürger keinen

Spaß mehr. Der ganze milde Irrsinn zieht nicht mehr. Aus den unerklärlichen Tiefen seiner Seele faßt ihn plötzlich ein unstillbares Bedürfnis nach Vernunft und innerer Gesundung.

Die ganze schöne irrsinnige Welt wird plötzlich bedroht von der Gefahr, vernünftig, natürlich und normal zu werden. Der Asphaltmensch strebt an den Busen der Natur. Er möchte mit Hühnern und Sonne, mit Kühen und Kornblumen leben, ein Kind sein der Erde, von der er gekommen ist – heiter, friedlich und in Harmonie mit Sternen, Mücken und Wirten.

Doch – Sapristi! – es ist ausgesorgt. Wie immer auch wir uns drehen und wenden, wie friedlich und kindlich auch unsere Motive sein mögen, das Resultat sind lauter Goldkörner für die Philosophen.

Wenn die Gurken ins Essigfaß wandern, wandern die Stehkragen durch die Kornfelder. Das Äußerste, was der Asphaltmensch an Naturnähe zu erreichen vermag, ist der Entschluß, die Krawatte wegzuwerfen.

Harmlose geologische Geländefalten, die seit der Eiszeit sich nicht mehr gerührt haben, werden zu Lebenszielen. Über den Berggipfeln stehen Baedekers Sterne am Himmel. Die Täler sind bedeckt mit den weggeworfenen Krawatten der Zivilisation.

Wahrhaftig, was einen angesichts dieser Bemühungen ergreift, ist tiefe Rührung. Beweist nicht der Sommerfrischler durch seine ebenso lächerlichen wie heroischen Anstrengungen das ewige Gefühl des Menschen für die Unzulänglichkeit seiner Lage! Klettert nicht in diesen Wochen an allen Berghängen unseres schönen Landes die Sehnsucht empor, die Gipfel erreichen will, auch wenn es die falschen sind!

Kühe sehen dich an! Eine leise Ahnung dämmert einem jeden auf an die Zeit, da diese braven sanften Eutertiere noch die wilden Gemahlinnen des Auerochsen waren, die der Mensch erst zu zähmen begann. Eine Kuh, die mit erhobenem Schwanz die Dorfstraße entlang braust, ist eine frühe geschichtliche Erinnerung des Menschen. Darum auch sind wir wohl alle von einem solchen Schauspiel jederzeit tief ergriffen. Sammeln wir aus allen Ferientälern die weggeworfenen Krawatten und türmen sie auf einem Holzstoß zur Pyramide der menschlichen Sehnsucht! Dann wollen wir die Pyramide anzünden und bewundernd zusehen, wie ihre haushohen Flammen zum Himmel schlagen, ein Fanal der Zeit, das den dunklen Horizont der Zukunft erhellt.

Wenn wir dann wieder heimgekehrt sind, wollen wir still eine saure Gurke essen. Das sanfte Auge der Kuh möge uns in den Winterträumen unseres Mißbehagens freundlich und tröstend ansehen.

Es wird uns gelohnt, wenn wir ihrer nicht vergessen, auch wenn sie uns schon lange vergessen hat. Wenn aus jedem Auge ein wenig sanfter Kuhglanz strahlt, wird sogar der Asphalt uns wie eine Sommerwiese leuchten, und wir werden mit imaginären Sträußen in der Hand von den Premieren nach Hause wandeln.

Die Mathematiker des Irrsinns werden uns staunend betrachten!

Schlafe, mein Prinzchen, schlaf ein . . .

Die Herabsetzung der Säuglingssterblichkeit in den letzten dreißig Jahren gehört zu den bemerkenswertesten Erfolgen der medizinischen Wissenschaft. Manch einer, der heute schon mit einem prächtigen Bart herumläuft, ist nichts weiter als ein ungestorbener Säugling. Ursprünglich war dieser Säugling vom Schicksal dazu ausersehen, ein kleiner Engel zu werden. Mit Hilfe von Soxhlets Nährzucker ist er daran gehindert worden. Den Pädiatern macht so ein eigenartiger Säugling natürlich Spaß. Den Scholastiker muß seine Existenz nachdenklich stimmen. Durch die Erfolge der Wissenschaft ist die Harmonie der Welt in Unordnung geraten.

Säuglinge bleiben nicht ewig so rosige kleine Paketchen, die stündlich abgewischt und trockengelegt werden müssen. Sie bekommen im Lauf der Zeit Bärte. Wenn man das einmal in Betracht zieht, schrumpfen die Verdienste der Pädiater bedenklich zusammen. Sie haben dann nichts weiter erreicht, als daß eine Unmenge Ekel unter uns herumlaufen, die es sonst gar nicht gäbe.

Es ist, wie die Fortschritte der Wissenschaft beweisen, nicht übermäßig schwer, aus Engeln Ekel zu machen. Wäre es nicht eine edlere Aufgabe, aus Ekeln Engel zu machen?

Nun, auch die Wissenschaft ist angesichts der großen Menge von

Ekeln, um die sich die Bestände der Welt vermehrt haben, stutzig geworden. Sie hat eingesehen, daß es nicht allein genügt, die Säuglinge am Leben zu erhalten. Man muß auch darauf achtgeben, was aus ihnen wird. Ein großer Universitätsgelehrter hat sich hingesetzt und alle bekannten Nährzucker und Nährmehle daraufhin durchforscht, welche geeignet wären, die englischen Eigenschaften des Menschen vorzüglich zur Entwicklung zu bringen gegenüber den ekligen. Er hat herausgefunden, daß alle Nährzucker und Nährmehle und selbst sterilisierte Milch in dieser Hinsicht völlig wirkungslos sind. Daraufhin hat er sich, als ein echter Forscher, aufs Nachdenken verlegt. Schließlich hat er entdeckt, woran es liegt. Diese Entdeckung hat unter den Kollegen wie eine Bombe eingeschlagen. Der Gelehrte hat mit unübertrefflichem Scharfsinn den Nachweis geführt, daß Nährmehle und Nährzucker gar nicht wirken können. Diese Stoffe wirken nur auf den Darm. Der Forscher fand, daß ein Säugling nicht nur aus einem Darmschlauch mit etwas Rosig-Süßem drumherum besteht. Der Forscher fand, daß auch der Säugling eine Seele habe. Er zog daraus unerbittlich seine Konsequenzen. Seitdem werden in seiner Klinik die Säuglinge abends mit Liedern in den Schlaf gesungen.

Es ist klar, daß dafür nur aseptische, hygienisch völlig einwandfreie und gut sterilisierte Lieder in Frage kommen. Aber Säuglinge verfügen über starke seelische Kräfte. Sie vermögen es, auch aseptische Lieder zu verdauen. Selig lächelnd nicken sie ein.

Der Vorteil dieser neuen Säuglingsnahrung liegt auf der Hand. Die Ekel werden rapide abnehmen, die Engel werden sich ungeahnt vermehren. Dazu kommt noch, daß es unseren Enkeln nicht so gehen wird wie uns, denen es nicht an der Wiege gesungen worden ist.

Denn in Kürze wird ein anderer Forscher entdecken, daß Lieder vom Säugling nur dann resorbiert werden, wenn sie an der Wiege gesungen werden. Die Betten werden aus den Kliniken verschwinden. Die Wiege wird zurückkehren. Im Kolleg wird man das schöne Bild erleben, wie der würdige Geheimrat im Kreis seiner Studenten als ein bärtiger Engel voll himmlischer Geduld einen Säugling nach wissenschaftlichen Grundsätzen in den Schlaf singt:

»Schlafe, mein Prinzchen, schlaf ein . . .«

Wie die Kinder

So unzufrieden der Mensch gemeinhin mit den mächtigen Göttern ist, so zufrieden ist er, wenn er selbst die Rolle der mächtigen Götter spielt.

In der Umwelt des Kindes sind die Erzieher eine Art von mächtigen Göttern. Ununterbrochen greifen sie in das Leben des Kindes ein. Was die Wirkung anbelangt, die diese Eingriffe für das menschliche Glück zur Folge haben, sind im allgemeinen die Erzieher dabei glücklicher als die Kinder.

Das Wort Erziehung besagt, daß dem Kinde etwas beigebracht werden soll, was es von Natur aus nicht besitzt. Nun ist zwar etwas zu erlernen eine kurzweilige Sache, wenn für das, was erlernt werden soll, ein Talent vorhanden ist. Aber für die meisten Dinge, die der Mensch erlernen muß, hat er kein Talent. Erst der Besitz dessen, was mit Mühe und Langeweile erlernt werde, macht ihn glücklich.

Unzweifelhaft ist ein Kind in der Wiege ziemlich glücklich. Es darf nicht nur alles tun, was es will, sondern auch alles, was es will, ist ihm bekömmlich. In der Wiege lebt der Mensch noch nach seinen Instinkten. Leider ist er sich dieses Glücks nicht bewußt.

Die ersten Stadien der Erziehung, die alle Mütter der Welt instinktiv, das heißt ohne Überlegung, richtig durchführen, sind Dressur. Es gibt nichts in der Welt, was man mehr bewundern muß, als diese Art von genialer Geduld, mit der eine Frau ihrem Kind »auf die Beine hilft«. So wie das Kind die Sprache ohne Lehrer erlernt, erwirbt es den ersten Grad der Selbständigkeit seines Daseins ohne Bewußtsein. Gerade das Bewußtsein seiner selbst ist das, was es erwirbt.

Der Konflikt zwischen Kind und Erzieher tritt erst in Erscheinung, wenn das Kind das Bewußtsein seiner selbst erworben hat, wenn es ein Persönchen geworden ist. Von diesem Augenblick an hat es seine eigene Umwelt. Diese Umwelt ist von der Umwelt des Erziehers vollständig verschieden. Das wesentliche Merkmal der Umwelt des Kindes ist, daß sie magischer Art ist, während die Umwelt des Erziehers von rationalen Aspekten bestimmt ist.

Die Erwachsenen, die mächtigen Götter, wissen, daß das Kind

einmal erwachsen sein wird, wovon das Kind in seiner magischen Umwelt keinerlei Vorstellung hat. Es kennt den Begriff der Entwicklung nicht. Es lebt ohne Absicht in seiner Gegenwart. Der Wunsch des Kindes, »größer zu werden«, entspringt nur seiner listigen Vermutung, daß es davon Vorteile haben werde. Indem wir dem Kind Hoffnung auf eine bessere Zukunft machen, berauben wir es des Glücks seiner Gegenwart.

Wenn die Erwachsenen die Erziehung darauf ausrichten, dem Kind beizubringen, was es erwachsen einmal brauchen wird, glauben sie, daß sie dem Kind Wohltaten erweisen. Auch erwarten sie, das Kind werde später begreifen, daß es Wohltaten waren, die ihm erwiesen wurden. Der Irrtum der Erzieher ist, zu glauben, die Erziehung, von der sie wissen, daß sie im Hinblick auf die Zukunft des Kindes einen Sinn hat, habe diesen auch für die Gegenwart des Kindes.

Das ist natürlich nicht der Fall. Erinnern wir uns unserer Knabenjahre, jener unvergeßlichen und kostbaren Lebenslust, die uns mit dreizehn Jahren erfüllte. Die Anweisungen, die uns damals aus der Umwelt der mächtigen Götter erreichten, wurden zwar befolgt, soweit es sich nicht vermeiden ließ. Einen Sinn hatten sie nicht. Welche Verachtung empfanden wir für die, welche die Anweisungen der mächtigen Götter gläubig befolgten, für die, welche brav waren. Was für ein vorzügliches Wort ist Ungezogenheit. Das Un-gezogene ist das Natürliche.

Der Erzieher behandelt die Umwelt des Kindes vom Gesichtspunkt des Erwachsenen aus. Er erzieht das Kind zu seiner Umwelt und ihren Konventionen. Wo die Umwelt des Kindes diesem Vorhaben entgegensteht, wo es diese Konventionen nicht zu begreifen vermag, nimmt er keine Rücksicht, ist er ein strenger Erzieher, nimmt die Tränen in Kauf. Über die Berechtigung seines Anspruchs macht er sich keinerlei Gedanken. Die Gedankenlosigkeit beruht auf dem Vorurteil, daß die Umwelt des Erwachsenen einen höheren Wert habe als die Umwelt des Kindes.

Auch das ist natürlich nicht der Fall. Die Umwelt des Erwachsenen hat gegenüber der Umwelt des Kindes nur die Eigenschaft, daß sie ihr zeitlich folgt. Aus der zeitlichen Folge kann man keinen Wert ableiten. Wenn die Wertung der Umwelten sich aus ihrer zeitlichen

Folge ergäbe, wenn also die Umwelt des Erwachsenen deshalb wertvoller wäre als die des Kindes, weil sie ihr folgt, dann wäre natürlich auch die Umwelt des Greises mehr wert als die des Erwachsenen.

Es gibt alte Kulturen, in denen das hohe Alter des Menschen für wertvoller gehalten wird als das mittlere. Das war bei den Chinesen der Fall. Die Bibel wiederum sagt: »Wenn ihr nicht werdet wie die Kinder . . .«

Ach ja, das waren wir einmal. Die Erziehung hat uns davon abgebracht.

Der Grund für die Bevorzugung eines anderen Alters als das, welches der Mensch für das wertvollste hält, ist nicht die zeitliche Folge. Die Chinesen schätzen das hohe Alter, weil sie für die wertvollste der menschlichen Möglichkeiten die Weisheit erachten. Die Bibel preist die Kinder, weil sie für die wertvollste der menschlichen Möglichkeiten die Unschuld des Herzens erachtet. Der heutige Mensch schätzt allein die Ratio und die Tätigkeit.

Man könnte sich durchaus eine Zivilisation vorstellen, deren Ziel es wäre, Kinder so zu erziehen, daß sie die Fähigkeit hätten, in ihrem Alter weise zu werden, wie auch eine Zivilisation, deren Ziel es wäre, Kinder so zu erziehen, daß sie die Fähigkeit hätten, die Unschuld ihrer Herzen zu bewahren. Im ersten Falle würde der Mensch in seinem Alter glücklich sein, im zweiten in seiner Kindheit.

Unser Ziel ist, Kinder so zu erziehen, daß sie vernünftig und tüchtig werden. Damit erreichen wir, daß sie in ihrer Kindheit nicht glücklich sind und in ihrem Alter nicht weise werden. Wir bringen ihnen die Fähigkeiten bei, deren sie bedürfen, um in unserer Umwelt sich zu behaupten.

Wenn die Kinder dann erwachsen und ebenso unglücklich geworden sind wie wir selbst, und wir aus unserer Umwelt in Richtung der Weisheit entschreiten, ist der letzte Anspruch der mächtigen Götter von ehedem der auf die Dankbarkeit der Kinder von ehedem.

Wenn die Kinder eine gute Erziehung genossen haben, werden sie diesem Anspruch – vielleicht – genügen.

Eine ungehörte Stimme

Keine einzige Entdeckung hat die Welt des Mittelalters so sehr erschüttert wie die Entdeckung der Tatsache, daß die Erde eine Kugel sei. Die Kardinäle, die den Galilei verbrennen wollten, hatten entschieden ein richtiges Gefühl dafür, wie gefährlich die Wissenschaft dieses Mannes wäre. Sie haben ihn nicht verbrannt. Dafür ist die Welt des Mittelalters in Flammen aufgegangen.

Karl V. hat sich im Gedächtnis der Menschen nicht so sehr durch die Erinnerung an seine großen Herrschertugenden gehalten als durch den Ausspruch, daß in seinem Reiche die Sonne nicht untergehe.

Unterdessen haben die Astronomen Millionen von neuen Sternen entdeckt, unter denen sich möglicherweise einige Dutzend bewohnte Welten befinden. Die Wirkung dieser Entdeckungen auf die menschliche Seele ist sehr merkwürdig.

Auch früher war die Welt ein Jammertal. Immerhin lag sie vor den Toren des Paradieses. Das Wichtigste, was es auf ihr gab, war die unsterbliche menschliche Seele. Damals hätten die Leute wohl Grund zu einigem Stolz gehabt. Die Sonne stand am Mittag zu ihren Häupten, und der Mensch war der Mittelpunkt des Kosmos. Aber die Leute waren bescheiden, dankten Gott und dachten an den Himmel. Heute, wo wir zu wissen glauben, daß wir lächerliche Mikroben in einer unfaßbaren Unendlichkeit sind, heute haben wir den Himmel vergessen und sind hochmütig geworden. Wir haben allen Respekt vor den irdischen Gegebenheiten verloren und hantieren mit der Welt, als ob sie ein Spielzeug zu unserem Vergnügen wäre.

Mit tausend Stundenkilometern kann man so schnell fliegen, wie die Erde sich um sich selber dreht. Der Tausendkilometerflieger wird von sich sagen können, daß in seinem Flugzeug die Sonne nicht untergeht. Ach, und wie stolz werden wir dann alle sein! Dabei hätten wir höchstens Grund, ganz bescheiden zu sein. Welch ein Unterschied zu Karl V.! Um seinen Thron lagen nach Osten und nach Westen seine Reiche. Der Flieger hat nichts als seinen Sitz, auf dem er auch noch festgeschnallt ist. Das Weltreich des großen Habsburgers ist auf den Umfang eines Lederhosenhinterfläche zusammengeschrumpft, und darauf bilden wir uns etwas ein.

Wie steht es um die unsterbliche Seele des neuen Sonnenmenschen? Nicht einmal seinen eigenen Namen kann er hören. Wenn er sich selbst einen ermunternden Zuruf gönnen will, es ist vergebens. Er ruft sich »Peter!« zu, aber das Wort wird ihm vom Munde gerissen, und so saust er durch das All, verfolgt vom Schall seines eigenen Namens, der ihn nicht einholen kann, ein atonaler Schlemihl, ein würdiges Exempel unserer Zivilisation und ein herrlicher Beweis für das, was eine unsterbliche Seele alles zu vollbringen vermag.

So bleibt uns nur der eine kleine Trost, daß jeder Benzintank einmal leer wird. Der Sonnenmensch kehrt in Treuenbrietzen zur Erde zurück. Mitten in der Nacht steht er auf einem Kartoffelfeld. Der Motor schweigt. Die Hasen blicken stumm. Der Sonnenmensch wirft einen Blick zum milden Mond hinauf. Auf einmal kommt wie ein Vogel aus dem Samt der Ferne ein atemloser Schall geflogen, und mitten aus der schweigenden Nacht heraus ertönt es »Peter!«

Es ist die unsterbliche Seele, die sich selber ruft. Ihre Stimme wird ungehört verhallen.

AM RANDE DES NACHDENKENS

Die kleinen Unvollkommenheiten

Wenn ein Knabe sechzehn geworden ist, beginnt er, die Biographien großer Männer zu lesen, um ihnen ähnlich zu werden. Wenn er sechzig geworden ist, liest er die Biographien großer Männer, um festzustellen, daß sie ihm ähnlich sind. Der Knabe begeistert sich an der Vollkommenheit der großen Männer. Der alte Mann ist entzückt von ihren Unvollkommenheiten.

Daß Goethe sich mit zweiundachtzig Jahren in ein hübsches junges Ding verliebte, ist das graziöseste Vermächtnis, das je ein weiser Mann der Nachwelt hinterlassen hat. Durch nichts hat er sich besser dagegen geschützt, von den Dummköpfen mißverstanden zu werden, als daß er zeigte, daß eine hinreißende Torheit in des Menschen Brust neben der vollkommensten Weisheit Raum hat.

Zweifellos ist das hübsche junge Ding dem alten Weisen als ein vollkommenes Geschöpf erschienen. Darin liegt ja die Verzauberung der Liebe. Aber wie mag er entzückt gewesen sein, als er entdeckte, daß das vollkommene Geschöpf eine ziemlich unvollkommene Orthographie schrieb. Nichts an dem Liebesbrief einer Frau ist so liebenswert wie eine Ungeschicklichkeit des Stils, dieses kleine Stottern des Herzens, welches gerade durch die Unvollkommenheit des Ausdrucks die Vollkommenheit des Gefühls beweist.

Nichts auch im Gesicht einer schönen Frau macht die Vollkommenheit so eklatant wie einige kleine Sommersprossen. Ein so gescheites Jahrhundert wie das 18. hatte verstanden, daß die vollkommene Schönheit das Auge blende und nur zu einer Art starrer Bewunderung führen könne. So klebte man, um die Vollkommenheit wenigstens ein wenig zu mindern, ein oder zwei

Pflästerchen auf, winzig kleine Kleckse der Unvollkommenheit, Landeplätze für die Schmetterlinge des Entzückens.

Die Vollkommenheit von Schönheitsköniginnen erschreckt uns. Sie sind zu vollkommen – Fassadengeschöpfe mit symmetrischer Seele. Sie wirken wie ausgesuchte Warenmuster aus einer Fabrik, wo dergleichen am laufenden Band hergestellt wird. Man könnte diese nehmen oder jede andere aus der Serie.

Der vollkommenen Schönheit der Schönheitsköniginnen entspricht die vollkommene Dummheit ihrer Bewunderer. Diese Feststellung erlaubt uns zu vermuten, daß Paris dumm war. Er liebte die Vollkommenheit. Welch beklagenswerte Folgen hat das für die Menschheit gehabt!

Nachdem Aphrodite von Paris den goldenen Apfel empfangen hatte, war sie verpflichtet, ihm die schönste Frau der Welt zu verschaffen. Da sie eine Göttin war, wählte sie natürlich eine vollkommen schöne Frau. Sicherlich hätte Helena in Kalifornien Succès gehabt und die ganze Küste hinauf und hinunter die ersten Preise abgemäht. Aber daß diese Vollkommenheit dem Paris gefiel!

Als er den goldenen Apfel der Aphrodite gab und nicht der Athene und nicht der Hera, hat er sich nicht dümmer benommen, als jeder Mann in seiner Lage sich benommen hätte. Hat nicht Perikles bei Aspasia die Politik vergessen und Caesar bei Kleopatra den Ruhm? So unvollkommen durfte Paris schon sein. Aber daß er nicht wenigstens so gescheit war, daß er ein Faible für Sommersprossen gehabt hätte! Ich wenigstens kenne keinen halbwegs gescheiten Mann, der im Intelligenzfragebogen bei der Frage: »Lieben Sie Sommersprossen?« nicht mindestens hinschriebe: »Einige schon!« In welch himmlische Verlegenheit wäre die Göttin der Liebe geraten!

Stellen wir uns die Szene vor, wie sie sich abgespielt hätte, wenn Paris ein wenig gescheiter gewesen wäre. Aphrodite, nachdem sie den goldenen Apfel empfangen hat, hüllt also unseren gescheiten Paris in eine Fieselerstorchwolke und landet mit ihm auf dem Dach des Palastes des Menelaos, wo Helena soeben eine Dauerwelle bekommen hat. Voller Stolz zeigt Aphrodite dem Paris sein Preisschäfchen, bereit, es für ihn ins Trockene zu bringen. Tatsächlich ist

Helena von der gleichen vollkommenen Schönheit wie die Göttin Aphrodite selbst.

Paris versinkt in starrte Bewunderung. Die Göttin wartet. Aber der gescheite Jüngling rührt sich nicht mehr. Schließlich stößt die Göttin ihn leise mit dem vollkommenen Finger an. Da entringt sich dem gescheiten Jüngling der Seufzer: »Ach, wenn sie doch wenigstens ein paar kleine Sommersprossen hätte . . .!« Und dann bricht er, geblendet, in Tränen der Bewunderung aus.

Nunmehr erstarrt die Göttin. Sie begreift, daß eine Frau, deren Schönheit weniger vollkommen als ihre eigene ist, liebenswerter als die Göttin der Liebe sein kann. Das natürlich bringt sie in Rage. Keine Frau verträgt so etwas. Wütend wirft sie der schönen Helena einige Sommersprossen ins Gesicht, darunter ein ganz kleines süßes Sprößchen mitten auf die Nase. Dann verschwindet sie. Die Entführung findet nicht statt. Paris wird ein unglücklicher Liebhaber – *et la Guerre de Troie n'aura pas lieu.*

Aber leider, Paris machte sich nichts aus Sommersprossen. Er ließ sich blenden. Er nahm die vollkommene Schönheit. Die Spannungen im östlichen Mittelmeer verschärften sich von Tag zu Tag. Selbst Giraudoux' Eingreifen in die Verhandlungen nach der Landung der griechischen Vorausabteilung in der Ebene von Troja konnte das Unglück nicht mehr aufhalten. So fand der Trojanische Krieg eben statt, und seitdem ist es halt so weitergegangen.

Balzac machte Schulden. Litaipe liebte die Trunkenheit. Winston Churchill rauchte zuviel. Ludwig XIV. war eitel. Sokrates gab seiner Frau kein Haushaltsgeld. Byron war leichtsinnig. Talleyrand war geldgierig. Diogenes war faul.

Was für eine kostbare und beruhigende Kollektion von kleinen Unvollkommenheiten! Man möchte wirklich die Frage aufwerfen, ob nicht die kleinen Unvollkommenheiten für die Taten der großen Männer ebenso wichtig wie ihre großen Vollkommenheiten sind.

Wenn Balzac ein reicher Mann gewesen wäre, hätte er mehr Geschäfte gemacht und weniger Romane geschrieben. Wenn Litaipe den Wein nicht so geliebt hätte, niemals hätte er im Rausch des Kaisers Gewänder an einen Bettler verschenkt. Er wäre ein Hofschranze geworden.

Vielleicht war es eine der Brasil, die Churchill zuviel geraucht hat, welche Anno 40 die menschliche Zivilisation rettete. Die Eitelkeit Ludwigs XIV. baute Versailles. Daß Sokrates das Haushaltsgeld nie zusammenbringen konnte, vielleicht hat gerade das ihn vor dem Hochmut bewahrt, sich für vollkommen zu halten. Byrons Leichtsinn half, das Volk der Griechen von der Türkenherrschaft zu befreien. Talleyrands Geldgier ließ ihn die Régimes überdauern. So konnte er auf dem Wiener Kongreß Frankreich dienen. Und Diogenes, wenn er nicht so faul gewesen wäre, niemals wäre er so weise geworden.

Ganz offenbar gehören im allgemeinen Plan des Universums die kleinen Unvollkommenheiten zu den unentbehrlichen Betriebsmitteln. Die große Kunst im Leben bedeutender Männer liegt darin, daß die Laster, die sie sich anschafften, zu den Tugenden paßten, welche sie hatten.

Ein großer Mann kann sich eine kleine Unvollkommenheit leisten. Aber Balzac durfte nicht faul sein. Er besaß die Tugend des Fleißes. Diogenes durfte nicht dem Bacchus opfern. Er besaß die Tugend der Enthaltsamkeit. Sokrates durfte nicht geldgierig und Winston Churchill nicht leichtsinnig sein. Ein geldgieriger Sokrates hätte niemals die Jugend belehren können. Ein leichtsinniger Churchill hätte die Zivilisation aufs Spiel gesetzt. Wenn wir entzückt sind von den kleinen Unvollkommenheiten eines großen Mannes, so sind wir darüber entzückt, wie ausgezeichnet seine Laster zu seinen Tugenden passen.

Wir, leider, wir können uns nicht viel leisten. Aber wenigstens das sollten wir zu erreichen versuchen, daß die Tugenden, die wir uns anschaffen, zu den Lastern passen, welche wir haben. Dies ist die einzige Möglichkeit, großen Männern nachzueifern, wenn man selber keiner ist. Wenn der Knabe mit sechzehn die Vollkommenheit großer Männer bewundert, weiß er noch nicht, wie viele Schlachten er in dem lebenslangen Krieg zwischen der Tugend und dem Laster verlieren wird. Wenn er dann mit sechzig weise genug geworden ist, von den kleinen Unvollkommenheiten der großen Männer entzückt zu sein, darf auch er sich mit Stolz der kleinen Vollkommenheiten erinnern, die ihm in einem langen Leben in Siegen über sich selbst zuweilen gelungen sind. Die feinste dieser

Vollkommenheiten ist das Lächeln über die kleinen Unvollkommenheiten des großen Lebens.

$3 + 4 = ?$

$3 + 4 = ?$
Ist das ein Problem? Das ist doch wohl kein Problem, sondern 7. Aber das gilt nur für unsereinen, den gewöhnlichen Wald- und Wiesenmenschen, für welchen noch die Piepmätze am Morgen zwitschern, ohne daß er darüber nachdenkt, mit welcher Schallfrequenz diese kleinen Sendestationen des lieben Gottes für Jubilate in die Chlorophyllkulisse der erwachenden Natur schmettern.

Für einen Fünfjährigen ist das ebenso ein Problem wie für Professor Bertrand Russell. Der Fünfjährige braucht schon seine beiden kleinen Pfoten dazu, um das Problem zu lösen. Und um mathematisch zu beweisen, daß das Baby mit seinen kleinen schmutzigen Pfoten recht hat, braucht Professor Bertrand Russell die ganze allgemeine Mengenlehre, die Antinomien des Zenon, einige Axiome des Euklid und ein Maß von Scharfsinn, das unsere Hochachtung vor dem Baby, welches ohne alles dieses auskommt, in ungemessene Höhen steigen läßt. Die geneigte Leserin möge nicht erschrecken. Den Integralen werden auch wir scheu, wie Wald- und Wiesenmenschen sind, auszuweichen wissen. Aber wie wäre es mit der Frage $3^2 + 4^2 = ?$

Nun, rechnen wir das einmal aus! $3^2 = 3 \cdot 3 = 9$. $4^2 = 4 \cdot 4 = 16$. $9 + 16$ macht zusammen 25. $25 = 5 \cdot 5 = 5^2$. Also $3^2 + 4^2 = 5^2$.

Nett und harmlos, wie diese kleine Gleichung da auf dem Papier steht! Ist das ein Problem?

Ach, du lieber Himmel! So bieder diese kleine Gleichung aussieht, so voller Tücke ist sie unter dem Aspekt der Mathematik. Eine solche Gleichung kommt nämlich in der Zahlenreihe für ganze Zahlen nur ein einziges Mal vor. Man weiß das. Man hat das bis in hohe Millionenzahlen nachgerechnet. Man hat Elektronengehirne auf diese Rechnung angesetzt. Aber man kann merkwürdigerweise nicht herausfinden, warum das so ist, und man kann auch nicht beweisen, daß es für die ganze Zahlenreihe gilt.

Der alte Fermat, ein Zeitgenosse Pascals, hatte das Problem entdeckt. Der Fermatsche Satz lautet: »Der Gleichung $x^n + y^n = z^n$ genügt für $n > 2$ kein System ganzer Zahlen.«

Fermat selbst hatte einen Beweis für sein Theorem gefunden. Er hat das im Jahre 1637 auf den Rand eines alten Folianten notiert. Gleichzeitig bemerkt er, daß der Rand zu wenig Platz habe, den ganzen Beweis mitzuteilen. Der Foliant war ein Werk des Diophantos, eines griechischen Algebraikers, der um die Mitte des 3. Jahrhunderts in Alexandria gelebt hat.

In Göttingen raunte man sich noch zu meiner Zeit zu, daß auch der große Gauß den Beweis einmal gefunden gehabt habe. Er hatte ihn auf einen Zettel notiert. Unglücklicherweise sei es die Rechnung seines Schneiders gewesen, und so sei der Beweis für die Richtigkeit des Fermatschen Satzes zufolge eines Paares gebügelter Hosen in den Papierkorb gewandert – eine tragische Geschichte, über welche man die trockensten Mathematiker kieselsteingroße Integraltränen weinen sehen kann! Obwohl der Fermatsche Satz, selbst unbewiesen, die größten wissenschaftlichen Auswirkungen auf die Theorie der Zahlen gehabt hat, sind wir alle ein Leben lang blind an ihm vorbeigegangen. Jede gut durchschlafene Nacht war ein Verrat an der edlen Sache der Mathematik, am Ethos der Wissenschaft, an der Zukunft des Abendlandes.

Es ist gut, daß die Menschen so blind sind. Bei der ausgesprochenen Neigung zu geistigen Epidemien, welche ein Merkmal unserer Zeit ist, könnte es sonst leicht geschehen, daß plötzlich die ganze Menschheit anfinge, sich für $3^2 + 4^2 = 5^2$ zu begeistern. Die ganze Welt würde sich alsbald in Fermatisten und Antifermatisten aufspalten, solche nämlich, die meinen, es müsse bewiesen werden, und solche, die meinen, es könne nur geglaubt werden. Daß die Fermatisten gegen die Antifermatisten schließlich und endlich einen Krieg anzetteln würden, könnte man nicht mit Sicherheit vermeiden. Schon um weit weniger gescheite Sachen, als es der Fermatsche Satz ist, sind Kriege angezettelt worden.

Daß so etwas wie der Fermatsche Satz plötzlich in den Mittelpunkt des Weltinteresses rücken könnte, ist durchaus nicht so abwegig, wie es scheinen mag. Alle Welt interessiert sich heute für das zweiundneunzigste Elektron des Uran, das ganz kleine, wissen

Sie, das ganz draußen am Rande kreist und immer so ein bißchen melancholisch ist, weil es gar nicht genau weiß, ob es noch zum Uran-Atom dazugehört. Dabei ist es des Kernes liebstes Kind. Denn wenn es davonläuft mit Lichtgeschwindigkeit, hat das Uran nur noch einundneunzig Elektronen und ist kein Uran mehr. Was für Tragödien sich da abspielen mögen! Und wie die alle geladen sind! Auch bei den Atomen ist das Leben ungemütlich geworden, seitdem Rutherford damit angefangen hat, ihr beschauliches Dasein mit harten Strahlen zu beschießen.

Das Problem des zweiundneunzigsten Elektrons im Uran ist aufschlußreich für unsere Zeit. Wie wenig Menschen haben je ein Stück Uran in der Hand gehabt, und kein einziger Mensch hat jemals das zweiundneunzigste Elektron gesehen. Seinen Schatten kann man fotografieren, aber den Elektronenschlemihl dazu hat man noch nicht erwischt.

Wenn der Mensch morgens im Journal die letzten Neuigkeiten aus dem Leben des zweiundneunzigsten Elektrons zu sich genommen und dabei seine Morgenmilch ein Häutchen bekommen hat, ahnt er nicht, daß da zufolge seines Bildungseifers ein nobelpreisfähiges Problem entstanden ist. Es handelt sich nämlich bei der Entstehung des Milchhäutchens um eine elektrophysikalische Veränderung der Oberflächenspannung einer kolloidalen Lösung zufolge eines irreversiblen Gerinnungsvorgangs einiger höherer Aminosäuren. Für ihn besteht das Problem darin, ob er das Häutchen wegfischen und auf die Untertasse plazieren oder ob er es auf ein Brötchen montieren und hinunterschlucken soll.

Mama hat früher immer befohlen, daß das Häutchen zu schlucken sei. Nicht nur die Milch, auch das Häutchen sei eine Gabe Gottes. Selbst die Montage auf das Brötchen empfand sie gewissermaßen schon als eine Verletzung der Grundsätze einer wirklich liebevollen, also strengen Erziehung. Aber da sie ein gutes Herz hatte, pflegte sie darüber hinwegzusehen.

Ist das Häutchen eine Gabe Gottes?

Welch merkwürdiges Problem! Der irreversible Gerinnungsvorgang einiger höherer Aminosäuren wirft eine scholastische Frage auf, die jedermann schon begegnet ist. Aber leider, als die Kolloidchemiker sich das Häutchen von der Milch fischten und es in ihr Laboratorium verschleppten, fischten sie den Theologen ein Problem weg, dessen Lösung sie uns bis heute schuldig sind.

Etwas so Anbetungswürdiges wie die tausendmal geküßte Locke der Geliebten – wenn sie in die Milch fällt, ist sie nicht mehr anbetungswürdig. Warum? Hier geht nicht einmal irgendeine physikalische oder kolloidchemische Veränderung vor sich. Der Vorgang ist reversibel. Aber die anbetungswürdige Locke in der Milch entwertet die Locke ebenso wie die Milch. An der Locke kann es nicht liegen. Wenn wir sie herausfischen und sauber zwischen zwei Löschblättern trocknen, wird sie sogleich wieder anbetungswürdig. An der Milch kann es auch nicht liegen. Wenn Kleopatra in ihrer ganzen Schönheit in Milch badete, gewann sowohl die Schönheit als auch die Milch. Die Eunuchen pflegten sich nach dem Bad um die Milch zu streiten. Ein Nobelpreis ist damit nicht zu gewinnen. Auch die Theologen sind für diese Frage nicht zuständig. Sie haben keine Geliebte, und die Badewanne Kleopatras ist entschieden kein Gebiet theologischer Forschung.

Wer hilft uns weiter?

Ein vierblättriges Kleeblatt in einem kleinen Becherchen aus Ton – was für eine süße Erinnerung kann das sein! Warum aber kann man das nicht mit einem Radieschen machen? Ein Radieschen mit seiner frischen Farbe, rot wie die Bäckchen eines hübschen Bauernkindes, mit seinem Büschel Grün darüber und dem lustigen kleinen Wurzelschwänzchen, wie reizend eigentlich ist doch ein Radieschen! Nun überreichen Sie aber einmal der anbetungswürdigen Geliebten einen Strauß Radieschen! Warum kann Klee, den die Kuh frißt, ein seelischer Valeur sein, Radieschen aber, welche der Mensch frißt, nicht? Muß eine Pflanze kuhmaulfähig sein, um die Trägerin seelischer Werte werden zu können? Welch ein Rätsel!

Wie glücklich ist doch der Mensch gebaut! Mit ganzen Herden von ungelösten Problemen zieht er durch die Auen und Einöden seines Daseins. Auf der anderen Seite löst er ununterbrochen Probleme, ohne sich über die Folgen seiner Lösungen die geringsten Gedanken zu machen.

Der Fermatsche Satz mag unbewiesen bleiben. Die Welt geht

weiter. Aber ob man morgens die braunen oder die schwarzen Schuhe anzieht, dieses Problem muß gelöst werden. Pfarrer Kneipp war kein Modeberater. Barfuß kann man nicht auf die Straße gehen. Sie meinen vielleicht, es wäre nicht so wichtig? Aber, um aller Götter willen, bedenken Sie doch!

Der Tag ist, allem Anschein nach, in braunen Schuhen ganz normal verlaufen. Das sagen Sie! Aber hat es nicht nachmittags geregnet? Wurden Ihre hellen Flanells nicht durch einige Spritzer verunziert? Nun, sehen Sie! Da liegt der Hund begraben! An der Seepromenade, zwanzig Meter vor dem Eingang zum Jachtklub Royal, liegt das größte Malheur Ihres Lebens begraben, und Sie wissen nicht einmal etwas davon. Sie hatten die Entscheidung über Ihr ganzes ferneres Schicksal schon getroffen am Morgen, als Sie statt der schwarzen die braunen Schuhe wählten.

Hätten Sie nämlich die schwarzen Schuhe angehabt und wäre demgemäß Ihr sehr ehrenwertes Beinkleid von dunkler Couleur gewesen, hätten die Spritzer Sie nicht gestört. Sie wären in die Mexican Bar gegenüber gegangen, um den Regen abzuwarten. Dort aber wartete Beelzebub persönlich auf Sie. Er hielt Ihnen die schönste Frau der Welt am Nebentisch parat. Nun natürlich, Sie hätten sich verliebt. Sie hätten sie kennengelernt. Lucienne natürlich hätte Sie erhört. Sie wären glücklich geworden. Sie wären glücklich gewesen. Sechs Wochen. Dann wären Sie ruiniert gewesen. Und, um eine überflüssige Erfahrung reicher, hätten Sie wieder von vorn anfangen müssen.

Vor dieser freilich amüsanten, aber doch höchst lästigen Unterbrechung Ihrer Biographie haben allein die braunen Schuhe Sie bewahrt. Wenn Sie klug sind, werden Sie froh und Ihren braunen Schuhen dankbar sein. Wenn Sie weise sind, werden Sie die schwarzen Schuhe traurig betrachten, betrübt, später im Rollstuhl eine Sünde weniger zu haben, deren Unbegangenheit Sie nachweinen müssen, anstatt ihrer Begangenheit nachlächeln zu können. Immer wieder ist es erstaunlich, zu erleben, wie schnell sich ein moralischer Kater in eine liebe Erinnerung verwandelt!

Sie ziehen also am nächsten Morgen die schwarzen Schuhe an. Ha! Wiederum verkehrt! Ein zweiter Hund wird an der Seepromenade begraben, zwanzig Meter vor dem Eingang zum Jachtklub

Royal! Sie gehen schwarzen Schuhs in die Mexican Bar, aber nichts wird sich ereignen. Lucienne nämlich sitzt heute auf der Bank vor dem Jachtklub in der Sonne. Sie hätten, braunen Schuhs, sich danebengesetzt. Sie hätten sich natürlich in sie verliebt. Sie hätten sie kennengelernt. Lucienne natürlich – ach so, bitte oben nachzulesen!

So wandern Sie, teils schwarzen, teils braunen Schuhs, zwischen lauter unbekannten Hundegräbern durch eine Biographie, die gar nicht stattgefunden hat. Es ist kein Wunder, daß Sie mit derselben so wenig zufrieden sind. Es ist gar nicht die Ihre. Sie haben die falschen Schuhe angehabt!

Auf eine eigentümlich kurzsichtige Weise kümmert sich die Welt nur um die geschehenen Dinge. Für Engel sind die ungeschehenen Dinge von gleichem Wert. Für sie sind Möglichkeiten und Wirklichkeiten dasselbe. Es kostet sie nicht mehr als ein Lächeln, die einen in die anderen zu verwandeln.

Die ungeschehenen Dinge werden im Himmel aufgehoben. Keine Religion freilich hat uns das bisher verraten. Zu viele Menschen würden einfach aus Neugier sterben. Darum muß das auch künftig ein Geheimnis bleiben. Sie können die Möglichkeiten später im Himmel besichtigen. Bei den vielen Sünden, welche Sie unterlassen haben, werden Sie mit dem Visum keine Schwierigkeiten haben.

Dorten finden Sie die Geschichte der Päpste von Leopold v. Ranke, welche Sie nie gelesen haben, und können sich informieren über die Folgen, welche Ihre niemals gereiste Reise nach Rom für Sie gehabt hätte. Sie dürfen einen kleinen Blick ins Fegefeuer werfen, wo Schön Elisabeth, welche Sie auf dieser Romreise nicht kennengelernt haben, noch immer auf dem Grill geröstet wird. Sie fand zur Sünde ohne sonderliche Mühe einen anderen als Sie. Noch auf dem Grill macht sie einen äußerst attraktiven Eindruck. Aber Sie dürfen nicht ins Fegefeuer. Auch die ewige Seligkeit hat ihre Grenzen.

Dorten auch finden Sie, der Sie doch nur Bier trinken, eine Batterie von Burgunderflaschen nebst einem Verzeichnis der illustren Einfälle, welche Sie bei der Vernichtung dieser Batterie gehabt hätten. Sie werden staunen, was in dem von Ihnen niemals benutzten Burgundersektor Ihres Geistes für Gedanken steckten. Sie werden entdecken, daß Sie den Witz Charlie Chaplins mit der Geistesschärfe Paul Sartres in sich vereinigten. Nur, Sie wußten nichts davon!

Aber Sie werden da auch manchen Trost erleben. Es wird zum Exempel Ihnen ein künstlerisch äußerst wertvolles Foto eines Ihnen völlig unbekannten, streng und magenkrank dreinblickenden sechzigjährigen Herrn in die Hand fallen. Zu Ihrem Erstaunen wird der diensthabende Engel Ihnen erklären, daß Sie das selber seien. So nämlich würden Sie mit sechzig ausgesehen haben, wenn Sie all die guten Vorsätze, welche Sie am frühen Vormittag schon durch einen Cocktail hinunterzuspülen pflegen, wirklich ausgeführt hätten. Sie wissen schon – täglich zwanzig Minuten turnen, nicht mehr rauchen, sparsam werden, schlanker werden, nicht mehr trinken, gute Bücher lesen und früh schlafen gehen! Mit sechzig würden Sie am Magenkrebs sterben infolge mangelhafter Ermunterung Ihrer Kupfferschen Sternzellen durch die kostbaren Lipoide der Pommes frites.

Vergleichen Sie damit das Bild des behäbigen Großvaters, welches Sie mit sechzig bieten werden, dieses würdigen Mannes mit dem behaglichen Bauch, einigen Tabakresten auf der Weste, den immer noch locker in der Tasche sitzenden Zechinen und jenem listigen Zwinkern in den Augenwinkeln, das alle Ihre Enkel einmal so zärtlich lieben werden. Vergleichen Sie dann noch den von falscher Bescheidenheit tropfenden Dank der Enkel, wenn der magenkranke Diätgreis ihnen zehn Pfennige für die Sparbüchse schenkt, mit dem Jubel der ganzen jungen Bande, wenn Sie mit ihnen Äpfel klauen gehen. Und Sie, versuchen Sie doch nicht zu leugnen! Natürlich werden Sie mit sechzig noch rüstig Äpfel klauen!

So ist es vielleicht doch besser, die Probleme Probleme sein zu lassen. Die Europäer in ihrem intellektuellen Raffinement haben sich der Notwendigkeit, Probleme zu lösen, entledigt, indem sie für diese Aufgabe die Wissenschaft erfanden. Möge sie lösen, während wir leben!

Das Häutchen von der Milch läßt sich vor dem Gerinnen abschöpfen. Man kann Schlagsahne daraus machen. Die Reise nach Rom kann man tun, auch ohne die Geschichte der Päpste gelesen zu haben. Ohnehin tanzt Elisabeth lieber, als daß sie gute Bücher liest. Die anbetungswürdige Geliebte wird Ihnen für einen Strauß Radieschen wahrscheinlich mit einem bezaubernden Lächeln und einer anbetungswürdigen Locke danken. Nur die Schallfrequenz der kleinen Sendestationen im blühenden Apfelbaum – ob sie nicht doch ein Problem ist? Klingt dieses Jubilate nicht geradezu himmlisch süß? Aber die Welt hört nicht hin. Nun, wenn die Welt dieses entzückende Motiv als Himmelsfuge durchaus nicht akzeptieren will, vielleicht könnte es als »Chlorophyll Song« in Jazzinterpretation die Welt erobern. Damit ließe sich eine Menge Geld verdienen!

Ein Problem in der Tat!

Wir werden sogleich, ohne Rücksicht darauf, ob wir die schwarzen oder die branen Schuhe anhaben, in die Mexican Bar eilen und den Meister der Kapelle befragen. Vielleicht läßt sich die Sache auch als Cha-Cha-Cha montieren . . .

Millionär mit Verzögerung

Bei Rochefort an der bretonischen Küste steht der Leuchtturm von St. Pierre. Die Brandung des Ozeans rauscht um die Klippen zu seinen Füßen. Man könnte die Brandung um die Klippen auch donnern lassen. In einer solchen Sache hat ein Literat die vollkommenste Freiheit. Zu dem, was im folgenden gesagt werden soll, paßt Rauschen besser als Donnern. So wollen wir dem Rauschen lauschen.

Es ist ziemlich einsam da. Ein Leuchtturm ist wie ein großer Weiser. Er verbreitet Licht nach allen Seiten. Ein jeder kann seinen Kurs nach ihm richten. Aber wer der Weisheit zu nahe kommt, dessen Schiffchen zerschellt.

Auf dem einsamen Leuchtturm sitzt der einsame Leuchtturmwächter. Ich habe oft, nächtens an der Reling lehnend, über die einsamen Leuchtturmwächter nachgedacht. Sicher ist es ein erhabener Beruf. Einsamkeit gibt jeder Sache und jedem Menschen Größe. Käse ist sicherlich keine besonders erhabene Angelegenheit. Der einsame Käse, den der einsame Robinson sich bereitet, ist ein Glanzstück in einem großen Roman der Weltliteratur.

Man unterwirft die Menschen heutzutage psychotechnischen Prüfungen. So raffiniert diese Prüfungen ausgedacht sein mögen, keine einzige könnte so streng sein wie die Prüfung durch Einsamkeit. Solche Prüfungen werden denn auch nicht veranstaltet. Das zeigt wieder einmal, wie sinnvoll die Welt eingerichtet ist. Wenn man soweit wäre, über einen Stamm von Leuten zu verfügen, die die große und schwere Prüfung durch Einsamkeit mit Auszeichnung bestanden hätten, dann wüßte man nicht, was man mit diesen wertvollen Leuten anfangen sollte. Sie ins Gefängnis zu sperren, nur damit sie von ihren Tugenden Gebrauch machen können, erscheint nicht übermäßig sinnvoll. Ganz offensichtlich gibt es Tugenden, die für den Menschen ohne Wert sind, solange er nicht Leuchtturmwächter ist oder mit den Gesetzen kollidiert.

Mögen die Leuchtturmwächter wie auch immer ihre Tage verbringen, mögen sie die Bibel lesen oder Radio hören, von dem Leuchtturmwächter von St. Pierre de Rochefort wissen wir, womit er sich seit vorigen Samstag die Zeit vertreibt. Im Mai hat er seinen Leuchtturm bezogen und damit die Verpflichtung übernommen, ein Jahr auf seinem Posten zu bleiben. Am vorigen Samstag hat er eine Million Franken in der Lotterie gewonnen.

Vertrag ist Vertrag. Selbst wenn der Gute seinen Vertrag gar nicht halten wollte, es käme keiner, ihn abzuholen. Nun, wir haben keinen Grund, einen braven Mann zu verdächtigen, nur weil er in der Lotterie gewonnen hat. Sicherlich ist er in jedem Fall entschlossen, seine Pflicht zu tun. So haben wir die merkwürdige Erscheinung eines armen Mannes welcher reich ist, oder auch eines reichen Mannes, welcher arm ist. Worüber der Leuchtturmwächter von St. Pierre zur Zeit nachdenkt, das ist ohne Zweifel die Million und ihre Verwendung.

Selten wird einem Menschen eine so wunderbare Gelegenheit geboten, sich an sein Glück zu gewöhnen. Die freudige Überraschung unseres Robinson, der das große Los gewonnen hat, wird natürlich in einigen Wochen einer ruhigeren Betrachtung Platz machen. In dieser Zeit wird Robinson sich die ganze Welt kaufen.

Da er seine Million kein einziges Mal wirklich los wird, kann er sie beliebig oft ausgeben. Robinson wird also einmal in einer Lustjacht um die Erde segeln. Einmal wird er alle armen Fischer in seinem Dorf zu wohlhabenden Leuten machen. Von ihrer Dankbarkeit allein kann er drei gute Wochen auf seinem Leuchtturm leben.

Einmal wird er alle Leuchttürme der Welt mit neuen Bibeln oder neuen Radioapparaten ausstatten, je nachdem. Einmal wird er in Paris den großen Mann spielen, Geschäfte machen und aus der einen Million fünf Millionen machen. Dies ist einer der liebsten Gedanken aller neuen Millionäre. Er wirft ein aufschlußreiches Leuchtturmlicht auf die Beschaffenheit der menschlichen Seele. Aber die Sonne geht alle Morgen auf, und alle Abend geht sie unter, und bald wird Robinson merken, daß das Reichsein auf die Dauer auch nicht unterhaltender ist als das Armsein. Hingegen wird unser Robinson nun Sorgen bekommen.

Während er bisher heiter den Klängen lauschte, die vom Tanztee des Ritzhotels in London herübertönten, wird er nunmehr die Devisenkurse einstellen und anfangen, sich mit der Wirtschaftskrise zu beschäftigen. Eines Tages hat unser Millionär eine beträchtliche Vermögenseinbuße erlitten. Das hat eine Menge unerwarteter Folgen. Die Lustjacht schrumpft um tausend Tons. Die Ziegeldächer auf den Häusern der armen Fischer verwandeln sich in Strohdächer. Die australischen Leuchttürme bekommen keine Bibeln mehr.

Die Kurse, leider, fallen weiter. Mit ihnen schrumpfen die Jacht sowohl wie die Hütten der Gottwohlgefälligkeit. Auch die afrikanischen Leuchttürme müssen nunmehr auf neue Bibeln verzichten. Unser Robinson, der noch niemals in seinem Leben sich den geringsten Gedanken über seine Armut gemacht hat, wird nun, nachdem er reich geworden ist, alle Bitternisse zu spüren bekommen, die fortschreitender Vermögensverlust mit sich bringt. Unser Robinson, der arm ist, wird Angst bekommen, arm zu werden. Unseren Robinson wird der Geiz packen.

Aber die Sonne geht alle Morgen auf, und alle Abend geht sie unter, und noch ist es ein halbes Jahr, daß Robinson auf seinem Leuchtturm sitzen muß. Über kurz wird Robinson, anständig wie alle armen Leute sind, sich seines Geldes schämen, und in seinen Träumen wird immerzu ein Kamel sich durch ein Nadelöhr zwängen. Der Anblick des Kamels, wenn ihm dieser Vorsatz zur Hälfte gelungen ist, wird Robinson, der von Berufs wegen nachdenklich ist, noch nachdenklicher stimmen.

Durch einen glücklichen Zufall kommt eines Tages ein Kutter längs, der Robinson einen großen Sack Post auf die Klippen wirft. Er findet vierzehnhundertzweiundsechzig Bettelbriefe darin. Da er Zeit hat – in diesem Punkte ist er immer von märchenhaftem Reichtum gewesen und darum daran gewöhnt – nimmt er sich etwas von ihr und addiert die Wünsche seiner Mitmenschen. Es stellt sich heraus, daß er, um sie alle zu erfüllen, etwa zwei Millionen Franken brauchte. Erfüllt er sie nicht, wird er vierzehnhundertzweiundsechzig Feinde bekommen, er, ein Mann, der noch nie im Leben einen Feind gehabt hat außer dem Nordsturm.

Robinson ist von diesem Gedanken so erschüttert, daß er den Rest seiner Leuchtturmzeit damit verbringt, darüber nachzudenken, wie er auf unauffällige Weise seine Million wieder loswerden könnte. Für jemanden, der ihm etwa in diesem Punkte behilflich sein will, ist die Zeit gekommen, Vorschläge zu machen.

Glück mit Verzögerung verwandelt sich in Unglück. Natürlich erhebt sich alsbald die Frage, ob etwa Unglück mit Verzögerung sich in Glück verwandelt. Betrüblicherweise sitzen richtige Millionäre in dem Augenblick, da sie ihr Vermögen verlieren, nicht mit Jahreskontrakten auf Leuchttürmen. Das ist von den Millionären sehr unvernünftig. Wenn man sich vorstellt, daß Robinson auf seiner Insel durch irgendeinen göttlichen Zufall, das Radio etwa, erführe, daß sein Vermögen weg sei, würde ein wohlgelungener Käse ihn leicht über diesen imaginären Verlust hinwegtrösten. Wenn man es sich nur einrichtet, ist ein Käse mehr als eine Million wert. Wenn man diesen kostbaren Käse an den Mann bringen will, so ist auch dieses Problem schon gelöst durch das Sprichwort, das für alle Robinsons der Welt gilt:

»Selbst ist der Mann!«

Goldene Worte

Der großartigste und unheimlichste Zauber der menschlichen Geschichte ist das Gold. Ein einziger goldener Apfel aus den Gärten der Hesperiden in der Hand eines trojanischen Königssohnes erzeugte stärkere Spannungen im östlichen Mittelmeer als selbst das Mossulöl und führte zu einem zehnjährigen Weltkrieg, der seinesgleichen nicht hat. Die blendende Reportage des damals einzigen auf den Kriegsschauplatz entsandten Sonderberichterstatters lesen verdrehte Leute noch mit Begeisterung. Sie war zwar nicht in die Schreibmaschine diktiert. Die damals übliche Form der Berichterstattung war der Hexameter. Diese Berichterstattung wurde zwar nicht nach anderthalb Stunden von der ganzen Welt drahtlos mitgehört. Aber die damaligen Sendemethoden waren so hoch entwickelt, daß die Nachrichten in Hexametern noch nach zweieinhalbtausend Jahren auf der ganzen Welt mit Achtung und Aufmerksamkeit gehört werden. Übrigens hat man niemals wieder etwas von dem goldenen Apfel vernommen, der das ganze Unheil angerichtet und dem Sonderberichterstatter einen so homerischen Ruhm eingebracht hat.

Möglich ist es, daß in dem goldenen Ring an Ihrem Finger etwas von dem Gold enthalten ist, aus dem der Apfel des Paris gemacht war. Gold geht nicht verloren. Man darf annehmen, daß irgendein griechischer Held in den rauchenden Trümmern des Tempels der Aphrodite den zu einem goldenen Klumpen geschmolzenen Apfel entdeckt und in seinen Beutesack gesteckt hat. Vom Winde verweht ist er bei Zypern mit seinem Schiff untergegangen. Fischer haben Jahrhunderte später den Goldklumpen mit einem Netz aus dem Meer gezogen und ihn ehrerbietig und abergläubisch dem Statthalter abgeliefert, welcher ihn nach Alexandria schickte.

Wissen wir, ob nicht der goldene Becher, in dem Kleopatra die in Wein gelöste Perle dem Antonius anbot, aus dem Gold des Hesperidenapfels gemacht war? Wir wissen es nicht, aber dem, der nur ein wenig an Schicksal zu glauben vermag, erscheint es jedenfalls in hohem Maße wahrscheinlich.

Man darf auch vermuten, daß Kleopatra, diese noble Lady, den

Becher dem Antonius geschenkt hat. So ist er nach Rom gekommen, um im Nachlaß des Antonius versteigert zu werden. Der Vater des Quintilius Varus hat ihn um billiges Geld gekauft. Quintilius Varus hat ihn, ein pietätvoller Zug, immer als Andenken an seinen Vater bei sich geführt.

Sowohl Arminius, der Fürst der Cherusker, wie der General der Kavallerie Exzellenz Segest haben zuweilen auf das Wohl des Kaisers Augustus daraus getrunken.

Es ergibt sich sozusagen von selbst, daß der Becher nunmehr im Teutoburger Walde verschwinden wird. Immer wieder kehrt das Gold in die Erde zurück oder in das Meer, woher es gekommen ist. Immer wieder, wie der Riese Antäus von seiner Mutter Gäa, holt es sich neue Kraft aus dem Dunkel, aus dem es stammt. Immer wieder, wie Aphrodite, die Schaum- und Meergeborene, richtet es neues unermeßliches Unheil an, wenn es aus der Tiefe wieder emporsteigt.

Gold ist Glück und Unglück zugleich. Gold hat Byzanz groß und reich gemacht und hat es ins Verderben gestürzt. Gold hat dem Reich des Montezuma seinen Glanz gegeben. Gold hat seinen Untergang herbeigeführt. Aus Gold macht der Mensch den edelsten Schmuck, die heiligen Meßgeräte, den Ring. Es ist dasselbe Gold, das in den Tresoren der Staatsbanken als Kriegsschatz liegt und sich so leicht in Waffen, Unheil und Tod verwandelt.

Viele hundert Jahre liegt der Becher im Moor des Teutoburger Waldes wie vordem im Meer bei Zypern, bis fromme Mönche den Wald urbar machen und den Becher finden. Allabendlich trinkt der ehrwürdige Abt aus dem Becher der Kleopatra seinen Abendtrunk, und Noah lächelt al fresco von der Wand des Refektoriums zu diesem heidnisch-christlichen Zusammentreffen.

Als die Schweden schließlich das Kloster niederbrennen, wandert der Becher wieder in den Beutesack eines Soldaten. Dieser weiß zwar nichts von Aphrodite. Aber er läßt seiner Liebsten einen schönen Halsschmuck davon machen. Die ging ihm davon und freite einen Wirt im Spessart, der den Tand verkaufte und eine neue Scheune davon baute.

So kam der Apfel des Paris wieder in die Schmelze, und der Kurfürst von Hessen ließ Dukaten daraus schlagen. Einer dieser

Dukaten geriet im Brustbeutel eines hessischen Soldaten in den amerikanischen Freiheitskrieg. Dem braven Hessen wurde im Gefecht am Red River das Bein zerschmettert. Er wäre wohl elend zugrunde gegangen, wenn ihn Onkel Tom nicht in seine Hütte genommen und wieder gesund gepflegt hätte. Der Soldat schenkte Onkel Tom den Dukaten.

Wiederum eine Zeit später ließ sich ein Nachfahre Onkel Toms aus dem unnützen Dukaten einen nützlichen Eckzahn bauen. Selbst in dieser niederen Stellung noch blieb der Zauber der Aphrodite ungebrochen. Alle schwarzen Mädchen von St. Louis fanden das goldene Lächeln des braven Niggers unwiderstehlich. Aber die Liebe stürzte den schwarzen Paris in so unermeßliche Unkosten, daß er seinen goldenen Eckzahn verkaufen mußte.

Wiederum kam der Apfel Homers in die Schmelze und wurde zu dem Ring, den der Großvater der Großmutter von seiner Reise aus Amerika mitbrachte. So haben Sie den Apfel der Hesperiden, den Becher der Kleopatra, die Halskette der Wirtin aus dem Spessart, den Dukaten des Kurfürsten von Hessen, den Eckzahn von Onkel Toms Urgroßneffen an Ihrem linken kleinen Finger. Sehen Sie sich das kleine Stückchen hellen Glanzes genau an, und verfehlen Sie nicht, darüber nachzudenken, daß es noch immer glänzen wird, wenn Sie schon lange, lange ausgeglänzt haben werden.

Verhaftete Weisheit

Auf der Welt, wenn man genau hinsieht, geht es zu wie in der Kinderfibel. Die Guten werden belohnt. Die Bösen werden bestraft.

Da haben wir zum Exempel einen gewissen Trebitsch-Lincoln. Vom Mitglied des ehrwürdigen Parlaments Seiner Britischen Majestät entwickelte er sich über den Kapp-Putsch in Germany zum Mönch im fernen China. Erst hat er ein wenig Geschichte gemacht, dann ein wenig Abenteuer. Schließlich landete er beim Tao te, auf dem rechten Weg und bei der Tugend des Ostens.

Im Kloster hat schon mancher Zuflucht gefunden, der größere Taten und größere Untaten vollbracht hat als jener Trebitsch.

Karl V. hat sein Dasein im Kloster beschlossen. Was dabei auf uns einen so tiefen Eindruck macht, ist das Bild, wie die Majestät an der Pforte des Klosters ihren kaiserlichen Purpur niederlegt. Insonderheit die chinesischen Klöster waren oft in der Geschichte letzte Kapitel der Biographien von prachtliebenden Vizekönigen, furchtbaren Räubern, Kaufleuten mit unermeßlichem Vermögen, berühmten Gelehrten, Heerführern mit weltgeschichtlichen Siegen.

Die Weisheit des Laotse vermag es, auch über die größten Erfolge im Leben hinwegzutrösten.

Jenen Trebitsch freilich hat sie nicht einmal über seine Mißerfolge hinweggetröstet. Die Weisheit hat er offenbar nicht begriffen. Hat man einmal mit einem taoistischen Mönch in einer Einsiedlerklause Tee getrunken, Tee aus den Kräutern des Waldes, weiß man, daß es, ihn an Gelassenheit und Seelenfrieden zu erreichen, vieler Jahrzehnte bedürfte. So obliegt einem nur, entweder aufzustehen und sein Leben lang die Weisheit zu bewundern oder sitzen zu bleiben, um sie ein Leben lang zu erlernen.

Jener Trebitsch glaubte, diese Aufgabe in Raten erledigen zu können. Nach fünf Jahren schon kam er zu uns zurück, den Kurfürstendamm zum Taoismus zu bekehren. Der Kurfürstendamm ist ein schöner, rechter Weg, aber mit Tugend hat er nichts zu tun und mit Weisheit schon gar nichts. Auf dem Kurfürstendamm gedeihen Schlauheit, Gerissenheit und Intelligenz. Gegen Weisheit macht er immun. Wenn es noch Torheit da gäbe, wäre man nicht so besorgt. Mancher Tor schon ist weise geworden. Ein Schlaukopf bleibt auf seinem Stammplatz im Kaffeehaus sitzen, bis sein letztes Stündlein ihn von der Schlauheit erlöst. Von den Erfolgen, die die Schlauen und Gerissenen in dieser unserer Welt haben, kann nicht einmal die Weisheit des Ostens erlösen. Es sind Erfolge, mit denen man sich nur begraben lassen kann.

Wenn Trebitsch den Fischen gepredigt hätte im Gelben Meer oder den Matjesheringen in der Kantine, es wäre ein verdienstliches Werk gewesen. Was heute noch ein Barsch ist, kann in seiner nächsten Inkarnation schon ein Politiker sein. Wie gut könnte er dann Weisheit brauchen. Aber Trebitsch, der Weise auf Stottern, predigte den verlorenen Asphaltseelen. Sie gingen heim, jeder mit einer kleinen Kaffeetasse voll Weisheit. Sie zeigten sie herum und sagten bedeutungsvoll: »Seht hier! Das ist teilweise das ewige Meer.«

Die Rache des Weltalls für diesen Mißbrauch tausendjähriger Ehrwürdigkeiten ließ nicht lange auf sich warten. Der Mönch aus Fernost fuhr nach Köln. Im Hauptbahnhof, angesichts des tausendjährigen Doms, wurde er verhaftet. Warum? Weil er das Britische Reich hatte zertrümmern wollen? Weil er die Deutsche Republik hatte umstürzen wollen? Weil er durch Verbreitung von Weisheit die zu einer geordneten Politik erforderliche Dummheit bedrohte?

Ach nein! Die Welt ist großmütiger, als man denkt. Daß einer sie in Brand stecken will, vergißt man ihm leicht. Trebitsch wurde als Schwindler verhaftet, weil er vor Jahren einer holländischen Dame hundert Gulden schuldig geblieben war. Das Empire hat ihn vergessen. Die Deutsche Republik hatte ihn amnestiert. Die Dame aus Holland hatte sich's gemerkt. Trebitsch-Lincoln, der Weise aus dem Osten, muß brummen um hundert weltlicher Gulden willen.

Was wird der Abt seines Klosters dazu sagen? Ich glaube, da hätte selbst Laotse gelächelt. Wenn man in die Weisheit durchbrennt, muß man seine Schulden bezahlen. Jeder findet seinen Halys. Als Trebitsch-Lincoln den Rhein überschritt, hat er einen großen Bluff zerstört. Gepriesen sei die energische Dame aus Holland, die mit hundert Gulden, die sie nicht hatte, zwei Kontinente von einer Weisheit befreite, die keine war.

Über das Landleben

Die Vorzüge des Landlebens hat schon Ovid gepriesen. Er war ein Großstädter, ein Literat der Symposien der Metropole. Es ist die Zivilisation, welche Sehnsucht nach der Kultur hat. In der Tat bedarf die Zivilisation der Kultur, wenn sie leben will. Darin liegt ihre Schwäche. Die Kultur dagegen kann auf die Zivilisation verzichten. Darin liegt ihre Stärke. Die Zivilisation ist die Blüte an dem Baum, dessen Wurzel die Kultur ist. Die Zivilisation ist das Bewußte, die Kultur das Unbewußte. Man kann eine Blüte in einer Vase auf den

Kamin stellen. Aber niemand kommt vernünftigerweise auf den Gedanken, mit einer Wurzel in einer Kristallschale das Pianoforte zu schmücken. Freigelegte Wurzeln verdorren.

Kultur ist schmutzig. Zivilisation ist sauber. Dreck ist ein Merkmal von Kultur. Dreck gehört zur Kultur wie Wasserspülung zur Zivilisation. Das entscheidende Element des Landlebens ist nicht das Radio in der guten Stube, sondern der Misthaufen vor dem Fenster. Welch betrüblichen Mißverständnissen ist der Dreck ausgesetzt zusammen mit der Kultur, an welcher er haftet. Es wäre eine verdienstvolle Aufgabe, würdig eines Preises der Akademie, eine Streitschrift zu verfassen zur Verteidigung des Drecks. Arbeit macht schmutzig. Sauber bleibt nur der Nichtstuer. Ein Geck wäscht sich zehnmal am Tage. Ein Mann, der arbeitet, hat keine Zeit dazu.

Die edelste Form von Kulturschmutz ist der Kunstdreck, den wir nur deshalb als Dreck nicht wahrhaben wollen, weil wir ihn mit zivilisierter Verschämtheit Patina nennen. Man irrt sich, wenn man glaubt, uns vorhalten zu können, daß Rom den Augustus hatte, als wir noch in unseren Wäldern Eber jagten. Augustus war der zivilisierteste Herrscher, den die Welt jemals gesehen hat. Die Wurzeln der römischen Kultur aber stammen aus einer Zeit, da auch die Römer noch Eber jagten in den Wäldern des Apennin. Lesen und schreiben können die Bauern im Apennin heute noch nicht. Das heißt, die Zivilisation des Augustus hat sie noch nicht erreicht. Es kommt darauf an, auf was man stolz sein will.

Die eindrucksvollste Form von Kulturdreck ist der Misthaufen. Dieser Dreck ist so alt wie die menschliche Kultur überhaupt. Wenn ein Stück abgesprungen wäre von Phidias' Statue des Apoll, wo sonst hätte man es hinwerfen können als auf den Misthaufen. Sauberkeit währt Stunden. Dreck ist äonenalt.

Versunken stehe ich vor einem bayerischen Misthaufen und bemerke mit Verwunderung, wie aus ihm die Erkenntnisse wachsen. Der Bauer lädt Heu ab. Er entspricht nur wenig dem Bilde, welches manche neueren Dichter von ihm entworfen haben. Mag immerhin die Abendsonne den Giebel vergolden, tatsächlich bedarf der Giebel dringend einer Erneuerung, für die der Bauer kein Geld hat. Es ist einer der Hauptfehler der ländlichen Romane, daß in ihnen weder der Hypotheken, noch der Getreidepreise, noch der Hagelversicherung Erwähnung getan wird. Die seelischen Konflikte eines bayerischen Bauern mögen für viele von Bedeutung sein. Für einen jedenfalls sind sie ganz und gar ohne Bedeutung, für den bayerischen Bauern.

In der Scheune gackert eine Henne. Sie gackert mit jener naiven Freude am Erfolg, die es bedauerlich erscheinen läßt, daß dem Menschen eine ähnlich adäquate seelische Äußerungsmöglichkeit nicht zur Verfügung steht. Die Henne hat keine Ahnung, daß sie soeben ein genormtes Frischei gelegt hat, das nicht nur durch den Hals eines Genießers in einen Magen, sondern ach durch den Rechenstift eines Wissenschaftlers in die Produktionsstatistik rutschen wird. Der Bauer steht sowohl inmitten seines Hofes als auch inmitten der Weltwirtschaft. Wenn man seine Ernte in der Scheuer betrachtet, so muß man zugeben, daß sie nur zur Hälfte der Sonne, zur anderen Hälfte der Chemie zu verdanken ist. Es gehört zu den größten Taten der Wissenschaft, daß sie Mist aus der Luft zu produzieren vermag. Wenn einer sich vom Brot eine Scheibe abschneidet, sollte er daran denken. Auf diese Weise wird sowohl seine Achtung vor dem Mist wie seine Achtung vor der Wissenschaft steigen.

Freilich, der künstliche Mist, den die Wissenschaft macht, entbehrt jenes kulturellen Odems, den allein der echte Mist hat, den die Kühe produzieren. In diesem Punkte ist die Kuh den Leunawerken über. Der künstliche Mist ist nur ein Produkt der Zivilisation. Der natürliche Mist ist die Wachstumsbasis der Kultur.

Verfolgt man die Fäden, die vom Misthaufen eines Bauernhofes in die Welt hinauslaufen, so scheint es, als ob das Landleben für die Poesie keinen Platz habe. Dem scheint nur so. Freilich müßte ein jeder, der der Kuh poetische Girlanden um den Schwanz winden will, zuvor gehalten werden, vier Wochen lang eine Kuh zu melken, zu putzen und ihren Stall sauberzuhalten. Dann könnten wir einige gelungene Distichen über die so sehr vernachlässigte Poesie des Mistes erwarten. Aber das Dorf braucht auf den Poeten nicht zu warten. Seitdem die Bauern von Krodebeck ihren Homer gefunden haben, bedürfen wir keines anderen mehr. Es wird so leicht keiner wieder gefunden werden, der die Hierarchie des Dorfes von der

Häuslerin bis zum Schloßherrn in ihrer gewachsenen Selbstverständlichkeit, voller Mist und voller Poesie, so trefflich wird schildern können, wie Wilhelm Raabe es getan.

Der Hof liegt in der Mitte zwischen Schenke und Kirche. Eine Straße führt an ihm vorüber vom Irgendwoher in das Irgendwohin. Die Strolche und die Automobile ziehen sie entlang. Ein Körnchen Staub aus Rom bleibt liegen. Ein Körnchen Staub wandert nach Kopenhagen mit. Auf der Straße zieht die Zeit entlang, das alte Bettelweib. Unser Leben lang geben wir ihm, aber doch überlebt es uns alle. Das Dorf liegt an der Zeit, die vorüberzieht.

Die Kirche bewahrt das Himmlische. Die Schenke bewahrt das Irdische. In der Schenke wird beim Tarock geflucht. Die Krüge klappern dazu. In der Kirche wird beim Klang der Orgel gebetet. Der Mensch ist weder ein Engel noch ein Teufel. Der Teufel möchte in der Kirche fluchen, und die Engel möchten vielleicht beim Tarock beten. Der Mensch, wenn er auch nicht so gut wie ein Engel ist, so ist er doch nicht so schlimm wie ein Teufel. Er ist eine Mischung von einem durch Kultur verdorbenen Engel und einem durch Zivilisation gezähmten Teufel, der sein Haupt zum Himmel erhebt, während er mit den Füßen im Misthaufen des Dorfes steht.

Das goldenen Netz

Bildung ist eine Sache, welche erworben wird. Aber gebildet werden zu wollen ist ebensowenig ein Ziel, wie es ein Ziel ist, weise werden zu wollen. Die Absicht schon gäbe dem Start eine falsche Richtung. Bildung ist ein Ergebnis. Das Ergebnis entsteht nicht daraus, daß ein Intellekt mit dem Stoff der Bildung zusammentrifft. Bildung entsteht aus dem Zusammentreffen eines Charakters mit dem Stoff der Bildung. Sie ist ein weites Feld, das von der Bescheidenheit beackert wird. Die Früchte werden meistens von Hochstaplern geerntet.

Ich, der Naturwissenschaftler, habe zwei Freunde, von denen der eine Literarhistoriker, der andere Theologe ist. Wenn der Literarhistoriker etwas über Gerhart Hauptmann sagt, ist das, was er sagt, kein Unsinn. Theologie und Naturwissenschaft hören zu. Er sagte neulich: »Gerhart Hauptmann ist der letzte dumme Dichter gewesen. Ein großer Mann! Seitdem wird die Literatur mit dem Gehirn gemacht.« Er wollte sagen, daß es so etwas wie eine chthonische Schicht gibt, die, um große Werke zu schaffen, des Intellekts kaum bedarf. Es ist die Äußerung eines gebildeten Mannes insofern, als dieser Mann seinen Stoff beherrscht. Er hat Gerhart Hauptmann gelesen. Aber es ist nur sein Stoff, den er beherrscht. Das weiß er. Käme er auf die Idee, sich für gebildet zu halten, Theologie und Naturwissenschaft würden alsbald eines ihrer seltenen Bündnisse eingehen, den hoffärtigen Literaten mit Hilfe Kierkegaards und der Heisenbergschen Unbestimmtheitsrelation zu Fall zu bringen.

Wenn wir wissen wollen, wie der Humanismus sich zum Christentum verhält, lauschen wir unserem Theologen. Wenn die Frage auftaucht, wie die Physik zur Schöpfungsgeschichte sich verhält, darf ich den Mund aufmachen. Wir drei zusammen gäben vielleicht einen leidlich gebildeten Menschen ab. Aber wir sind uns vollständig darüber einig, daß der einzige wirklich gebildete Mann, den wir kennen, unser alter Dorfschuster ist, der am Sonntagmorgen in seiner Bibel liest.

Der Schuster liest *seine* Bibel. Er hat sich ihren Stoff zu eigen gemacht. Zwischen seinem Charakter und seinem Wissen besteht eine völlig angemessene Beziehung. Die Heisenbergsche Unbestimmtheitsrelation beunruhigt ihn nicht, weil die Physik ihn nicht beunruhigt. Gerhart Hauptmann ist für ihn kein literarisches Problem. Er war ein literarisches Problem für Gerhart Hauptmann. Gerhart Hauptmann hat ihn dargestellt. Wir spielen samstags mit ihm Tarock und bedienen uns in unseren Familienangelegenheiten seines klugen Ratschlags.

Das Merkwürdige an der Bildung ist, daß sie als eine Prestigefrage gilt. Dabei ist »Sie ungebildeter Mensch!« ebenso eine Beleidigung wie »Und das will ein gebildeter Mensch sein!« Jedermann ist sich darüber klar, daß der Stoff in Literatur, Kunst und Wissenschaft heutzutage einen solchen Umfang hat, daß es unmöglich ist, ihn auch nur zu kennen, geschweige denn, ihn zu beherrschen. Auf der anderen Seite weiß man, daß niemand weniger gebildet ist als der Fachmann, der doch wenigstens einen Teil des Wissens beherrscht. Wer die Schmetterlinge und die Blumen nicht bei Namen nennen kann, ist sicherlich kein gebildeter Mensch. Wer aber nur die

Namen von Schmetterlingen und Blumen kennt, ist es noch weniger.

Nach dem Zweiten Weltkrieg wurde man von jungen Leuten zuweilen gefragt, wie sie es nun machen sollten, sich ein wenig zu bilden. Wie unlösbar war die Verlegenheit, in welche man da geriet!

Es gibt die berühmte Zusammenstellung »Faust, Parzival und die IX. Symphonie«. Diese Trias sprengte unser Theologe mit der Frage: »Warum eigentlich nicht die VIII.?« Es ist die gigantische Trias des Bildungsspießers, der, wie Schopenhauer sagt, zuweilen in der Sache, aber niemals in den Gründen recht hat. Wenn von der bis dahin verschwundenen europäischen Musik in ein paar tausend Jahren eine Partitur der IX. Symphonie gefunden würde, man würde aus ihr über unsere Musik weniger erfahren als aus Thomas Manns Beschreibung der nie komponierten Symphonie Adrian Leverkühns.

Es gibt noch einen anderen Test. Das ist die Frage, welche zehn Bücher man in eine neue Arche Noah mitnehmen würde. Es ist das diesselbe Frage, welche die jungen Leute nach dem Krieg einem stellten. Auf diese Frage gibt es keine allgemeine, sondern nur eine persönliche Antwort.

Wenn ich Tristram Shandy bei diesen zehn Büchern dabeihaben möchte, so kann das ebensogut eine Narretei wie ein Snobismus sein. Aber dieses Buch hat mich auf etwas gebracht, was für meine Biographie entscheidend geworden ist. Eine solche Funktion kann natürlich auch Karl May haben. Wer sicherlich am wenigsten etwas dagegen hätte, Winnetou neben Tristram plaziert zu sehen, wäre Sterne selber. Leibniz bekennt, daß er gern schlechte Bücher gelesen habe. Aus dem Widerspruch, den sie erweckten, bezöge er mehr Anregung als aus den guten Büchern, mit deren Inhalt er übereinstimmte. Leibniz war mehr als ein gebildeter Mann. Er schuf Bildung.

Dazu kommt die alte Diskrepanz zwischen Qualität und Geschmack. Stifter ist langweilig bei höchster Qualität. Wallace ist nie langweilig, aber die Qualitätsfrage taucht gar nicht auf. Chesterton ist amüsant und hat Qualität. Ein Merkmal des Bildungsspießers ist, daß er sich vorzuschwindeln sucht, daß ihm nur Qualität gefiele.

Das Prestigeziel des Bildungsspießers ist, mitreden zu können.

Als ob es nicht hundertmal besser wäre, mitzuschweigen. Es gibt Autoren, die einem unerträglich werden können allein der Leute wegen, die von ihnen begeistert sind. Der Beifall der Falschen!

Aber was soll man dem jungen Mann sagen? Wenn man sich für einen gebildeten Mann hält, wird man ihm eine Liste von dreißig Büchern geben, welche man in den letzten dreißig Jahren vielleicht wirklich gelesen hat – jedes Jahr eines! Natürlich wird der junge Mann zunächst nicht weiter kommen als bis zur Nummer 1 dieser Liste. Und da tut er recht daran! Er hat noch neunundzwanzig Jahre Zeit. Wenn einem aber rechtzeitig der alte Schuster einfällt, der keines dieser dreißig Bücher je gelesen hat, wird man einen anderen Weg einschlagen. Man wird den jungen Mann vielleicht darauf aufmerksam machen, daß die beiden besten Darstellungen des Krieges – eine Sache, von der er etwas versteht – sich in der »Kartause von Parma« und in »Krieg und Frieden« finden.

Der junge Mann wird sich weder bei dem einen noch bei dem anderen Buch eine Sekunde langweilen. Wenn er sie beide gelesen hat, hat er einen Knoten geschürzt, von dem der eine Faden in die französische, der andere in die russische Welt läuft. Auf diesem Knoten sitzt die junge Spinne. Selbst wenn der junge Mann beiden Fäden nachgehen möchte, kann er das doch nur nacheinander tun. Wenn er nun ankommt und schlechthin nach einem dritten Buch fragt, schenke man ihm ein Kinobillett. Wenn er aber fragt, was er nun weiter von Stendhal lesen solle, gebe man ihm den »Candide«. Und wenn er fragt, was er nun weiter von Tolstoi lesen solle, gebe man ihm »Die toten Seelen«.

Von da an muß er sein Netz allein weiterspinnen. Die Bildung ist ein Netz goldener Fäden, das sich über das Ganze spannt. Das goldenen Netz kann man nicht kaufen. Man muß es selber spinnen, ein Leben lang. Das Bewußtsein von seinen Lücken und von seiner Unvollständigkeit ist noch am ehesten ein Merkmal dafür, daß einer auf dem Weg ist, der zur Bildung führt.

Nur wenn der junge Mann mir nachzuweisen versucht, was ich nicht behauptet habe, daß der »Candide« nicht von Stendhal ist und »Die toten Seelen« nicht von Tolstoi, ist er auf dem Holzweg. Und alle Holzwege führen ins Kino, die Bildungsstätte der toten Seelen. Dort kann er dann bleiben, während Voltaire und Gogol mit der

Anima candida des alten Schusters auf den asphodelischen Wiesen spazierengehen und sich von ihm die Namen der himmlischen Schmetterlinge nennen lassen.

Meditationen im November

Sonnenblumen sind van Gogh-Blumen. Wir sehen sie nicht mit unseren eigenen Augen. Wir sehen sie, wie der große Vincent sie gesehen hat, als geheimnisvolle, goldene Räder, Symbole eines uralten, versunkenen Kultes. Wenn im November der Regen eintönig und endlos auf das Fensterbrett trommelt, ist die abgrundtiefe Traurigkeit, die uns erfaßt, die Traurigkeit Verlaines.

»Les sanglots longs
Des violons
De l'automne . . .«

Wenn das prasselnde Feuer im Kamin die alte, von Sünden und Stürmen gegerbte Haut langsam zu wärmen beginnt, ist das fromme Behagen, das wir dabei empfinden, das Behagen des alten Matthias Claudius.

»So legt Euch denn, Ihr Brüder,
In Gottes Namen nieder!
Kalt ist der Abendhauch . . .«

Käme jetzt einer daher und sagte, das sei literarischer Snobismus, könnte man ihm nur antworten, daß nicht er es sei, für den Gott die Dichter und die Maler in die Welt geschickt habe.

Das Gewissen der Schönheit ist der gute Geschmack. Das ist ein sehr eigentümliches Wort. Ursprünglich kommt es von schmecken und bezeichnet eine rein sinnliche Eigenschaft. Später bedeutet es viel mehr. Es bedeutet, daß der gute Geschmack noch da eine gültige Kategorie sein kann, wo die moralischen Kategorien schon angefangen haben, in Verwirrung zu geraten. Sicher ist, daß Völker, bei denen der gute Geschmack schon im Topf kocht, nicht nur für Schönheit, sondern sogar für Weisheit mehr Sinn haben als Völker, bei denen schon gut zu essen ein Laster ist.

Die Chinesen hatten die beste Küche der Welt. So war nicht nur ihr Geschmack hervorragend, auch ihre Philosophen verstanden sich darauf, die Weisheit so zuzubereiten, daß jedermann Hunger darauf bekam und jedermann davon zehren konnte. Die Weisheit unserer Philosophen ist ein so zäher Braten, daß nur der ihn in die Zähne nehmen kann, der das logische Gebiß eines Wolfes hat. So bleiben bei uns die Wölfe unter sich. Dabei zerreißen sie sich gegenseitig. Manchmal freilich, eben im November, wenn der Regen auf das Fensterbrett trommelt und wir mit Verlaine traurig sind, müssen wir über die Wölfe heulen – dicke Tränen des Kummers, daß es uns nicht gelingt, ihren zähen Braten hinunterzuschlingen. Aber die Wölfe machen sich nichts daraus, weder daß man mit ihnen, noch daß man über sie heult. So vermischt sich das Mißtrauen gegen eine Weisheit, die die Philosophen uns nicht verständlich machen können, mit der Erfahrung, daß die Weisheit, welche wir verstehen können, bei den Philosophen nichts gilt.

»Der Mond ist aufgegangen,
Die gold'nen Sternlein prangen
Am Himmel hell und klar . . .«

ist keine Aussage, die sich mit dem Bild in Übereinstimmung bringen läßt, welches die Philosophen der Astrophysik von unserem Universum entworfen haben. Ebensowenig ist die poetische Trauer Verlaines, welche eine Trauer des Herzens ist, in Übereinstimmung mit dem nihilistischen Bild zu bringen, das die Philosophen der Angst von dem »in das Universum verlorenen Menschen« entworfen haben.

Wir leben in einer gespaltenen Welt. Obgleich jedermann weiß, daß die Erde sich um die Sonne dreht, hält der Mensch mit einer unbegreiflichen Hartnäckigkeit an den alten Bildern fest. Die Sonne geht immer noch unter. Vielleicht liegt der Grund seiner Hartnäckigkeit in nichts anderem als in der Erinnerung an den Trost, den die Poeten seit jeher mit diesen alten Bildern ihm gespendet haben. Selbst die modernsten Lyriker sind noch nicht dazu übergegangen, die Geschwindigkeit der Erdumdrehung zu besingen oder ein Poem auf die Rotverschiebung im Spektrum des Cepheus zu dichten. Noch immer weint der Mensch Tränen der Trauer über die Melancholie des Herbstes einer Welt, die doch vom Standpunkt eines aufgeklärten Nihilismus aus kein Achselzucken wert ist. Noch immer hofft er, des goldenen Geheimnisses teilhaftig zu werden, welches der große Vincent ihm in den Sonnenblumen von fern gezeigt hat.

So ist die einzige Hoffnung, die wir haben, daß der Mensch ein hoffnungsloser Fall ist. Von keiner Einsicht läßt er sich beirren. Ein bedrängter Kämpfer wider den Hunger seiner Seele, bringt er das Meisterstück zuwege, sein wahres Leben in einer Welt zu führen, die keine physikalische Realität hat.

Der Traummensch mit dem steifen Nacken wirft noch ein Scheit Holz in den Kamin, bis das Prasseln des Feuers das Trommeln des Regens übertönt, und wartet, traumverloren, bis ein Engel das erste kristallisierte Kondensationsprodukt einer simplen Wasserstoffsauerstoffverbindung als weiße Flocke vom Himmel herabschweben läßt . . .

In der Nacht des heiligen Sylvester

Das Jahr pfeift auf dem letzten Loch – und wir mit ihm. So habe denn der Narr das Wort!

Es war ein guter Brauch in alten Zeiten, daß neben den Thronen der Könige die Narren hockten. Die Heruntergekommenheit unseres gloriosen Jahrhunderts kann man an nichts so deutlich sehen wie daran, daß die Narren aus unserer Zeit verschwunden sind.

Die Nacht des heiligen Sylvester, die letzte Nacht des Jahres, ist von jeher die Nacht der Narren gewesen. Der Heilige dieses Tages ist der Papst Sylvester I. Nach der Legende ist er der Mann, der den Kaiser Konstantin den Großen getauft hat. Damals ging in großem Glanze die Zeit des Heidentums zu Ende, damit in größerem Glanze das Abendland dem Christentum gewonnen werden konnte.

Eine Fülle von fröhlichen alten heidnischen Gottheiten, die in Stadt und Land ihr Wesen getrieben hatten, gingen in dieser neuen Welt ihres Ranges als Gottheiten verlustig. Aber sie waren nicht tot. Als muntere Teufel, als boshafte Dämonen, als witzige Kobolde tauchten sie wieder auf. Manch einer suchte sich zur Wohnstatt eine menschliche Seele, zog ein und machte sie zum Narren. Alle diese Teufel, Dämonen und Kobolde retteten sich unter den weiten

Mantel gerade desjenigen der Heiligen, welcher ihrer Göttlichkeit den Garaus gemacht hatte. Der heilige Sylvester nahm sie alle mit einer großen Gebärde unter seinen Schutz. Unter dem Mantel eines Heiligen ist Raum für manch irdisches Ding. Wie könnten auch ein paar arme Teufel dem Himmel von seinem unendlichen Glanze etwas rauben. Die großen Feste des Jahres sind fromme Feste. In der Nacht des heiligen Sylvester erwacht noch einmal etwas von der alten Heiterkeit des Lebens, welche dem Menschen befiehlt, seiner Würde die Schellenkappe aufzusetzen und seinem Nächsten mit der Narrenklappe auf die Schulter zu schlagen.

Sollen wir Feste feiern, da wir es nur zwischen Gräbern tun können?

Welch eine Frage!

Als ob jemals Feste anders hätten gefeiert werden können als zwischen den Gräberfeldern, welche die unendliche Kette der Generationen seit Anbeginn über die alte Erde gebreitet hat.

Der Mensch, sofern er schlichten Gemütes ist, neigt nicht zur Philosophie. Wenn das alte Jahr im grauen Nebel der Vergangenheit verschwindet und das neue Jahr uns aus dem Morgen der Zukunft entgegenkommt wie ein lächelnder Knabe, dann fallen wir einander um den Hals, als ob wir alle Brüder wären. Dazu sind wir meistens noch des Punsches voll.

Die seltsamste und verrückteste Heiterkeit, die sich der Menschen in der Nacht des heiligen Sylvester bemächtigt, scheint absurd. Wer hat schon einem alten Jahr viel Gutes nachzusagen, und wer, wenn er nicht des Punsches voll ist, wird ernsthaft von einem neuen Jahr viel erwarten! Die europäische Menschheit lebt in einer Epoche großer Geschichte. Das heißt, es ist ungemütlich geworden auf diesem alten Kontinent. Am Horizont zucken die Blitze. Erdbeben lassen den Boden unter uns erzittern. Die Götter haben den Olymp in Nebel gehüllt. Wir wissen nicht, was über uns beschlossen ist.

Die Heiterkeit ist nicht eine Folge des Punsches. Der Punsch ist eine Folge der Heiterkeit. Die seltsame und verrückte Heiterkeit in der Nacht des heiligen Sylvester ist ein Fest der Tapferkeit des menschlichen Herzens. Ein Gebirge von Leiden hinter sich, ein Gebirge von Sorgen vor sich, hebt der Mensch das Glas zum Himmel und lacht. Es ist das Lachen eines tapferen Herzens, das in den

Hallen, an deren Wänden schon die Flammen hochzüngeln, die Feste zu Ende feiert.

Möge die Narrheit ihre Bocksprünge machen. Narren allein sind würdig, der Weisheit die Schleppe zu tragen. Die Narren hüpfen durch den Schmutz der Straße, damit der purpurne Mantel der Weisheit, dessen Schleppe sie in ihren Händen halten, nicht durch den Schlamm geschleift werde.

Wir haben dreihundertfünfundsechzig ernste Tage hinter uns, wir haben dreihundertfünfundsechzig Tage vor uns. In dieser einen Nacht des heiligen Sylvester wollen wir tapferen Herzens das Punschglas zum Himmel heben und uns lächerlich machen um der Würde der menschlichen Seele willen.

Mögen die Götter uns gnädig sein!

Der lange Weg

Auf dem Misthaufen, der in der Morgensonne vor dem Fenster dampft, steht der Hahn und kräht. Am Trog des Brunnens steht ein Flüchtling und wäscht sein Hemd.

Da kommt die Bäuerin, füllt zwei große Eimer mit dem Brunnenwasser und ist ein wenig belustigt über die Weiberarbeit dieses Fremdlings. Er trägt ihr die schweren Eimer in den Stall, und die Bäuerin ergreift das Hemd und besorgt die Wäscheprozedur mit einigen schnellen, geschickten, ihr so vertrauten Griffen.

Wie alt ist dieses Bild. Nicht anders standen seit Tausenden von Jahren Flüchtlinge an solchen Brunnen und wuschen ihre verschwitzten Hemden. Zwischen Sieg und Niederlage, Terror und Flucht, fängt hier – und auch noch heute – neben einem Misthaufen, auf dem der Hahn kräht, der Friede wieder an.

Ach, weit schon liegen hinter uns die Weltkriege. Oft sitzen wir abends am Kamin, stumm, ein wenig traurig und denken an die Tage des Schicksals. Wir haben das Rauschen des großen Windes gehört und die von dessen Flügelschlag Getroffenen. Saß nicht auch Scipio auf den Trümmern Karthagos und weinte? Durch unser Schweigen geht aber leise ein anderer Wind, und es schwebt mit sanftem Flügelschlag die Göttin der Sage. »Wißt ihr noch . . .?« Langsam bekommen die Namen der verstummten Helden jenen feierlichen Klang, der sich tiefer in das Gedächtnis des Menschen einsenkt, als wenn man sie in Stein gemeißelt hätte, in Eisen geprägt. Der große Wind ist verweht. Trotzdem erblüht die den Kriegen abgelistete Saat des Friedens immer wieder in den Äckern dieser wüsten Erde.

Während wir schweigend in den Kamin schauen, darin das Feuer verglüht, erwägen wir die Zeit, da unsere Saat aufblühen könnte zur Freude derer, die nach uns kommen werden.

Wenn es keinen Krieg gibt . . .

Glücklich zu werden, ist des Menschen Streben hienieden. Sein Unglück ist, daß er nicht weiß, was Glück ist. Es wäre eine Aufgabe der Wissenschaft, herauszufinden, wie des Menschen Glück beschaffen sein müßte, damit er es sowohl erreichen als auch ertragen könnte. Die alte Wissenschaft der Scholastik hat dieser Frage ein nicht geringes Maß von Aufmerksamkeit zugewendet. Die moderne Wissenschaft ist zu hochmütig, sich damit zu beschäftigen, daß so gewöhnliche Leute wie Sie und ich und die Gemüsefrau auf dieser alten Erde ein kleines bißchen glücklich werden. Die Wissenschaft beschäftigt sich damit, den Schall zu überholen.

Der flüchtige Hase der Intelligenz möchte schneller sein als der alte Swinegel der Besonnenheit. Es ist kein besonderes Unglück, daß der Hase schließlich tot umfällt. Auch dann nämlich, wenn die Wissenschaft den Schall überholt, ist sie außerstande, etwas anzugeben, was bedeutungsvoll genug wäre, um so schnell sein zu müssen. Lassen wir den Hasen laufen!

Der Bereich, den der Mensch auf der Jagd nach dem Glück durchmessen hat, ist ziemlich ausgedehnt. Er reicht von der Vita felice Dantes bis zum Happy-End von Hollywood. Gewöhnliche Menschen wie Sie und ich und die Gemüsefrau stehen dieser Mannigfaltigkeit ein wenig hilflos gegenüber. Das Glück Dantes ist unerreichbar geworden. Dazu fehlt es uns an Tugend. Das Glück von Hollywood wäre für uns nicht zu ertragen. Dazu sind wir nicht dumm genug. Es wäre eine Aufgabe der Philosophen, uns aus dieser Verlegenheit herauszuhelfen. Aber die Philosophen nützen uns bei unseren bescheidenen Bemühungen nichts. Philosophen sind darauf angewiesen, recht zu haben. Um das zu erreichen, bedienen sie sich eines ziemlich simplen Tricks.

Unzweifelhaft gibt es auf dieser Welt sehr viel mehr Dinge, welche schiefgehen, als solche, welche gut auslaufen. Das scheint im Plan der Schöpfung zu liegen. Wir wissen nicht warum. Die Philosophen machen es wie der Mann, der vor dem Pferderennen prophezeite, daß die meisten Pferde verlieren würden. Tatsächlich – er behielt recht! Nur ein einziges Pferd gewann! Das ist die Methode, durch welche die Philosophen erreichen, recht zu behalten. Man nennt das Pessimismus. Er gilt als vornehm.

Hat dagegen so ein billiger Optimist sein Vermögen auf das Pferd gesetzt, das gewinnt, hält niemand ihn für einen Philosophen, weil er recht behalten hat. Er gilt als leichtsinnig und sein Glück als unverdient.

Man sieht, die vornehmen Pessimisten mögen das Glück nicht. Wenn es unvermutet einmal eintritt, versuchen sie wenigstens, ihm einen moralischen Mangel anzuhängen, um den Spott über ihre Niederlage abzulenken.

So entgeht es der öffentlichen Aufmerksamkeit, wie oft die Philosophen unrecht hatten, und niemand beachtet, daß wenn sie recht haben, nur ganz gewöhnliche Rechthaberei vorliegt, aber nicht die so erwünschte Sorge um die Zukunft von Ihnen, mir und der Gemüsefrau.

Das kleine Glück, welches wir erstreben, wie immer es beschaffen sein möge, auf jeden Fall liegt es in der Zukunft. So hören wir wohl oder übel denen zu, die prophezeien. Was uns daraus erblüht, ist freilich kein Wohlstand, sondern der Übelstand, daß Pessimismus als vornehm und Optimismus als billig gelten.

Jedoch, Pessimismus ist nur bequem. Optimismus ist tapfer. Er ist um so tapferer, je weniger er zu hoffen hat. Zudem leben die vornehmen Pessimisten durchaus vom billigen Optimismus der anderen. Teilte nämlich die Gemüsefrau des großen Philosophen den vornehmen Pessimismus ihres Kunden über den Atomkrieg, würde sie um Gottes willen keinen Blumenkohl mehr verkaufen, sondern in drei Teufels Namen ihre Gemüsebude schließen und bombenvergnügt das ihre verjubeln. So aber bekommt immer noch der vornehme Pessimist von der braven Gemüsefrau den kostbaren Kohl, von dem er sich ernährt.

Das, wovon wir alle leben werden, ist die Saat, die gesät werden muß, damit im nächsten Herbst geerntet werden kann. Die Pessimisten mag das nicht sehr freuen, aber es läßt sich nicht leugnen – Säen ist Optimismus. Zwar verkündet der vornehme Pessimist, daß die Welt bald untergehen werde; aber die neuen Schuhe, die er sich kauft, wählt er doch so, daß er in ihnen auch noch in dem Jahr nach dem Weltuntergang bequem und trockenen Fußes fürbaß schreiten kann. Auch ist nichts davon bekannt geworden, daß irgendein Pessimist seine Lebensversicherung, die ja beim Weltuntergang recht wenig Sinn hätte, zu Zwecken der Caritas aus seinem vornehmen Fenster geworfen habe.

Man sieht, die Pessimisten betragen sich nicht so, als ob das Wahrscheinliche eintreten werde. Die Optimisten aber bauen wakker ihren Kohl, als ob das Unwahrscheinliche Ereignis werden würde.

So wird es Zeit, die Frage zu stellen, was denn nun eigentlich werden soll, wenn es keinen Krieg gibt.

Die Wissenschaft, nachdem sie die Mittel bereitgestellt hat, den Untergang der Welt herbeizuführen, beruhigt sich dabei, daß die Philosophen über ein ganzes Arsenal von Beweisen verfügen, daß die Sache unvermeidlich sei. So verbessert die Wissenschaft, von Kongressen, Nobelpreisen und Ehrendoktoraten ermuntert, weiterhin in emsiger Kleinarbeit die Mittel, mit denen man gewöhnliche Leute wie uns zusammen mit ihrem kleinen Glück ins Weltall hinausprojizieren wird.

Sie, ich und die Gemüsefrau werden drei leuchtende Sternschnuppen im Haar der Berenice sein. Wir haben natürlich Angst vor dem Weltraum. Es soll leer da oben sein und ziemlich kühl. Dieses unser bißchen Angst scheint das einzige zu sein, was für die Philosophen einige Anziehungskraft hat. Über unsere Angst sind ganze Bibliotheken geschrieben worden. Das einzige, was man im Index dieser gewaltigen Geistesschöpfungen der abendländischen Kultur vergebens sucht, ist ein wenig Trost.

Die Staatsmänner der Welt haben für den Fall, daß das Wahrscheinliche Ereignis wird, großartige Arsenale zur Verfügung. Für diese vorausschauende Klugheit werden sie hoch geehrt. Für den Fall, daß es keinen Krieg gibt, begnügt sich die vorausschauende Weisheit der Staatsmänner mit Fünfjahresplänen. Die vorausschauende Weisheit begnügt sich mit dem vierzehnhundertsten Teil der geschichtlichen Vergangenheit des Menschen. Was dann werden soll, darüber nachzudenken macht sich niemand die Mühe.

Man kann uns nicht zwingen, uns das gefallen zu lassen. Sollte sich herausstellen, daß weder Sie, noch ich, noch die Gemüsefrau im Haar der Berenice leuchten werden, haben wir eine Frage zu stellen. Es wird sich zeigen, daß die vornehmen und selbstzufriedenen Pessimisten nicht in der Lage sind, die Frage zu beantworten, welche wir, die unglücklichen und verzweifelten Optimisten, ihnen zu stellen haben. Es ist die alte Blumenkohlfrage – was nun?

Das, wozu es der Mensch in der ersten Hälfte dieses Säkulums gebracht hat, wurde durch ein Übermaß von Intelligenz ohne Besonnenheit erreicht. Was er in seiner zweiten Hälfte erreichen könnte, wenn er in einem Fünfzigjahresplan Besonnenheit mit Intelligenz verbände, wäre geeignet, unser hartes und karges Optimistendasein ein wenig zu erleichtern. Vielleicht wird es nützlich sein, die »Liga der kleinen Angst« zu gründen mit der Gemüsefrau als Weltpräsidentin, oder einen Nobelpreis zu stiften, welchen wir denjenigen verleihen würde, die keine Fortschritte auf dem Gebiet der Ausrottung des menschlichen Geschlechts machten.

Möglicherweise auch werden wir uns damit begnügen, die Pessimisten zu zwingen, so zu handeln, wie sie reden. Vielleicht schweigen sie dann. Freilich, es steht zu befürchten, daß die Optimisten für alles das keine Zeit haben werden. Sie und ich und die Gemüsefrau, wir bedürfen zum Leben der Intelligenz der anderen nicht. Diese Intelligenz beschäftigt sich ohnehin nicht mit unserem Leben, sondern mit der Vorbereitung einer möglichst modernen und technisch hochqualifizierten Form unseres Untergangs. Jene aber können nicht leben, wenn nicht wir, in unbelehrbarer Torheit und mit unverbesserlicher Hartnäckigkeit, im Schweiß unseres Optimistenangesichts den Kohl vom nächsten Jahr bauen, damit die Pessimisten, die Philosophen und die Staatsmänner im Herbst etwas zu essen haben für den Fall, daß sie unrecht behalten und weder für ihre Prophezeiungen noch für ihre Arsenale irgendeine vernünftige Verwendung haben.

Bei unserer harten Arbeit werden wir unser bißchen Angst vergessen. So können wir vielleicht für einige kurze Augenblicke sogar ein wenig glücklich werden. Der Optimismus, den wir pflanzen, ist der Blumenkohl der Zukunft. Die Sonne des Frühlings wird ihn mit einem kleinen Glanz vergolden.

NACHWORT

Das Honorar für das Feuilleton, mit dem dieser Band beginnt, soll Peter Bamm zu dem Ausruf veranlaßt haben: »Daß man mit so was Geld verdienen kann!« Er hatte vorher nie dergleichen geschrieben, und hätte ihn Paul Fechter, Feuilletonchef der DAZ (Deutsche Allgemeine Zeitung) in Berlin, nicht in ein Nebenzimmer der Redaktion gesetzt, um zu Papier zu bringen, was er als Nachtwächter erlebt hatte, wäre der Schriftsteller Peter Bamm womöglich nie zum Leben erwacht. Da er als Medizinstudent »anno inflationis« das Geld brauchen konnte und da ihm das Schreiben Spaß machte, blieb er dabei, auch nachdem aus dem cand. med. ein Dr. med. geworden war, der als Schiffsarzt die Welt bereiste und schließlich 1938 in Berlin-Wedding eine Kassenpraxis eröffnete.

Fast anderthalb Jahrzehnte lang erschien jeden Samstag erst in der DAZ, dann in der »Deutschen Zukunft« sein Beitrag unterm Strich und war – wie Friedrich Luft bezeugt – »Woche für Woche ein reines Labsal«.

Paul Fechter hat ihn nicht nur entdeckt, er hat ihn auch »erfunden«, indem er ihm eines Tages sein Pseudonym verordnete: Als Peter Bamm machte sich der junge Mann einen Namen. Nur für seine Patienten blieb er Dr. Curt Emmrich und natürlich auch für die Kollegen und Sanitäter, mit denen er als Stabsarzt und Chirurg im Feldlazarett die »unsichtbare Flagge« der Humanität hochhielt.

Auch als nach dem Krieg aus dem Arzt endgültig und ausschließlich der Schriftsteller wurde, als seine großen Bücher entstanden: »Die unsichtbare Flagge«, »Frühe Stätten der Christenheit«, »An den Küsten des Lichts«, die Werke über Alexander den Großen und schließlich die Autobiographie »Eines Menschen Zeit«, auch in diesen drei Jahrzehnten blieb Peter Bamm seiner ersten Liebe, dem Feuilleton, treu. Noch wenige Wochen, bevor er an Ostern 1975, 77 Jahre alt, in Zürich die Augen schloß, bereitete er seinen letzten Feuilletonband vor. Er erschien im Jahr nach seinem Tod.

Auch der Gedanke, seine Feuilletons einmal in *einem* Band zu sammeln, stammt von Peter Bamm, und den Titel dafür lieferte er gleich mit: »Die große Weltlaterne«.

Seine »Kleine Weltlaterne« hat er 1935 zum ersten Mal angezündet. Er wollte mit diesem Buchtitel für seine Feuilletons an Diogenes erinnern, der am hellichten Tag mit brennender Laterne über den Markt von Athen ging, um einen Menschen zu suchen. Auf der Suche nach dem Menschen hat er mit der Weisheit des Narren die ganze Welt ausgeleuchtet und seine Funde von Zeit zu Zeit neu gesammelt: vor dem Krieg noch in den Bänden »Der i-Punkt« und »Der Hahnenschwanz«; ab 1953 Älteres und Neues mischend in einer renovierten, frisch geputzten »Kleinen Weltlaterne«, in »Anarchie mit Liebe«, »Am Rande der Schöpfung« und, postum, »Ein Leben lang«.

Aus dem Bestand dieser vier Bücher wurde, den Intentionen des Autors folgend, zusammengetragen, was auch heute noch den Kopf des Lesers erhellen und dessen Herz erwärmen mag. Aus der kleinen Laterne in der Hand des Diogenes ist eine stattliche Leuchte geworden, mit mehr Facetten denn zuvor, funkelnd, aber nicht blendend. Man soll sich wohl fühlen in ihrem Schein. Von dieser Absicht geleitet, habe ich das Ausmaß und den Aufbau des Buches festgelegt. Hätte ich alle Bestandteile, sprich alle vorhandenen Feuilletons verwendet, so wäre der Umfang in eine Dimension gewachsen, die den Proportionen dieser Kabinettstücke nicht mehr entsprochen hätte. Die Auswahl erwies sich als nicht allzu schwierig: Manches hatte, aus zeitbedingten Umständen, an Glanz und Frische eingebüßt; anderes erwies sich, nebeneinandergelegt, als nahe verwandt, nicht als Wiederholung, aber doch als Variante, so daß zwischen Ähnlichem das Bessere zu wählen war.

Ob ich dabei, nach meinem Urteil verfahrend, auch den Geschmack des Lesers getroffen habe? Ich kann nur darauf hoffen, daß die Ordnung, in die sich die Feuilletons einfügten, unabhängig von ihrer Entstehungszeit (außer im ersten Teil, der mit ein paar

»Spotlights« dem Lebenslauf des Autors folgt), dem Leser das Entdecken leicht macht.

Entdeckungen, davon bin ich überzeugt, liegen selbst für geübte P.-B.-Leser genug bereit. Obwohl an der Entstehung der Einzelbände seit 1953 prüfend und ratend beteiligt, habe ich beim Ausbreiten und Aussuchen dieser Meisterstücke der kleinen Prosa ein über das andere Mal jenes helle Entzücken verspürt, das ein unverhoffter kostbarer Fund bereitet.

Aus dem zweiten Teil dieses Buches, den »Windrosenblüten«, erwachsen aus den Reiseerfahrungen des Autors, kann man ersehen, wie tief und nachhaltig Peter Bamm China erlebt hat (ein Buch über dieses Land war sein allerletzter, nicht mehr in Angriff genommener Buchplan). Die chinesische »Weisheit des lächelnden Lebens« durchdringt alle seine Feuilletons; mit ihr verschreibt der Dr. med. Curt Emmrich alias Peter Bamm seinen Patienten die beste Medizin gegen Unlust und Trübsal.

Felix Berner

CIP-Kurztitelaufnahme der Deutschen Bibliothek

Bamm, Peter:
Die große Weltlaterne: ges. Feuilletons / Peter Bamm.
Hrsg. von Felix Berner. – Frankfurt am Main; Berlin; Wien:
Ullstein, 1982.
(Ein gelbes Ullstein-Buch)
ISBN 3-550-06096-3